"十二五"国家重点图书出版规划项目

中国社会科学院创新工程学术出版资助项目

总主编：金　碚

U0821973

经济管理学科前沿研究报告系列丛书

THE FRONTIER REPORT ON THE DISCIPLINE OF FINANCE

李俊峰　张永军　主编

金融学学科前沿研究报告

经济管理出版社
ECONOMY & MANAGEMENT PUBLISHING HOUSE

图书在版编目（CIP）数据

金融学学科前沿研究报告/李俊峰，张永军主编. —北京：经济管理出版社，2013.6
ISBN 978-7-5096-2464-7

Ⅰ. ①金… Ⅱ. ①李… ②张… Ⅲ. ①金融学—研究报告—世界—文集 Ⅳ. ①F831-53

中国版本图书馆 CIP 数据核字（2013）第 101581 号

组稿编辑：张永美
责任编辑：张永美　牛玲玲
责任印制：杨国强
责任校对：陈　颖

出版发行：经济管理出版社
（北京市海淀区北蜂窝 8 号中雅大厦 A 座 11 层　100038）
网　　址：www. E-mp. com. cn
电　　话：（010）51915602
印　　刷：北京银祥印刷厂
经　　销：新华书店
开　　本：787mm×1092mm/16
印　　张：25
字　　数：564 千字
版　　次：2013 年 10 月第 1 版　2013 年10 月第 1 次印刷
书　　号：ISBN 978-7-5096-2464-7
定　　价：78.00 元

《经济管理学科前沿研究报告》专家委员会

《经济管理学科前沿研究报告》
编辑委员会

序 言

中国社会科学院哲学社会科学创新工程的实施，对加快建设哲学社会科学创新体系，实现中国社会科学院成为马克思主义的坚强阵地、党中央国务院的思想库和智囊团、哲学社会科学的最高殿堂的定位要求，提升中国社会科学院在国际、国内哲学社会科学领域的话语权和影响力，加快中国社会科学院哲学社会科学学科建设，推进哲学社会科学的繁荣发展具有重大意义。

为了准确把握经济和管理学科前沿发展状况，评估各学科发展近况，及时跟踪国内外学科发展的最新动态，引领学科发展方向，积极推进学科建设，特组织院内外专家研究撰写《经济管理学科前沿研究报告》。本系列报告的研究和出版得到了国家新闻出版广播电影电视总局的支持和肯定，并将本系列报告丛书列为“十二五”国家重点图书出版项目。

《经济管理学科前沿研究报告》包括经济学和管理学两大学科。经济学包括能源经济学、旅游经济学、服务经济学、农业经济学、国际经济合作、世界经济学、资源与环境经济学、区域经济学、财政学、金融学、产业经济学、国际贸易学、劳动经济学、数量经济学、统计学。管理学包括管理学、创新管理学、战略管理学、技术管理与技术创新、公司治理学、会计（审计）学、财务管理学、市场营销学、人力资源管理学、组织行为学、企业信息管理学、公共政策与政府管理、物流供应链管理、创业与中小企业管理、管理科学与工程。

《经济管理学科前沿研究报告》依托中国社会科学院独特的学术地位和超前的研究优势，撰写出具有一流水准的哲学社会科学前沿报告，致力于体现以下特点：

（1）前沿性。本系列报告要体现国内外学科发展的最新前沿动态，包括各学术领域内的最新理论观点和方法、热点问题及重大理论创新。

（2）系统性。本系列报告将囊括学科发展的所有范畴和领域。一方面，学科覆盖具有全面性，包括不同学科的科研成果、理论发展、科研队伍的建设，以及某学科发展过程中具有的优势和存在的问题。另一方面，就各学科而言，还将涉及该学科下的各个二级学科，既包括学科的传统范畴，也包括新兴领域。

（3）权威性。本系列报告将由各个学科内长期从事理论研究的专家、学者主编，组织本领域内一流的专家、学者进行撰写，无疑将是各学科内的权威学术研究。

（4）资料性。本系列报告不仅系统总结和评价了每年各个学科的发展历程，还提炼了各学科学术发展进程中的重大问题、重大事件及重要学术成果，因此具有工具书式的资料性，为哲学社会科学研究的进一步发展奠定了新的基础。

《经济管理学科前沿研究报告》全面体现了经济、管理学科及其分支学科国内外的发展状况、最新动态、重要理论观点、前沿问题、热点问题等。该系列报告包括经济学和管理学一级学科和二级学科，其中经济学科 15 个，管理学科 15 个。将按年度撰写出版 30 个学科前沿报告，成为系统研究的年度连续出版物。这项工作虽然是学术研究的一项基础工作，但意义十分重大。要想做好这项工作，需要开展大量的组织、协调、研究工作，更需要专家学者付出大量的时间和艰苦的努力，在此，特向参与本研究的院内外专家、学者和参与出版工作的同仁表示由衷的敬意和感谢。相信在大家的齐心努力下，将会进一步推动中国对经济学和管理学学科建设的研究，同时，也希望本报告的连续出版将推动我国经济和管理学科研究水平有较大提高。

金　碚

2013 年 3 月

前　言

金融学是经济学的一个非常重要的组成部分，从19世纪到现在，不断发展的金融学科形成了两大块：宏观金融分析与微观金融分析。宏观金融分析的主要研究对象是金融市场的体系，并在相关的金融理论的指导下，实现对金融市场中的资源的合理调配与控制，以实现社会效益的最大化。对金融的宏观分析大体包括货币体系的建立、利率及汇率的形成、通货膨胀与通货紧缩、虚拟经济与实体经济等。微观金融分析则是以金融产品的定价规律和金融风险的管理制度为主要研究内容，另外研究如何实现企业投资和融资的最佳效果，对收购中的风险管理进行研究。对金融的微观分析大体包括对金融市场的分析、对金融中介的分析、对金融功能的分析。

《金融学学科前沿研究报告》主要包括五个部分：即国内外研究述评、期刊论文精选、出版图书精选、年度重大金融事项及会议综述和文献索引。

第一部分是国内外研究述评。本报告以2010年国内外高水平专业期刊发表的金融学理论文章以及相关书籍作为研究对象，在既定理论结构的基础上对金融学理论研究成果进行系统梳理和内容划分，并进行文献述评和比较分析研究，为金融学理论未来可能的研究趋势和方向提供了建议。

第二部分是期刊论文精选。本报告对2010年国内外与金融学理论相关的期刊论文进行梳理和内容划分，得到与金融学理论相关的期刊论文485篇，其中：国外期刊文章233篇，国内期刊文章252篇。考虑到金融学理论发展的系统性、前瞻性、融合性、实用性等方面的要求，从研究内容、研究方法、研究视角等方面，通过金融学专家团队的一致评选，评选出15篇中文期刊优秀论文和15篇英文期刊优秀论文。

第三部分是出版图书精选。本报告对2010年国内外与金融学理论相关的出版图书进行梳理。共得到与金融学理论相关的图书78种，其中：国外出版图书36种，国内出版图书42种。从金融学理论发展的系统性、前瞻性、融合性、实用性等方面的要求，从研究内容、研究方法、研究视角等方面，通过金融学专家团队的一致评选，评选出15本优秀中文图书和15本优秀英文图书。

第四部分是年度重大金融事项及会议综述。本报告对2010年国内外重要的会议以及重大的金融事项进行梳理和汇总，分国内和国际两部分进行阐述。国内重要金融事项包括国务院已原则同意开展证券公司融资融券业务试点和推出股指期货品种，国务院发布了《关于促进房地产市场平稳健康发展的通知》等。重要会议包括第四届夏季达沃斯论坛等。国际部分主要关注世界经济年会以及欧债危机的进程等热点问题。

第五部分是文献索引。本报告的文献索引包括中文期刊和英文期刊两部分。中文期刊收录了金融研究、经济研究等重要刊物的文章，从613篇文章中选取了14篇。英文期刊收录了 *Journal of Financial & Quantitatve Analysis* 等刊物的文章，从400篇文章中选取了19篇。

《金融学学科前沿研究报告2010》首次以2010年国内外高水平专业期刊发表的金融学理论文章作为研究对象，并从研究内容、研究方法和研究视角等方面进行对比分析研究，力图给读者清晰的展示。同时，该报告涵盖范围较广，包含了金融学科的发展历程及现状、金融学科最新研究动态、金融学科本年度研究的热点及主要理论等主要内容，并在报告最后进行了大量的文献检索。

作为一部反映国内外金融学前沿的报告，该报告难免会有偏颇或疏漏之处。报告团队将携手前进，共同努力，为金融学学科的发展做出更大的贡献。

李俊峰

2013年3月

目　录

第一章　金融学学科 2010 年国内外研究综述

金融学是经济学一个非常重要的组成部分，从 19 世纪到现在，不断发展的金融学科形成了两大块：宏观金融分析与微观金融分析。宏观金融分析的主要研究对象是金融市场体系，并在相关金融理论的指导下，实现对金融市场中的资源的合理调配与控制，以达到社会效益的最大化。对金融的宏观分析大体包括货币体系的建立、利率及汇率的形成、通货膨胀与通货紧缩、虚拟经济与实体经济等。微观金融分析则是以金融产品的定价规律和金融风险的管理制度为主要研究内容，另外还对如何实现企业投资和融资的最佳效果以及收购中的风险管理进行研究。对金融的微观分析大体包括对金融市场的分析、对金融中介的分析、对金融功能的分析。

第一节　金融学科的发展历程及现状

金融学科的发展经历了一个漫长的过程，随着时间的推进，金融学研究的对象从初始的对宏观金融的研究逐渐偏向于对微观金融的研究。20 世纪八九十年代后，随着各学科之间的交叉互补逐渐增多，如金融工程学、行为金融学等，金融学科受到了越来越多的关注。

宏观金融学的发展状况大概经历了几个阶段：第一个阶段是古典的货币需求理论阶段。古典经济学的二分法将经济分为实际经济领域和货币经济领域。凯恩斯则从宏观的角度考查国民收入等宏观经济变量。弗里德曼创造的货币需求理论主要考虑哪些因素影响人们的货币需求，开创性地将货币阐述为一种资产。宏观金融学经历的第二个阶段是新凯恩斯主义的经济学派。与之前的凯恩斯学派不同的是，新凯恩斯学派认为名义总需求的变动可以对非均衡的产出以及就业率造成影响。第三个阶段的主要观点是金融约束理论，该理论认为由于金融管理部门特意地为一些金融机构提供如市场准入门槛等的特权，使得银行之类的金融机构会获得较为稳定的利润，因此不会为了某些短期利益而损害整个社会的福利。第四个阶段为理性预期学派的阶段，该学派的一个重要结论就是货币政策的无效性。由于人们会根据各种预期对经济提前进行判断，并采取各种手段主动预防金融风险，使得人们的预期会对市场经济的变化产生不可忽视的重要影响。

微观金融学的发展较宏观金融学来说较晚，主要研究个人如何实现收益最大化，厂商如何进行资源调配，实现利润最大化。早期的古典经济学家更关心的是整体的价格水平、资本如何参与价值分配等宏观层面上的问题。直到20世纪的早期，费雪等经济学家才开始重新审视不确定环境中的一些决策问题。1938年马夏克（Marschak，1938）开始用无差异曲线来描述人们的偏好问题，1947年冯·诺伊曼—摩根斯坦（von Neumann-Morgenstern，1947）开创的期望效用体系理论更是为微观金融学的建立奠定了基础。之后马科维茨（Markovitz，D.，1952）的投资组合理论则标志着微观金融学的开端。在马科维茨理论之后的资本资产定价模型奠定了现代投资学的基础。对资产价格运动过程的探索则是现代金融学研究的又一条重要线索，不确定性的引入把价格变化视为一个由外生冲击驱动的随机过程。价格过程被拟合为从马尔可夫过程到独立增量过程，再到（几何）布朗运动（Brownian Motion）。日本数学家伊藤清（Ito K.）提出了具有重大意义的伊藤积分，开创了处理随机变量变化规律的基本定理。布莱克（Black F.）和斯科尔斯（Scholes M.）在1973年成功地给出了欧式期权（European Option）的解析定价公式，即BS公式，该公式引起了对于所谓金融基本原理——无套利（No Arbitrage）原则的重新认识。1938年由多布（Doob）建立的鞅（Martingale）数学在金融分析中占据了主导地位，也向无套利一般均衡迈出了重要一步。

除了宏观金融学与微观金融学以外，随着各学科之间的交叉互补逐渐增多，也为金融学的发展开拓了新的思路。例如，将数学、工程学等与金融学结合起来的金融工程学，将心理学与金融学结合起来的行为金融学等。尤其是20世纪八九十年代后，这些学科都取得了较快的发展。

第二节　金融学科最新研究动态

由于传统上的金融学已经无法解释金融市场中的很多现象，因此金融学科目前的研究方向主要偏向于对行为金融理论的研究。行为金融是近30年来在国外迅速崛起的研究领域。它从市场中微观个体的行为及隐藏在这种行为背后的心理因素来解释和预测市场。传统上的金融理论认为市场是理性的，即投资者总可以抓住非理性投资者创造的机会进行套利活动，不断淘汰非理性投资者，使市场趋于平衡和理性。但是在现实中，非理性投资者并非少数，而且他们的行为会极大地影响理性投资者的投资行为，加剧整个市场的波动。相比现代金融理论，行为金融的基本假设更加“贴近”现实，基于有限理性和有限套利两大基石，行为金融有效地解释了许多现代金融理论难以解释的现象，并从许多方面开始构建与现代金融理论相对的金融理论，对现代金融理论提出了有力挑战。

1. 行为金融理论的发展过程

行为金融理论的研究开始的比较早，1951年美国学者Burell的论文《投资战略的实验方法的可能性研究》标志着行为金融学的开始，作者主张将经济学和金融学结合起来解释金融市场中的现象。随后，Bauman、Slovic 等人相继发表了关于人类经济决策心理学的研究（邹洁、马宁，2009）。1985 年，Debondt 和 Thaler 发表了《股票市场反应过度了吗》一文，被学术界视为行为金融研究的正式开端。行为金融理论将心理学的研究成果引入金融分析，注重经济个体行为的研究。1979 年，Kahnemam 和 Tversky 提出了期望理论，为行为金融学奠定了理论基础。Thaler（1987，1999）研究了股票回报率的时间序列、投资者的心理账户等问题。Shiller（1981）研究了股市中的"羊群效应"、股票价格的异常波动、投机价格和流行心态的关系等。Orden（1998）研究了处置效应等。Ritter（1999）研究了 IPO 的异常现象。

2. 行为金融理论与传统金融学的差异

行为金融学与新古典传统的经济学和金融学一个根本上的不同在于完全理性的假设上，行为金融学认为市场中的参与者并不是完全理性的，他们在进行风险决策时并不依照贝叶斯规则进行，而是采用简单有效的直观推断法。在多数情况下，这些直观推断法是有效的，但其中往往包含一些系统性误差，这些误差在有些情况下影响全局。在这种情况下，市场选择的结果是不确定的，其机制常常会失灵，非理性交易者完全有可能在市场中生存下来。

彭飞（2010）认为，行为金融理论并没有排斥现代金融理论中合理的经济学概念和原理，只是更注重运用心理学和行为科学的成果来研究实际的金融决策过程。因而，进行金融研究工作的一个合理方向就是：基于有限理性和有限套利的行为金融理论基础，弥补现代金融理论在个体行为分析和研究方法上的不足和缺陷，建立起类似现代金融理论体系的更加完善的理论体系和更具普适性的理论模型，促进金融学理论研究朝更现实的方向发展。

传统的金融理论观点认为资产的定价应当考虑两个因素：时间和风险。由于时间因素很简单，那么在考虑资产价格或投资回报时要关注的唯一因素就是风险及风险溢价（Cambell，2000）。与之相反，行为金融学家认为"错误定价"是金融市场中普遍存在而且稳定存在的现象，均衡定价不能用风险因素而只能采用投资者的行为因素加以解释。由于错误定价主要是由非理性的心理作用引起的，因此资产定价理论不仅要研究风险来源和风险补偿，还要研究投资者心理因素对他们投资行为的影响，以及这些非理性投资行为对市场均衡价格的作用。

在对于有效市场的探讨方面，传统的金融理论观点认为市场中均衡的价格是正确的，对有效市场的解释是在有效的市场上并不存在"免费的午餐"，要获得收益必须要承担相应风险。行为金融学家对这样一种观点提出了不同的看法，他们认为现实中的金融市场套利行为是有局限性的。人的情绪、性格等主观因素在金融投资中的作用往往不可忽视，投资者并不总是以理性的态度来进行投资决策，这种主观判断不仅受到自身认知水平的影响，而且很大程度上会受到个人固有的认知水平以及外界环境的干扰。

3. 行为金融理论研究现状

行为金融理论在借鉴心理学等学科的基础上，逐步形成了以从事金融活动的人的心理状态为基本考查因素的体系，并将投资者作决策时的心理特征概括为：①过于自信，即投资者在进行投资决策时往往会过高地估计自己的判断能力，并过于乐观地对结果进行预计。②规避损失。投资者在进行决策时往往会主动规避损失，在确保可以规避损失之后再考虑是否可以获得收益等问题。③羊群行为。人们在做决策时会受到周围其他人决策的影响，而这种从众心理十分严重，导致投资者经常不能独立的进行判断。④后悔与谨慎。这是一种普遍的心理状态，人们在进行经济活动中，如果有一种决策方案可以减少投资者的后悔心理，即使最终的决策结果是相同的，但对于投资者来说，这种决策方案仍然是最优的选择。

到目前为止，投资者的某些投资决策行为已经得到了行为金融学家的公认，并被作为决策的基本假设：①投资者的偏好是可变的，投资者在做决策时会逐渐形成他们的偏好。②投资者做决策时是应变的，他们会根据具体的环境来不断地选择调整自己的决策。③投资者做出的选择往往是投资者最满意的决策，但这种决策不一定是最优的。

尽管对于这些理论观点的研究还有待进一步的探讨，但已经有研究表明，投资者的决策行为与市场中的一些投资行为之间存在着密切的联系。例如，股票价格的过度波动、投资者中大量存在的羊群效应问题、投资者对现金股利以及股票股利的不同偏好等。

行为金融学对市场效率性提出了一种全新的解释，说明和论证了影响证券价格偏离基本价值的因素以及这种现象会持续很长一段时间的原因，但是行为金融学在发展中仍然存在着一些挑战。在对未来市场走势进行预测时，仍然需要一个完整的理论体系，虽然目前的研究发现都能对有效市场的假说进行质疑，但至今无法建立一种完整的新理论来取代有效市场假说。而且很多理论对投资人行为的假设并没有以心理学为基础，而是以自己的主观想法来解释市场中的一些现象，这就造成了理论的解释力下降以及不一致性。

对于未来行为金融学的发展前景，Shiller（1981）做出了非常乐观的估计：随着时间的推移，行为金融学将越来越不能被看作金融学中一个微不足道的分支，而是会逐渐成为金融理论的中心支柱，由此可见行为金融学的重要性以及未来与主流经济学融为一体的趋势。行为金融学有效地解释了许多现代金融理论难以解释的现象，并从许多方面开始构建与现代金融理论相对的金融理论，对现代金融理论提出了有力挑战。但是，作为现代金融学的一个新兴领域和重要研究方向，行为金融学并不是对传统金融学进行全盘否定。简单地说，二者的区别仅在于行为金融学添加了心理学的研究成果，对传统金融理论进行了修正和补充，突破了传统的最优决策模型，使对投资者的决策研究方向从“应该怎么做”转变为“实际该怎么做”，从而更加符合实际情况。

金融学的新研究成果可以为我们准确分析金融市场的未来发展趋势，同时在金融市场的实践中验证其科学合理性。

第三节　金融学科本年度研究的热点及主要理论

从宏观方面来讲，本年度研究的热点及主要理论观点包括以下几个方面：

1. 农村金融

对于迈入中等收入国家的中国而言，在转型过程中，随着国家对“三农”问题的日益关注，身处其中的农村金融问题也不断成为学界和管理层关注的焦点。农村金融问题不仅是全国金融体系改革的一部分，同时还关乎农民增收和农业发展中的金融支持问题，因此，对中国农村金融问题的研究与改革愈显紧迫。

农民融资难是农村金融体系面临的核心问题。由于农村普遍缺乏抵押品，如何发展抵押品替代机制是农村融资机制设计的关键。洪正、王万峰和周轶海通过分析表明，组织化（或分散化）和监督有助于降低最低抵押品要求，是农村金融市场两个重要的抵押品替代机制。凭借现代农村转型中的组织化资源，通过农民自组织（合作化）以及他组织（中介化），充分利用农村各类金融资本（或新型金融机构）和新型农村经济组织在资本提供、监督和/或技术咨询和担保上的优势，可以设计出有效的融资（监督）结构，实现农村各类金融资源的有效联结，从而改善农户融资条件。此外，改变农村政策环境如实施恰当的农村财政补贴政策和鼓励适度竞争的金融监管政策也有利于促进农户融资。

陈雨露和马勇（2010）从中国农村金融赖以存在的现实基础出发，以一种动态和发展的方法论为指导，通过构建农户、国家、社会、制度和文化的结构性视角，对中国农村金融的现实问题和发展路径进行了系统的经济学分析。这一分析恢复了经济理性在农户经济行为中的基础性作用，同时纳入了中国长期沿袭的历史积淀因子和农村社会转型的当代背景，在此基础上构建的基本框架对全面理解中国的农村金融问题提供了诸多有益的洞见。他们以一系列现场调研所获得的实践材料为基础，强调从动态和发展的视角来观察和理解中国的农村金融问题。基于这一视角，深入分析和确定了中国农户作为一般市场经济主体所具有的基本特征，同时又将资金需求和资金供给等相关主体的行为置于国家、社会、制度和文化的结构框架下来加以审视，从而使其对农村金融改革和发展的总结和政策建议，深深扎根于中国“三农”的沃壤之中。

谢瑞其（2010）主要探讨新农村建设中的投融资困境，对建设新农村的投融资机制问题进行研究；以新农村建设的内涵与投融资需求为现实出发点，以投融资机制创新与财政金融协调发展为理论出发点，对新农村建设的投融资问题进行研究，以期为新农村建设建构一个理想框架，从而为新农村建设提供资金支持与保障，推进“三农”问题有效解决。

在农户转型、农业和农村发展的过程中，金融的作用毫无疑问是重要的——扭曲的农村金融会阻碍农户、农业和农村的发展，而设计良好的农村金融制度和体系却能发挥积极的杠杆功能，撬动更多的社会资源服务于农户增收、农业发展和农村建设。农业本身的复杂性决定了任何单一工具都无法彻底解决问题，金融工具也不例外。即便是设计良好的金融制度和金融体系，也需要构建制度运行和体系运转的基础环境和外部条件。同时，金融机制从来都不是孤立运转的，只有真正把农村金融“嵌入”到整个农村经济社会发展的网络系统中，才能最大限度地发挥金融机制的积极作用，这也需要考虑农村社会的方方面面。也就是说，农村金融是重要的，但并不是唯一重要的。

2. 货币政策

20 世纪 90 年代以来，许多国家的宏观经济政策发生了重大调整，这些调整具体表现在货币政策方面，就是一个新的货币政策框架——通货膨胀目标制得以推行。新西兰自 20 世纪 90 年代初率先采用通货膨胀目标制，随后越来越多的发达国家和发展中国家开始采用这种新的货币政策框架。通货膨胀目标制已成为当今世界比较普遍实行的一种货币政策目标规则。

虽然通货膨胀目标制在一些发达和新兴市场经济体取得了初步成功，但通货膨胀目标制对中央银行独立性、货币政策透明度、汇率市场化以及金融市场成熟程度的严格要求使得目前我国并不适合通货膨胀目标制。张亦春和胡晓（2010）借助奥地利学派的理论观点，分析当前西方主流货币政策框架在此次金融危机爆发中所起的作用，认为宏观经济运行在实体经济和金融两个领域已发生深刻变化，维持价格稳定已不足以确保经济的持续健康发展。货币政策应更加积极主动地应对金融失衡，强化的灵活通胀目标制是重新实现价格稳定和金融稳定统一的最优货币政策框架。

中央银行运用货币政策工具影响中介指标，进而最终实现既定政策目标。货币政策传导机制的效率不仅取决于中央银行货币政策的市场化取向，而且取决于金融机构、企业和居民行为的市场化程度，即它们必须对市场信号做出理性的反应。如果它们不能完全按照市场准则运行，即不能对市场信号，包括中央银行的间接调控信号做出理性反应，那么货币政策工具就不可能通过对货币信贷条件的调节来实现其政策目标，货币政策传导过程就会受到梗阻，货币政策效果就会被减弱。白鹤祥（2010）从微观角度对我国货币政策传导机制进行了有益的探索。首先，他从绩效考核体系和利率定价行为两方面分析了商业银行信贷行为对货币政策传导的影响，厘清了商业银行的信贷决策和资金定价机制，从而梳理出商业银行环节对货币政策传导的影响因素。其次，作者把分析的视角转向信贷的两大需求主体——企业和居民，研究两大主体资产负债表的动态反应对货币政策传导的影响。再次，作者将视角投向金融监管与货币政策传导的相关关系，在重点强调银行绩效考核、银行利率定价，企业资产负债表和金融监管是现行我国货币政策的四大微观传导机制后，提出了一个四大机制互相结合、互相影响的框架。最后，针对相关问题，作者还给出了翔实、具体和有针对性的政策建议。

3. 金融监管

金融业的行业特殊性决定了金融监管的重要性。金融业是一个风险较大的行业，金融业的风险来自方方面面，不仅有一般行业共有的信用风险、经营风险、市场风险、管理风险，还有金融行业特有的利率风险、汇率风险、国际游资冲击风险。经济发展、体制改革、宏观经济调控都要求对金融风险进行有效的控制，金融稳定是改革和发展的基础。一旦金融机构发生危机或破产倒闭将直接损害众多债权人的利益，后果是十分严重的。而金融业自身又是一个脆弱的行业，表现为金融体系内在的脆弱性、金融机构内在的脆弱性和金融资产价格内在的波动性。近年来，发达国家不断放松金融监管，鼓励金融创新，导致许多国家的金融机构过分追求效率，忽视风险控制，最终在此次金融危机中受到创伤，李妍（2010）探讨不同监管要求下金融机构杠杆率的选择，以分析金融监管制度对金融机构行为和金融稳定的影响。并揭示出宏观审慎监管不但要关注效率，更主要的是从金融稳定角度关注系统性风险。

2007~2009 年金融危机给各国政府带来了挑战——政府必须改善现有的金融调控和监管，以确保金融市场的稳定性而不至于妨碍动态金融市场的发展。而且，目前每种金融市场工具内在的跨国性特征也应被纳入考虑范围。克里斯丁·铁杰和马蒂亚斯·莱曼（2010）从协调和分散的角度探讨了权力的恰当分配。基于监管竞争的理念，对当代的金融调控和监管带来了概念性的挑战。虽然权力进一步协调仍然是我们追求的目标，但建立在良好的全球合作和协调框架基础之上的监管竞争才是成功的金融调控和监管的中心。

全球金融危机需要各国协调一致，得出全面解决问题的方案，但是这在政治上还存在着障碍。唐纳德·朗杰渥（2010）认为，尽管要把证券监管主体分成几块并对大型的机构投资者实行全球监管在政治上有点困难，但是在证券监管中实行国际合作仍是最可行的方案。即使金融危机始于这个区域，这也是最具全球性共同利益的地方。相比之下，小型投资的监管特别受到历史和体制背景分歧的困扰，明智的做法就是在近期的改革议程中，将这项监管主体移出。

金融监管可以将风险控制在一定范围之内，保证金融体系的安全、金融机构的稳定和金融资产价格的泡沫不至于过多。金融体系安全运行，能够保持公众的信心进而保证国民经济的健康发展。

4. 碳金融

碳金融到目前为止没有一个统一的概念。一般而言，碳金融指的是所有服务于限制温室气体排放的金融活动，包括直接投融资、碳指标交易和银行贷款等。“碳金融”的兴起源于国际气候政策的变化，准确地说是涉及两个具有重大意义的国际公约——《联合国气候变化框架公约》和《京都议定书》。

二氧化碳排放权市场是应对气候变化的成本有效手段。随着全世界应对气候变化行动的不断深入，国际碳市场的交易额快速增长。欧洲许多高排放行业的发展，均受到二氧化碳排放权价格的制约与影响。以欧盟排放交易体（EU ETS）为代表的国际碳市场，是经济学中排放权交易理论在应对气候变化行动中的有效实践，其中包含了大量可供研究的管理科学问题。碳市场与碳金融问题已经成为当前国际学术界能源与气候变化领域的研究热点。根据世界银行的统计数据显示，自 2004 年起，全球以二氧化碳排放权为标的的交易总额从最初的不到 10 亿美元增长到 2007 年的 600 亿美元，交易量也由 1000 万吨迅速攀升至 27 亿吨。巴克莱资本环境市场部总监预言，按照目前的发展速度，不久的将来碳交易将发展成为全球规模最大的商品交易市场。

魏一鸣（2010）围绕国际学术界的前沿领域，系统分析了碳市场的配额分配机制、碳市场外部与内部影响因素、排放权价格的波动规律以及碳市场的风险等问题。希望通过研究，能够进一步科学地认清碳市场的内在特征规律和外部影响因素，加深对碳市场相关问题的认识，为中国应对气候变化的行动提供了碳市场与碳金融方面的理论知识。

在我国正面临着经济转型的关键期间，积极探索和发展碳金融是保证中国经济可持续发展的关键一步。

5. 金融危机

2007年的次贷危机，是第二次世界大战后最大的一次金融危机。高杠杆率、新产品和越来越多的风险承担导致了市场超级泡沫的产生。这个泡沫在膨胀了1/4个世纪后，现在终于破裂了。如果接受适当的监管，机构投资者是能够很好地应对这场危机的，然而，美国、英国、德国和法国的大银行在最近的20年间为减少监管者的渗入而不断斗争，最终置他们自己和整个经济体陷入第二次大萧条的风险之中。房屋贷款和其他抵押贷款组合在一起，这些组合起来的资产被分成了股份，在全世界银行、养老基金机构、保险公司、对冲基金机构和其他投资者中以债券的方式进行出售。没有人知道这其中蕴涵了多大的风险，也没有人关心假若事态恶化将如何去处理，监管当局也对此不做任何反应。当一项有问题的抵押贷款被重新组合打包达20~30次以上并出售时，他们只是视若无睹。美联储、美国证券交易委员会、英国金融服务监管局和其他监管机构都眼睁睁地看着这一切发生，他们错误地相信市场会自动修正这些过度行为，而事实上却没有，最终引发了一场席卷全球的金融危机。

在探讨金融危机之后国际货币体系的演变上，李稻葵和尹兴中（2010）首先分析了国际金融危机爆发前世界经济发展的基本格局，其特点包括新兴市场国家快速增长，国际贸易与全球化的飞速推进，以及全球金融深化、跨境资本流动金额迅速上升，这导致世界经济对具有普遍良好信用的国际货币的需求大大增加。与此密切相关的是危机爆发前国际货币体系的三大特点：①美元成为各国中央银行最为倚重的储备货币，事实上成为超级货币；②欧元的快速崛起；③美国货币政策以及美元货币条件对全球经济具有巨大影响力和冲击力。基于这些分析，他们认为国际金融危机之后，现行国际货币体系难以为继，尤其是因为美元信用基础发生了根本性的动摇，其超级国际货币的地位必然丧失。金融危机后的国际货币体系有两种主要可能的演变方向：一是各国通力合作创造出超主权国际货币；二是欧元以及人民币不断崛起，与美元形成三足鼎立的多基准货币的新国际货币体系。第二种可能性更大，因此他们建议，中国应长期倡导并参与国际货币体系的改革，积极参与IMF改革，以彰显中国作为一个崛起中的大国积极推动国际合作的风范；但是，由于各种国际政治力量的干扰，必须做好第二种情形的准备，人民币国际化是最为现实和有效的选择，而中国的长期贸易顺差则是人民币国际化的必要基础。

陈雨露等（2010）通过实证分析对信息机制在金融危机中的作用进行了初步解读，并对金融创新可能带来的信息失真问题进行了剖析。他发现，提高金融市场的信息披露质量，减轻腐败因素对信息处理和传递机制的干扰，有助于降低金融危机的发生概率；同时，简单、易于理解的金融工具更有利于信息传递和金融稳定，而过于复杂的金融创新则可能在投资者之间形成新的信息不完全，导致投资者的风险识别状态发生系统性改变，最终诱发金融危机。因此，只有当市场参与者能够接收到真实、准确的信息并反映出真实的市场交易状态时，信息的传递才是有效的。从信息处理的角度，公开透明的信息披露只是降低金融危机发生概率的必要条件，而非充分条件，尤其是过度金融创新所导致的投资者风险识别能力的集体性缺失，与金融创新同时产生的信贷扩张彼此强化，短期内使得金融市场在更高的风险状态下维持着自我实现的均衡，而这种“失衡的均衡”在任何外部冲击面前都极为脆弱。上述结论意味着，在理解金融危机的过程中，对市场机制本身可能造成的信息扭曲问题需要给予足够关注。

从微观方面来讲，本年度的研究热点及主要理论观点包括以下几点：

1. 商业银行

商业银行作为最重要的一种金融中介，其地位和重要性不可忽视。作为经济体系内众多行业中的一个，其首要目的在于能够获得盈利。但与此同时，银行又是一个特殊的行业，具有较强的社会功能性，因此其经营发展及准入应该受到更多的监管和约束。我们可以看到的是，在次贷危机中，金融机构特别是银行，在追求业绩的目标驱动下，片面追求业务规模和业务利润的快速增长，而忽视风险甚至无视风险。同时，金融机构对金融衍生工具过分信任，认为一切风险可以通过工具创新转嫁给别人，忽视了衍生工具内在的风险，最终导致金融风险被成倍地放大。因此，要保证商业银行健康发展的同时绝不能放松对商业银行风险的度量和控制。

在研究商业银行发展方面，韩玉和甘培泰（2010）从真实收入、真实利率、贸易开放度和金融自由化的视角探讨了银行业发展的决定因素。研究中运用了三个银行业发展指标模型，即流动负债、私人部门信贷和国内信贷。运用马来西亚的数据得到的实证研究结果表明：①较高的国内生产总值会促进银行业的发展，然而，金融自由化往往加剧了金融部门发展的不稳定性；②真实利率和贸易开放度并不是银行业发展的显著决定因素，至少从数据的角度；③推进马来西亚的金融改革需要金融自由化进入一个新的时期—— 一个有着足够多金融机构和健全的宏观经济政策的时期。

在分析商业银行风险方面，丹尼尔·福斯（2010）基于16个主要国家的数据，分析了贷款增长是否会影响单个银行的风险。运用全球银行与金融机构分析库中超过16000家单个银行在1997~2007年的数据，作者对贷款异常增长、资产风险、银行盈利能力和银行偿付能力之间关系的三种假说进行了检测。检测结果显示，贷款增长导致了随后三年贷款损失准备金的增加、相对利息收入的减少和资本充足率的降低。进一步的分析显示，贷款增长也对风险调整利息收入带来了负面冲击。这些结果都表明贷款增长是银行风险增加的一个重要原因。

同样的，在对商业银行的信贷考查方面，由于在我国商业银行的信贷决策中，普遍存在着“信息困境”，即信贷决策所依赖的信息有着“硬信息软化”的特征，信贷决策流程中普遍存在着信息的“私有化”，以及为信贷决策所收集信息的使用效率不足。怎么克服上述“信息困境”以提高信贷决策的质量和效率，是银行面临的现实问题。施丽芳、廖飞（2010）研究指出一个高质量的内部信用评级机制能够成为向信贷业务人员转移信贷决策权的中介，进而激励信贷业务人员做好信息工作。他们提供了一个分析框架以指导信贷决策者审慎地根据内部信用评级的质量来给予信贷业务人员适当的决策权重，这个权重按照内部不确定性与外部不确定性来判断，在规避过度授权引致的风险的同时，最大限度地发挥授权的激励作用。在这个过程中，“信息困境”被有效克服，信贷决策权配置得到优化，对银行的信贷决策实践和内部信用评级机制的建设有着一定的指导作用。

巴曙松（2010）试图从巴塞尔新资本协议在危机中的修订出发，透视全球银行业风险管理框架的演变趋势。这不仅有助于银行业更为全面地了解巴塞尔新资本协议的一些新的内容和框架，同时也有利于银行业风险监管研究的深入。特别是从2009年开始，中国正式加入巴塞尔银行监管委员会，这使得中国银行业对于巴塞尔新资本协议的研究不能仅仅停留在执行层面，还应当更多地深入到反思和改进的层面。巴曙松从考查危机中金融监管的宏观趋势与动态出发，结合巴塞尔新资本协议的整体框架和危机后修订的侧重点，按照资本约束与资本计提、风险测度模型的演进与创新、监督审查与市场约束三个部分，研究新资本协议三大支柱下各项内容的现实不足与实质改进，最终对新资本协议的实施影响做出评估，并在考察中国实施新资本协议的现状和问题的基础上提出相应的政策建议，为银行经营管理层、监管者在制定风险管理的相关政策时提供了一些借鉴，同时也有助于促进金融研究界加强和深化对巴塞尔新资本协议的研究。

2. 公司治理

21世纪初，当一系列公司由于管理上的欺诈、失当或疏忽行为蒙受股东财富的巨大损失时，公司治理的重要性大大地显现出来。

亚历克斯·托德（2010）全方位审视了当今公司治理中存在的问题，着重探讨管理层和股东之间的关系。托德指出，公司治理正由于问题和环境的复杂性而不堪重负。我们都知道，一种模式不会适合所有问题，但如何考虑到所有的变量，亚历克斯·托德（2010）介绍了“理想公司治理”的概念，构建一个综合考虑了必要的组织、必要的可变性和适应能力参数的框架，将有助于诊断现行做法、设计最佳方案。一般来说，每一个层次的管理人员都要比他们的下属看得更长远。同样地，董事会的集体认知能力应该超越首席执行官，看到之后的25年，而不是5年。必要的可变性旨在将需要消除不稳定性的选择数量降至最低。应用网络化治理的自治系统是一个可行的方案，需要纳入的内容可能包括咨询顾问、雇员集、客户和能快速反馈股东利益的供应商集。适应能力即可以在动态非平衡状态中平衡这些系统，这可能涉及赋予股东一系列的投票权。托德还讨论了一个事实，即不同的治理措施最好应用于不同阶段。寻求高估值的战略需要在投资者之中建立信任，而幼稚期公司更偏好扩大收入，因而通常有更多的管理控制。

目前，在金融危机背景下，国内外政府纷纷对高管高薪进行管制，高管薪酬的公平性成为社会各界关注的热点。归纳国内外相关文献，关于高管薪酬公平性并没有直接的衡量方法，已有文献对高管薪酬公平性的评价方法主要有三种：一是利用问卷调查的方法，以普通员工对高管薪酬的满意度程度来衡量高管薪酬的公平性；二是直接以高管和普通员工的薪酬差距来表示薪酬分配的不公平程度；三是分析影响高管薪酬的合理性因素并计算高管薪酬中的额外薪酬，以此衡量高管薪酬的不公平程度。已有的评价方法具有一定的主观性和间接性，步丹璐、蔡春和叶建明（2010）在全面分析相关理论的基础上，结合前期文献的研究结果，设计了衡量高管薪酬的公平性的三种方法：一是基于高管特征的视角，在公平理论、相对剥削理论和有效工资理论的基础上衡量高管薪酬的公平性；二是基于公司特征的视角，从最优薪酬机制理论的角度衡量高管薪酬的公平性；三是综合高管特征和公司特征，结合前两种方法衡量高管薪酬的公平性。作者从公平的视角梳理了高管薪酬的前期文献，基于行为学、经济学、管理学等多领域的相关理论，对前期研究法进行修正，提供了直接量化高管薪酬公平性的思路，以期为高管薪酬的相关研究和政策制定提供理论基础。

在公司盈余管理方面，陈祥有（2010）以 2004~2007 年在我国深交所中小企业板上市的 199 家 IPO 公司为样本，对风险投资与盈余管理之间的关系进行研究，旨在揭示风险投资是否可以约束 IPO 过程中的盈余管理行为，是否可以降低 IPO 公司的盈余管理程度。通过可操控性应计利润指标直接检验风险投资对盈余管理程度的影响，运用修正的琼斯模型和多元线性回归模型，采用计量经济学软件 Eviews5.0 进行数据分析得出结论：与没有风险投资背景的 IPO 公司相比，有风险投资背景的 IPO 公司上市前一年的盈余管理程度更低。

3. 民间借贷

中国的民间借贷最早出现在江浙等南部发达地区。一方面，民间资本越做越大；另一方面，中小企业融资难问题日益突出。个别开放城市尝试让这部分“民间资本”与中小企业对接，在全国许多经济开放城市中，民间借贷已经由“地下”走到“地上”。不能忽视的是，民间借贷在解决中小企业贷款难、活跃地方经济中的重要地位越来越明显。

民间金融利率问题是民间金融的核心问题，我国许多地区的民间金融利率均呈现出与正规金融机构贷款利率一致的变动趋势，但二者间始终存在巨大差距。匡桦先通过引入正规金融机构贷款隐性成本的概念，说明民间金融利率不仅需要参考正规金融机构贷款利率，还要包含借款人享受正规金融利率所需付出的隐性成本，然后构建局部均衡模型，说明隐性成本是民间金融高利率的重要原因，而且当隐性成本超过借款人所能承受的最大限度时，借款人宁可承担更高的利率从民间金融贷款，也不会从正规金融机构贷款。

张海洋和平新乔（2010）主要研究农村民间借贷的情况，使用农户抽样调查数据，比较了农村民间信贷市场中借贷双方的收入状况。文章发现，民间信贷资金并不是一致地“从富人流向穷人”，也不是一致地“从穷人流向富人”，而是表现出较强的“正向分类相聚”（Positive Assortative Matching）性质：穷人把钱更多地借给了穷人，富人把钱更多地借给了富人。同时，相对贫穷的农户的金融活动明显不如其他农户频繁，他们的借入款家庭和借出款家庭的比例都比较低。作者使用搜寻—匹配模型从经济学的角度分析了这一现象可能的原因，并从理论上证明了模型均衡的存在性，使用数值模拟的方法描述了借贷可能发生的区域，比较好地拟合了观察到的现象。

4. 消费金融

消费金融无论是在提高消费者生活水平方面，还是在支持经济增长的方面均发挥着不可替代的作用。在国际上，消费金融这种体制具有 400 多年的发展历史，在发达国家中，消费金融公司主要的客户群体是那些有着稳定收入的中低端个人客户。而这样一种金融服务方式目前在成熟市场和新兴市场均已得到广泛使用。由于消费金融公司具有单笔授信额度小、审批速度快、服务方式灵活等独特优势，受到了不同消费群体的广泛欢迎。

消费金融是金融和经济学中一个正在快速兴起的重要研究领域。近年来，消费金融的飞速发展对金融业的发展也起到了重要的推动作用，而且从扩大内需的角度上来看，由于金融危机缩减了国外需求，启动内需成为我国经济增长的动力来源。而消费金融体制在一定程度上是能够促进消费的。王江、廖理和张金宝（2010）通过对消费金融领域的研究，从大体上对这个领域的状况和发展做了一个简单的综述，他们首先讨论了消费金融研究的基本范畴和主要问题，在此基础上从家庭金融活动、消费者的行为与消费金融、消费金融与金融市场及政府的相互关系等几个方面介绍了消费金融的研究现状。

5. 行为金融

行为金融是近 30 年来在国外迅速崛起的研究领域。从人类真实的心理和行为模式出发，行为金融理论重视被传统金融理论所忽视的决策“黑箱”，这无疑是符合金融学的发展趋势的。相比现代金融理论，行为金融的基本假设更加“贴近”现实，基于有限理性和有限套利两大基石，行为金融有效地解释了许多现代金融理论难以解释的现象，并从许多方面开始构建与现代金融理论相对的金融理论，对现代金融理论提出了有力挑战。

彭飞（2010）认为，行为金融理论并没有排斥现代金融理论中合理的经济学概念和原理，只是更注重运用心理学和行为科学的成果来研究实际的金融决策过程。作为现代金融学的一个新兴领域和重要研究方向，行为金融学并不是对传统金融学进行全盘否定。行为金融学添加了心理学的研究成果，对传统金融理论进行了修正和补充，突破了传统的最优决策模型，使对投资者的决策研究方向从“应该怎么做”转变为“实际该怎么做”，从而更加符合实际情况。因而，进行金融研究工作的一个合理方向就是：基于有限理性和有限套利的行为金融理论基础，弥补现代金融理论在个体行为分析和研究方法上的不足和缺陷，建立起类似现代金融理论体系的更加完善的理论体系和更具普适性的理论模型，促进金融学理论研究朝更现实的方向发展。

改变现代资产选择理论的假设基础，在符合人们决策心理和行为的基础上，研究适合的资产选择模型以满足实际投资应用的需要，成为了一个既有理论意义又有现实意义的重要研究课题，谢夫林、斯塔特曼（Shefrin and Statman）在此方向上已做出了有价值的探索，提出了行为投资组合理论（BPT）。他们假定投资者能够对未来做出正确的预测判断，但对风险的判断和选择却违背预期效用理论这一前提下，应用行为金融理论已有的研究成果，诸如损失厌恶、框架效应、心理账户以及行为展望理论，把这些个体决策心理和行为特征结合现代资产选择理论，建立起了若干基于不同风险测度，能够对实际投资决策提供更强指导意义的行为资产选择模型。

彭飞支持金融理论发展应走行为金融研究与现代金融理论研究相结合之路的观点，在系统分析不确定条件下人们的实际判断与决策行为的基础上，将行为金融有关风险心理的研究成果纳入现代资产选择理论，深入探讨了行为资产选择的基本理论、应用及前沿发展，构建了一个行为资产选择的基本框架。

6. 金融衍生品

信用衍生品是现代金融领域最重要的创新之一。它的出现从根本上改变了金融机构信用风险的管理模式。在过去的十几年里，信用衍生品被广泛地应用在信用风险的对冲、资产负债的管理、银行资本金的规划以及各种以盈利为目的的金融交易中。金融衍生品是为满足规避金融风险等的需要而产生的，但随着金融衍生品的结构越来越复杂，对信贷风险的度量等也变得越来越复杂。信用衍生品在规避风险中的创造性应用和在追逐盈利上的一度滥用，上演了现代金融史上最令人激动而又最触目惊心的一幕。2007 年信贷危机的阴影仍然挥之不去，信用风险度量模型一直以来确实有待改进，我们不能把金融危机归咎于模型没有检测到风险，或是没有准确评估信用的工具。模型的结果与假设相伴而生，而假设又是由市场条件和激励机制驱动的。

安东尼·桑德斯（2010）在他的著作中提出了一些定量模型，用来估计违约概率（PD）。两个主要的建模方法是期权理论的结构模型和简化模型。期权理论依据公司资产市价与负债的对比，从结构方面分析了违约。简化模型从统计上将观察到的风险债券价格分解成违约风险保费，这种违约风险保费不必审查内在的因果关系就可以为信用风险事件定价。作者对上述模型以及更加传统的模型（例如，Altman 的 Z 评分和死亡率模型）进行了类比和对比，以评估它们预测的准确性。预期违约概率的估计虽然很重要，但它也仅是计算信用风险敞口所需的一个参数。安东尼·桑德斯讨论了另一个关键参数的估计方法：损失补偿违约——（The Loss Given Default，LGD），并描述了投资组合的信贷风险是如何确定的。最后，为了说明这些参数在信贷风险评估中的作用，作者将这一系列参数结合起来进行了总体分析说明。

第二章　金融学科 2010 年期刊论文精选

本报告对 2010 年国内外与金融学理论相关的期刊论文进行梳理和内容划分。本次文献资料整理共得到与金融学理论相关的期刊论文 1013 篇，其中：国外期刊文章 400 篇，国内期刊文章 613 篇。本次文献资料整理的检索来源如下：国内期刊主要来自于 CSSCI 收录的期刊，国外期刊则主要收录了 SSCI 中的期刊，从研究内容、研究方法、研究视角等方面，通过编委们的一致评选，评选出 15 篇中文期刊优秀论文和 20 篇英文期刊优秀论文。

第一节

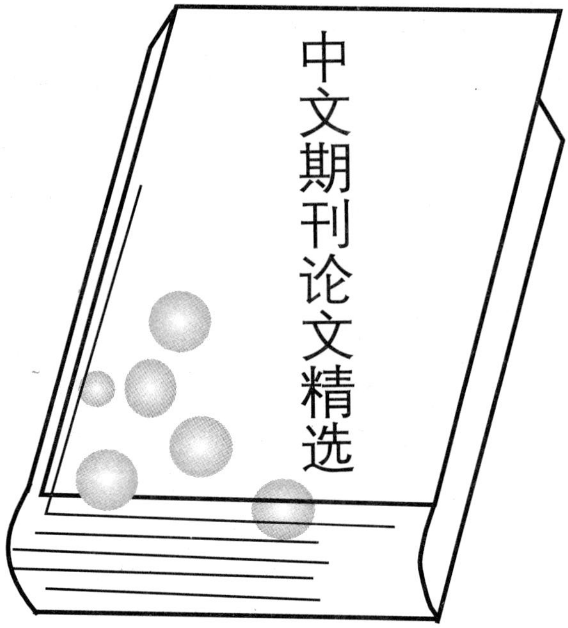

道德风险、监督结构与农村融资机制设计
——兼论我国农村金融体系改革 *

洪正[1] 王万峰[2] 周轶海[3]
(西南财经大学中国金融研究中心，四川成都 610074)

【摘 要】农民融资难是农村金融体系面临的核心问题。由于农村普遍缺乏抵押品，如何发展抵押品替代机制是农村融资机制设计的关键。我们的分析表明，组织化（或分散化）和监督有助于降低最低抵押品要求，是农村金融市场两个重要的抵押品替代机制。凭借现代农村转型中的组织化资源，通过农民自组织（合作化）以及他组织（中介化），充分利用农村各类金融资本（或新型金融机构）和新型农村经济组织在资本提供、监督和/或技术咨询和担保上的优势，可以设计出有效的融资（监督）结构，实现农村各类金融资源的有效联结，从而改善农户融资条件。此外，改变农村政策环境如实施恰当的农村财政补贴政策和鼓励适度竞争的金融监管政策也有利于促进农户融资。本文从农村融资机制设计的角度为理解农村金融体系安排提供了一个分析框架，分析结论对于当前我国小农经济现实背景下的农村金融体系改革尤其具有启发意义。

【关键词】道德风险；组织化；监督结构；融资机制；农村金融

* 原文发表于《金融研究》2010 年第 6 期。本文得到了国家社会科学基金青年项目“金融高管薪酬设计与金融风险防范”(10CJY072)、教育部人文社会科学研究青年基金项目“中国农村融资制度创新研究——基于机制设计的视角”和西南财经大学“211 工程”项目资助。特别感谢第八届中国经济学年会和第五届中国金融学年会上评论人的宝贵建议，感谢匿名评审人的修改意见，当然文责自负。

① 洪正（1971-），男，西南财经大学中国金融研究中心讲师，金融学博士，研究方向为银行理论与公司金融，电子邮箱 xchill@163.com。

② 王万峰（1976-），男，西南财经大学中国金融研究中心博士生，供职于中国人民银行成都分行。

③ 周轶海（1979-），男，西南财经大学中国金融研究中心博士生，供职于中国人民银行，电子邮箱 haiyizhou@163.com。

一、引言

农户（或农村中小企业）融资难是我国农村金融体系改革面临的核心问题。随着国有商业银行特别是农业银行从县以下机构的撤出和收缩，我国当前农村金融体系实际上演变成以农村信用社占主导的格局，但农村信用社在机构性质、内部治理和历史问题的影响下，难以满足农村的金融需求，与此同时民间金融则受到很大的压抑。农村金融体系不发达，导致了农村资金外流、农村金融供给不足，由此造成了农村和农民生产经营所需资本投入严重不足，制约了我国“三农”的发展（成思危等，2005）。因此，自2006年以来我国启动了新一轮农村金融体制改革，其基本方向是放宽农村金融市场的资本准入，允许境内外银行资本、产业资本和民间资本到农村地区投资、收购、新设各类金融机构，包括村镇银行、贷款公司、资金互助社以及只存不贷的商业性民营小额贷款公司等，开展对农村的金融服务[①]。在我国农村金融体系进行改革的同时，我国农村经济的现实也发生着逐步转变。从我国农村经济的现状来看，尽管总体上小农经济仍然占主要地位，但近年来我国农村经济活动也出现了三个新的显著特点：规模经营农户的出现；农村中小企业的发展以及以“公司加农户”为代表的农业产业化模式的兴起。农业产业化的进程推动了农村专业经济组织的发展，必然对农村金融需求和供给提出新的要求。新一轮的改革措施能否促进农户融资，农村新型经济组织的出现能否有助于改善单个农户所面临的融资困境，直至农村金融体系应如何改革，是当前我国农村金融实践和理论研究所面临的重要课题。农户融资难问题是我们理解农村金融体系的起点，而缓解农户融资难的关键在于解决农户与农村金融机构之间的信息不对称所引起的逆向选择和道德风险问题（何广文，2002），设计有效的融资机制是解决这一问题的有效途径。因此，本文旨在从融资机制设计的角度建立农村金融体系安排的微观基础，为理解我国当前农村金融体系变革提供一个分析框架。

现有文献对农村金融体系的研究大多建立在二元金融结构理论基础上。麦金农（1973）认为，发展中国家的农村金融市场表现为典型的相互分割、平行发展的二元金融结构。在农村金融市场上，由于普遍存在的信息不对称、中小农户和企业普遍缺乏抵押品以及法律不完善，贷款成本往往很高。以民间借贷为代表的非正规金融在信息甄别、监督和合约执行上具有独特的优势（Stiglitz and Weiss，1981），而以银行为代表的正规金融由于专业化和规模经济效应资金筹集成本相对较低（Folro et a1.，1991），正规金融和非正规

① 监管部门在放宽农村金融资本准入的同时又进行了审慎的限制。在新型机构中，农村资金互助社可以由农户自愿组建，是一种经典意义上的农民合作金融组织；贷款公司必须由商业银行和农村合作银行全额出资发起组建；设立村镇银行必须要银行业金融机构做主要发起人，且控股比例不低于20%；单一自然人持股比例、单一其他非银行企业法人及其关联方合计持股比例不得超过10%。任何单位或个人持有村镇银行、农村合作金融机构股份总额5%以上的，需要事先经监管部门批准。

金融因各自的优势在不同的领域发挥着作用。国内学者认为我国农村金融市场也属于典型的二元金融结构，并以此为基础探讨我国农村金融体系的构建。张杰（2003）以小农经济为前提，在研究了小农家庭的功能与融资顺序后认为，小农融资的圈层结构决定了非正规金融的主导地位，由国家主导的正规金融制度安排不适合小农经济。近年来，研究者们从原来注重供给方研究开始转向重视需求方研究，并且将农村二元金融结构进一步划分为民间金融、合作金融、商业性金融和政策性金融四类（第一项属于非正规金融，而后三项则属于正规金融）。认为复杂化的农户经济结构和收入结构导致了金融需求的多样化，为适应金融需求的变化应建立包括四类金融在内的多层次农村金融供给体系（谢平，2005；刘锡良，2006）。随着农村经济的发展，各类金融资本和农村新型经济组织的出现，上述二元金融结构分析方法的缺陷日益显现出来。首先，这种简单的二元分类方法没有考虑到金融交易更复杂的中间结构，特别是没有考虑到产业化引起的小农经济组织化及由此给农户融资带来的影响。即使在四元分类中，民间金融、合作金融、商业性金融以及政策性金融也基本上处于一种割裂状态，没有将各类融资方式有机结合起来①。而且这种划分方法也缺乏经济学的标准，使得问题的分析过于简化。其次，无论是基于供给还是需求的视角都没有将农村金融体系的分析建立在激励相容的基础上，即如何利用正规金融与非正规金融各自在信息、监督和资金来源上的优势，实现农村融资的激励相容机制。

任何融资活动都面临着借款人的道德风险，如何减少由此带来的影响，提高投资者（贷款人）可保证收入是融资制度设计的核心②（Tirole，2006）。抵押品是克服道德风险的基本手段，但农村地区普遍缺乏抵押品是导致农户融资难的基本原因，因此发展抵押品替代机制是农村融资制度设计的关键。在农村地区由血缘、亲缘和地缘关系发展而成的社会和组织资本是物质抵押品的良好替代机制，能够对有形物质资本的形成起重要影响（Stiglitz，1999）。更重要的是近年来在农村产业化中出现的农村新型经济组织可以将单个农户与市场有机地连结起来，能够有效地克服单个农户在融资中出现的道德风险。可见将分散的小农户通过适当的方式组织起来是解决融资难问题的有效途径。为了克服信息不对称带来的道德风险问题，监督是缩小信息差距的重要方法，有助于改进契约（Holmstrom，1979），因此适当的监督方式可以替代抵押品不足，提高融资的可得性。

从融资合同设计的角度来看，由于道德风险和有限责任的存在，为了激励借款人努力，借款人需要获得有限责任租（Laffont and Martimort，2002），有限责任租的存在增加

---

① 有部分文献注意到正规金融与非正规金融之间的联系。在不少发展中国家和地区，不但存在着正规金融和非正规金融之间的垂直联系，如私人借贷中相当比例的借贷资金来源于正规金融部门（Ghateetal，1992；Aryeetey，1995），而且非正规金融之间还存在着横向联系，如一些农业大户充当着小农户与生产资料供应商、农产品收购商之间的金融中介（Germidis，1990；Folroetal，1997）。尽管上述文献观察到了两者联系的现象，但其中联系的具体机制还没有被很好地理解。

② 有些文献从逆向选择角度来研究农村金融的机制设计问题。张杰（2007）根据不同收入水平的农户所能提供的抵押品差异，认为通过设计抵押物和利率的合同组合可以实现农村信贷市场的分离，富裕型农户选择正规金融部门（较高抵押要求，较低利率），维持型农户选择小额信贷机构，而贫困型农户则需要国家贫困救济。刘锡良、洪正（2005）分析了农村小额信贷市场的分离均衡，得出了类似的结论。

了对抵押品的要求。解决融资问题的关键在于放松借款人激励约束条件，减少有限责任租，提高投资者的可保证收入，降低抵押品要求，使融资更加可能。组织化或分散化是改善融资条件的首要机制[①]。通过将多个投资项目集中在一个借款人或将不同借款人项目集中到同一贷款人（或贷款中介）名下，允许借款人（或贷款中介）从成功的项目收益中抵押支付失败的项目，可以实现项目之间的交叉补贴，放松了借款人（或贷款中介）的激励约束，减少了借款人的有限责任租，有利于降低抵押品要求，从而减轻了单个借款者所面临的融资困境（Tirole，2006）。Diamond（1984）认为，当多个项目相互独立时，多元化可能会带来大量激励性收益。分散化降低了事后监督成本，无须再对中介进行监督，这种代理监督安排内生了金融中介结构[②]。农村融资的组织化方式可以分为自组织即借款人之间采取某种形式的合作化，如团体贷款、资金互助社或信用社；他组织或中介化，即通过第三方（金融中介或非金融中介如农村经济组织）将单个借款人与普通贷款人联结起来。监督是对融资条件产生影响的另一个重要机制。Holmstrom and Tirole（1997）认为，监督对抵押品要求具有替代效应，影响到融资可行性。当借款人抵押品价值较低不足以直接融资时，引进代理监督者可以提高投资者可保证收入，有利于促进融资。Conning（1996）对农村各类融资方式的比较中也验证了这一点。其基本结论是：在自我融资、民间借贷、贸易信贷和银行借贷四种融资形式中，抵押品要求依次递增，而监督强度则依次递减，较低的抵押品要求往往面临着较强的监督。这种替代效应存在的原因在于监督活动降低了借款人道德风险的范围，减少了有限责任租，从而降低了抵押品要求，但不同的监督方式对农户融资条件的影响存在着显著差异。

在农村融资活动中，监督方式一般可分为无监督（如信用贷款）、直接监督（如民间借贷）、代理（中介）监督（如金融机构贷款）、同组监督（如团体贷款）（Peer Monitoring）。各类监督方式面临着不同的监督成本，影响到农户的融资条件。在直接监督中，监督成本就是为实施监督和控制活动所花费的监督活动成本，而在代理和同组监督中，除此之外引进监督者还必须给予其激励实施监督活动，监督者因而获得了监督租即监督激励成本。在代理监督中监督者可以通过投入部分资本到借款人风险项目中来承诺降低监督租；而在同组监督中，连带责任合同使得每个借款人必须给予激励保持努力和作为其他成员的监督者，借款人被迫从他们的有限责任租中支付监督租（在代理监督中两者必须分别支付给借款人和代理监督者），在不破坏激励的情况下使得激励奖金更经济，从而更有助于减少有限责任租和监督租。除了上面两类监督成本外，还存在着其他的代理成本，如代理监督者自身存在代理问题；代理监督者与借款人之间、团体贷款中借款人之间可能存在合谋问题。合谋的存在提高了监督成本，降低了监督活动的有效性（Tirole，1993；Dessf，

① 同一个融资安排从借款人角度来看是组织化，而从贷款人角度来看则可能是分散化，本文对这两种说法根据不同情形交叉使用。

② 在 Leland and Pyle（1977）的研究中，在借款人风险厌恶和逆向选择假设下，银行（贷款中介）作为借款人的信贷联盟还可以有效降低信号发送成本，从而有助于融资。

2004）。因此在融资结构设计中是否引进监督者以及采取哪种监督方式取决于有限责任租的减少和监督成本之间的权衡，而监督能否促进融资则最终取决于是否有利于降低融资所需的抵押品要求。

在农村金融市场上，监督活动可以由金融机构也可由非金融中介来实施，特别是利用农村新型经济组织在监督结构中的作用可以对农村融资条件的改善产生重要影响。新型农村经济组织是在农业产业化中连接单个农户与市场之间的中介组织，包括农业关联企业和农户自己组建的专业技术协会、农协或合作社等服务组织（赵德余、温思美，2005）。在经营模式上正由农业产业化之初的合作社和龙头企业+农户向龙头企业+合作社 +农户或龙头企业 +大户+农户转变（周立群、曹利群，2001）。农村新型经济组织除了为农户提供生产资料供应、生产作业以及销售服务外，还可以对分散农户的道德风险行为进行监督和约束。具体而言，农村经济组织可以在农户融资安排中发挥五方面的作用：一是对农户生产有较好的了解和控制，从而易于监督；二是对农户的生产提供部分资金（或实物），促使其有激励去监督农户的生产活动以保证投资收益的实现；三是为农户提供技术指导可以提高投资成功的期望收益，比单纯的借贷关系更容易促进融资；四是更易于接受农业产出作为抵押物，提高了抵押品水平；五是将单个农户与金融机构联结起来，提高融资的组织化程度。其中不同的经济组织具有各自的特点，发挥的作用存在差异，合作社或专业协会因是农户自己组建的组织可以进行有效的监督，但却面临着资金不足和缺乏抵押性资产的困难；龙头企业则在资金提供方面具有一定优势，而在监督效果上有所欠缺。因此，农村融资机制设计应充分考虑各类新型经济组织在资金支持、监督、技术指导等方面的比较优势产生不同的融资结构，实现抵押品要求的降低，促进农村融资活动[①]。

本文的分析框架考虑了受制于借款人的道德风险和有限责任，同为风险中性的普通投资者与潜在借款人（农户）之间的融资合同设计问题。通过组织化和监督的方式，充分利用农村新型经济组织和各类金融资本（或金融机构）重要的中介（监督）功能，可以产生有效的融资结构，促进农户融资。“把激励搞对”是中国经济体制改革的基本经验，设计激励相容的农村融资机制是农村金融体系改革的重要内容。本文从合同设计的角度，以农村融资的抵押品决定为起点，沿着 Holmstrom and Tirole（1997）and Conning（2005）的建模思路，采用普通投资者—（中介）—借款人结构来分析农村融资结构问题。以下的部分安排如下：第二部分是抵押品决定的基本模型以及三种基本的监督方式和分散化对融资条

① 利用产业关联来提高融资条件的思想得到众多研究者的关注。林毅夫（2005）提出由龙头企业成立担保公司，即龙头企业+担保公司+银行+农户的“四位一体”的融资模式，有可能成为解决“三农”问题的突破口之一。晏露蓉等（2007）认为，采用行业性专业担保或引入上下游企业担保的模式可以有效解决中小企业融资难问题。这是因为在前一种模式中行业协会、同业公会对融资企业具有信息优势，可以有效降低监控成本和违约损失及处置成本，而且行业性专业担保机构中的会员中小企业间会实施相互监督，监控成本低；而在后一种模式中可以借助企业间的相互监督机制和群内企业内部信誉传导及惩戒渠道，以及资产易在行业内部最大变现的特征，来有效分散担保风险。阮建青等（2007）认为产业集群在中小企业克服资本壁垒上起着关键性作用。产业集群内部的企业家一方面通过社会资本来克服运营资本困难，另一方面小企业可以利用上下游较大企业的商业信用，而这些较大企业则可以通过银行贷款和自身资本来对小企业进行融资。

件的影响；第三部分是考虑农村新型经济组织作用时的融资（监督）结构；第四部分是对相关农村财政政策和金融监管政策的讨论；第五部分是全文总结及政策含义。

二、抵押品要求及三种基本的监督融资机制

（一）抵押品决定的基本模型：普通投资者无监督时的情形

这里以普通投资者（非知情投资者）在无监督下的情形为起点，分析当借款人（农户或农村中小企业）存在道德风险时，融资所需要的最低抵押品要求。考虑一个风险中性的借款人，拥有抵押品价值 A，为了实施投资项目需要向风险中性的投资者融资 I。假定项目成功时产生收益 R，如不成功则收益为 0。如果借款人努力，项目成功的概率为 p_H；若借款人偷懒，成功的概率为 p_L，但同时可获得私人利益 B，$p_H > p_L$。普通投资者观察不到借款人的选择，从而面临着借款人偷懒的道德风险。假定选择努力是社会占优和有效率的，即 $p_HR > \gamma I > p_LR + B$。记 $\Delta p = p_H - p_L$，似然率 $l = p_L/p_H$。普通投资者的资金成本为 γ。融资合同可以这样安排：项目成功时借款人可获得收益 R_b，失败时为−A（有限责任）；相应地项目成功时普通投资者收益为 R_u，失败时将获得全部抵押品 A。该激励合同设计可表示为，在满足借款人的激励相容约束和有限责任约束以及普通投资者的参与约束下，考虑借款人的最优化问题。

借款人规划 I：

借款人最优化 $\max\limits_{R_b} p_HR_b + (1 - p_H)(-A)$ (1)

借款人激励相容 s.t $p_HR_b + (1 - p_H)(-A) \geq p_LR_b + (1 - p_L)(-A) + B$ (2)

普通投资者参与约束 $p_HR_u + (1 - p_H)A \geq \gamma I$ (3)

投资收益分配 $R = R_b + R_u$ (4)

借款人有限责任约束 $R_b \geq -A$ (5)

对上述规划问题求解很容易得到命题 1。

命题 1： 实现融资的最低抵押品要求$\bar{A}$随着投资额 I、普通投资者资金成本 γ 以及借款人的有限责任租 $\left(\frac{B}{1-l}\right)$ 上升而增加，随着项目期望收益 p_HR 增加而减少。

证明：由（2）式得：$R_b \geq -A + B/\Delta p$，经（4）式再代入（3）式得：

$p_H(R + A - B/\Delta p) + (1 - p_H)A \geq \gamma I$，整理得到：$A \geq \bar{A} = \gamma I - p_H(R - B/\Delta p) = (\gamma I - p_HR) + \frac{B}{1-l}$。

从命题 1 的证明可以看出，只有当借款人的抵押品超过某一值时才能获得融资，低于

此值将被排除出信贷市场。因此，提高农户融资能力的首要因素就是扩大抵押品的范围。抵押品范围越广，抵押品实现价值越大越有利于农户融资。在我国农村地区，农户拥有的抵押品主要有土地、房屋、农业生产资料和农产品，其中土地是最大的抵押品，但我国《物权法》禁止宅基地使用权和土地承包经营权抵押，这就在很大程度上限制了土地作为资产效能的发挥，而单个农户生产的农产品因难以进行有效监控而很难进行抵押。因此对现行土地制度实施改革，赋予农户土地的流转、继承、抵押、入股等合理的处置权，并通过合适的组织化如成立土地银行、以土地入股成立股份公司等方式实现农户土地抵押可以促进农户融资；在农户融资中引进农村新型经济组织有助于加强农产品生产流通的监控，将其纳入到抵押品的范围；此外加强农村抵押品市场建设可以便利抵押品的价值实现。鉴于农村抵押品的提供受到客观因素的制约，在抵押品缺乏的情况下，为了提高农户融资能力需要发展抵押品替代机制：一是利用农村的社会资本，即通过乡村的道德力量所施加的社会惩戒可以降低借款人的道德风险。此外改善农村借贷合约的法律执行也可以减少借款人的私人利益 B。二是通过投资的多元化或分散化，如农户兼业经营或引进农村新型经济组织来提高组织化程度并获得技术支持，可以实现项目风险的分散，增加项目的期望收益 $p_H R$。三是通过实施监督活动可以发现借款人的道德风险，减少有限责任租 $\frac{B}{1-1}$。本文以下将就后两个主要的替代机制如何被用来设计有效的农村融资结构，促进农户融资展开分析。

（二）三种基本监督方式下的融资

当最低抵押品达不到普通投资者所要求的可保证收入时，就需要监督活动来限制借款人道德风险行为，减少有限责任租。在农村金融市场中，监督活动可分为三类，分别对应着不同的融资形式：一是直接监督，如亲朋好友间借贷、民间借贷、贷款公司（只贷不存）；二是同组监督，主要是合作性金融，如抬会、团体贷款、信用合作社等，也可以发生在专业协会或专业合作社中；三是代理监督，即某种形式的中介化，代理监督者可以是无资本的纯粹中介如贷款经纪人，也可以是提供部分自有资本的非金融中介，如龙头公司利用自有资本和银行贷款为农户提供资金，或金融中介机构，如银行通过吸收存款加上自有资本来提供贷款。

监督活动需要花费一定的成本 c，将借款人私人利益由 B 降为 B(c)，假定监督技术相同，着重考虑不同监督方式对最低抵押品要求的影响[①]。监督活动一方面减少了借款人的有限责任租，但另一方面又会带来监督成本。监督成本包括监督活动成本 c，在监督资本稀缺的情况下，监督者投入部分资本时还享有超过普通投资者收益的监督租金。为了激励

---

① 监督技术与监督方式之间存在一定的联系，一般认为民间借贷（直接监督）和团体贷款（同组监督）是建立在人缘、地缘和血缘关系基础上，监督者可以低成本地获取信息，在监督效果上比金融中介贷款（代理监督）更有效。不同监督者其监督技术差异主要体现在 c 的大小或对 B(c) 的影响上，c 或 B(c) 较小表明监督技术具有优势。监督技术的具体差异不在这里明确建模，而主要考虑监督中激励成本和其他代理成本。

监督者进行监督，给予监督者的权益必须能够覆盖上述监督成本。因此，只有当监督成本的增加小于有限责任租的减少时监督才是值得的。不同的监督形式在监督租金上存在差异，进而对改善借款人的融资条件产生不同的影响，或者说具有不同抵押品的借款人会选择不同的监督融资方式。监督融资的时序如图 1 所示。在代理监督下，假定监督资本是稀缺的，其机会成本为 β，一般的有 $\beta > \gamma$。如果代理监督者投入部分资本 I^m，在项目成功时的收益为 R_m，普通投资者投入剩余资本 I^u，那么借款人的最优化问题除了满足其自身的有限责任约束与激励相容约束、普通投资者的参与约束外，还需要满足代理监督者的激励相容约束（监督者选择监督活动比不监督时的收益大）和参与约束（参与监督的收益能补偿监督活动成本和投入资本）。根据代理监督者投入资本的多少，我们可以区分三种情形进行讨论：代理监督者投入部分资本，$I^m > 0$，$I^u > 0$，为通常意义上的代理监督；代理监督者不投入资本，$I^m = 0$，$I^u = I$，为纯粹中介监督，此时代理监督者的参与约束不起作用；代理监督者投入全部资本，$I^m = I$，$I^u = 0$，代理监督变成了直接监督，此时监督者的激励相容约束不存在。

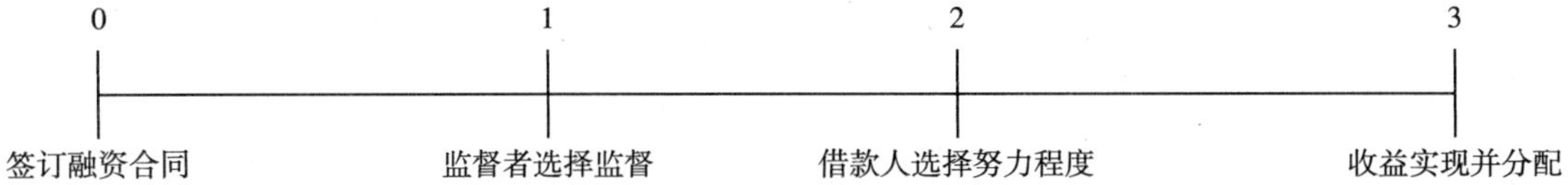

图 1　监督融资下的时序

1. 代理监督和直接监督

借款人规划Ⅱ：

借款人最优化 $\max\limits_{R_b} p_H R_b + (1 - p_H)(-A)$　　(6)

借款人激励相容 s.t $p_H R_{bs} + (1 - p_H)(-A) \geqslant p_L R_{bs} + (1 - p_L)(-A) + B(c)$　　(7)

监督者激励相容 $p_H R_m - c \geqslant p_L R_m$　　(8)

普通投资者参与约束 $p_H R_{us} + (1 - p_H)A \geqslant \gamma I^u$　　(9)

监督者参与约束 $p_H R_m - c \geqslant \beta I^m$　　(10)

投资收益分配 $R = R_b + R_u + R_m$　　(11)

借款人有限责任约束 $R_b \geqslant -A$　　(12)

投资资金 $I = I^u + I^m$　　(13)

分别求解代理监督和直接监督下的借款人规划问题，可以得到命题 2（限于篇幅，以下所有命题和推论的证明均略去。读者若有需要，可与作者联系）。

命题 2：在纯粹代理监督、中介投入部分资本的代理监督以及直接监督中，融资的最低抵押品要求分别为：$\underline{A}_1^m = \underline{A} + \frac{c + B(c) - B}{1 - l}$，$\underline{A}_2^m = \underline{A} + \frac{c + B(c) - B}{1 - l} - \frac{\gamma}{\beta}\frac{lc}{(1 - l)}$，$\underline{A}_3^m = \underline{A} + (\beta - \gamma) I + c - \frac{B - B(c)}{1 - l}$。只要监督活动是有益的，纯粹代理监督有助于融资；在监督

者投入部分或全部资本情形下，监督能否改善融资条件取决于监督减少的有限责任租与监督成本的相对大小。

如果监督活动是绝对值得的，即 $B - B(c) > c$，纯粹代理监督可以降低抵押品要求。在满足这一条件的基础上，如果代理监督者还投入部分资本，由$\underline{A}_2^m = \underline{A}_1^m - \frac{\gamma}{\beta}\frac{lc}{(1-l)}$，则最低抵押品要求进一步降低。如果这一条件得不到满足，代理监督者投入部分资本能否降低抵押品要求取决于下面两种效应的相对大小。一方面监督活动增加了代理监督租[①] $\frac{lc}{1-l} - \frac{\gamma}{\beta}\frac{lc}{(1-l)}$和监督活动成本 c（总的监督成本等于两者相加$\frac{c}{1-l} - \frac{\gamma}{\beta}\frac{lc}{(1-l)}$），另一方面减少了借款人的有限责任租$\frac{B - B(c)}{1-l}$。类似地，在监督者投入全部资本的情形下，尽管不存在代理监督租，但监督资本要求获得超额报酬（$\beta - \gamma$)I，是否会降低抵押品要求同样取决于监督成本与减少的有限责任租之间的相对大小。与监督者投入部分资本相比，$\underline{A}_3^m - \underline{A}_2^m = (\beta - \gamma)I - \frac{lc}{1-l}$，可见是否允许投入全部资本的监督者吸收存款（从而变成投入部分资本的代理监督者）取决于全部投入资本的超额报酬与代理监督租的相对大小。就目前我国农村新设的新型金融机构而言，贷款公司与村镇银行的区别在于前者投入全部资本作为监督资本，而后者是部分资本，因此对监督租的要求不同。村镇银行由于混合了存款人的低成本资金而更有利于农户融资，但如果考虑到监督技术上的差异，则优势就不那么明显了。在监督资本非常稀缺（要求的超额报酬较高）和农村投资需求增加的情形下，允许贷款公司吸收公众存款有助于促进农村融资活动[②]。

2. 同组监督

同组监督出现在借款人合作化的融资方式中，这里以团体贷款为例来说明。在团体贷款中，一方面借款人需要从事自己的投资项目；另一方面由于相互负有连带责任，借款人之间存在着相互监督。团体贷款的激励就是一个多任务下的委托人—多代理人问题，需要激励小组成员实施自己的投资项目而且以最低成本进行彼此监督，最优的合同必须满足借款人的有限责任约束以及努力激励和监督激励。团体贷款一方面通过分散化机制（需要所有借款成员都成功才给予正的激励补偿）来创造“社会抵押”来获得更好的融资条件；另一方面通过承担连带责任，监督成本由借款人自己承担，借款人被迫从他们的有限责任租中支付监督成本，从而实现了借款人激励上的经济性，而在代理监督中有限责任租和监督租必须分别支付给借款人和外部代理监督者，这减少了有限责任租，从而降低了融资所需的最低抵押品要求。因此，在某些情况下，同组监督可能占优于代理监督，即使代理监督

---

① 代理监督租可以这样理解：由于投入的部分监督资本等于 $lc/\beta(1-l)$，稀缺性的监督资本要求比普通资本更高的超额报酬就是：$(\beta-\gamma)lc/\beta(1-l) = lc/(1-l) - \gamma lc/\beta(1-l)$，这一解释与监督者投入全部资本所要求的超额报酬的经济含义一致。

② 最近银监会规定允许小额贷款公司在满足一定条件下可转变为村镇银行，但基于风险考虑需由现有银行业金融机构作为主发起人组建，这势必将弱化原有股东的监督激励和监督优势，可能会导致制度创新失败。

者有较好的监督技术和更多的监督资本。

命题 3：在团体贷款中，由于分散化和连带责任引起的相互监督，减少了借款人的有限责任租，最低抵押品要求$\underline{A}_1^g = (\gamma I - p_H R) + \frac{\max(B(c),\ c)}{1-l}$。在监督有效率的假设下，$\underline{A}_1^g < \underline{A}_1^m < \underline{A}$，团体贷款更有利于融资。

3. 监督者存在代理和合谋问题

与无监督融资相比，只要监督活动是有益的，监督的存在一般会降低抵押品要求，有利于融资，但监督融资还面临着其他的代理成本，在代理监督中，监督者自身可能存在着代理问题以及监督者与借款者之间的合谋行为；同组监督也同样受制于监督上的合谋行为和“搭便车”行为，这些代理成本会增加融资的难度。

（1）监督者存在代理问题

在代理监督中，当监督者存在委托—代理结构，如在股份公司中，股东作为委托人提供监督资本而经理作为代理人则具体负责实施监督活动，代理人可能因为自己的私人利益选择不监督，为了激励代理人实施监督必须给予其租金，这会减少普通投资者的可保证收入，提高抵押品要求。假设监督活动成本 c 需要在委托人和代理人之间分担，两者分别为 tc，$(1-t)c$，$0 \leqslant t \leqslant 1$（在金融机构贷款中，贷款调查和审核的费用既包括信贷员自己的努力成本，也包括金融机构所承担的内部处理成本）。代理人进行监督可以实现借款人努力，而不监督会造成借款人偷懒，但代理人因此可以获得私人利益 b。此时最优合同设计需要在借款人规划Ⅱ的基础上将监督者激励进一步区分为监督委托人的激励和监督代理人的激励。

推论 1：当监督者存在代理问题时，最低抵押品要求$\underline{A}_1^d = \underline{A}_2^m + \frac{b}{1-l} + \frac{\gamma}{\beta}\frac{ltc}{(1-l)}$，与监督者不存在代理问题时的$\underline{A}_2^m$相比，最低抵押品要求进一步提高了。

可以看出，由于监督者存在代理问题增加的监督成本，取决于代理人的监督租$\frac{b}{1-l}$和监督活动成本的分担方式 t（委托人监督租中的 t 比例部分）。因此，为了减少监督者自身的代理成本，需要限制代理人的私人利益，将成本尽可能地由委托者承担，即 t 较小。特别地当这种代理成本随着监督代理层级的增多相应地成倍增加时，通过实行机构扁平化来减少监督代理层次可以有效地节约监督成本，有利于提高借款人的融资能力。这意味着在我国当前农村信用社和农业银行的机构改革中，应尽量减少管理层次，而基于防范风险的经营权特别是贷款审批权的过度上收只会加剧农村融资困难。

（2）代理监督者与借款人之间存在合谋问题

在委托人—监督者—代理人结构中，代理人和监督者会利用自己的私人信息来达成针对委托人的合谋。借款人可以贿赂监督者，让其选择不监督，借款人因此获得了更大的私人利益，但合谋问题的存在却提高了最低抵押品要求。在代理监督中，借款人的最大可贿赂数额 $S \leqslant B - B(c)$，监督者则得到 kS，$0 < k < 1$ 表示存在合谋成本。防范合谋的合约需

要满足借款人和监督者不合谋的条件。

推论 2： 当监督者与借款人存在合谋时，在纯粹代理监督中，最低抵押品要求$\underline{A}_1^{mac} = \gamma I - p_H R + \frac{c + B(c) + (1-k)S}{1-l}$，高于无合谋时的情形，当监督带来的净收益小于合谋成本时，即 $B(0) - B(c) - c < (1-k)S$，甚至高于无监督时的情形；在监督者投入部分资本的代理监督中，最低抵押品要求$\underline{A}_2^{mc} = \gamma I - p_H R + \frac{c + B(c) + (1-k)S}{1-l} - \frac{\gamma}{\beta}\frac{kS + lc}{(1-l)}$，当 $k < \frac{\beta}{\gamma+\beta}$即合谋成本足够高时，高于无合谋时的情形。

由推论 2 知道，由于存在合谋成本，一般而言，防范合谋的合约将增加借款人融资难度。

（3）同组监督中的合谋问题

在团体贷款中，尽管连带责任要求借款人之间相互监督，但也可能出现借款人之间进行合谋共同选择不监督，防范合谋的合同对最低抵押品要求将产生影响。

推论 3： 团体贷款中防范合谋合同下的最低抵押品要求$\underline{A}^{gc}{}_2 = (\gamma I - p_H R) + \frac{B + c}{1 - l^2}$，高于无合谋时的情形；而$\underline{A}^{gc}{}_2$是否小于$\underline{A}$取决于 $c < Bl$，$\underline{A}^{gc}{}_2$是否小于$\underline{A}_1^m$取决于 $B - (1+l)B(c) < lc$。

可见合谋成本的存在同样也提高了团体贷款中的最低抵押品要求，是否比无监督贷款和代理监督贷款占优则需要满足一定的条件。从上面的分析中可以看出，当考虑到监督中的代理和合谋问题时，选择哪种监督融资方式就需要我们在监督收益和成本之间进行更仔细的权衡。并不存在任何一种融资方式绝对占优的情形，借款人可以根据自己的抵押品状况选择不同的融资方式①。

（三）不同监督方式下的分散化（组织化）与融资条件

在农村融资中可以通过三种途径实现分散化（组织化）：一是借款人经营的多元化如农户兼业经营；二是借款人自组织，即借款人形成某种程度上的资金合作，如团体贷款、信用合作社、合会、资金互助社等；三是他组织或贷款方中介化，即投资者通过中介集中大量贷款进行分散化投资。它们分别对应着无监督、同组监督和代理监督，因此在下文中将结合三种监督方式来分析分散化的效应。在分散化的情况下，根据激励的极大似然准则，最优的激励合约特征为 LDC（Live-or-Die Contract）合同（Innes，1990），即只有当所有投资项目都成功时借款人或贷款中介才能获得收益，其他情况下收益均为 0。

命题 4： 以两个投资项目的分散化为例，最低抵押品要求在无监督情形下为$\underline{A}^f = (rI -$

① 根据 Holmstromand Tirole（1997）和 Conning（1996）的分析，借款人提供的抵押品价值为 $A < \underline{A}_1^g$、$\underline{A}_1^g \leq A < \underline{A}_1^m$、$\underline{A} \leq A < \underline{A}$、$A \geq \underline{A}$时，分别对应着无融资、团体贷款、代理监督贷款和无需监督贷款情形。当本文考虑到监督者的代理和合谋问题时，上述对应关系将变得不再明显。

$p_HR) + \frac{B}{1-l^2} < \underline{A}$；在纯粹代理监督下为$\underline{A}_1^{fm} = (\gamma I - p_HR) + \frac{B(c)}{1-l} + \frac{c}{1-l^2} < \underline{A}_1^m$，中介投入部分资本的代理监督下为$\underline{A}_2^{fm} = (\gamma I - p_HR) + \frac{B(c)}{1-l} + \frac{c}{1-l^2} - \frac{\gamma}{\beta}\frac{l^2c}{1-l^2} < \underline{A}_2^m$，三种情形下分散化效应都降低了抵押品要求。

团体贷款通过借款人之间的分散化也降低了抵押品要求（见命题 3）。分散化实现了项目收益之间的交叉补贴，放松了借款人（或贷款中介）的激励约束，在代理监督和同组监督中，分散化还节约了监督租，从而有助于融资，由此得到推论 4。

推论 4： 分散化（组织化）原理、监督方式与融资条件：通过借款人多元化投资、团体贷款（借方自组织）、中介贷款（贷方中介化），分散化（组织化）在不同的监督方式下都能有效地降低最低抵押品要求，促进融资。

多元化带来的激励好处取决于项目之间的相关程度，一般而言多元化效应与项目之间的相关程度成反比。当不同项目之间完全独立且作为一个整体进行激励时带来的好处最大，随着项目之间的相关程度越来越高，多元化的激励效应将递减，特别地，当项目之间完全相关时，分散化没有任何影响，因为此时借款人的参与约束和激励约束都没有变化，得到的最低抵押品要求与单个项目融资时的情形完全一样。与上述理由相同，单纯将多个项目简单地放在一起分别进行激励也不能实现分散化效应，必须通过借款人多元化或贷方中介化将项目集中在单一经济主体名下进行统一激励，即提高组织化程度才能实现降低抵押品要求。在农村地区，与分散化相关的一个重要问题是金融机构的跨区域经营，目前的监管政策基于审慎原则对跨区域经营进行限制可能会阻碍分散化效应，反而不利于降低机构的整体经营风险①。

三、农村新型经济组织与融资结构

农村新型组织与农户之间存在着产业上的密切联系，一方面可以为农户提供生产资金和技术支持，另一方面还可以进行有效监督来克服农户事前（借款人选择不努力获取私人利益）和事后的道德风险（借款人进行收益转移）。其中各种农村经济组织的作用具有不同的特点：农民自组织的机构如专业协会或专业合作社可以对农户进行有效的相互监督和发挥部分技术指导的作用，但它们受制于资金不足，缺乏监督资本和抵押性资产；而第三

① 考虑分散化对监督技术的影响可以决定农村金融组织的最优规模。根据所依赖的信息差异，监督方式又可分为普通监督和地方性监督。分散化一方面有助于降低整体经营风险和激励成本，但另一方面随着区域的扩大可能面临地方性监督弱化带来的监督活动成本上升，从而限制了分散化的规模（Cerasi and Daltung，2000）。因此农村金融组织的最优规模（或机构形式）设计就需要考虑分散化效应与地方性监督弱化之间的权衡。这意味着对于当前的村镇银行、资金互助社和小额贷款公司等新型农村金融组织而言，随着业务发展，应该实行某种形式的联合和适度跨区域经营。

方经济组织如龙头公司（或大户）可以对农户进行有效的技术指导、提供部分资本支持或担保并发挥一定的监督作用。与农村新型经济组织相比，金融机构具有充裕的资金来源，但在监督效果上则显得欠缺。如何发挥农村新型经济组织和金融机构各自的优势是农村融资结构设计中的重要问题。我们将融资中中介的作用区分为监督和提议（技术支持）（Tirole，2006），这两项职能可以由同一机构兼任，也可由不同机构分别担当，通过对融资条件的比较可以帮助我们选择有效的融资结构。

（一）监督、提议与融资结构比较

根据监督和提议分别由谁担当，可以将农村融资结构分为以下几种：单纯提议者：农户+专业合作社（或龙头公司）+金融机构，其中专业合作社或龙头公司只提供技术咨询；监督和提议由同一机构担当：农户+龙头公司+金融机构，其中龙头公司同时提供部分资金、技术支持和监督；监督和提议由不同机构分别担当：农户+专业合作社+龙头企业+金融机构，其中专业合作社提供技术支持，龙头公司则提供部分资本和监督。假定提议使项目成功概率增加 q，提议成本为 c_q，上述三种融资结构中提议者在项目成功时的收益分别为：R_q、R_{mq} 和 $R_{m/q}$。提议者缺乏资本，而监督者可以提供部分资本（此时金融机构作为普通投资者，而龙头公司充当监督者）。

命题 5： 不同融资结构下的融资条件比较：单纯引进提议者促进融资的条件是：$qR > c_q + p_H c_q/q + qB/\Delta p$；在单纯监督的基础上引进提议者可以改善融资的条件是：$c_q + p_H c_q/q + qB(c)/\Delta p - \frac{cp_L q}{(\Delta p + q)\Delta p}(1 - \frac{\gamma}{\beta}) < qR$；监督者和提议者由同一机构担当比分别由不同机构担当更有利于融资。

当提议增加的收益大于提议成本加上借款人有限责任租之和时，单纯引进提议者有助于改善融资条件，而在监督基础上引进提议者改善借款人融资条件则需要提议增加的收益大于提议成本加上借款人和监督者的租金之和。监督者和提议者由同一机构担当比分别由不同机构担当更有利于融资是由于激励成本更低，即 $R_{mq} = \frac{c_q + c}{\Delta p + q} < R_{m/q} = \frac{c}{\Delta p + q} + \frac{c_q}{q}$。正如在团体贷款中完成自己的投资项目和监督别人由同一个人来承担可以节约成本一样，将提议和监督给予同一个人也有利于节约监督和提议成本①，当提议和监督成本具有互补性时就更是如此。命题 5 的结论表明，鉴于新型经济组织在融资结构中能发挥监督和技术指导作用，金融机构可以通过龙头公司借款给农户，而自身更多地充当普通投资者角色；或者发展由新型农村经济组织直接或参股组建金融机构，比纯粹由民间金融资本发起成立的贷款公司更有利于农户融资。

① 如在公司治理中董事会就同时兼任战略决策和监督两项职能；在风险投资中，风险资本家除了对企业家进行监督外，还对所投资公司的经营活动积极介入，包括提供顾问、战略咨询、帮助公司将创新产品推向市场以及帮助公司雇用高层经理人员等。

（二）考虑事后道德风险时的融资结构

前文的分析中借款人的努力程度选择影响到项目收益的实现，属于事前道德风险，而项目收益实现后借款人还存在着转移收入的可能则属于事后道德风险，这与项目收益的可验证性密切相关，监督活动可以限制事后道德风险的范围。由于单个农户生产的分散化使得借款人转移农业投资收益变得相对容易，这势必会减少投资者的可保证收入，导致抵押品要求提高，进而影响到事前融资的发生。农村新型经济组织由于与农户存在着产业技术上的关联可以有效地对这种事后道德风险进行监督，但监督的效果取决于经营组织形式的紧密程度。在松散型组织如龙头公司+农户模式中，农户有较强的动机通过隐瞒产出或私自出售来转移投资收益；在紧密型组织如龙头公司+专业合作社+农户模式中（见图 2），农户专业协会或专业合作社可以充分发挥相互监督优势来制约农户事后道德风险问题，减少投资收益转移的可能。因此无论是将农作物产出作为投资收益还是作为抵押品来看，紧密型的组织模式都更有利于促进农户融资。假定农业产出实现后农户可以转移 θR 的收益，$0 \leqslant \theta \leqslant 1$，不同的组织形式对 θ 值的影响存在着差异。对于事后道德风险的防范，监督者分别由银行、龙头公司和专业合作社来履行的话，其有效性逐步递增，从而 θ 值依次递减。

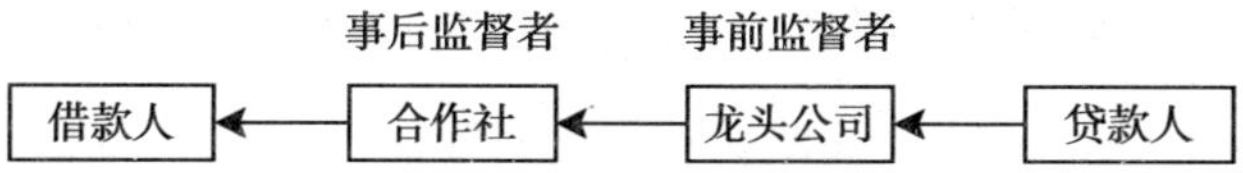

图 2　考虑事后道德风险时的融资结构

命题 6： 事后道德风险的存在会提高最低抵押品要求 $p_H\theta R$，考虑到不同组织模式对 θ 值的影响，金融机构+龙头公司+专业合作社+农户结构要优于金融机构+龙头公司+农户结构，进而优于普通投资者+金融机构+农户结构。

（三）由监督者提供（抵押）担保时的融资结构

在新型农村经济组织担当监督者时，其自身可能面临自有资本短缺，但却可以为借款人提供抵押或担保（假设为 A_d）来提高农户融资能力。

命题 7： 代理监督者提供担保情形下的最低抵押品要求为 $\underline{A}'^{m}_{1} = \gamma I - p_H R + \frac{c + B(c)}{1 - l} - A_d$，无论是与无监督还是纯粹代理监督情形相比，都可以降低借款人的抵押品要求。

抵押担保要求可以由借款人转移到代理监督者身上，由代理监督者提供担保可以降低借款人的最低抵押品要求。由 $\underline{A}'^{m}_{1} = \underline{A}^{m}_{1} - A_d$ 和 $\underline{A}'^{m}_{1} = \underline{A} - \frac{B - (c + B(c))}{1 - l} - A_d$ 可以看出，由监督者提供担保不但能通过监督减少有限责任租，而且还提高了借款人的抵押能力。由于在农村地区龙头公司可以充当良好的监督者且具有较多的抵押品，因此由其直接组建担保公司或间接提供担保都将有助于提高农户融资能力。考虑到监督上的优势，这要比单纯由各类金融资本组建的担保公司更有效。

四、相关政策讨论

在农村金融市场上，政府发挥着重要的作用：一方面政府可以实行强制性的金融制度安排，对农村金融市场的准入 、退出和市场竞争等各方面实施监管；另一方面政府的公共政策影响着农村融资环境。这些政策包括：提供基础设施、社会保障和教育等农村公共品（可以促进农业投资和收益的提高）；实施各种财政补贴政策，如对农业生产活动进行直接补贴或对农业信贷进行间接补贴（如对农村金融机构注入公共资金和实施税收优惠）；提供农村融资合同的制度基础设施，包括抵押品的登记和处理、合同执行等。这里从农村融资机制设计角度着重讨论政府的两类相关政策对我国农村融资活动的影响①：一是财政应该对谁补贴更有利于融资，即对农民直接补贴还是对金融机构进行间接补贴；二是针对农村金融市场竞争状况，实施什么样的监管政策更有效。

（一）财政应该对谁补贴：农户还是金融机构

财政补贴政策既可以针对农户（借款人）的生产经营活动，如当前我国农村实行的对粮食生产和购买农机具等农业生产资料进行直接补贴，也可以采取针对农村金融机构（代理监督者）的经营活动进行间接补贴。在代理监督结构中，前者有助于直接提高投资者的可保证收入，而后者则有利于减少监督租金，通过降低监督成本间接提高了可保证收入。采取什么样的财政补贴政策需要比较上述两种补贴方式对农户融资条件的不同影响。

命题 8： 无论是针对农户还是针对金融机构实施财政补贴都可以降低借款人的抵押品要求，有利于促进农村融资；在财政补贴相同的情况下，对农户直接补贴比对金融机构进行间接补贴更有效。

对农户实施直接补贴之所以比对金融机构进行间接补贴更有利于融资，主要是因为在监督资本稀缺情形下，金融机构（代理监督者）需要获得监督租，尽管财政补贴减少了监督租，但对投资者可保证收入的提高幅度却没有直接补贴情形下大。当前我国农村融资难的一个重要原因是很多金融机构不愿意参与农村融资活动，对其进行财政补贴有助于吸引

① 在我国经济转型中，由于分权竞争和在动员、组织和执行上的优势，政府在促进企业融资方面可以发挥重要作用。如国家开发银行实施的中小企业“四位一体”的融资模式就是一个典型例证，这种模式采用银行+政府+社会中介+借款企业结构，利用政府在担保、信息和合同执行上的优势和分散化效应（通过政府将众多中小企业集中起来发放打包贷款并提供担保），有效地改善了中小企业的融资困境。

各类监督资本。因此在我国农村金融市场上，为了防止资金流出农村地区，在财政状况许可的情况下，对农村金融机构进行补贴也是非常有必要的。

（二）农村金融市场监管政策：有限进入与适度竞争

金融市场的竞争状况影响到借贷双方之间的谈判力量，决定着投资剩余收益的分配，进而影响到双方参与融资活动的激励。一方面在市场垄断情形下，金融机构会获得过多的监督租金，关系中优势一方会运用自己讨价还价的优势地位从对方榨取租金（Sharpe，1990），从而增加了借款人的融资难度。另一方面过度竞争也会导致监督租金耗散（使得 $\beta = \gamma$），金融机构难以持续经营，借款人将无处融资。而保持适度竞争则可以保证金融机构获取一定的监督租，对于借贷双方都是有利的[①]。下面我们利用讨价还价中的利益分配来分析农村金融市场的最优竞争程度。在代理监督中，借款人的剩余收益 $S = B - B(c)$，监督者与借款人之间可以就此进行讨价还价，系数 $\mu(0 \leq \mu \leq 1)$ 表示监督者获得的份额，用来衡量市场的竞争程度，$\mu = 1$ 表示完全垄断，$\mu = 0$ 则表示完全竞争。

命题 9： 只有在适度竞争下，即 $\mu > \mu^* = \dfrac{\beta}{\gamma + \beta}$，监督者对借款人利润的分享比例（监督租）较低时，竞争才有助于融资。

监管政策直接影响着农村金融市场的竞争状况。总体来看，我国目前农村金融市场是以农村信用社占主导的垄断格局[②]，现行农村金融体制改革的一个重要方向是通过引进各类资本来参与农村金融市场竞争，旨在发挥其各自的监督优势，减少信用社垄断下的监督租金促进农户融资，提高农村金融体系的整体运行效率。但也要防止由于过度竞争会削弱农村金融机构合理的利润水平，影响到其可持续发展能力。因此对农村金融资本的进入要采取有序稳妥的监管原则，鼓励适度竞争。

五、主要结论及政策含义

我国农村地区普遍存在着金融压抑问题，金融供给严重不足，金融需求得不到满足，

---

① 对适度竞争的分析类似于银企关系中成本与收益之间的权衡。长期关系一方面会带来敲竹杠问题，但另一方面也会促进监督和信息成本的跨期分摊，有助于减少逆向选择和道德风险问题，使借款人更容易得到信贷和优惠（Rajan，1992）。

② 目前我国农村金融市场竞争格局表现为四个特点（刘锡良等，2006）：一是中等及中等以下农户的贷款市场中存在着信用社的垄断；二是在高收入农户或龙头企业的贷款市场中存在过度竞争；三是在农村中小企业贷款领域供给不足；四是商业性保险、证券、担保、信托投资、租赁等金融机构在农村地区，特别是中西部地区农村的业务基本处于空白状态。

有效的农村融资合约设计是解决农村融资难的重要途径。利用传统乡村社会自身在亲缘和地缘上的优势以及现代农村转型中的组织化资源，通过农民借贷合作化或者通过农村新型经济组织和金融机构实现中介化，结合不同的监督方式，可以设计出有效的融资结构，促进农村各类金融资源的有效联结，实现降低抵押品要求，改善农户融资条件。其中，农户拥有的抵押品价值、农村可用的监督（中介）资本数量以及农户的组织化程度和方式决定了不同的融资结构，借款人可以选择直接贷款，通过借款小组或代理监督者来进行融资。农村融资结构的设计贯彻了激励相容的原则，其创新之处在于利用组织化和监督的抵押品替代机制，降低了借款人的道德风险，改变了以往正规金融机构直接对应广大单个农户所带来的融资难问题。提高农民组织化程度对于改善中国小农经济现实背景下的农村融资困境尤其具有启发意义。本文的分析有助于理解农村金融市场结构，加强其组织化或中介化的程度，提高农村融资市场效率，有助于缓解农村金融市场的信贷约束，促进发展中国家的金融深化。

本文在多个方面拓展了现有文献的分析框架：一是强调了改善农村融资条件的两个主要机制，即监督和分散化，对监督方式（以及监督者）和分散化渠道的讨论更加深入、系统化和一般化，并将组织化作为综合监督和分散化双重机制的农村融资结构创新思路。二是在监督分析中，将无监督、直接监督、代理监督和同组监督四种监督方式进行了统一的分析和比较，特别是对直接监督与代理监督作了比较分析；在代理监督分析中，本文进一步考察了监督者自身可能存在的代理问题以及监督者与借款者之间的合谋行为对借款人融资条件的影响。三是对通过组织化创新农村融资模式作了仔细分析，着重利用农村经济组织的多种功能，基于监督和提议（Tirole，2006）两种监督方式的不同组合对农村融资结构进行了创新设计。四是从融资机制设计角度讨论了政府对谁补贴和农村金融市场竞争监管两类相关政策。

本文的分析结论对我国当前的农村金融体制改革具有重要启示意义。首先，农村金融体制改革应改变国家主导的制度供给，应着重给予人们自主选择和创新的权利，让人们通过交易寻找最优的融资结构。其次，伴随着农业产业化进程，在农村地区要大力推进社会和经济的组织化程度，鼓励农民成立各类合作性组织，实现单个农户在融资中的有机联合，突破单个农户面临的融资瓶颈。再次，应鼓励和支持各类监督资本进入农村，改变单纯由正规金融机构占主导的模式。放宽民营资本设立村镇银行、组建贷款公司的限制，提高其入股比例，特别是要支持农村新型经济组织组建、入股农村金融机构和成立担保公司。最后，改善包括农村土地制度和金融市场法律在内的制度基础设施，有助于扩大农村抵押物的适用范围，提高抵押担保的执行效果，促进贷款供给增加。

参考文献

[1] 晏露蓉等. 创建合理高效的中小企业融资担保体系研究 [J]. 金融研究，2007 (10).
[2] 成思危等. 改革与发展：推进中国的农村金融. 经济科学出版社，2005.
[3] 国家开发银行，中国人民大学联合课题组. 开发性金融经典案例. 中国人民大学出版社，2007.

[4] 何广文. 农村金融服务供求现状、问题及对策建议. “农村金融服务问题研究”专题报告，农业部“中国农业和农村经济结构战略性调整”课题，2002.

[5] 林毅夫. 破解中国农村金融短板 [J]. 中国经济时报，2007-10-9.

[6] 刘民权，俞建拖，徐忠. 中国农村金融市场研究. 中国人民大学出版社，2006.

[7] 刘锡良，洪正. 多机构共存下的小额信贷市场均衡 [J]. 金融研究，2005 (3).

[8] 刘锡良等. 中国转型期农村金融体系研究. 中国金融出版社，2006.

[9] 麦金农. 经济发展中的货币与资本. 上海三联书店，1988.

[10] 阮建青等. 资本壁垒与产业集群——基于浙江濮院羊毛衫产业的案例研究 [J]. 经济学（季刊），Vol.7，2007 (1).

[11] 谢平. 中国农村金融现状分析. 载成思危主编. 改革与发展：推进中国的农村金融.经济科学出版社，2005.

[12] 温铁军. “三农”问题的研究思路. 节选自 2004 年在中国社科院主办的金融论坛上的演讲，2004.

[13] 赵德余，温思美. 我国农业产业化组织的治理机制及其效率特征 [J]. 中国农业经济评论. Vol. 3，2005 (1).

[14] 张杰等. 中国农村金融制度：结构、变迁与政策. 中国人民大学出版社，2003.

[15] 张杰. 中国农村金融制度调整的绩效：金融需求的视角. 中国人民大学出版社，2007.

[16] 周立群，曹利群. 农村经济组织形态的演变与创新——山东省莱阳市农业产业化调查报告 [J]. 经济研究，2001 (1).

[17] Aghion，Beatriz Armendariz de，1999，“On the Design of a Credit Agreement with Peer Monitoring”，Journal of Development Economics，Vol.60，pp79~104.

[18] Aryeetey，E.，1995，“Filling the Niche：Informal Finance in Africa”，East African Educational Publishers.

[19] Cerasi and Daltung，2000，“The optimal size of a bank：Costs and benefits of di versification”，European Economic Review 44，1701~1726.

[20] Conning J.，1996，“Financial Contracting and Intermediary Structures in a Rural Credit Market in Chile：A Theoretical and Empirical Analysis”，Doctoral Dissertation，Yale University.

[21] Conning，Jonathan，2005，“Monitoring by Delegates or by Peers? Joint-liability Loans Under Moral Hazard”，William College，Williamstown，MA 01267，USA.

[22] Dessi，R.，2005，“Start-up Finance，Monitoring and Collusion”，RAND Journal of Economics 36：255~274.

[23] Diamond，D.，1984，“Financial Intermediation and Delegated Monitoring”，Review of Economic Studies，51：393~414.

[24] Floro，S. L. and Yotopoulos，P. A.，1991，“Informal Credit Markets and the New Institutional Economics：the Case of Philippine Agriculture”，Westview Press.

[25] Floro，M. S and Ray，D.，1997，“Vertical links Between Formal and Informal Financial Institutions”，Review of Development Economics，1：34~56.

[26] Ghate，P.，Das-Gupta，A.，Lamberte，M.，Poapongsakorn，N.，Prabowo，D.，Rahman，A. and Srinivasan，T. N.，1992，“Informal Finance：Some Findings from Asia”，Oxford University Press.

[27] Germides，D.，1990，“Interlinking the Formal and Informal Financial Sectors in Developing

Countries", Savings and Development, 14 (1): 5~22.

[28] Holmstrom, B., 1979, "Moral Hazard and Observability", Bell Journal of Economics 10: 74~91.

[29] Holmstrom, B. and J. Tirole, 1997, "Financial Intermediation, Loanable Funds and the Real Sector", Quarterly Journal of Economics, 112 (3), 663~691.

[30] Innes, R., 1990, "Limited Liability and Incentive Contracting with Ex-ante Action Choices", Journal of Economic Theory 52: 45~67.

[31] Laffont, J. J. and D. Martimort, 2002, "The Theory of Incentives: The Principal-Agent Model", Princeton University Press.

[32] Leland, H. and D. Pyle, 1977, "Information Asymmetries, Financial Structure and Financial Intermediaries", Journal of Finance 32: 371~387.

[33] Rajan, R. 1992, "Insiders and Outsiders: the Choice Between Relationship and Arm's Length Debt", Journal of Finance 47: 1367~1400.

[34] Sharpe, S. 1990, "Asymmetric Information, Bank Lending, and Implicit Contracts: a Stylized Model of Customer Relationships", Journal of Finance 55: 1069~1087.

[35] Stiglitz, J. and A. Weiss, 1981, "Credit Rationing in Markets with Imperfect Information", American Economic Review 71: 393~410.

[36] Tirole, J., 1993, "Collusion and the Theory of Organization", In Laffont, ed. Advances in Economic Theory.

[37] Tirole, 2006, "The Theory of Corporate Finance", Princeton university press.

Moral hazard that the structures and rural financing mechanism design

——On China's rural financial system

Hong Zheng, Wang Wanfeng and Zhou Yihai

Journal of Financial Research No.6, 2010

Abstract: The financing difficulty is the core problem of rural financial system.Because there is lack of collateral in rural areas, therefore, it is crucial to develop the collateral substitute mechanisms. According to our analysis, we conclude that farms organization (or diversification) and monitoring are the two important substituting mechanisms, and will be helpful to reduce the requirement of collateral. Through farms' organization and other intermediation, we can design various financial structures to ameliorate financing conditions by utilizing the advantages of capital providing, monitoring and/or technical aids and the guarantee of new financial institutes and rural economic organizations. Besides, some policies, such as proper fiscal subsidies policy and moderate financial supervision will also promote farms' financing ability. All above conclusions will be useful to further understand the significance of China's rural financial system reform.

Key Words: moral hazard; organization; monitoring structure; financing mechanism; rural finance

风险投资与 IPO 公司盈余管理行为的实证研究*

陈祥有①
(东北财经大学研究生院，辽宁大连　116025)

【摘　要】本文以 2004~2007 年在我国深交所中小企业板上市的 199 家 IPO 公司为样本，对风险投资与盈余管理之间的关系进行研究，旨在揭示风险投资是否可以约束 IPO 过程中的盈余管理行为，是否可以降低 IPO 公司的盈余管理程度。通过可操控性应计利润指标直接检验风险投资对盈余管理程度的影响，运用修正的琼斯模型和多元线性回归模型，采用计量经济学软件 Eviews5.0 进行数据分析得出结论：与没有风险投资背景的 IPO 公司相比，有风险投资背景的 IPO 公司上市前一年的盈余管理程度更低。

【关键词】盈余管理；IPO；风险投资

风险投资作为 IPO 市场中的重要参与者在西方发达资本市场中出现较早并且相对成熟，风险投资已成为当前国外研究的热点问题。关于风险投资对 IPO 公司盈余管理的影响，国外学者已经取得了不少研究成果。风险投资在我国才刚刚起步，国内学者对风险投资与 IPO 公司盈余管理之间关系的学术研究成果非常少。而随着我国资本市场和风险投资的不断成熟与发展，风险投资将在我国 IPO 市场中占有越来越重要的地位，其经营目标和行为必将会对我国 IPO 公司的经济行为和决策产生重要影响。然而，国外学者关于风险投资与 IPO 公司盈余管理之间关系的研究结论在我国未必成立，所以，有必要立足于我国资本市场对风险投资与 IPO 公司盈余管理之间的关系进行实证研究。

---

* 原文发表于《财经问题研究》2010 年第 1 期。

① 陈祥有（1974-），男，福建顺昌人，博士研究生，保荐代表人，中国注册会计师，证券、期货资格特许会计师，英国特许公认会计师（ACCA），主要从事会计学方面的研究。E-mail：xiangyouchen@163.com

一、相关文献回顾

在国外研究方面，Jain and Kini 以北美地区证券市场公司为研究对象进行实证分析，结果发现，风险投资能够对公司 IPO 前粉饰利润的行为起到监督作用[1]。Morsfield 和 Tan 研究发现，有风险投资背景的 IPO 公司的可操控利润（盈余管理）明显少于没有风险投资背景的 IPO 公司[2]。Cohen 和 Langberg 研究发现，风险投资的存在与盈余反应系数呈负相关[3]。Morsfield 和 Tan 研究发现，有风险投资背景的 IPO 公司在 IPO 当年的盈余管理程度比没有风险投资背景的 IPO 公司更低[4]。然而，也有不少国外学者提出了相反的研究结论，例如，Mills 研究发现，风险投资机构使用他们对被投资公司的影响来人为地提高 IPO 公司的股票价格，因而部分解释了网络行业 IPO 公司的泡沫[5]。

在国内研究方面，张凌宇研究发现，与非创投支持企业相比，创投支持企业有着更高的抑价度[6]。唐运舒和谈毅以香港创业板市场为研究对象进行研究，结果发现，风险投资显著地影响其所持股公司 IPO 时机的选择以及 IPO 后的经营业绩，在控制了盈余管理等因素后风险投资对 IPO 后经营业绩有着正的积极影响[7]。

从上述文献回顾可以看出，国外学者关于风险投资与 IPO 公司盈余管理之间关系的研究结论并未达成共识，不同的样本、不同的研究方法得到了不同的结论。而国内学者对于这方面的研究成果非常少，为此，本文立足于我国资本市场对风险投资与 IPO 公司盈余管理之间的关系进行实证研究，以期丰富我国在这一领域的研究成果。

二、研究设计

1. 研究假设的提出

目前国内外大量的研究都是对 IPO 公司上市当年的盈余管理进行研究。笔者认为，以 IPO 当年的盈余管理为研究对象存在缺陷，原因在于，根据我国证券监管部门的有关规定，IPO 公司需要向证券监管部门报送三年及一期的财务报表，所以上市当年在 IPO 公司的招股说明书上列示的只是上市当年一期的财务报表，而不是上市当年全年的财务报表，因此上市当年的财务报表数据并没有包含上市当年全年的盈余管理数。另外，IPO 公司在发行股票时的每股收益和发行市盈率均是以 IPO 前一年的净利润为计算依据的，因此 IPO 公司为了在发行价格询价过程中取得一个更高的发行价格，就会存在对 IPO 前一年的经营业绩进行盈余管理的欲望和动机。由于以上所述的各种原因，本文以 IPO 前一年的盈余管理为研究对象，而不是以 IPO 当年的盈余管理为研究对象，这也是本文的一个创新之处。

国内外大量研究表明，IPO 公司在首次公开发行股票过程中会做出正向的盈余管理行为以提高其股票发行价格（例如，Teoh et a1.）[8]。同时如前所述，国外研究表明，风险投资对被投资公司起到监督作用，并对 IPO 公司的盈余管理行为具有抑制作用。基于以上分析，本文提出：

假设 1：与没有风险投资背景的 IPO 公司相比，有风险投资背景的 IPO 公司上市前一年的盈余管理程度更低。

2. 研究样本与数据来源

Lee 和 Wahal 研究表明，风险投资倾向投资于成立时间较短、规模较小、具有较少营业收入和总资产的公司 [9]，所以，深交所中小企业板的 IPO 公司符合风险投资关于目标公司规模和营业收入等方面的要求。因此，本文以深交所中小企业板的 IPO 公司为研究样本。同时，考虑到 2008 年美国金融危机对样本公司 2008 年的经营业绩和财务数据所产生的较大影响，所以，本文以 2004 年 5 月深交所中小企业板成立以来至 2007 年 12 月 31 日期间在深交所中小企业板上市的 IPO 公司为研究样本，研究其 IPO 前一年的盈余管理程度与风险投资之间的关系。上述期间在深交所中小企业板上市的 IPO 公司共有 201 家，剔除 1 家数据异常的 IPO 公司和 1 家数据缺失的 IPO 公司，共得到 199 家 IPO 公司作为最终研究样本。数据取自万德资讯（Wind 资讯）数据库、深圳证券交易所和中国证监会指定披露网站——巨潮资讯网上披露的首次公开发行招股说明书。数据处理利用计量经济学软件 Eviews5.0 和统计软件 SPSS17.0。

3. 盈余管理程度的度量

国外大量的研究均证明了经修正的琼斯（Jones）模型对于测试盈余管理水平非常有效，是最有解释能力的盈余管理计量模型。例如，Dechow et al.的研究提供了有力的证据，证明了经修正的琼斯模型对于测试盈余管理水平非常有力 [10]。所以，本文采用修正的琼斯模型来度量盈余管理程度。修正的琼斯模型表述如下：

$$TA_t/AS_{t-1} = \beta_0(1/AS_{t-1}) + \beta_1(\Delta REV_t - \Delta REC_t)/AS_{t-1} + \beta_2 PPE_t/AS_{t-1} + \varepsilon_t$$

其中，TA_t 是公司在 t 年度内的应计利润总额；AS_{t-1} 是公司在 t - 1 年度末的总资产；ΔREV_t 是公司在 t 年度内的主营业务收入变化；ΔREC_t 是公司在 t 年度末的应收账款变化；PPE_t 是公司在 t 年度末的固定资产原值；ε_t 是残差值，即公司在 t 年度内的可操控性应计利润（盈余管理程度）。

4. 我国保荐机构和会计师事务所声誉等级排名的确定

本文借鉴美国 C-M 法①，使用中国证券业协会公布的 2002—2007 年度证券公司承销与保荐业务的股票主承销家数排名和股票主承销金额排名，利用公式（1）计算出各保荐机构的综合排名指数，并以该指数对保荐机构进行排名，以此作为保荐机构声誉等级的衡量

① C-M 法是由美国金融学家 Carter 和 Manaster（1990）提出来的，该承销商声誉分级方法在西方金融理论研究文献中的引用率极高，是研究证券承销市场上承销商声誉度最为流行的方法之一。

指标。排名前十位的保荐机构分别为中信证券、中国银河证券、国泰君安证券、国信证券、光大证券、海通证券、中国国际金融有限公司、广发证券、招商证券和平安证券①。

$$综合排名指数=\sum_{T=1}^{5}(50\%\times T年度股票主承销家数排名次序+50\%\times T年度股票主承销金额排名次序)/5 \quad (1)$$

相似地，根据中国注册会计师协会发布的2002~2007年度《中国会计师事务所百强排名》中的排名次序，利用公式（2）计算出各会计师事务所的综合排名指数，并以该指数对会计师事务所进行排名。排名前十位的会计师事务所分别为普华永道中天、毕马威华振、德勤华永、安永华明、上海立信长江、岳华、信永中和、中瑞华恒信、中审和北京京都②。

$$综合排名指数=\sum_{T=1}^{6}(T年度排名次序)/6 \quad (2)$$

5. 检验方法

为了检验前述假设1，本文拟采用多元线性回归模型验证，检验的目的是考察风险投资能否抑制IPO公司上市前一年的盈余管理行为，即与没有风险投资背景的IPO公司相比，有风险投资背景的IPO公司上市前一年的盈余管理程度是否更低。因此，在回归分析中，将盈余管理程度（可操控性应计利润）作为因变量，风险投资作为解释变量。

国内外大量学者研究表明，会计师事务所的声誉和质量将会减少IPO公司盈余管理程度，例如，李仙和聂丽洁研究发现，由十大会计师事务所审计的公司盈余管理程度要低于由非十大会计师事务所审计的公司[11]。Aharony et a1.研究表明，由于著名的会计师事务所和保荐机构一旦没有发现财务报表中的盈余管理或重大错报，他们将遭受巨大的诉讼损失，因此，高质量的会计师事务所和保荐机构可能更有动力去发现盈余管理[12]。鉴于此，本文将反映审计质量和保荐质量的替代指标会计师事务所和保荐机构规模（是否前十大会计师事务所和前十大保荐机构）作为控制变量。

Morsfield和Tan研究表明，公司成长性和公司规模均与盈余管理程度呈正向关系[4]，为此本文将公司成长性和公司规模作为控制变量。一个高财务杠杆的公司将面临着高财务风险或破产风险，这些风险将会不利于IPO公司成功，从而鼓励IPO公司进行盈余管理，例如，李仙和聂丽洁研究表明，财务杠杆与IPO公司的盈余管理程度呈正向关系[11]。然而相反的结论依然存在，高财务杠杆的公司将会面临债权人更多的关注和监督，从而使其盈余管理受到抑制。鉴于此，本文将财务杠杆作为控制变量。

此外，与没有风险投资背景的IPO公司相比，有风险投资背景的IPO公司总体上有更好的经营业绩，所以不需要进行盈余管理。因此，这些业绩更好的公司具有更低的盈余管理水平不是由于风险投资机构投资后的监督所致，而是因为风险投资机构投资前对目标公司进行筛选而使得其所投资的公司具有更好的业绩造成的。鉴于此，本文将非应计基础的

① 笔者将排名前十位的保荐机构定义为前十大保荐机构，其余为非前十大保荐机构。
② 笔者将排名前十位的会计师事务所定义为前十大会计师事务所，其余为非前十大会计师事务所。

业绩计量指标（经营活动现金净流量）作为控制变量。因此，本文通过建立以下回归模型进行分析。

$$DAC_{it} = \beta_0 + \beta_1 VCIPO_{it} + \beta_2 TENAUD_{it} + \beta_3 TENSPON_{it} + \beta_4 GROWTH_{it} + \beta_5 LEV_{it} + \beta_6 SIZE_{it} + \beta_7 OCF_{it} + \varepsilon_{it} \quad (3)$$

有关研究变量的经济含义、计算方法和预期符号如表 1 所示。

表 1　实证研究变量界定

变量	经济含义	计算方法	变量类型	预期符号
DAC_{it}	盈余管理程度	可操控性应计利润	因变量	
β_0	常数		常数	–
$VCIPO_{it}$	是否存在风险投资	存在风险投资为 1，不存在为 0	解释变量	–
$TENAUD_{it}$	是否前十大会计师事务所	前十大会计师事务所为 1，不是为 0	控制变量	–
$TENSPON_{it}$	是否前十大保荐机构	前十大保荐机构为 1，不是为 0	控制变量	–
$GROWTH_{it}$	公司成长性	（IPO 前一年的主营业务收入–IPO 前两年的主营业务收入）/IPO 前两年的主营业务收入	控制变量	+
LEV_{it}	财务杠杆	负债总额/资产总额	控制变量	
$SIZE_{it}$	公司规模	期末总资产的对数	控制变量	+
OCF_{it}	经营活动现金净流量	IPO 前一年度经营活动现金净流量大于行业平均数（5800 万元）时为 1，否则为 0	控制变量	–

三、实证结果及分析

1. 样本描述性统计

表 2 对 2004~2007 年间研究样本中有风险投资背景的 IPO 公司与没有风险投资背景的 IPO 公司的数量进行了逐年对比。

表 2　有风险投资背景的 IPO 公司与没有风险投资背景的 IPO 公司的数量对比

年份	IPO 公司数量（家）	没有风险投资的 IPO 公司数量（家）	有风险投资的 IPO 公司数量（家）	有风险投资的 IPO 公司百分比（%）
2004	36	28	8	22.22
2005	12	10	2	16.67
2006	56	38	18	32.14
2007	95	55	40	42.11
合计	199	131	68	34.17

从表 2 可以看出，在 2004~2007 年间，大约 34.17%的 IPO 公司有风险投资背景，并且有风险投资背景的 IPO 公司数量占各年度 IPO 公司总数的比例从 2005 年起呈逐年上升趋势，表明风险投资在 IPO 公司上市过程中扮演着重要的角色。表 3 描述了于 2004~2007 年间在深交所中小企业板上市的 199 家 IPO 样本公司的行业分布情况。

从表 3 的行业类型统计结果来看，于 2004~2007 年间在深交所中小企业板上市的 IPO 公司中，制造业企业所占比例最大，共 156 家，占所有行业 IPO 公司总数的 78.39%，在该行业中有风险投资背景的 IPO 公司占该行业 IPO 公司总数的 32.69%。而有风险投资背景的 IPO 公司占其所在行业 IPO 公司总数的比例最高的行业是社会服务业，占 75%。

表 3　样本公司的行业分布

行业	IPO 公司数量（家）	占 IPO 公司总数的百分比（%）	有风险投资的 IPO 公司数量（家）	有风险投资的 IPO 公司百分比（%）
制造业	156	78.39	51	32.69
交通运输及仓储业	1	0.50	0	0
批发和零售贸易	2	1.01	1	50
房地产业	2	1.01	0	0
信息技术业	16	8.04	8	50
电力、煤气及水的生产和供应业	1	0.50	0	0
建筑业	9	4.52	3	33.33
农、林、牧、渔业	5	2.51	1	20
采掘业	2	1.01	1	50
社会服务业	4	2.01	3	75
传播与文化产业	1	0.50	0	0
合计	199	100	68	34.17

2. 单变量检验

在单变量检验中，研究样本为有风险投资背景的 68 家 IPO 公司，控制样本则为没有风险投资背景的随机抽取的另外 68 家 IPO 公司，且研究样本与控制样本均取自前述 199 家 IPO 公司。其配对样本的均值 T 检验和 Wilcoxon-Z 检验结果如表 4 所示。

表 4　研究样本与控制样本的均值 T 检验和 Wilcoxon-Z 检验

变量	DAC	TENAUD	TENSPON	GROWTH	LEV	SIZE	OCF
研究样本均值（标准差）N=68	-0.0080 (0.08214)	0.2500 (0.43623)	0.5294 (0.50285)	0.3247 (0.31591)	0.5420 (0.14432)	8.6415 (0.29086)	0.3382 (0.47663)
控制样本均值（标准差）N=68	0.0235 (0.08270)	0.1176 (0.32459)	0.3088 (0.46544)	0.2407 (0.23085)	0.4870 (0.12299)	8.7635 (0.33853)	0.2059 (0.40735)
T 值	2.168**	2.117**	2.829***	1.874*	2.319**	-2.091**	1.831*
Wilcoxon-Z	-2.475**	-2.065**	-2.694***	-1.717*	-2.374**	-2.071**	-1.800*

注：*** 表示在 0.01 水平上显著，** 表示在 0.05 水平上显著，* 表示在 0.1 水平上显著。

由表 4 的结果可知，可操控性应计利润、是否前十大会计师事务所、是否前十大保荐机构、公司成长性、财务杠杆、公司规模、经营活动现金净流量 7 个变量均通过了 0.1 或以上水平显著性的均值 T 检验和 Wilcoxon-Z 检验。

3. 自变量的相关性分析和回归检验

为了对 IPO 公司盈余管理的影响因素进行回归分析，本文首先对各自变量进行了多重共线性检验，其结果如表 5 所示。

表 5 自变量的相关系数检验

变量	VCIPO	TENAUD	TENSPON	GROWTH	LEV	SIZE	OCF
VCIPO	1						
TENAUD	0.098	1					
TENSPON	0.126	0.121	1				
GROWTH	0.091	-0.095	0.059	1			
LEV	0.069	0.044	0.135	0.082	1		
SIZE	0.024	0.179*	0.182*	0.012	0.359**	1	
OCF	0.100	0.176*	0.151*	0.101	0.182*	0.277**	1

注：** 表示在 0.01 水平上显著（双尾检验），* 表示在 0.05 水平上显著（双尾检验）。

由表 5 可见，各个自变量之间不存在显著的相关性，即模型自变量不存在明显的多重共线性问题，可以直接纳入回归模型（3），其回归结果如表 6 所示。

表 6 盈余管理程度与风险投资之间的回归结果

变量	系数	标准误差	T 统计量	概率
常数项	-0.772959	0.175917	-4.393892***	0.0000
VCIPO	-0.019697	0.011179	-1.76885*	0.0797
TENAUD	-0.012181	0.013572	-0.897532	0.3706
TENSPON	-0.002181	0.010783	-0.202227	0.8400
GROWTH	0.052410	0.020108	2.606405***	0.0099
LEV	-0.050091	0.047007	-1.065605	0.2879
SIZE	0.096751	0.021995	4.398837***	0.0000
OCF	-0.109614	0.013546	-8.091768***	0.0000
R^2	0.293344	F 统计量		11.3267
调整 R^2	0.267446			

注：*** 表示在 0.01 水平上显著，* 表示在 0.1 水平上显著。

由表 6 所示的回归结果显示，VCIPO 的系数为-0.019697，与预计符号相符，并且在 0.1 水平上显著。这表明有风险投资背景的 IPO 公司盈余管理程度要比没有风险投资背景的 IPO 公司显著低于总资产的 1.9697%，因此假设 1 成立。

同时，回归结果还显示，控制变量 TENAUD 和 TENSPON 的回归系数均为负，这表明审计质量和保荐机构声誉与 IPO 盈余管理程度之间存在负相关关系，但回归结果没有通过显著性检验。控制变量 GROWTH 和 SIZE 的回归系数均为正，表明公司成长性和公司规模均与盈余管理程度呈正相关关系，并且均在 0.01 水平上显著。控制变量 LEV 的回归系数为负，表明财务杠杆与盈余管理程度之间存在负相关关系，但回归结果没有通过显著性检验。控制变量 OCF 的回归系数为负，表明 IPO 公司的经营活动现金净流量与盈余管理程度呈负相关关系，并且在 0.01 水平上显著，这表明现金流量好的 IPO 公司的盈余管理水平更低。

四、研究结论

本文首先运用修正的琼斯模型计算了 2004~2007 年间在我国深交所中小企业板上市的 199 家 IPO 样本公司上市前一年的盈余管理水平，然后运用回归模型实证研究了这些 IPO 样本公司的盈余管理程度与风险投资之间的关系。实证研究结果表明，与没有风险投资背景的 IPO 公司相比，有风险投资背景的 IPO 公司上市前一年的盈余管理程度更低，实证检验结果与事先假设相一致。这表明风险投资在一定程度上对 IPO 公司上市前一年的盈余管理水平具有抑制作用。

虽然本文的多元线性回归结果显示 VCIPO（风险投资）的系数为-0.019697，与预计符号相符，并在 0.1 水平上显著，假设 1 得到了验证。但是，该变量的显著性水平并不高，只有 0.1 水平（$P = 0.0797$），低于国外相关研究的显著性水平。笔者认为，出现这种情况主要有以下三个方面的原因：

第一，风险投资在我国才刚刚起步，其组织形式与国外成熟的风险投资机构有所不同。在国外，风险投资机构采取有限责任合伙制（LLP）的组织形式，而国内的风险投资机构一般采取有限责任公司的形式，具有不同的特点和运作模式。此外，国内有关风险投资的法律法规还不太健全，并缺乏有效顺畅的退出渠道，所有这些都会影响风险投资在抑制 IPO 公司盈余管理中所起的作用。

第二，风险投资在研究样本公司的股本总额中一般只占 1%~20%的比例，但在深交所中小企业板上市的 IPO 公司大部分为私营企业或者家族企业，其第一大股东通常持有 51%以上的股份，拥有绝对控制权。因此，在此情形下，会大大削弱风险投资对 IPO 公司盈余管理行为的抑制能力。

第三，我国的资本市场尚在发展初期，信息的不透明性和不对称性还较严重，内部人控制现象还很明显，从而使风险投资对 IPO 公司盈余管理行为的抑制能力受到限制。

参考文献

[1] Jain B., Kini Q.. The Post-Issue Operating Performance of IPO Firms [J]. Journal of Finance,

1994, 49 (5): 1699–1726.

[2] Morsfield. S, Tan. C. Do Venture Capitalists Constrain or Encourage Earnings Management in Initial Public Offerings? [R]. Unpublished Working Paper, 2003, City University of New York.

[3] Cohen, D., N. Langberg. From Private to Public: Venture Capital Financing and the Informativeness of Earnings [R]. Working Paper, 2005, University of Southern California.

[4] Suzanne G. Morsfield, Christine E. L. Tan. Do Venture Capitalists Influence the Decision to Manage Earnings in Initial Public Offerings [J]. Accounting Review, 2006, 81 (5): 1119–1150.

[5] Mills, D. Q. Who's to Blame for the Bubble [J]. Harvard Business Review, 2001, 79 (5): 22.

[6] Teoh, S. H., I. Welch, T. J. Wong. Earnings Management and the Underperformance of Seasoned Equity Offerings [J]. Journal of Financial Economics, 1998 (50): 63–99.

[7] Lee, P. M., S. Wahal. Grandstanding, Certification and the Underpricing of Venture Capital Backed IPOs [J]. Journal of Financial Economics, 2004 (73): 375– 407.

[8] Dechow, P. M., R. G. Sloan, A. P. Sweeney. Detecting Earnings Management [J]. The Accounting Review, 1995 (70): 193–226.

[9] Aharony, J., C. J. Lin, M. P. Loeb. Initial Public Offerings, Accounting Choices, and Earnings Management [J]. Contemporary Accounting Research, 1993 (10): 61–81.

[10] 张凌宇. 创业投资机构对其支持企业 IPO 抑价度的影响 [J]. 农业经济研究, 2006 (6): 63–68.

[11] 唐运舒, 谈毅. 风险投资、IPO 时机与经营绩效——来自香港创业板的经验证据 [J]. 系统工程理论与实践, 2008 (7): 2–12.

[12] 李仙, 聂丽洁. 我国上市公司 IPO 中审计质量与盈余管理实证研究 [J]. 审计研究, 2006 (6): 67–72.

Empirical Study of Venture Capital and IPO Earnings Management Behavior

Chen Xiangyou

Research on Financial and Economic Issues No.1, 2010

Abstract: This article takes the 199 IPO companies listed on the Shenzhen Stock Exchange SME board in China during 2004~2007 as examples to study the relationship between venture capital and earnings management. It is designed to reveal whether the IPO process could limit the earnings management behavior in venture capital and could reduce the extent of earnings management. Using manipulated accrued profit targets to test the risk of investment to the extent of earnings management, applying Modified Jones Model and multiple linear regression model and utilizing econometric software Eviews5.0, we reached the conclusion that compared with the venture-backed IPO companies, venture-backed IPO companies lower extent of earnings management in a year prior to listing.

Key words: Cost of Earnings; IPO; Venture Capital

国际货币体系新架构：后金融危机时代的研究*

李稻葵① 尹兴中②
（清华大学经济管理学院，北京 100084）

【摘　要】本文旨在探讨金融危机之后国际货币体系的演变。我们首先分析国际金融危机爆发前世界经济发展基本格局，其特点包括新兴市场国家快速增长，国际贸易与全球化的飞速推进，以及全球金融深化、跨境资本流动金额迅速上升，这导致世界经济对具有普遍良好信用的国际货币的需求大大增加。与此密切相关的是危机爆发前国际货币体系的三大特点：①美元成为各国中央银行最为倚重的储备货币，事实上成为超级货币；②欧元的快速崛起；③美国货币政策以及美元货币条件对全球经济具有巨大影响力和冲击力。基于这些分析，我们论证，国际金融危机之后，现行国际货币体系难以为继，尤其是因为美元信用基础发生了根本性的动摇，其超级国际货币的地位必然丧失。我们认为金融危机后的国际货币体系有两种主要可能的演变方向，一是各国通力合作创造出超主权国际货币；二是欧元以及人民币不断崛起，与美元形成三足鼎立的多基准货币的新国际货币体系。我们论证，第二种可能性更大。我们建议，中国应长期倡导并参与国际货币体系的改革，积极参与 IMF 改革，以彰显中国作为一个崛起中的大国积极推动国际合作的风范；但是，由于各种国际政治力量的干扰，我们必须做好第二种情形的准备，人民币国际化是我们最为现实和有效的选择，而中国的长期贸易顺差则是人民币国际化的必要基础。

【关键词】国际货币体系改革；人民币国际化

---

* 原文发表于《金融研究》2010 年第 2 期。本文的相关背景研究得到了中国人民银行、教育部长江学者奖励计划及国家自然科学基金（项目号：70473048）的支持，在此一并致谢。

① 李稻葵，清华大学经济管理学院、清华大学中国与世界经济研究中心。
② 尹兴中，清华大学经济管理学院、清华大学中国与世界经济研究中心。

引言

本轮金融危机爆发以来，全球经济界和金融界的目光集中于两大问题：一是如何尽快出台一系列救市方针，帮助世界经济和金融走出危机的阴影；二是探讨这场金融风暴的根本原因，从而寻找改革的方向，以此在制度上防范新一轮金融风暴的发生。在进行相关分析时，一个不可回避的焦点是当今国际货币体系的弊病，本文试图从这场金融风暴发生的制度性原因角度探讨当今国际货币体系的弊病，在此基础上分析、论证国际货币体系可能演变的方向以及这些演变可能给中国带来的各种影响，最后我们探讨中国经济需要做怎样的准备，获得其中的战略机遇。

一、当今世界经济的基本格局

当今世界经济格局是目前国际货币体系的基础，两者相互作用导致了这场金融危机。当今世界经济发展有三个最基本的特点：新兴市场国家快速增长；国际贸易与全球化的飞速推进；全球金融深化、跨境资本流动金额迅速上升。在全球经济金融一体化的过程中，世界分工进一步细化，新兴市场国家取得了快速的增长，这使得全球经济在主要发达国家经济增速下降的情况下仍保持了较平稳的增长。以“金砖四国”为例，巴西、俄罗斯、印度在2000~2008年期间的平均GDP增长率分别为3.67%、6.9%、7.17%，而中国则自20世纪80年代初以来保持着约10%的平均GDP增长率。一批新兴市场国家经过20世纪80年代末、90年代初一轮又一轮经济改革的洗礼后，市场经济制度深入人心，政府宏观经济管理的技能亦在提高，这为新兴市场国家的持续增长提供了强大的制度性推动力。

总体而言，全球化使得世界经济事实上已经形成三个主要板块：以美国、英国、西班牙等为主的金融和消费板块；以德国、日本、韩国、中国等为主的制造业和出口板块；其他资源和农业国家板块。国际贸易因此有突飞猛进的发展，全球贸易占GDP总量的比例由1992年的38.9%上升到2006年的56.9%。尽管2007年开始的金融风暴会在一定程度上放大发达国家内部反对贸易自由化的声音，但从大格局看，国际贸易自由化的大趋势很难逆转。

与国际贸易自由化同步发生的是全球的金融深化以及由此带来的跨境资本流动巨幅上升。进入新世纪以来，随着贸易自由化的推进，各国金融深化水平进一步提高，上市公司市值占GDP比重显著上升（到2007年已上升到120%的水平），与此同时，全球股票交易量也显著上升（到2007年已上升到180%的水平）。金融危机前，世界金融深化的部分原因当然是资产价格的泡沫化，但同时也不可否认，金融深化既是经济发展的重要动力也是经济发展的伴生现象。经济发展的过程就是金融深化的过程，经济加速发展的过程更是金融高速发展的过程。

与金融深化对应，跨境资本流动迅猛上升，二者共同作用，使得一批新兴市场国家积累、掌握了创纪录之巨的主权财富。1993 年，“金砖四国”的主权财富总额不足 1 千亿美元，截至 2009 年 5 月底已达约 3 万亿美元之巨。日益上升的主权财富背后有着深刻的宏观经济与制度原因，表明了这些国家的国家竞争力，在一定程度上也是这些国家为防范国际资本流动逆转而采取的宏观经济政策的后果，十余年前亚洲金融危机使这些国家深刻地意识到相当规模的外汇储备对新兴市场国家而言是非常必要的。

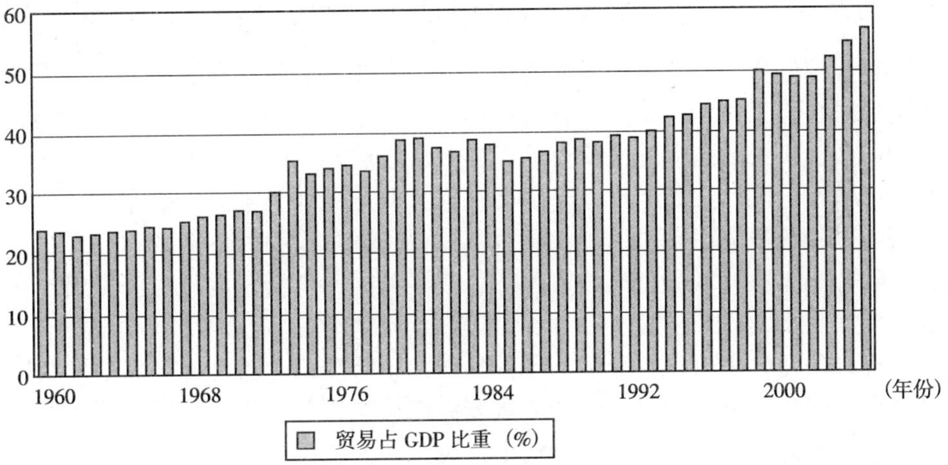

图 1　全球贸易占 GDP 比例

数据来源：EPS 数据库。

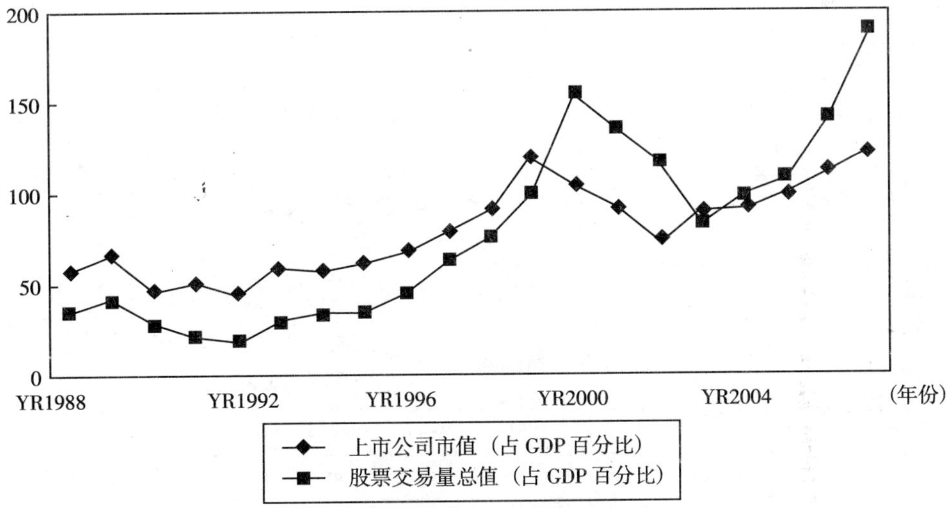

图 2　全球金融市场的发展

数据来源：EPS 数据库。

二、现行国际货币体系的主要特点

与当前世界经济发展格局密切相关的是现行国际货币体系的三大突出特点：美元是各国中央银行最为倚重的储备货币，事实上成为超级货币；欧元兴起；美国货币政策以及美元货币条件对全球经济具有巨大影响力和冲击力。

（一）美元是各国中央银行最为倚重的储备货币，事实上成为超级货币

在布雷顿森林体系崩溃之后，美元经历了一个从相对衰落到重新兴起的过程。布雷顿森林体系的崩溃打破了美元与黄金的直接挂钩，削弱了美元的国际信用基础。随着东欧剧变和苏联的崩溃，美元的国际地位又得到了加强。东欧剧变带来了经互会的瓦解，在原经互会体系（CMEA）下，东欧各国与各苏联加盟国不需要以硬通货为中介进行贸易，并且由于其与西方国家的经济往来很少，它们也不需要硬通货作为外汇储备；在经互会体系崩溃之后，东欧各国与从苏联分裂出的各国都急于参与国际贸易、取得经济发展，在这种情况下，各国对美元的需求迅速上升，导致了美元外汇储备的大量增加。爆发于1997年的亚洲金融危机以及在此之前先后爆发的各种各样由于跨国资金流动逆转而引发的国际收支危机，也使得各国中央银行对美元储备的重要性产生了深刻的印象，在这样的背景下，各国外汇储备迅速上升，而在外汇储备结构中，美元所占比例从20世纪90年代初开始有显著的提升。美元在各国中央银行外汇储备中的比重，从20世纪70年代初的80%左右下降到20世纪80年代末的50%左右，在这一过程中，德国马克、日元等部分替代了美元；而从

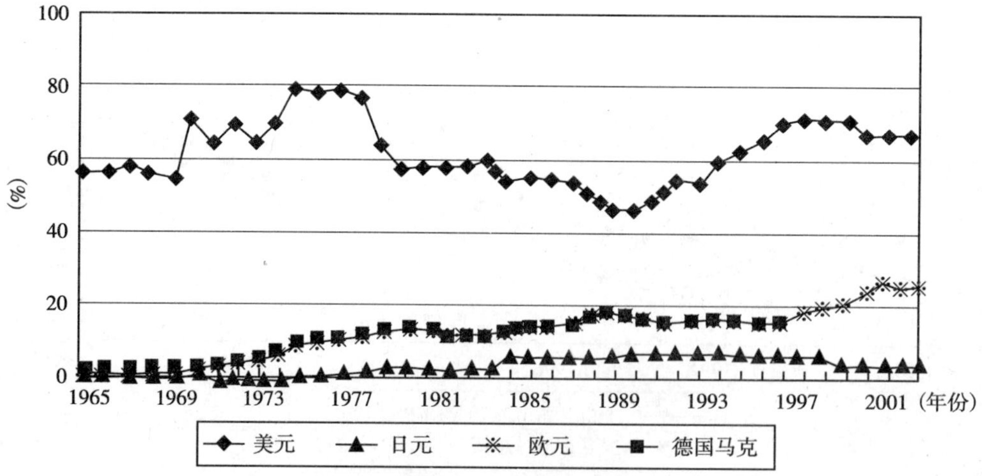

图3 国际央行储备的币种结构

数据来源：IMF COFER数据库。

20 世纪 90 年代初到 21 世纪初，美元在各国中央银行外汇储备中的比重回升到了 70%的水平（1999），进入 21 世纪以来，欧元的产生与兴起又使得美元的比重有所下降。

美元在国际贸易结算中也仍然占据着绝对优势地位。几乎在所有国家的国际贸易中，美元都是最主要的结算货币。根据 Kamps（2006）的统计，在日本出口和进口结算中，美元所占比例分别达到了 51.2%和 69.4%，即使是德国、法国等欧元区国家及英国，其出口贸易结算中美元所占比例也达到了 30%上下，进口贸易中这一比例更高。

（二）欧元的兴起

依托发展了近五十年的欧盟、欧洲经济共同体，欧元自正式推出以来迅速成为国际货币体系中的重要力量。在各国中央银行外汇储备中，欧元的比重在稳步提高，目前已达到约 30%的水平。在国际债券与票据市场中，以欧元计价的产品所占比重迅速上升，在 2003 年后已成为最主要的计价货币。

（三）美国货币政策以及美元货币条件对全球经济的影响力和冲击力

美国作为全球最大的经济体和进口国，其货币政策对世界各国，尤其是新兴市场国家的经济，具有重大影响。美元作为各国中央银行的最主要储备货币，美元的货币条件对各国货币政策具有直接的影响。这种影响产生的重要机制是美元在全球外汇市场的充盈度会反映在国际货币市场上，造成各国货币对美元汇率的波动，这种波动伴随着资金的流动。具体说来，当美元货币条件收缩时，美元相对稀缺，资金会从其他国家逆流至美国，这对外汇储备不足、金融体系不够健全的国家而言，无疑是个灾难；相反，当美元货币条件相对宽松时，美元将从美国流向其他国家，引起这些国家的流动性过剩、资产价格飞涨。安德鲁·霍尔丹（2009）利用网络理论和证据解释了过去 10 年金融网络出现的两个特点：复杂性和同质性，在面临压力时，反馈效应增强了网络的脆弱性；在一国货币主导国际货币体系、一国货币条件影响全球货币条件的情况下，金融体系的整体抗干扰能力必然被进一步削弱。

在十余年前，美国的 M_2/GDP 处于历史低位，同期在全球范围内连续出现了若干次重大金融危机，包括 1994 年墨西哥金融危机、1995 年的阿根廷危机、1997~1998 年的亚洲金融危机、1998 年的俄罗斯金融危机以及 1999 年的巴西危机。李稻葵和梅松（2008）比较系统地研究了美元的货币条件以及美国的货币政策与新兴国家金融危机的关系，他们的研究比较突出的结论是，当以美国 M_2/GDP 为标准的货币条件比较宽松时，即 M_2/GDP 的比重高于平均值 5%的时候，如果一个新兴市场国家经常账户出现赤字，那么由此资金逆转所产生的金融危机的概率不大，最多 2%。假如美元的货币条件相对比较紧，即美元 M_2/GDP 比重较平均值低 5%，那么此时同样水平的经常账户的逆差将会带来最大 19%的资金逆转可能，造成该国国际收支危机、引发金融危机，也就是说美元的货币条件作为外因直接影响资金逆流和金融危机爆发的可能。

三、现行国际货币体系的主要问题

现行国际货币体系的主要问题可以归结为三个：国际货币发行者的激励不兼容；美元信用基础的动摇导致现行体系不可持续；普遍认为的美国等发达国家独揽铸币税收入的不公平性。

（一）国际货币发行者的激励不兼容

所谓国际货币发行者的激励不兼容，指的是当前国际体系中占主导地位的是以美元为主的发达国家的货币，发达国家的货币政策主要是根据本国的利益和宏观经济的状态进行调节的。但是从客观上讲，发达国家的货币政策又会作用于其他国家宏观经济，而其他国家的经济状况乃至于其他国家的经济利益不可能百分之百地反应到发达国家的货币政策中来。因此就造成了一个货币政策制定的主体与货币政策效果接受者之间的不对称性，货币政策制定的主体是发达国家货币当局，而货币政策效果的接受者不只是发达国家，也就是货币政策制定者的激励来自调节本国经济的变化，而并不考虑其他国家的经济情况。耶鲁大学经济学教授特里芬于20世纪60年代提出了著名的“特里芬难题”，在20世纪50年代至60年代的历史环境下，上述激励不兼容的主要体现是世界各国出于平抑国际贸易的需要，对美元产生需求，而美国又因为黄金储备的不足，不愿意发行相应数量的美元，因此出现了全球性的美元短缺，可以说特里芬难题是上述激励不兼容政策的重要反映。

美元作为一国主权货币和作为全球流通及价值储存工具间的矛盾日益扩大，使得现行国际货币体系存在内在的不稳定性。2008年下半年，全球资产价格泡沫破裂，美国经济作为金融危机的策源地，迅速进入了金融恐慌。在此条件下，美国货币当局非常清醒地认识到他们必须采取以国家信用为基础的国家信用扩张的方式来营救美国的金融机构，因此出现了大印钞票，积极发行国债的政府营救方式，这在客观上也在不断放松美国的货币条件，美元货币条件的放松在2009年春天已经非常明显地反应到全球范围内，不仅是美国，英国等发达国家的资产价格上升，俄罗斯、南非、巴西、中国、印度等国的股票市场也迅速攀升，平均升幅在40%以上。这一轮资产价格的上升究其根源，就是美国货币条件的迅速放松。如果说，世界经济面临着新一轮的资产泡沫的话，那么其根源就是美国货币政策的迅速放松。

（二）美元信用基础的动摇导致现行体系不可持续

美元的信用基础已进入了一个长期的下滑和动摇的通道，这导致现行国际货币体系难以持续。美元信用基础的动摇表现在多个方面。首先，美国经济总量占全球的比重不断下降，以购买力平价计算美国占全球GDP的比重从1999年的23.74%下降到2008年的

20.69%，这一过程还可能持续，因为金融危机过后，世界经济增长将主要发生在一批新兴市场国家。美元信用动摇的第二个表现是美国联邦政府的赤字不断上升。美国联邦政府在近 30 年来长期处于赤字之中，唯一的例外是 1998 年到 2001 年之间出现了微弱的盈余，2009 年美国联邦赤字预计达到 13%，在未来若干年还会维持在比较高的水平，美国联邦赤字的不断攀升和积累一定会带来美国国家信用和美元信用基础的动摇。美元信用基础的动摇还表现在美国经济对外资产负债表的恶化，第二次世界大战后一段时间以来，美国成为世界最大的债权国，但这一地位在 20 世纪 80 年代末 90 年代初已逐步改变，美国经济对外的债务的净额自 20 世纪 90 年代以来不断攀升。总之，美元的信用基础在不断下降，这是现行大部分学者和分析家，以及政策制定者所不可否认的事实。

（三）普遍认为的美国等发达国家独揽铸币税收入的不公平性

美国为世界上最主要国际货币的发行者，很自然地获得了大量的铸币税收入。美国铸币税收入的第一个来源是流行在世界各地的美元现金量，这些现金是美国政府发出的、不付利息的、在正常情况下永远不需要偿清的债务。根据美联储及相关学者的统计，由于个人旅游出访小额携带、官方海关运输出境、地下走私出境等因素，有约 4500 亿美元在美国境外流通，而截至 2009 年 5 月底，美联储发行的流通中的美元现钞总额为 8700 亿美元[①]。美国铸币税收入的第二个来源是美国发行的国债券，由于美国国债券的国际信用评级较高，可以在全球范围内以较低的利息率获得借贷。美元铸币税收入的第三个来源是整个美国经济在世界各地融资的低成本。由于美元是国际货币，所以美国企业以美元计价发行的各种有价证券比较容易获得投资者的认可，融资成本很低，这也带来了巨大的收益。此外，大量的国际结算都以美元计价，美国家庭、企业、政府在很大程度上不需要面对汇率波动的风险，这极大地降低了美国经济体的交易成本。

表 1　美国的长期证券净头寸

（单位：10 亿美元）

时间	美国持有的外国长期证券	外国持有的美国长期证券	美国的长期证券净头寸
1994 年 12 月	870	1244	-374
2000 年 3 月	2678	3558	-880
2002 年 6 月	2129	3926	-1797
2003 年 6 月	2367	4503	-2136
2004 年 6 月	3027	5431	-2404
2005 年 6 月	3728	6262	-2534
2006 年 6 月	4799	7162	-2363
2007 年 6 月	6429	9136	-2707
2008 年 6 月	6342	9463	-3121

数据来源：美国财政部与美联储纽约银行，“Report on Foreign Portfolio Holdings of U. S. Securities”，April 2009。

① Board of Governors of the Federal Reserve System，“Federal Reserve System Monthly Report on Credit and Liquidity Programs and the Balance Sheet”，June 2009.

陈雨露等（2005）对美国的铸币税收入进行过估算，根据他们的研究，这一收入在某些年份达到美国 GDP 的 1.8%之高，最低时也有 0.2%。无论如何，美国凭借其特殊的国际货币发行地位获得了大量铸币税收入，是一个不争的事实，而其独享国际货币的铸币税收入是现行国际货币体系不合理性的表现之一，也引起了国际社会的种种抱怨。

四、后金融危机时代国际货币体系可能的演变方向

在清楚认识到现行国际货币体系的特点和问题之后，我们可以讨论未来国际货币体系演变可能出现的几个方向。首先，我们可以比较肯定地预测，全球在可预计的未来不会成为一个唯一的单一货币区。我们的理由不仅仅是政治因素，更重要的是全球不具备而且未来也不可能具备产生单一货币的条件。单一货币区理论告诉我们，若干地区共享单一货币需要众多条件。Mundell（1961）提出，当面临不对称冲击时，劳动力流动性较高的国家间可以通过劳动力的国际流动来替代名义汇率调整，从而减少形成货币区的宏观失业成本，而我们必须承认，劳动力的高度国际流动性在很长一段时间内是极难实现的，全球单一货币也因此遭受极大的阻力。Tower and Willett（1976）指出，货币同盟成员国的宏观调整成本依赖于成员国面临冲击的相似程度，冲击相似度越高，加入货币同盟的成本就越低，而克鲁格曼认为经济一体化的发展将加剧各国的专业化程度，增加了一国遭受非对称性冲击的可能性，增加了货币联盟的成本。总而言之，要使全球成为一个单一货币区在长期内存在巨大困难，成本极高，几乎不可能实现。

全球货币体系在金融危机以后演变为单一货币体系的一种最可能出现的情形是全球回归金、银本位或商品本位的货币体系。在这一体系下，各国尽管都有自己的货币，但是各自的货币都与该国对某一商品的拥有量挂钩。这样的国际货币体系，可以脱离任何单个国家和国际组织的干预，具有较强的客观性。但是，在全球经济日益发展的情况下，黄金、白银或本位商品的供给将严重不足，造成全球流通性不足，对于经济发展造成很大的不利；更大的问题是，在这样的体系下，黄金、白银生产国以及其他本位商品的生产国事实上将对国际货币政策产生巨大的影响，仍然难以实现国际储备货币的有序供给。因此，回归金、银本位或商品本位几乎不具备成功的可能性。因此，我们基本可以排除这种格局出现的可能性。

既然单一货币的情形出现的可能性非常小，那么，后金融危机时代国际货币体系最可能的演变方向是什么呢？在此，我们提出两种可能性。

（一）以超主权国际储备货币为核心的国际货币体系

中国人民银行行长周小川博士提出了建立超主权国际储备货币、强化现有国际特别提款权（SDR）的建议，这是一个极为重要的改革方向，也是未来国际货币体系可能演变的

一个方向。建立超主权国际储备货币这一方案的优点非常突出，它可以直接解决现行国际货币体系所存在的问题，使得国际货币的发行不受控于单个主权国家的货币政策，而铸币收入也可以合理地在各国间进行分配，并且使国际货币摆脱了对单个国家之信用的依赖，具有很强的稳定性。在很大程度上讲，这一方案指出并代表了国际货币体系改革的理想目标和大势。基于现实情况的考虑，现有的 SDR 是最有可能成为具有实际超主权国际储备货币的载体，而要使 SDR 真正成为超主权国际储备货币，需要首先满足三个基本的前提条件。

第一，需要极大地扩大现行 SDR 的规模，并扩充 SDR 一揽子货币的币种以进一步强化 SDR 的信用基础。截至 2008 年 8 月底，SDR 的总配额为 2174 亿 SDR 单位（约合 3410 亿美元），SDR 要成为国际储备和支付手段，这一规模是远远不够的。

第二，积极扩大以 SDR 计价的交易范围与规模，SDR 不能仅仅限于做各国货币当局之间的结算工具，要使 SDR 成为国际货币，必须使其具有很大的私人部门交易规模，为此，我们可以探讨 IMF 以及世界主要国家发行以 SDR 计价主权债务的可行性，IMF 事实上已经在这个问题上跨出了一步，下一步需要各主要国家跟进、推动，SDR 首先需要至少达到英镑、日元那样的流通水平，才能逐渐替代美元的地位。

第三，对 IMF 进行深刻的改革。作为 SDR 发行的控制者，IMF 必须向各国和相关机构建立公平、公正、高效的形象，因此，IMF 必须改变其听命于美国政府的形象。IMF 也需要密切监控全球货币、金融市场的波动情况，平衡各国利益，做出公开、透明、合理的货币政策调整。这一改革将是非常困难的，最大的困难来自美国，美国不仅是现行国际货币体系的最大受益者，也是 IMF 的主要控制者，SDR 改革方案的成功必然需要美国政府的支持。在金融危机爆发之后，全球对国际货币体系改革的呼声高涨，然而，由于美国经济以及美国国家信用相对下落，美国经济的恢复尤其依赖于维系现行以美元为核心的国际货币体系，可以说，金融危机的爆发，使得 IMF 的改革变得尤为困难。

总体而言，要建立起具有广泛信用的超主权国际储备货币，仍需要长期、大量的努力以实现必要的前提条件。

（二）美元、欧元及人民币三足鼎立的多基准货币体系

在这一体系下，美元、欧元、人民币成为三足鼎立的最重要的基准货币。这是一种相对多极化的制度安排，首先，它脱离了美国对国际货币体系的绝对影响，国际货币的发行将由若干主权国家共同掌握，这些主要货币间的相对汇率是通过系统、复杂的谈判、博弈产生的，与现行国际货币体系相比，具有较强的包容性，能够更好地代表全球各经济体的利益。其次，由于这一体系并不单一依赖美国的国家信用，这一体系会具有更强的稳定性。本轮金融危机爆发并在全球范围内迅速蔓延，使人们深刻地认识到——使用一国主权货币作为主要的国际储备货币和国际支付手段，固然可以获得很大的便利性，但是其系统性风险和可能造成的损失也是巨大的，因此人们也更加认同增加国际支付和储备货币可选择性之重要。

为什么会是美、欧、中三个地区的货币成为新国际货币体系的主要支柱，而英镑、日元或瑞士法郎只能居于较为次要的地位呢？这是基于仔细的经济金融研究分析而得到的结果。Chin and Frankel（2007）计量分析了 1973~1998 年间各国央行国际储备币种结构的影响因素，其中显著的因素包括发行国的经济总量、通货膨胀率、汇率波动方差大小，发行国相关金融中心的大小。李稻葵和刘霖林（2008a）对各国央行国际储备（1967~2004 年）、国际贸易结算（1999~2005 年）、国际债券产品（1993~2006 年）的币种结构进行了计量分析，其结果表明，一国的货币成为国际货币需要五个条件：一是经济规模、国际贸易规模在世界中占有相当大的比重；二是国内金融市场规模要足够大；三是具有足够的外汇储备；四是其货币在一定时期内具有升值态势；五是货币可完全自由兑换。中国作为一个 GDP 排名世界第三，且保持了较高发展速度、较低通货膨胀率、巨额贸易顺差的经济大国，其具有高度升值预期的人民币在人民币可自由兑换后必然在国际化水平方面会有显著的提高。

李稻葵和刘霖林（2008a）在三种假设情景下分别预测了人民币在国际储备中的比重：

情景一：中国 GDP 前 4 年增速为 9%，后续 11 年增速为 8%。人民币汇率前 4 年平均升值幅度为 3%，后续 11 年平均升值幅度为 1%。贸易顺差占 GDP 比重在 2020 年为 1%。

情景二：中国 GDP 前 4 年增速为 9%，后续 11 年增速为 8%。人民币汇率前 4 年平均升值幅度为 3%，后续 11 年汇率不变。贸易顺差占 GDP 比重在 2020 年为 4%。

情景三：中国 GDP 前 4 年增速为 8%，后续 11 年增速为 5%。人民币汇率前 4 年平均升值幅度为 3%，后续 11 年汇率不变。贸易顺差占 GDP 比重在 2020 年为 4%。

在这三种假设下对人民币在国际储备中比重的预测结果如表 2 所示。

表 2 对 2020 年国际储备中币种结构的预测（李稻葵和刘霖林，2008a）

	情景一	情景二	情景三
人民币	21.45%	17.54%	15.15%
美元	27.37%	28.74%	29.57%
欧元	22.45%	23.57%	24.25%
日元	13.43%	14.10%	14.51%
瑞士法郎	1.53%	1.61%	1.66%
英镑	13.76%	14.45%	14.86%

从原则上讲，现行国际货币体系的主要问题在这种多极化的货币体系下依然存在，比如利益的不兼容性，但是毕竟可以得到很大程度上的改善。如 McKinnon（2002）所指出的，如果主导的中心货币的本身价值稳定，其作为单一的国际货币的自然垄断功能将得到加强，由于经济惰性和网络外部性，美元在国际货币体系中的突出作用将长期存在。多支柱国际货币体系事实上是当前的默认选项，是一种现实主义的改良方案，从现有国际货币体系向多支柱国际货币体系的演变将大体遵循市场化发展的路径，其所遭遇的经济和政治阻力也会相对小很多，也是最有可能出现的情况。

五、以人民币国际化有力推动国际货币体系改革

国际金融危机毫无疑问唤起了全球各国对国际货币体系改革的关注与热情，中国作为增长最快、影响力日益上升的世界经济大国，本身也是国际货币体系改革的重要利益相关者，更是未来国际货币体系演变的重要参与者，中国可以也应该抓住这一历史机遇积极地倡导和推进国际货币体系的改革。

现行的国际货币体系没有充分体现广大新兴市场国家快速发展对世界经济格局造成的深刻影响，人民币的国际化将在很大程度上弥补这一缺陷。由于在现行国际货币体系中所处地位等众多方面有着深刻的相似性，中国与其他新兴市场国家在国际货币体系改革方面有许多共同的诉求，而人民币的国际化将大大提高中国在国际货币体系改革中的话语权与影响力，从而使广大新兴市场国家的利益在新国际货币体系中得到较好体现。现行国际货币体系的形成有其深厚的历史背景和路径，而对其改革也需要坚实的基础和切实的工作。人民币国际化不仅与国际货币体系改革不矛盾，而且事实上是国际货币体系改革的重要组成部分。即便国际间可以达成协议、创造出某种超主权的国际货币，这一国际货币也很难完全替代各主权国家的本币，而超主权货币必须与主要国家的主权货币（法定货币）间建立较稳定的汇兑关系。在这种情况下，人民币国际化使得超主权货币必须考虑到人民币的货币条件，从而使中国经济的利益得到表现。因此，中国需要以人民币国际化有力推动国际货币体系改革。

为了成功地以人民币国际化有力推动国际货币体系改革，我们需要注意哪些问题呢？

1. 贸易顺差是人民币国际化的基础

从历史的角度看，经常项目顺差能够帮助一个国家在国际货币的竞争、博弈中占据有利地位。事实上，美国直到1976年之前都保持了贸易顺差国的地位，而在此之前美元的国际中心货币地位早已确立，美元的输出主要是通过美国的资本输出实现的。人民币国际化尚处于刚刚起步的阶段，如果中国不能保持长期贸易顺差，则难以保持人民币币值的稳定、坚挺和外国居民对人民币的信心，在这样的情况下，人民币的国际化将难以实现。

特别值得强调的是，人民币国际化的路径肯定与英美货币国际化是不同的。它们货币的国际化是其国际政治、军事实力强大之后的产物。事实上，第二次世界大战结束前夜的布雷顿森林会议的本质是在确认了美国的霸主地位之后确立了美元的基准货币地位，这一点是违背凯恩斯及其法国盟友的主观意愿的。一旦美元的储备货币的地位建立起来，美国必须成为美元的流出国（资本或经常账户必须赤字）以支持世界经济的发展，美元的流出是建立在以美国的国际政治霸权为基础的国家信用之上的。因此才有了特里芬难题。

反观今天人民币的国际化，我们的信用基础何在？显然不是我们的军事或国际政治影响力，只能是我们的经济实力。人民币的信用在国际上的体现是经常账户顺差或资本账户

的顺差以及由此带来的高额外汇储备（当然这不一定全集中于官方外汇储备）。也就是说特里芬难题在人民币国际化问题上完全不成立，人民币国际化不仅意味着我们会陷入经常账户的逆差，人民币国际化的基础必须是长期的适度的经常账户的顺差。在相当长的一段时间内，中国将保持对美国、欧洲等国的巨额贸易顺差地位，与这些经济体的国际贸易也很难改变以美元、欧元结算的格局，同时美元、欧元仍是主要的国际货币，但是中国与其他经济体、尤其是其他新兴市场的贸易将有进一步的快速增长。因此很有可能形成这样的一种局面：中国保持长期总体贸易顺差地位，但对部分新兴市场国家存在贸易逆差以及人民币资本输出，而在对其他新兴市场国家存在贸易顺差的情况下，人民币资本输出的意义则更为突出；人们保持对人民币的（相对美元、欧元）升值预期并乐于持有人民币，人民币首先在新兴市场国家发挥国际货币作用。由于人民币的升值预期以及中国与众多新兴市场国家之间的经济互补性，这种局面是非常有可能出现的。

2. 完善金融市场、平稳实现人民币完全可兑换

在全球化和金融深化的背景下，资本项目往往比经常项目更剧烈地影响国际收支，在这样的情况下，一国金融市场的完善程度对该国主权货币在国际货币体系中的地位有着突出的影响，人民币的国际化离不开对可供国际投资者参与的、活跃并具有足够规模的人民币计价金融产品交易市场，尤其是债券和票据市场。人民币国际化的最大瓶颈是人民币的完全可兑换，而为了实现人民币的完全可兑换，我国的金融市场和监管体系仍需要极大的改善。Eichengreen（2005）、Frankel and Chinn（2007）都认为，由于中国金融市场不发达，人民币在很长时间内（二三十年以上）都不可能起到像欧元、美元那样的国际货币作用。对此，李稻葵和刘霖林（2008a，2008b）提出，中国可以采用人民币国际化的双轨制方案。

双轨制的第一轨在境内，即国内金融市场和金融机构的改革。力求使金融市场运行更加合理，扩大市场规模，提高定价效率和金融机构的风险管理能力，从而为人民币在资本账户下的完全可兑换创造条件，人民币在资本账户下的完全可兑换也需要逐步推进，包括扩大 QDII 规模、探讨规模可控的港股直接投资方案、中国证券市场的国际化、引进部分优质国外公司在国内上市从而消化部分外汇储备等。

双轨制的第二轨在香港，充分发挥香港的作用，尤其是发挥香港证券市场的作用。在香港大规模发行人民币计价的债券和股票，特别值得研究的是由财政部在香港发行中国国家主权债券或者由（特）大型企业在香港发行公司债券，这些人民币计价金融资产在香港的交易可以直接推动人民币在国际金融市场的影响力，从而逐步提高人民币计价金融资产在国际投资者投资组合中的比重，与此同时，也可进一步推动（已经开始的）人民币贸易结算。

3. 认同并承担国际货币发行者的国际责任

随着人民币国际化程度提高，我国货币政策会在更大程度上被国际社会关注，在这种情况下，中国政府无形中需要承担一定的国际责任，中国的货币政策也将在一定程度上失去独立性。从某种意义上说，这也是人民币国际化所带来的必然后果，中国必须学会如何

适应人民币国际化后的国际环境。对国际货币发行者所应承担国际责任的认同与担当，也将为人民币国际化奠定坚实的基础。

4. 为应对短期内可能出现的国际货币体系重大变动做好准备

由于美元的信用基础的动摇和美国货币当局针对本轮金融危机采用的超常规货币政策应对措施，以美元为核心的现行国际货币体系有可能在短期内出现大的变动。在这种情况下，美元将对其他货币剧烈贬值，而美国国债券也会出现价格的迅速下跌。我国所持有美元资产中债权性资产所占比例远远高于多数国家，股权性资产规模与爱尔兰相当（截至2008年6月30日，中国大陆所持有的美国证券总值约为1万2千亿美元，其中股权性资产总值约1千亿美元；爱尔兰所持有的美国证券总值约为4千亿美元，其中股权性资产总值约750亿美元①），我们有必要采取必要的风险规避应对措施，美国国债券的日交易规模平均有4500亿美元之巨，在不引起市场剧烈波动的情况下进行资产配置调整是完全有可能的。此外，亦有必要为美元贬值造成人民币相对升值压力做好准备，在出口退税等针对出口企业的政策措施方面要做好备案，在国际舆论等领域也要进行深入的工作，对美元的突然大幅贬值制造压力。

六、小结

本文首先分析了世界经济发展基本格局以及现行国际货币体系的主要特点。世界经济发展的基本格局是：新兴市场国家快速增长；国际贸易与全球化的飞速推进；全球金融深化、跨境资本流动金额迅速上升。世界经济发展的特点使得经济和金融活动对具有普遍良好信用的国际货币的需求大大增加，而与世界经济发展密切相关的是现行国际货币体系的主要突出特点：美元是各国中央银行最为倚重的储备货币，事实上成为超级货币；欧元兴起；美国货币政策以及美元货币条件对全球经济具有巨大影响力和冲击力。根据本文的分析，现行国际货币体系中存在的三大问题是：激励不兼容以及由此带来的特里芬难题；美元信用基础动摇，现行体系难以为继；国际货币铸币税收入分配的不公平性。

基于以上分析，金融危机后的国际货币体系有两种主要的可能的演变方向，一是各国通力合作创造出超主权国际货币；二是欧元及人民币的持续兴起，与美元形成三足鼎立的国际货币体系。我们认为，中国应长期倡导并参与国际货币体系的改革，积极参与IMF改革，以彰显中国作为一个崛起中的大国积极推动国际合作的风范。但是，由于各种国际政治力量的干扰，我们必须做好第二种情形的准备，人民币国际化则是我们最为现实和有效的选择。

现行的国际货币体系没有充分体现广大新兴市场国家快速发展对世界经济格局造成的

---

① 美国财政部与美联储纽约银行，"Report on Foreign Portfolio Holdings of U. S. Securities"，April 2009.

深刻影响，人民币的国际化将在很大程度上弥补这一缺陷。由于在现行国际货币体系中所处地位等众多方面有着深刻的相似性，中国与其他新兴市场国家在国际货币体系改革方面有许多共同的诉求，而人民币的国际化将大大提高中国在国际货币体系改革中的话语权与影响力，从而使广大新兴市场国家的利益在新国际货币体系中得到较好体现。

我们认为，中国应长期倡导并参与国际货币体系的改革，积极参与IMF改革，以实现建立超主权国际货币的长期目标。人民币国际化则是中长期内中国推动、参与国际货币体系改革的有效方式。为了成功地以人民币国际化有力推动国际货币体系改革，我们需要在以下方面做出努力：保持中国的贸易顺差国地位；完善金融市场、平稳实现人民币完全可兑换，采取双轨制步骤推动人民币国际化进程；认同并承担国际货币发行者的国际责任；为应对短期内可能出现的国际货币体系重大变动做好准备。

参考文献

[1] 安德鲁·霍尔丹. 反思金融网络 [J]. 比较.（第42辑），北京：中信出版社，2009.

[2] 陈雨露，王芳，杨明. 作为国家竞争战略的货币国际化：美元的经验证据——兼论人民币的国际化问题 [J]. 经济研究，2005 (2).

[3] 雷达，孙中栋. 财富的国际转移与美国高消费时代的调整——基于国际资产负债结构的分析 [J]. 经济理论与经济管理，2009 (5).

[4] 李稻葵. 大国发展战略——探寻中国经济崛起之路，北京大学出版社，2007.

[5] 李稻葵，刘霖林. 人民币国际化：计量研究及政策分析 [J]. 金融研究，2008 (11).

[6] 李稻葵，刘霖林. 双轨制推进人民币国际化 [J]. 中国金融，2008 (10).

[7] 李稻葵，梅松. 美元 M_2 紧缩诱发世界金融危机：金融危机的内外因论及其检验 [J]. 世界经济，2009 (4).

[8] 谢平，陈超，柳子君. 主权财富国家基金有利于提高国家资产负债表的稳定性 [J]. 金融研究，2009 (2).

[9] 张雪春. 货币政策的危机管理 [J]. 金融研究，2009 (6).

[10] 朱民. 研究“危机后的世界经济金融格局”的五个问题 [J]. 国际经济评论，2009 (4).

[11] Dooley, M. P., Folkerts-Landau, D., Carber, P., 2009. Bretton Woods II still defines the international monetary system. NBER Working Paper No.14731, February.

[12] Eichengreen, B., 2005. Sterling's pas, Dollar's future: Historic: perspectives on reserve currency competition, text of Tawney Lecture delivered to the Economic History Society, Leicester.

[13] Eichengreen, B., 2007. Global Imbalances and the Lessons from Bretton Woods, The Cairoli Lectures. The MIT Press, Cambridge, Mass. And London.

[14] Frankel, Jeffrey, and Menzie Chinn, 2007. Will the Euro eventually surpass the Dollar as leading international reserve currency? NBER working paper No.11510.

[15] Kamps Annette, 2006. The Euro as invoicing currency in international trade, ECB Working paper series No.665.

[16] Krugman Paul R. and Maurice Obstfeld, 2006. International Economics: Theory and Policy (7th Edition), Addison-Wesley.

[17] McKinnon Ronald, 2002. The euro versus the dollar: resolving a historical puzzle, Journal of Policy Modeling, Vol.24 Issue4.

[18] Mundell Robert Alexander, 1961. A Theory of Optimum Currency Areas. American Economic Review, Vol.51 Issue 4.

[19] Mundell Robert Alexander, 2001. Currency areas and international monetary reform at the dawn of a new century, Review of International Economics. Vol.9 Issue 4.

[20] Tower, E. and Willett, Thomas, 1976. The Theory of Optimum Currency Areas and Exchange Rate Flexibility. International Finance Section. No.11, Princeton University.

The International Monetary System in the Era of Post-Financial Crisis: What Policy Options Does China Have?

Li Daokui and Yin Xingzhong

Journal of Financial Research No.2, 2010

Abstract: This paper analyzes the evolution of the international monetary system after the financial crisis. We first provide a quick review of three fundamental features of the world economy before the international financial crisis, including rapid growth of emerging market economies, impressive pace of globalization, and rapid financial deepening and cross-border capital flow.These features of the world economy gave rise to an ever-increasing international demand for international reserve currencies such as the US dollar.Consequently, the current international monetary system which was shaped before the financial crisis has three main noteworthy characteristies: ①the US dollar is the most important reserve currency relied heavily by central banks worldwide; ②the Euro has been emerging rapidly competing with the US dollar; ③monetary policies and monetary conditions of the United States have tremendous influence in the world economy. We argue that after the financial crisis, the credit foundation of the US dollar has been shaken significantly and therefore the current international monetary system is not sustainable in the long-run. Based on these analyses, we show that there are two alternative cases of the evolution of the international monetary system in the post-financial crisis era.The first case is that countries in the world cooperate to establish a globally accepted reserve currency, which beyond the control of any sovereign state. The other alternative is that the world's sovereign currencies compete in international transactions and gradually a multi-currency anchored international monetary system will emerge. The most likely anchor currencies are the US Dollar, the Euro, and the Chinese RMB. We believe that by far, the multi-currency anchored system is the more likely case. We therefore suggest that while China should participate in the international monetary system reform as well as the IMF reform to push for the first possibility in order to showcase her commitment to international cooperation, however, China also needs to prepare for the second possibility. We thus conclude that pushing for the internationalization of the Chinese RMB is the most practical and effective policy the Chinese government for years to come.

Key Words: international monetary system reform; RMB's internationalization

宏观审慎视角下的最优货币政策框架 *

张亦春[①] 胡晓[②]
（厦门大学金融系，福建厦门 361005）

【摘 要】本文借助奥地利学派的理论观点，分析当前西方主流货币政策框架在此次金融危机爆发中所起的作用，认为宏观经济运行在实体经济和金融两个领域已发生深刻变化，维持价格稳定已不足以确保经济的持续健康发展。货币政策应当更加积极、主动地应对金融失衡，“强化的灵活通胀目标制”是重新实现价格稳定和金融稳定统一的最优货币政策框架。

【关键词】奥地利学派；货币政策；金融失衡；通胀目标制

一、危机前主流货币政策框架的特点

20 世纪 70 年代以来，西方中央银行家和主流理论界认为货币政策的首要目标是致力于实现长期的价格稳定，货币政策本身并不是一个足以对付资产价格暴涨和暴跌之潜在破坏效应的有效工具，但是价格稳定与金融稳定之间具有较强的正相关性。Schwartz（1995）认为价格稳定是实现金融稳定的充分条件，保持价格稳定的货币政策同样也可以实现金融稳定。更谨慎的观点，如 Issing（2003）认为尽管价格稳定并非实现金融稳定的充分条件，但两者之间的确存在着某种一致性，价格稳定能够促进金融稳定。

因此，按照丁伯根“政策目标与政策手段数量一致”的原则，Bernanke（2002）建议根据问题的性质选择合适的工具，中央银行应该将货币政策集中于实现相应的宏观目标，如物价稳定和充分就业，而使用其监管、监督和最后贷款人的权力来协助维持金融稳定。中央银行应该要求金融机构保持充足的资本，做好分散化投资，对可能出现的不同情况做

---

* 原文发表于《金融研究》2010 年第 5 期。

① 张亦春，教授，博士生导师，厦门大学国家金融重点学科学术总带头人，研究方向：金融理论与政策。
② 胡晓，厦门大学金融系博士研究生，研究方向：金融理论与政策。

好资产组合的压力测试；建立更加透明的会计和信息披露制度，并加强投资者教育；一旦出现资产价格的大幅波动并威胁到金融稳定时，中央银行应及时采取措施以确保支付结算体系的正常运作，并在必要的时候向市场注入充足的流动性。由于只有当货币政策不作为或者错误紧缩从而加剧资产价格暴跌对经济的紧缩压力时，资产价格暴跌才会持续地损害经济，因此 Bernanke 强调在短期货币政策制定中，中央银行必须把价格稳定和金融稳定看成是高度互补和一致的目标，在一个统一的货币政策框架下实现灵活的通货膨胀目标制（Flexible Inflation Targeting）是实现这一目标的最好货币政策框架。他不仅提供了一个在正常时期制定货币政策的统一框架，还提供了一个阻止和缓解金融危机冲击的框架。

在实践中，西方主要中央银行也一直贯彻着上述理念，其货币政策框架具有如下特征：

（1）维持价格稳定（稳定且较低的正通货膨胀水平）是货币政策的首要目标。由于货币政策传导时滞，通常货币政策是盯住一个中期（2 年）的通货膨胀预期目标。例如，欧洲中央银行将价格稳定明确定义为欧元区消费价格调和指数（HICP）年同比增长低于 2%，但中期接近 2%；英国等英联邦国家则采取公开的通货膨胀目标制，直接盯住物价上涨率；美联储尽管在货币政策制定中需要兼顾多重目标，但在中长期控制通货膨胀率始终是关注的重点，其实际实行的是隐含通货膨胀目标制。

（2）利率逐渐成为常规货币政策工具。通过公开市场操作，央行得以通过调控市场基准利率对实体经济施加影响。

（3）一般是将产品市场和劳动力市场缺口作为衡量未来通胀压力的代理变量，其他变量例如货币与信贷总量的变化，即便有所参考（如欧洲中央银行①），但也处于次要位置。

（4）资产价格不应作为货币政策目标，货币政策不应该对资产价格变化作出反应，除非这些变化预示着预期通胀的变化。

（5）中央银行也不应试图刺破可能存在的资产泡沫。较好的选择是“事后救助”，即在泡沫破裂后，中央银行及时向金融体系注入充足的流动性，以缓解泡沫破裂对经济的冲击。

Bernanke 认为该政策框架具有很多优点。他使货币政策集中于恰当的政策目标，如产出和物价水平；这种政策是透明和易于公众沟通的；他并不要求中央银行在估值方面比市场更了解市场，也不要求代替私人投资者对市场前景进行判断；更重要的是，他是一个稳健的策略框架。尽管不可能消除所有的经济或金融不稳定，但是可以防止出现灾难性的后果，如 20 世纪 20 年代末美联储动用货币政策干预资产市场所导致的那种严重错误。

---

① 尽管欧洲中央银行宣称其货币政策制定遵循两大支柱（Two Pillars），即对货币趋势的分析、对经济动态和冲击的分析，但由于在金融自由化和经济全球化影响下，货币供应量与通胀水平关系变得不稳定，甚至出现背离，因此货币分析的地位日益淡化，在参考的众多因素中实际处于次要地位。

二、危机前主流货币政策框架的缺陷

在过去 20 多年的实践中，这个主流货币政策框架取得了相当的成功，通货膨胀得到有效抑制，产出和物价的波动显著好于 20 世纪 60 年代和 70 年代，国民经济呈现出物价水平稳定、经济稳定增长的良好局面。但是，新的问题随即出现，这就是信贷、资产价格和投资的“繁荣萧条周期”现象日益明显，金融不稳定、金融危机出现的频率和严重程度呈上升趋势。

然而，危机前的正统观点仍旧认为货币政策框架无需改变，资产价格更大波动性及金融不稳定现象仅仅是暂时问题。首先，随着经济主体对低通胀环境与更加自由化的金融体系的逐渐适应，金融基础设施不断完善，金融动荡的频率和严重性必将下降。其次，金融创新使得金融市场更有效率和弹性，不仅将风险转移给那些更有能力承受的人，还有助于经济主体平滑消费，稳定总需求，金融领域更大的波动性可能是实现实体经济更小波动性的途径。然而，此次大萧条以来最严重的金融危机使得中央银行以及理论界开始怀疑这一先前曾引以为豪的货币政策框架，开始思考货币政策究竟在危机中扮演了什么角色，开始探讨货币政策框架应该如何改革以避免危机的重演。我们认为，在这场关系到未来货币政策理论与框架发展的大反思中，保持灵活性和开放性是能否取得成功的关键，目前处于边缘化的奥地利学派的某些理论观点具有全新的分析视角和较强的理论说服力，值得进一步的深入研究。

回顾历史，无论是 20 世纪 30 年代大萧条、90 年代日本经济长期停滞、1997 年东南亚金融危机，还是 2008 年全球金融危机都具有如下类似特征。危机之前，一方面，技术创新，生产率提升，经济高速增长，价格水平稳定甚至下降；另一方面，银行信贷持续扩张，资产价格高涨，固定资产投资强劲。因此，奥地利学派认为价格指标不足以判断宏观经济能否健康可持续发展，更重要的是关注相对价格的变化，后者与资源错配（Misallocation）和危机存在密切的联系。危机根源于前期各种金融失衡（Imbalance，持续、显著地偏离长期标准）的累积，特别是信贷、资产价格和固定投资。不断积聚的失衡最终将通过危机这种破坏性的形式集中释放以重新回归均值，危机的强度取决于之前失衡累积的大小。

在此次金融危机前，维持稳定且较低的正通货膨胀水平作为货币政策的首要目标，一般狭义定义为消费物价指数的不同表现形式。仅当资产价格等变化预示着预期通胀的改变时，货币政策才会做出反应。然而，我们认为近年来宏观经济运行在实体经济和金融两个领域已发生深刻变化，此次危机再次表明维持价格稳定已不足以确保经济的持续健康发展。

在实体经济领域，随着 20 世纪 80 年代通货膨胀得到成功抑制，通货膨胀机理发生了微妙变化。首先，中央银行逐步建立起维护价格稳定的可靠信誉①，公众通胀预期下降，价格和工资更具粘性。其次，技术进步、经济自由化与全球化进程的加速，特别是中国等计划经济体的市场化改革，大大增强了工业生产和供给能力，抑制了一般性商品价格上涨。通胀压力明显减少，甚至一些国家在一段时间内出现了明显的通货紧缩（如日本、中国），或者面临通货紧缩压力（如美国、德国），因此中央银行或因为短期通胀处于目标范围内而保持宽松的货币政策，或为了避免经济陷入通货紧缩而采取更持久、更宽松的货币政策。但是，长期低利率会扭曲资源配置信号，导致资产价格、债务水平和固定投资规模等金融失衡得以不断累积。Borio and White（2004）为此警告，若货币政策过于关注短期通胀水平，而对不断累积的金融失衡重视不足，将不明智地将经济的弹性②推高至不可维持的水平。

在金融领域，金融体系具有“内在顺周期性”（Inherently Procyclical），在缺乏内在制约机制的情况下，在经济上升期，金融顺周期性将导致各种金融失衡和与此相关的资源错配不断累积，当经济和金融的过度扩张最终因脱离基本面而逆转，经济下行，此时累积的失衡将以价格暴跌等激烈方式得以释放和调整，并加重金融体系和实体经济的紧缩。危机前全球性的金融自由化进程以及非对称的货币政策操作范式实际上更加强化了这种顺周期性。不断加剧的竞争压力逐渐改变着金融结构和金融行为。例如，金融机构为了保持利润、维护市场份额会过度承担风险，如降低贷款标准以争夺客户；宽松的货币政策也进一步刺激其风险偏好，金融机构为了“寻求收益”而提高经营杠杆，加速信贷扩张和资产价格上涨。此外，尽管金融创新层出不穷，金融体系在某个时点上分散转移风险的能力大大加强，能更好应对外生冲击，但是正如 Allen and Gale（2000）所说，我们需要区分金融体系在某个时点和在不同时点（跨期）化解风险的能力。目前对金融与实体经济的动态相互关系、系统内生风险如何累积演化仍缺乏足够的认识，对如何衡量和化解跨期系统内生风险也缺乏相应的工具。在此过程中，基于“丁伯根法则”的货币政策与金融稳定政策分工框架不足以抵消金融自由化与顺周期性加剧的压力，一方面监管当局对于信贷和流动性的创造只拥有有限影响力，另一方面货币政策与金融稳定政策之间在处理金融失衡上缺乏合作。例如，监管当局认为很多金融失衡的根源在于宏观经济，这属于货币政策的范畴，而中央银行又认为这属于金融不稳定现象，理应由监管当局处理，由此导致的不作为纵容了失衡的不断累积。

当累积的金融失衡通过泡沫破裂等方式释放，导致金融困境（Distress）并危及经济增长时，中央银行往往使用宽松的货币政策作为事后救助手段，缓解经济的压力。1987 年全球股市崩盘时如此，20 世纪 90 年代初许多国家的房地产泡沫破裂、2001 年美国网络泡

---

① Borio 甚至提出著名的“中央银行信誉悖论”（Paradox of Central Bank Credibitity），认为正是由于中央银行成功树立反通胀的声誉，通胀的压力才从商品和劳务领域转移到资产领域，最终增加了金融体系的脆弱性。

② 奥地利学派中的弹性（Elasticity）指金融体系能够容忍的、随着时间不断累积的各种失衡，在缺乏内在制约机制的情况下，这些失衡最终会以价格暴跌等激烈方式得以释放和调整，造成金融不稳定。

沫破裂时还是如此。这些政策可以在短期内发挥刺激作用，使经济的产出达到政策预期水平，因此这种“预先放松”（Preemptive Easing）的货币政策曾被Greenspan视为一种有效的风险管理范式（Paradigm）。然而，奥地利学派认为政府应该权衡政策的短期与长期效果。对那些有可能加剧未来危机的危害、或者妨碍必要的结构性调整的政策，应该有所节制。正如Hayek所说，如果潜在的问题根源是由于过多的货币和信贷造成的资源错配，那么试图通过更多的货币和信贷非但不能解决问题，还会导致金融失衡的进一步累积。此外，过分追求经济稳定，甚至试图运用政策工具防止实际无法消除的衰退，将导致所谓的“工具不稳定”（Instrument Instability）现象，政策工具将因为运用的力度越来越大而最终无法维持。以降息为例，回顾前几轮经济周期，由于下调利率对债务累积和支出失衡的刺激作用，下调利率的力度不得不越来越大，才能获得支出方面同等（有时更弱）的回应，最后利率工具会因为降至零下限约束而失效。从逻辑上讲，“预先放松”（Preemptive Easing）货币政策这样一个动态过程的尽头就是金融失衡的不断累积并最终造成更大的危机。

三、Bordo-Jeanne 模型

我们应当考虑逐步建立起宏观审慎管理的制度并纳入宏观调控政策框架，发挥其跨周期的逆风向调节功能，这种宏观审慎管理制度可能至少包括两方面内容：一是审慎的逆周期监管框架；二是完善货币政策框架。Bordo-Jeanne模型分析了当资产价格膨胀（失衡累积）所蕴含的未来价格下跌风险将导致债务抵押品价值缩水从而引发信用紧缩（失衡释放）时，中央银行的最优货币政策选择。我们将首先借助该模型，说明在某些情况下，“预先收紧”（Preemptive Tightening）的货币政策将有利于限制金融失衡的累积，进而减轻未来失衡释放对经济产生的负面冲击风险。

（一）模型设定

私人部门行为最大化其跨期效用函数；名义工资粘性，存在短期菲利普斯曲线；货币政策通过资产负债表渠道传导；抵押品是生产性的资本，其价格取决于预期的长期生产力水平。该简化模型存在两个时期 t = 0，1。时期0是风险的累积期（债务不断累积）。时期1，长期的生产力水平显现，若低于预期，则资产价格下跌，企业进一步借贷所必须的抵押品价值也会降低，若远低于企业的债务负担，则资产市场将会崩溃，并引发信用紧缩。

简化模型（Reduced Form）可由以下方程表示：

$$y_t = m_t - p_t \tag{1}$$

$$y_t = \alpha p_t + \varepsilon_t \tag{2}$$

$$y_0 = -\sigma r \quad (3)$$

其中，y_t、m_t 和 p_t 是在 t 时期的产出、货币供应量和价格水平，r 是时期 0 与时期 1 之间的真实利率。除了 r 外，其他变量都采用对数形式。

式（1）、式（2）分别描述了总需求和总供给。由于名义工资是粘性的，因此总供给随着名义价格水平的上涨而上升。式（3）则基于消费的欧拉方程，表明初始时期的产出水平与真实利率负相关。该模型与标准宏观经济模型的重要区别在于“供给冲击”，即 ε_t。在标准模型中，供给冲击通常是外生的，如技术冲击等；而该模型的供给冲击则不完全是外生的，它是一种“金融冲击”，取决于企业负债和资产价格，而这两个变量又受到货币政策的影响。

供给冲击 ε_t 源自企业信用紧缩。为了使问题简化，模型假定信用紧缩仅在时期 1 发生：

$\varepsilon_0 = 0$

$\varepsilon_1 = 0$ 若没有发生信用紧缩

$\varepsilon_1 = -\upsilon$ 若发生信用紧缩

信用紧缩发生与否取决于企业部门债务负担和抵押品价格。企业在时期 0 发行数量为 D 的债务，必须在时期 1 偿还 $(1+r)D$。此外，一些企业还必须在时期 1 进行新的融资以补充流动资金，否则将影响其生产，减少总供给。在时期 1，企业能否得到新的贷款取决于其抵押品价值。以 Q_1 表示时期 1 抵押品的真实价值，γ 表示企业所需新贷款，当且仅当 $(1+r)D+\gamma \leqslant Q_1$ 时，企业才能获得新贷款。反之，若 $Q_1 < (1+r)D+\gamma$，记为式（4），企业抵押品价值低于其债务总负担时会发生信用紧缩。

（二）货币政策与金融脆弱性

货币政策会对导致时期 1 信用紧缩的两个关键变量产生影响。首先，货币政策事后（时期 1）的扩张会增加抵押品的价格；其次，货币政策事前（时期 0）的紧缩将减少企业部门债务 D。为使问题简化，我们仅考虑事前渠道，从而假设事后抵押品的真实价格与货币政策的关系是外生的。金融脆弱性可以由经济陷入信用紧缩的概率衡量，记为 μ，则有：

$$\mu = \Pr[Q_1 < (1+r)D + \gamma] \quad (4)$$

信用紧缩发生的概率随着事后债务负担 $(1+r)D$ 的上升而增加。由于公司部门在时期 0 的负债 D 是 r 的减函数，而企业负债量的利率弹性应当低于-1，则货币政策在时期 0 的紧缩（增加 r）将降低债务负担 $(1+r)D$，信用危机发生的概率也随之下降。因此：

$$(1+r)D = E_0(Q_1) - (1+r)K \quad (5)$$

其中，K 是企业的权益资本。由于债务负担值与抵押品的预期价格正相关，与真实利率负相关，因此信用紧缩发生的概率与事前真实利率负相关：

$$\partial\mu/\partial r < 0 \quad (6)$$

由此，我们得到一个重要结论，时期 0 的紧缩货币政策减少了公司部门的债务负担，使得其更能应对抵押品价格波动造成的负面冲击，这将降低时期 1 信用紧缩的概率。

（三）被动型与主动型的货币政策

主动型货币政策通过事前的紧缩减少公司部门债务的累积量以避免事后的信用紧缩，但前期的产出和物价水平也将因为紧缩政策而下降；被动型货币政策则只在信用紧缩发生后才采取措施缓解冲击。是否采取主动型货币政策取决于前期产出与物价偏离和后期信用紧缩风险的成本收益比较。我们赋予中央银行一个跨期目标函数，中央银行需要在限制条件（式 9、式 10）约束下实现损失函数的最小值。

$$L = \sum_{t=0}^{t=1} (p_t^2 + \omega y_t^2) \tag{7}$$

$$y_0 = -\sigma r \tag{8}$$

$$p_0 = -\sigma r/\alpha \tag{9}$$

（四）非传统、非线性的泰勒规则

假设在时期 1，抵押品价格存在较高值 Q_H 与较低值 Q_L，前者对应“新经济”，而后者对应“旧经济”。在时期 0，未来“新经济”发生的概率取决于人们经济前景预期的乐观程度，记为 P_{NE}。那么，“旧经济”发生的概率 P_{OE} 可以表示为 $P_{OE} = 1 - P_{NE}$。“旧经济”的发生往往伴随着资产价格的下降，并可能导致信用紧缩。根据式（4），如果 $Q_1 < (1 + r)D + \gamma$，就会导致信用紧缩。将债务负担 D 用式（6）替代，且由于 $E_0(Q_1) = P_{NE}Q_H + (1 - P_{NE})Q_L$，于是信用紧缩发生的条件可以改写为：

$$(1 + r)K < \gamma + P_{NE}(Q_H - Q_L) \tag{10}$$

由此可见，当人们对未来“新经济”前景更加乐观时（P_{NE} 较大），企业将会提高负债水平，从而增大信用紧缩发生的可能性。此外，抵押品价格在新、旧经济环境下的差异越大，信用紧缩发生的可能性也越大。若要消除时期 1 发生信用紧缩的可能性，中央银行可以将时期 0 的利率调整到下式水平：

$$1 + r = \frac{\gamma + P_{NE}(Q_H - Q_L)}{K} \tag{11}$$

因此，中央银行可以提高利率 r 以控制人们不断上升的“新经济”预期（即 P_{NE} 的增加）。这一规则明显不同于传统的货币政策规则（如泰勒规则），传统规则往往要求中央银行对当前或预期的宏观变量（如产出缺口或通胀率水平）进行反应，而上述规则却表明中央银行应当对资产市场的未来发展作出反应。由于高利率对实体经济的紧缩作用，那么中央银行势必进行某种妥协，即适当容忍一定的正发生概率，因此存在这样一个临界值 r^0，在该值以上，中央银行将宁愿承受信用紧缩的风险，而在事后进行反应，这便是被动型货币政策。

如果采取被动型货币政策，那么时期 0 中央银行不作为，产出和物价水平也无需承担损失，但是时期 1 却可能发生信用紧缩，此时中央银行在 $y_1 = \alpha p_1 - \upsilon$ 的约束下，最小化损失函数 $p_1^2 + \omega y_1^2$，最优解为 $p_1 = \omega\alpha\upsilon/(1 + \omega\alpha^2)$，$y_1 = -\upsilon/(1 + \omega\alpha^2)$，损失值为 $\omega\upsilon^2/(1 +$

$\omega\alpha^2$)。跨期损失值为信用紧缩发生概率乘以损失值：

$$L_{被动} = P_{OE}\omega\upsilon^2/(1+\omega\alpha^2) \tag{12}$$

如果中央银行为了避免信用紧缩而事先将利率提升至式（12）的水平，那么时期 0 的产出与价格将为此而偏离目标值，$y_0 = -\sigma r$，$p_0 = -\sigma r/\alpha$。跨期损失值为：

$$L_{主动} = (1+\omega\alpha^2)(\sigma r/\alpha)^2 \tag{13}$$

两相比较，如果 $L_{主动} < L_{被动}$，即阻止信贷紧缩发生所要求的最高利率低于临界值 r^0，$r \leqslant r^0 \equiv \frac{\alpha}{\sigma}\frac{\upsilon}{1+\omega\alpha^2}\sqrt{P_{OE}\omega}$，那么中央银行应该采取主动型货币政策。

由此可见，中央银行最优的货币政策既取决于可观测的宏观经济变量，又取决于难以测度的私人部门乐观预期，且进一步的研究还表明它们之间存在着非线性的复杂关系，因此最优的货币政策将不是诸如泰勒公式那般的简单规则。在某些情况下，中央银行应该采取主动型货币政策，通过牺牲部分当期产出以降低未来信用紧缩的风险；但另一些情况下，中央银行又应当采取被动型货币政策，承受一定的信用紧缩风险。

四、强化的灵活通胀目标制框架

为了应对在适当时机控制金融失衡的新使命，当前主流货币政策框架需要如何改革呢？我们认为不需要太大的改动。维持价格稳定仍旧是货币政策的首要目标，在灵活通货膨胀目标制这一基本框架下，经过某些调整的灵活通货膨胀目标制可以重新实现价格稳定和金融稳定的统一，我们称之为“强化的灵活通胀目标制”（Augmented Flexible Inflation Targeting）。

与当前所实行的灵活通胀目标制相比，“强化的灵活通胀目标制”的改进主要体现在如下两个方面：首先，价格稳定不应机械地理解为短期内物价指标统计水平的相对稳定，更本质的是将它理解为保持宏观经济稳定，促进经济持续增长的前提，即“持续的价格稳定”。目前中央银行所盯住的通胀压力指标衡量的是当前或短期内经济对资源的压力，而没有考虑未来金融失衡释放对经济的影响，也就无法将金融失衡现象所蕴含的重要未来宏观经济信息纳入货币政策制定。因此中央银行关注的期限应该适当延长，充分考虑未来金融失衡释放对价格稳定目标的影响。其次，更加重视经济潜在的风险，有时要接受暂时的经济下滑，以避免未来付出更惨重的代价，货币政策可能需要在短期通胀压力并不明显的时候预先收紧以控制金融失衡，这种“预先紧缩”的货币政策可以看作是对未来危机的防范或保险措施。

在强化的灵活通胀目标制框架下，货币政策针对金融失衡的预先收紧或者说逆风而动，并不意味货币政策应该以直接的方式将金融失衡纳入目标函数。我们认为作为货币政策的传导渠道之一，货币政策工具通过影响包括资产市场在内的广义金融市场，导致金融资产价格和收益的变化，从而对企业和居民的经济行为产生影响。金融失衡的累积和释放将造成金融体系不稳定，使其不能很好地发挥资源配置、价格发现等功能，并成为宏观经济不稳定和价格波动的来源，从而极大削弱货币政策的有效性。因此，中央银行应该将其作为目标函数的限制条件（Constraint）而非通胀水平、产出缺口那样独立的目标变量（Target Variable）。与 Bordo-Jeanne 模型中货币政策的适当干预时机相对应，当衡量金融失衡的指标在正常范围内时，限制条件为松，货币政策仍旧集中于物价和产出；反之则为紧，货币政策需要对金融失衡作出反应，即使这会在短期内使通胀偏离目标水平。

因此，在实际中“强化的灵活通胀目标制”的可操作性和有效性将取决于以下条件，即中央银行能否识别金融失衡，利率工具控制金融失衡是否有效性，如何向公众解释目标的偏离以及导致的道德风险如何？我们认为，尽管上述问题在理论上还不存在具有很强说服力的答案，但这并不足以成为拒绝货币政策发挥作用的理由。

首先，识别金融失衡的理论障碍和实践难度已经大为下降。例如在理论上，针对资产价格泡沫这一重要的金融失衡形式，Abreu and Brunnermeier（2003）的研究表明，当部分投资者认识到市场出现泡沫时，他们并不会通过套利而间接消除泡沫，而是会顺势而为地骑在泡沫上（Riding the Bubble），并期望能在破裂前顺利脱手以获得最大化利润。因此，泡沫不会因为市场套利而自动消除，政策制定者能识别泡沫的存在，而无需一定比市场更了解市场。在实证研究上，Borio and Lowe（2002）对 1960~1999 年 34 个国家的案例研究显示，如果信贷与 GDP 比率和真实资产价格同时分别偏离其趋势值达到 4%和 40%，那么 3 年内出现金融危机的概率高达 55%，这一联合指标发出错误预警的概率很小，只有 3%左右。尽管上述研究还处于初步阶段，但他说明的确存在能够体现金融脆弱性的金融、经济指标或者规律。此次危机再次说明，对于金融失衡而言，政策失误的成本具有明显的不对称性。虽然金融危机发生的概率很低，但如果发生便会造成很大的损失，所以货币政策需要在谨慎性的边缘进行纠正，防止金融失衡的过度累积。我们建议，在强化灵活通胀目标制下，中央银行在盯住通货膨胀率的同时，可以采用试错法对金融失衡进行试探性反应，如果经济增长的确强劲，资产价格上涨、信贷扩张仍在基本面支持的合理范围内，那么即使判断失误，微调措施也不至于使市场的信心崩溃，形势急剧恶化。

其次，对付金融失衡，利率未必是一种纯的工具，甚至 Bernanke（2010）也表示对于如何在新时代制定最佳货币政策以及如何应对威胁金融稳定的风险上，美联储将对动用货币政策作为辅助工具持开放态度。Adrian and Shin（2008）研究发现，规模庞大的市场主导型金融机构，如经纪交易商、结构性投资载体等，经营杠杆率呈现顺周期性特征。资产价格上升，金融机构净值上升，杠杆率下降，为了最大化权益收益，金融机构会通过更多的借贷以购买资产从而恢复原先的杠杆水平，在这一过程中其债务水平逐步累积，资产价格进一步上涨，形成循环上升的正向反馈；反之，当资产价格下降，则形成循环下降的逆向回馈。这些凭借高杠杆进行期限套利的业务模式能否盈利对于短期利率以及长短期利率差非常敏感，因此中央银行可以影响市场主导型金融中介杠杆率和负债规模，从而减小这种源自信贷供给方的金融加速器机制对金融、经济稳定的冲击。Hoerova，Monnet and

Tem-zelides（2008）认为由于杠杆成本与政策基准利率直接联系，中央银行可以在资产价格上涨时期进行利率微调以提高杠杆成本，这将有助于抑制市场“羊群效应”，防止资产价格过度膨胀。此外，Loisel，Pommeret and Portie（2009）发现尽管中央银行对于市场过度风险承受行为的警示并不一定会导致市场迅速调整，但是如果能同时配合政策信号效应更强的利率调整，即便调整幅度不大，也会有力加强中央银行风险警示的可信性，从而收到更好的政策效果。

最后，强化的灵活通胀目标制着眼于长期价格稳定目标的实现，在短期内可能会因为货币政策对信贷和资产价格过快增长等金融失衡的“预先收紧”而使通货膨胀在短期内偏离政策目标。近期，澳大利亚、挪威以及以色列等国中央银行也都在通胀水平仍旧处于目标范围时提高了政策利率以应对资产价格的快速上涨。诚然，长期偏离的确将损害中央银行维持价格稳定的信誉，进而危及整个货币政策框架的可信性。对此，我们认为有效的中央银行和公众的交流机制、更加透明和开放的货币政策制定和广泛的公众教育将有助于解决这一政策不一致问题。例如，中央银行需要定期发布报告，详细评估通货膨胀水平和金融稳定状况，包括相应的变化和政策反应等；如果所宣布的通货膨胀目标没有实现，中央银行还必须说明原因并明确通货膨胀目标返回其目标区间的时间表等。同时，此次危机也使得越来越多的公众认为需要及时应对金融失衡。这样，如果金融市场参与者预期到中央银行会采取逆风而动的货币政策策略，运用包括利率工具在内的广泛货币政策工具应对信贷、资产价格和固定投资失衡，那么在理性预期的作用下，其交易行为也会发生变化，从而减小资产价格频繁大幅波动的可能性，在客观上促进金融稳定。

五、中国货币政策框架的选择

必须注意的是，要把“强化的灵活通胀目标制是新形势下实现价格稳定和金融稳定的最优货币政策框架”与“强化的灵活通胀目标制对中国是否适用”这两个问题区分开，这是两个不同指向的问题。我们认为，中国经济所具有的特殊国情决定目前还不是采用该货币政策框架的合适时机。首先，中国作为发展中国家，经济增长和就业作为国家的重要目标，这是中央银行需认真面对的。虽然货币政策的首要职能是稳定价格，但中国目前还要采用多目标制，既关注通胀，又要考虑经济增长、国际收支平衡、就业等问题，特别是在金融危机冲击下，中央银行就更需把握好低通胀和经济增长之间的平衡。其次，中国经济正处于转轨过程中，一些资源类商品、服务品、生产要素的价格正进一步市场化，资源价格改革可能会伴随一定的通胀，但从中期看，推进改革转轨的进程是实现价格稳定以及构建一个有效运作的经济金融体系的立足点，是从根本上防范未来金融危机冲击的必要前提和基础，因而目前需要把推动改革放在非常优先的位置来考虑。最后，在转轨过程中，金融市场、金融微观组织结构处于不断改进过程中，价格弹性由低向高演进，货币政策传导机制逐步完善，因此，中央银行货币政策操作中价格工具和数量工具都需要使用。

但是，我们认为“强化的灵活通胀目标制”的某些理念仍旧值得借鉴，特别是货币政策的制定需要更加关注货币和信贷等潜层次原因的发展变化，当其出现持续显著偏离长期趋势水平时，即使此时通胀水平仍属正常，货币政策也应该逆风而动，通过事先控制金融失衡的规模来减轻未来经济的风险。

参考文献

[1] 张亦春，邱崇明. 开放进程中的中国货币政策研究[M]. 北京：北京大学出版社，2008.

[2] 周小川. 中国货币政策的特点和挑战 [J]. 财经，2006 (26).

[3] Abreu，D. and M. Brunnermeier，“Bubbles and Crashes”，Econometrica 71，173~204，2003.

[4] Adrian，T. and H. S. Shin，“Financial Intermediaries，Financial Stability and Monetary Policy”，Federal Reserve Bank of Kansas City Symposium at Jackson Hoie，2008.

[5] Allen，F. and D. Gale，“Bubbles and Crises”，The Economic Journal，110，236~56，2000.

[6] Bernanke，B.，“Asset Price ‘Bubbles’ and Monetary Policy”，Remarks Before the New York Chapter of the National Association for Business Economics，October 15，2002.

[7] Bordo，M. and Jeanne，O.，“Boom-Busts in Asset Prices，Economic Instability，and Monetary Policy”，NBER Working Paper No. 8966，June 2002.

[8] Borio，C and Lowe，P.，“Asset Prices，Financial and Monetary Stability：Exploring the Nexus”，BIS Working Papers，No. 114，July 2002.

[9] Borio，C. and White，W.，“Whither Monetary and Financial Stability? The Implications of Evolving Policy Regimes”，BIS Working Paper No. 147，February，2004.

[10] Papademos，L.，“Monetary Policy and the ‘Great Crisis’：Lessons and Challenges”，Speech at the 37th Economics Conference “Beyond the Crisis：Economic Policy in a New Macroeconomic Environment”，May 2009.

[11] Issing，O.，“Monetary and Financial Stability：Is there a Trade-off?”，Conference on “Monetary Stability，Financial Stability and the Business Cycle”，March 2003.

[12] Trichet，J.，“Asset Price Bubbles and Monetary Policy”，Speech of Mas Lecture，2005.

[13] Weber，A.，“Financial Markets and Monetary Policy”，Speech Presented at the 12th Annual Conference of the CEPR/ESI，September 2008.

[14] White，W.，“Procyclicality in the Financial System：Do We Need A New Macrofinancial Stability Framework?”，Kieleconomic papers 2，September 2005.

[15] White，W.，“Should Monetary Policy ‘Lean or Clean’?”，Federal Reserve Bank of Dallas Globalization and Monetary Policy Institute Working Paper No.34，August 2009.

Macroprudential Perspective, the Optimal Monetary Policy Framework

Zhang Yichun and HuXiao

Journal of Financial Research No.5, 2010

Abstract: After analyzing the role of the western conventional monetary policy in the financial crisis of 2008 from the perspective of Austria School, the paper argues that in the macroeconomic operation both the real and financial aspects have changed profoundly in recent decades, the maintenance of price stability has not been sufficient to ensure healthy economic performance over time, monetary policy should have to react more initiatively to financial imbalances than it currently does. The framework of augmented inflation targeting should be the optimal monetary policy framework for the goal of price stability and financial stability in the new era.

Key Words: Austria school; monetary policy; financial imbalances; inflation targeting

金融监管制度、金融机构行为与金融稳定*

李妍[①]
（中国人民银行金融稳定局，北京 100800）

【摘　要】近年来，发达国家不断放松金融监管，鼓励金融创新，导致许多国家的金融机构过分追求效率，忽视风险控制，最终在此次金融危机中受到重创。本文探讨了不同监管要求下金融机构杠杆率的选择，以分析金融监管制度对金融机构行为和金融稳定的影响，并揭示出宏观审慎监管不但要关注效率，更主要的是从金融稳定角度关注系统性金融风险。

【关键词】金融监管；金融创新；金融稳定

一、引言

20世纪30年代西方国家爆发了史无前例的金融危机，大批银行倒闭，社会信用崩溃。危机后，各国进行了反思，认识到这次金融危机爆发的根源在于金融市场的运行缺乏良好的金融秩序，各大银行之间以资本的价格——利率的竞争作为竞争手段，导致银行筹资成本过高。因此，30年代大危机后，西方一些国家实行了不同程度的分业经营，尤以美国和日本为典型代表。分业经营和分业管理主要包括以下两方面的内容：一是在银行之间实施长短期信贷业务分离管理，即把银行分为两类，一类专门从事短期信用业务，另一类专门从事长期信用业务；二是在银行与非银行金融机构之间实行存贷业务与证券投资、信托业务分离。战后发达国家为防范金融风险，加强了金融管制，对金融机构的业务范围进行了限制，且禁止了价格竞争。管制和稳定构成西方70年代前金融体系的特征。随着布雷顿森林体系瓦解、通货膨胀加剧和汇率大幅波动，利率管制无法涵盖所有领域，分业经营、分业监管在金融创新的浪潮下逐渐被一些国家摒弃。但此次金融危机表明，监管当

---

* 原文发表于《金融研究》2010年第9期。本文只反映作者个人观点，不反映所在机构观点。作者感谢匿名审稿人的修改意见。

① 李妍，女，对外经贸大学博士研究生，现供职于中国人民银行金融稳定局。

局从一个极端走向另一个极端，即从严格的分业经营、分业管理走向对混业经营的放任不管，是最终酿成金融危机的主因之一。

从金融体系的历史演变来看，其发展动力主要是来自于金融创新，体现为市场主体追求金融效率的内在动力不断突破旧制度和旧结构。维护金融稳定则是金融管理当局为了达到市场体系稳定发展的目标而进行的金融监督管理行为。一般而言，金融创新主要动因有四个：加强竞争、规避管制、新技术应用和规避风险。其中，规避管制可以说是最为直接的重要动因。现代的金融监管体制就是在金融监管当局与金融机构控制与反控制的博弈过程中产生和发展起来的，而金融体系则在此博弈过程中不断发生演变。

一般来说，通过一系列大规模宽范围的金融创新，原有的金融结构得到调整、革新、再造，形成了新的更有适应性的金融体系，从而大幅度提升金融的效率和功能，在给金融机构带来无限商机和利益的同时极大地满足了经济社会的发展需求，给加强金融监管、维护金融稳定提出了严峻挑战。金融体系演化需要金融监管体制做出及时的动态调整，金融体系演化的方向和速度在一定程度上决定了金融监管变革的方向和速度，但同时金融监管也应积极主动加强对金融创新的研究，为金融机构进行金融创新提供一定的空间。本次危机爆发一个很重要的原因就是监管机构未能在追求效率和维护稳定之间做到很好的平衡。

本文探讨了不同监管要求下金融机构杠杆率的选择，以分析金融监管制度对金融机构行为和金融稳定的影响，并揭示出宏观审慎监管不但要关注效率，还要从金融稳定角度关注系统性金融风险。

二、理论框架

这里研究的是有限责任制及存款保险等金融安全网措施下金融机构杠杆率的选择。在有限责任制及存款保险等金融安全网措施下，金融机构股东的风险收益是不对称的：一方面，如果金融机构盈利，股东分享的收益没有上限；另一方面，如果金融机构破产，股东分担的损失以其出资额为限，其余损失由金融机构的债权人、纳税人等分担。因此，金融机构为最大化股东利益，有追求高风险业务的激励，存在道德风险行为。金融危机前的代表性做法是提高杠杆率。

假设金融机构的资产为 A，债务为 D，股东权益为 $E>0$，其中 $A=D+E$。假设一单位时间后，资产收益率为 θ，而债务金额不变。因此一单位时间后，资产为 $A(1+\theta)$。如果 $A(1+\theta)\geqslant D$，股东权益等于 $A(1+\theta)-D$；如果 $A(1+\theta)<D$（资不抵债），股东权益等于 0。从而资本收益率等于 $\max(A(1+\theta)-D,\ 0)/E-1$。定义 $a=\frac{A}{E}$ 为金融机构的杠杆率，则资本收益率可以表述为：$\pi_1(a,\ \theta)=\begin{cases}a\theta & 若\ \theta\geqslant -1/a\\ -1 & 若\ \theta<-1/a\end{cases}$

不同杠杆率下资本收益率与资产收益率的关系如图 1 所示。

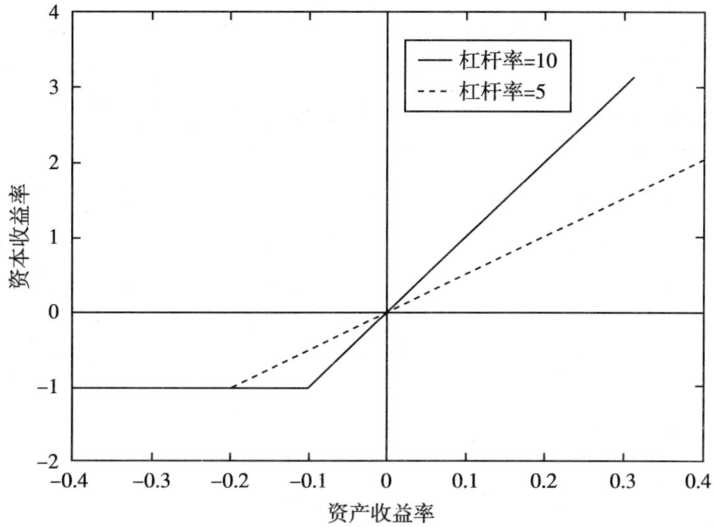

图 1　不同杠杆率下的资本收益率与资产收益率的关系

相应地，当金融机构资不抵债时，债权人、纳税人等分担的损失为：

$$\pi_2(a,\ \theta) = a\theta - \pi_1(a,\ \theta) = \begin{cases} 0 & \text{若 } \theta \geqslant -1/a \\ a\theta + 1 & \text{若 } \theta < -1/a \end{cases}$$

显然 $\pi_2(a,\ \theta) \leqslant 0$ 是金融机构破产的负外部性。

假设资产收益率 θ 为随机变量。金融机构与监管机构在以随机的资产收益率 θ 代表的不确定环境下存在，金融机构的行动是选择杠杆率 a，在随机变量 θ 实现后形成结果——资本收益率 $\pi_1(a,\ \theta)$ 和负外部性 $\pi_2(a,\ \theta)$。

假设资产收益率 θ 的分布属于金融结构与监管机构的共同知识，而杠杆率 a 的信息对于金融结构与监管机构是非对称性的，监管机构观测杠杆率 a 有信息成本。信息成本可能来自于：一是金融机构的会计信息并非完全透明和可靠；二是金融机构表外业务。以 p 表示监管机构观测杠杆率 a 而获取真实信息的概率，信息成本函数的形式为 C(p)。

假设金融机构的效用函数为 $U(\pi_1(a,\ \theta))$，只与资本收益率有关。假设监管机构的效用函数为 $U(\pi_1(a,\ \theta)) + \lambda \cdot U(\pi_2(a,\ \theta))$，由两部分组成。第一部分 $U(\pi_1(\alpha,\ \theta))$ 取决于金融机构的资本收益率，反映了监管机构对金融机构绩效的关注。第二部分中的 $\lambda \cdot U(\pi_2(a,\ \theta))$ 与金融机构破产的负外部性有关，反映了监管机构对金融稳定的关注，其中 $\lambda \geqslant 0$ 反映了监管机构对金融机构破产的负外部性的重视程度，λ 越大表示越重视。金融机构极大化其预期效用的最优杠杆率 a^+将不同于监管机构极大化其预期效用的最优杠杆率 a^{++}，除非 $\lambda = 0$。

假设监管机构依据监管杠杆率目标 $a = a^{++}$建立对金融机构不服从监管行为的惩罚规则 P(a)。监管机构通过信息成本与效用收益的比较分析选择准确观测金融机构行动的最优概率 p 或执行金融监管的合理程度，极大化其预期效用：

$$p\cdot E[U(\pi_1(a^{++},\theta))+\lambda\cdot U(\pi_2(a^{++},\theta))]+(1-p)\cdot E[U(\pi_1(a,\theta))+\lambda\cdot U(\pi_2(a,\theta))]-C(p) \quad (1)$$

金融机构通过惩罚损失与效用收益的比较分析选择最优杠杆率 a 从而选择偏离监管杠杆率目标的合理程度（$a-a^{++}$），极大化其预期效用：

$$(1-p)\cdot E[U(\pi_1(a,\theta))]+p\cdot\{E[U(\pi_1(a^{++},\theta))]-P(a)\} \quad (2)$$

由于金融监管的强制合同（Forced Contrant）性质，监管机构在监管金融机构执行社会最优杠杆率 a^{++}时无需顾及对金融机构潜在效用损失 $E[U(\pi_1(a^+,\theta))]-E[U(\pi_1(a^{++},\theta))]$ 的必要补偿，不存在金融机构参与约束。但监管机制设计必须满足监管机构参与约束：

$$p\cdot E[U(\pi_1(a^{++},\theta))+\lambda\cdot U(\pi_2(a^{++},\theta))]+(1-p)\cdot E[U(\pi_1(a,\theta))+\lambda\cdot U(\pi_2(a,\theta))]-C(p)\geqslant E[U(\pi_1(a^+,\theta))+\lambda\cdot U(\pi_2(a^+,\theta))]$$

三、线性模型及其纳什均衡解①

在求解模型前，给出资产收益率 θ 的分布以及效用函数 U、信息成本函数 C(p) 和惩罚规则 P(a) 的具体形式。

假设资产收益率 θ 服从正态分布 N(μ，σ)。资本收益率 $\pi_1(a,\theta)$ 和负外部性 $\pi_2(a,\theta)$ 的期望和方差形式比较复杂，但两者的期望均可近似为关于 a 的一次函数，两者的方差均可近似为关于 a 的二次函数：

$$E(\pi_i(a,\theta))\approx e_i a,\ Var(\pi_i(a,\theta))\approx \upsilon_i a^2,\ i=1,2$$

其中 $e_1>0$，$e_2<0$，$e_1+e_2=\mu$，$\upsilon_1>0$，$\upsilon_2>0$。

假设 E[U(x)] 的确定性等价为 $E[U(x)]=E(x)-\frac{h}{2}Var(x)$，其中 h 为绝对风险回避系数，h>0。从而金融机构和监管机构的期望效用分别为：

$$E[U(\pi_1(a,\theta))]\approx e_1 a-\frac{h\upsilon_1}{2}a^2$$

$$E[U(\pi_1(a,\theta))+\lambda\cdot U(\pi_2(a,\theta))]\approx[e_1+\lambda e_2]a-\frac{h}{2}[\upsilon_1+\lambda\upsilon_2]a^2$$

因为效用函数的意义只在序数上，引入记号 $\delta^2=\frac{\upsilon_1}{e_1}$，$e=\frac{1+\lambda\upsilon_2/\upsilon_1}{1+\lambda e_2/e_1}$

则金融机构和监管机构的效用函数可表达成等价形式

$$E[U(\pi_1(a,\theta))]\approx a-\frac{h\delta^2}{2}a^2,\ E[U(\pi_1(a,\theta))+\lambda\cdot U(\pi_2(a,\theta))]\approx ea-\frac{he^2\delta^2}{2}a^2$$

---

① 模型框架借鉴了郑超愚等. 外部性、不确定性、非对称性与金融监管［J］. 经济研究，2002（2）.

由 $\upsilon_2/\upsilon_1>0$ 及 $e_2/e_1<0$ 知，$e\geqslant 1$ 并且 e 是关于 λ 的增函数。因此 e 也反映了监管机构对金融机构破产的负外部性的重视程度，e 越大越重视。$e=1$ 对应着 $\lambda=0$，此时监管机构不考虑金融机构破产的负外部性。

为简便起见，将金融机构与监管机构的期望效用函数分别表示为关于杠杆率 a 的函数 AU(a) 与 TU(a)：$AU(a)=a-(h\delta^2a^2)/2$，$TU(a)=ea-(he^2\delta^2a^2)/2$

假设信息成本函数 $C(p)=(cp)/(1-p)$，$c>0$。C(p) 满足 $C(0)=1$，$C(1)\to\infty$，$dC/dp>0$，$dC/dp^2>0$。假设惩罚规则 $P(a)=(k(a-a^{++})^2)/2$, $k>0$。P(a) 满足 $P(a)\geqslant 0$，$P(a^{++})=0$, $dP/d|a-a^{++}|>0$，$dP^2/d|a-a^{++}|^2>0$。函数 P(a) 表现出对金融机构行动偏离监管杠杆率目标（$a-a^{++}$）距离的状态依存性质。这里分别以参数 c 与参数 k 度量金融监管的监管（负）效率与惩罚力度。

先由 AU(a) 与 TU(a) 的一阶条件解出 a^+和 a^{++}。由 $dAU/da=1-ha\delta^2=0$ 可知 $a^+=1/(h\delta^2)$，$\max AU(a)=AU(a^+)=1/(2h\delta^2)$。由 $dTU/da=e-he^2\delta^2a=0$ 可知 $a^{++}=1/(he\delta^2)$，$\max TU(a)=TU(a^{++})=1/(2h\delta^2)$，并且 $TU(a^+)=(e-e^2/2)/(h\delta^2)$。显然 $a^+>a^{++}$，金融机构对杠杆率的选择要高于监管机构。

因此，式（1）简化为 $pTU(a^{++})+(1-p)TU(a)-C(p)$，监管机构极大化其预期效用蕴含关于变量 p 的一阶条件 $TU(a^{++})-TU(a)-dC/dp=0$。式（2）简化为 $(1-p)AU(a)+p(AU(a^{++})-P(a))$，金融机构极大化其预期效用蕴含关于杠杆率 a 的一阶条件 $(1-p)dAU/da-pdP/da=0$。代入 AU(a)、TU(a)、C(p) 和 P(a) 的具体形式，金融监管过程的纳什均衡解（p^*，a^*）满足方程体系：

$$(a-a^{++})^2=(2ca^{++})/(e(1-p)^2) \tag{3}$$

$$(1-p)(1-a/a^+)=pk(a-a^{++}) \tag{4}$$

式（3）给出了监管机构的反应函数 $a=a^{++}+\frac{\sqrt{2ca^{++}/e}}{1-p}$（实际上应表达为 p 关于 a 的函数，本文为简便起见表达为 a 关于 p 的函数）。监管机构的反应函数满足：$da/dp>0$，$d^2a/dp^2>0$。监管机构的反应函数如图 2 所示，在 p－a 平面上对应正向倾斜曲线 AA，曲线 AA 以直线 $p=1$ 为渐进线，与纵轴的交点是 $a=a^{++}+\sqrt{2ca^{++}/e}$。

式（4）给出了金融机构的反应函数 $a=a^{++}+(a^+-a^{++})\frac{1-p}{1+(ka^+-1)p}$。金融机构的反应函数满足：$da/dp<0$；当 $k>1/a^+$时 $d^2a/dp^2>0$，当 $k<1/a^+$时 $d^2a/dp^2<0$，当 $k=1/a^+$时，$d^2a/dp^2=0$。从而退化为直线 $a=a^+-p(a^+-a^{++})$。金融机构的反应函数如图 3 所示，对应于 p－a 平面上以（0，a^+）与（1，a^{++}）为端点的负向倾斜曲线 BB。当 $k\to\infty$ 时曲线 BB 趋近 a 轴与直线 $a=a^{++}$，金融机构将选择社会最优杠杆率 a^{++}；当 $k\to 0$ 时曲线 BB 趋近直线 $p=1$ 与直线 $a=a^{++}$，金融机构将选择对股东最有利的杠杆率 a^+。

因此，由式（3）、式（4）决定的金融监管过程的纳什均衡解（p^*，a^*）是金融机构的反应函数和监管机构的反应函数的交点，对应于图 4 中 p－a 平面上曲线 AA 与曲线 BB 的交点 E(p^*，a^*)。

曲线 AA 与曲线 BB 在可行区域 $\{0 \leqslant p \leqslant 1, 0 \leqslant a\}$ 相交从而式（3）、式（4）的纳什均衡解 (p^*, a^*) 为内点解的条件为 $a'' < a^+$。而条件 $a'' < a^+$ 等价于 $((2ca^{++})/e)^{1/2} < (e-1)a^{++}$ 或 $c < (e-1)^2/(2h\delta^2)$。而由监管机构预期效用式 Ia：$pTU(a^{++}) + (1-p)TU(a) - C(p)$ 可知，对于临界状态 $p = 0$，$a = a^+$，监管机构对 p 的边际收益为 $MR = TU(a^{++}) - TU(a^+) = 1/(2h\delta^2) - (e - e^2/2)/(h\delta^2) = (e-1)^2/(2h\delta^2)$，对 p 的边际成本为 $MC = dC/dp = c$。因此，条件 $a'' < a^+$ 相当于 $p = 0$ 时，$MR > MC$，从而能够激励监管机构作为。而使得 $p > 0$ 的条件，正是监管机构参与约束 $p \cdot E[U(\pi_1(a^{++}, \theta)) + \lambda \cdot U(\pi_2(a^{++}, \theta))] + (1-p) \cdot E[U(\pi_1(a, \theta)) + \lambda \cdot U(\pi_2(a, \theta))] - C(p) \geqslant E[U(\pi_1(a^+, \theta)) + \lambda \cdot U(\pi_2(a^+, \theta))]$ 的弱形式。

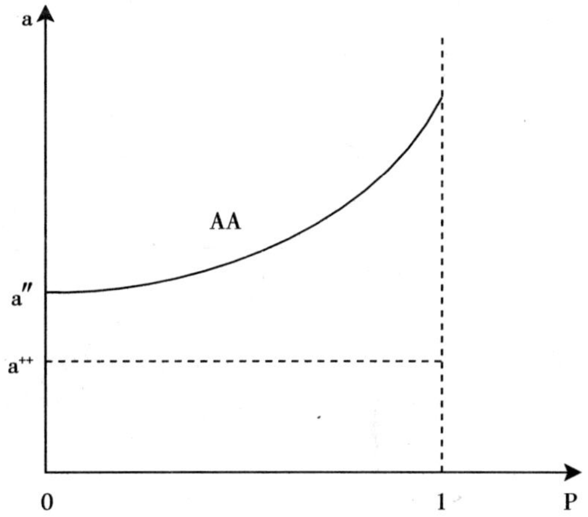

图 2

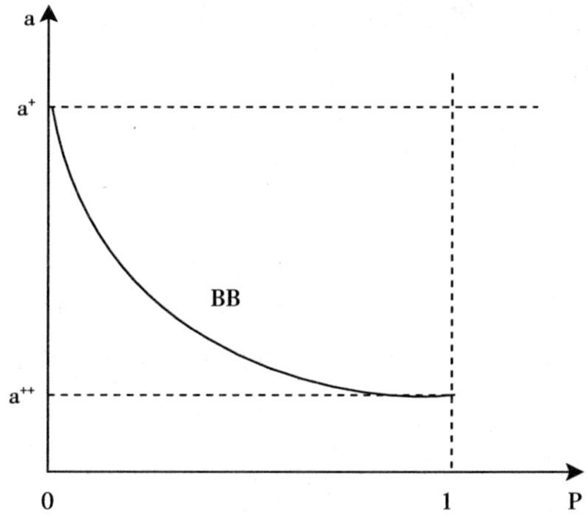

图 3

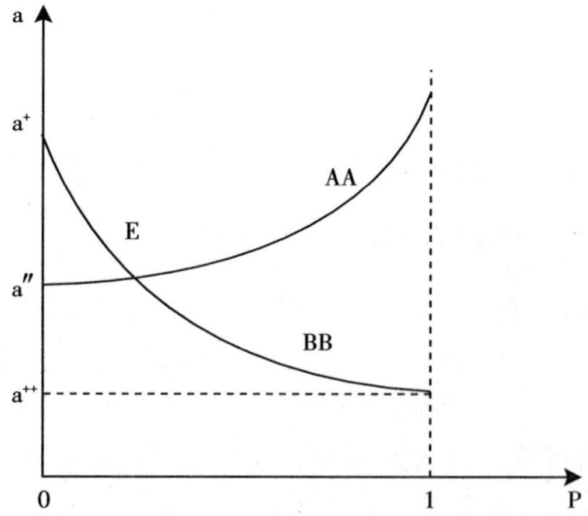

图 4

四、比较静态分析

代入 a^+ 和 a^{++} 的具体形式，监管机构反应函数或曲线 AA 和金融机构反应函数或曲线 BB 分别为

$$a=\frac{1}{he\delta^2}+\sqrt{\frac{2c}{h e^2\delta^2}}\frac{1}{1-p}，\quad a=\frac{1}{he\delta^2}+\frac{e-1}{e}\frac{1-p}{kp+h\delta^2(1-p)}$$

对曲线 AA 有 $da/dh|_{p=const.}<0$，$da/de|_{p=const.}<0$，$da/dc|_{p=const.}>0$。因此，当参数 h 或 e 上升时曲线 AA 向下移动，当参数 c 上升时曲线 AA 向上移动；反之亦然。对曲线 BB 有 $da/dh|_{a=const.}<0$，$da/de|_{a=const.}<0$，$da/dk|_{a=const.}<0$。因此，当参数 h 上升时曲线 BB 向下移动，当参数 e 上升时曲线 BB 线以点（0，$1/(h\delta^2)$）为轴心顺时针转动，当参数 k 上升时曲线 BB 端点（0，$1(h\delta^2)$）与（1，$1/(he\delta^2)$）固定而向左下方凸进；反之亦然。

以下图 5 考察了对金融机构破产的负外部性的重视程度参数 e、监管（负）效率参数 c 以及惩罚力度参数 k 对式（3）、式（4）内部均衡解（p^*，a^*）的定性影响。

（1）参数 e 上升时，曲线 AA 向下移动，曲线 BB 线顺时针转动，推动作为式（3）、式（4）均衡解的交点 E(p^*，a^*) 向下移动，如图 5a 所示。监管杠杆率目标 a^{++} 下降，均衡杠杆率 a^* 减少。但均衡 p^* 以及均衡杠杆率 a^* 与监管杠杆率目标 a^{++} 的距离（a^*-a^{++}）的变化方向不定。

（2）参数 c 上升时，曲线 AA 向上移动，曲线 BB 保持不变，推动作为式（3）、式（4）均衡解的交点 E(p^*，a^*) 沿曲线 BB 向左上移动，如图 5b 所示。均衡 p^* 减少，均衡杠杆率 a^* 增加并且在监管杠杆率目标 a^{++} 不变的情况下偏离监管杠杆率目标 a^{++}。

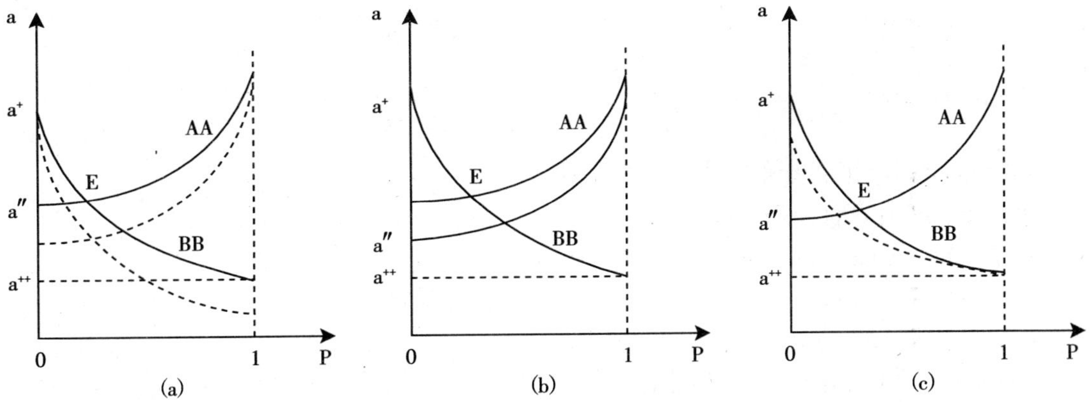

图 5

(3) 参数 k 上升时，曲线 AA 保持不变，曲线将 BB 向左下方凸进，推动作为式 (3)、式 (4) 均衡解的交点 $E(p^*, a^*)$ 沿曲线向下移动，如图 5c 所示。均衡值 p^* 与均衡杠杆率 a^* 同时减少，均衡杠杆率 a^* 在监管杠杆率目标 a^{++} 不变的情况下接近监管杠杆率目标 a^{++}。

表 1 总结了方程体系Ⅱ内部均衡解 (p^*, a^*) 关于参数 e、c 与 k 的定性微积分，其中函数 sgn 为符号函数。

表 1

X \ sgn(dy/dx) \ Y	(p^*, a^*)
e	(不定)
c	(−, +)
k	(−, −)

第三部分论证过程表明，当 $c \geqslant \frac{(e-1)^2}{2h\delta^2}$ 时，纳什均衡为角点解 $p^* = 0$，$a = a^+$。此时监管机构不作为，金融机构选择对其股东最有利的杠杆率水平。出现这种情况的原因有两个：要么监管（负）效率 c 过高，监管机构为获取金融机构的杠杆率而支付的信息成本过高；要么 e 接近于 1 或 λ 接近于 0，监管机构对金融机构破产的负外部性没有给予足够重视。

对资本收益率 $\pi_1(a, \theta)$ 和负外部性 $\pi_2(a, \theta)$ 的期望和方差的近似的证明：

第一步，根据资本收益率 $\pi_1(a, \theta)$ 定义，算出其期望和方差分别为：

$$E(\pi_1(a, \theta)) = \mu\Phi\left(\frac{1/a+\mu}{\sigma}\right)\cdot a + \frac{\sigma}{\sqrt{2\pi}}\exp\left(-0.5\left(\frac{1/a+\mu}{\sigma}\right)^2\right)\cdot a + \Phi\left(\frac{1/a+\mu}{\sigma}\right) - 1$$

$$Var(\pi_1(a, \theta)) = \mu^2\Phi\left(\frac{1/a+\mu}{\sigma}\right)\cdot a^2 + \frac{2\mu\sigma}{\sqrt{2\pi}}\exp\left(-0.5\left(\frac{1/a+\mu}{\sigma}\right)^2\right)\cdot a^2 +$$

$$\sigma^2\left\{\Phi\left(\frac{1/a+\mu}{\sigma}\right) - \frac{1}{\sqrt{2\pi}}\exp\left(-0.5\left(\frac{1/a+\mu}{\sigma}\right)^2\right)\left(\frac{1/a+\mu}{\sigma}\right)\right\}\cdot a^2 +$$

$$1 - \Phi\left(\frac{1/a+\mu}{\sigma}\right) - \{E(\pi_1(a, \theta))\}^2$$

其中 Φ 是标准正态分布的累积分布函数。

第二步，负外部性 $\pi_2(a, \theta)$ 满足：

$$\pi_1(a, \theta) + \pi_2(a, \theta) = a\theta,\quad \pi_1(a, \theta)\cdot\pi_2(a, \theta) = -\pi_2(a, \theta)$$

对 $\pi_1(a, \theta) + \pi_2(a, \theta)$ 两边求期望和方差，稍加整理得到：

$$E(\pi_2(a, \theta)) = \mu\cdot a - E(\pi_1(a, \theta))$$

$$Var(\pi_2(a, \theta)) = \sigma^2\cdot a^2 + 2E(\pi_2(a, \theta)) + 2E(\pi_1(a, \theta))E(\pi_2(a, \theta)) - Var(\pi_1(a, \theta))$$

第三步，$\pi_1(a, \theta)$ 的期望近似为：

$$E(\pi_1(a,\theta)) \approx \left\{\mu\Phi(\frac{\mu}{\sigma}) + \frac{\sigma}{\sqrt{2\pi}}\exp(-0.5(\frac{\mu}{\sigma})^2)\right\}\cdot a$$

方差近似为：

$$Var(\pi_1(a,\theta)) \approx \mu^2\Phi(\frac{\mu}{\sigma})\cdot a^2 + \frac{2\mu\sigma}{\sqrt{2\pi}}\exp(-0.5(\frac{\mu}{\sigma})^2)\cdot a^2 +$$

$$\sigma^2\left\{\Phi(\frac{\mu}{\sigma}) - \frac{1}{\sqrt{2\pi}}\exp(-0.5(\frac{\mu}{\sigma})^2)\frac{\mu}{\sigma}\right\}\cdot a^2 - \left\{\mu\Phi(\frac{\mu}{\sigma}) + \frac{\sigma}{\sqrt{2\pi}}\exp(-0.5(\frac{\mu}{\sigma})^2)\right\}^2\cdot a^2$$

由第二步给出的 $\pi_2(a,\theta)$ 的期望和方差与 $\pi_1(a,\theta)$ 的关系，可以得出 $\pi_2(a,\theta)$ 的期望和方差的近似形式。

因此，$\pi_1(a,\theta)$ 和 $\pi_2(a,\theta)$ 的期望和方差有以下近似形式：

$E(\pi_i(a,\theta)) \approx e_i a$，$Var(\pi_i(a,\theta)) \approx \upsilon_i a^2$，$i=1,2$

第四步，由 $\pi_2(a,\theta)$ 非正且以正概率取负值可知 $e_2<0$，$E(\pi_2(a,\theta)) = \mu\cdot a - E((\pi_1(a,\theta))$ 说明知 $e_1+e_2=\mu$，因此 $e_1>0$。

五、结论

从以上模型分析可得出以下结论：一是监管机构对金融机构破产的负外部性越不重视，均衡时金融机构的杠杆率越高；二是监管效率越低或监管机构为获取金融机构的杠杆率而支付的信息成本越高时，均衡时监管机构的监管力度越小，金融机构的杠杆率越高；三是监管机构对金融机构的惩罚力度越大，均衡时监管机构的监管力度越小，金融机构的杠杆率越低；四是当监管效率过低或监管机构为获取金融机构的杠杆率而支付的信息成本过高时，或者当监管机构对金融机构破产的负外部性没有给予足够重视时，均衡时监管机构不作为，金融机构选择对其股东而非社会最有利的高杠杆率水平。

本次金融危机的原因之一正是美国监管部门放任金融创新，导致金融机构过度追求效率，杠杆率过高。目前美英等国积极推动的金融监管制度改革体现了对危机的反思：一是控制金融机构的杠杆率；二是要求金融机构增加拨备和资本；三是对无法监管的产品禁止经营，对能监管的产品要求增加透明度和做到风险可控。

参考文献

[1] 李妍. 宏观审慎监管与金融稳定 [J]. 金融研究，2009 (8).

[2] 郑超愚等. 外部性、不确定性、非对称性与金融监管 [J]. 经济研究，2000 (2).

[3] 周小川. 关于改变宏观和微观顺周期性的进一步探讨. 中国人民银行网站，2009.

[4] Allen F，Gale，"The Optimal Financial Crises"，Journal of Financial，1998 (53)：1245-1284.

[5] Cecchetti S.，"Current Issues in Economics and Finance"，The Future of Financial Intermediation and Regulation [J]. Federal Reserve Bank of New York，1999，1-5.

[6] Thadden, "Bank Capital Adequacy Regulation Under the New Basel Accord", Journal of Financial Intermediation 13: 90-95.

[7] WLT, "Competitive Effects of Basel Ⅱ on US Bank Credit Card Lending", Journal of Financial Intermediation 17: 478-508.

Financial Regulatory System, The Behavior of Financial Institutions and Financial Stability

Li Yan

Journal of Financial Research No.9, 2010

Abstract: In recent years, the developed countries have been deregulating their financial system and encouraging financial innovation. As a result, the financial institutions in many developed countries paid overdue attention to efficiency, neglected the importance of risk management, and eventually suffered severely in the recent financial crisis. The paper conducted an investigation in the financial institutions' choice of leverage ratio under different financial regulation regimes, made an analysis of the financial regulation systems' influence on financial institutions' behavior and financial stability, which revealed that macro-prudential regulation should mainly concern about the systematic financial risk in the viewpoint of financial stability, instead of only concerning for efficiency.

Key Words: financial regulation; financial innovation; financial stability

金融危机中的信息机制：一个新的视角 *

陈雨露[①]　马勇[②]　李濛[③]
（中国人民大学财政金融政策研究中心，北京　100872）

【摘　要】通过实证分析，本文对信息机制在金融危机中的作用进行了初步解读，并对金融创新可能带来的信息失真问题进行了剖析。实证结果表明：提高金融市场的信息披露质量，减轻腐败因素对信息处理和传递机制的干扰，有助于降低金融危机的发生概率；同时，简单、易于理解的金融工具更有利于信息传递和金融稳定，而过于复杂的金融创新则可能在投资者之间形成新的信息不完全，导致投资者的风险识别状态发生系统性改变，最终诱发金融危机。因此，只有当市场参与者能够接收到真实、准确的信息并反映出真实的市场交易状态时，信息的传递才是有效的。从信息处理的角度，公开透明的信息披露只是降低金融危机发生概率的必要条件，而非充分条件，尤其是过度金融创新所导致的投资者风险识别能力的集体性缺失，与金融创新同时产生的信贷扩张彼此强化，短期内使得金融市场在更高的风险状态下维持着自我实现的均衡，而这种"失衡的均衡"在任何外部冲击面前都极为脆弱。上述结论意味着，在理解金融危机的过程中，对市场机制本身可能造成的信息扭曲问题需要给予足够关注。

【关键词】信息披露；金融创新；金融危机

一、引言

金融市场的基本功能之一是通过价格信息将金融产品的风险状态提示给投资者，以便

---

* 原文发表于《金融研究》2010 年第 3 期。本研究是教育部重大攻关课题"全球新型金融危机与中国外汇储备问题研究"（08JZD0011）的阶段性成果。

① 陈雨露，男，中国人民大学中国财政金融政策研究中心教授、博士生导师。

② 马勇，男，中国人民大学中国财政金融政策研究中心助理研究员，金融学博士研究生，供职于中国人民银行成都分行。

③ 李濛，男，中国人民大学财政金融学院博士研究生，中国财政金融政策研究中心国际货币研究所助理研究员。

投资者根据自身的风险偏好和风险承受能力做出正确的决策。通常情况下，金融风险与收益应该具有“正向配比”关系：高风险的金融产品会具有相对更高的风险溢价，以补偿投资者承担的额外风险。

一般而言，在市场机制下，价格信号发挥了主要的信息处理和传递功能，金融体系也不例外。一旦金融体系的信息处理和传递出现了问题，其资源配置功能就会受到负面影响。虽然主流文献已经基本确认了有效信息在实现金融体系效率性方面的重要作用，但就信息问题和金融体系稳定性（金融危机）之间的关系而言，现有文献尚无系统的研究和论证。美国次贷危机爆发后，虽然从“过度金融创新”角度解读金融危机的文献已经大量存在，但多将视角置于创新产品本身所带来的风险，真正将金融创新和普遍的信息处理问题联系起来的文章仍然是凤毛麟角。

本研究从金融市场的信息处理和传递入手，尝试从实证角度对信息披露和金融危机之间的关系进行考察。特别地，我们还将结合美国的次贷危机这一案例，对金融创新、信息披露和金融危机之间的关系进行深入分析。本文其余部分的组织结构如下：第二部分对相关文献进行简要梳理并作针对性的评论；第三部分进行实证分析和检验；第四部分结合美国次贷危机对实证部分的基本结论进行拓展和延伸；文章最后给出了一个结论性评价。

二、文献回顾与评价

迄今为止，主流的金融危机文献主要是“三代”危机模型。应该说，三代危机模型的建立基本上都是对不同时期所发生的金融危机的事后解释，同时这些理论的核心经济思想都较少与金融危机中的信息问题直接关联。虽然道德风险模型不可避免地涉及信息不对称问题，但研究的重点依然主要立足于经济人的行为偏离方面，而非集中于信息处理和传递本身；至于信息不完全问题，三代危机模型基本上没有涉及。虽然在既有的金融危机理论中，信息机制（处理和传递）尚未得到集中和充分讨论，但这并不意味着信息问题在金融危机的发生、发展过程中就无足轻重。事实上，在比较金融体系（Comparative Financial System）的相关理论中，信息的处理和传递质量一直被认为是金融体系实现其基本功能的核心要素之一。毫无疑问，只有当金融体系能够通过相应的制度安排将市场信息及时、准确地传递给市场主体时，风险才能得到公平的定价，资源的流动和配置才具有经济效率。由于金融产品的特殊性，与金融体系的价格机制密切相关的信息处理主要是对风险进行定价。显然，越是能对风险进行准确定价的金融市场，越是有效的金融市场；反之，如果金融市场缺乏正确识别、评估和定价风险的能力（或者这种能力由于某种因素遭到了干扰），导致整个金融市场的价格信号出现了系统性紊乱而无法发挥正常的定价功能时，问题就出现了：当投资者面对错误的价格信号所传递的错误信息时，其决策将受到影响，最终出现投资者的投资选择与其风险偏好和风险承受能力不相匹配的情况—— 一旦这种情况在金融市场中大面积出现，风险与收益的匹配错位就是系统性的①。而系统性的风险不匹配往往酿成金融危机。

就金融创新和金融危机之间的关系而言，传统的主流观点认为，通过金融创新，不同期限、不同“风险——收益”结构的金融工具和产品彼此搭配，可以实现异质金融风险的横向分散，提高金融体系的抗风险能力。GreenBaum & Thakor（1987）立足于降低银行资产负债表的风险水平，认为资产证券化等金融创新可以将信用风险转移出银行，从而增加风险的分散化程度。Duffee & Zhou（2001）、DeMarzo（2005）等则认为，金融创新有助于降低信贷市场的信息不对称，增加流动性，并缓解逆向选择问题。当然，也有部分学者审慎地指出，金融创新可能面临各种潜在风险。例如，Instefjord（2005）的金融危机成本模型认为，虽然信用衍生产品有助于银行对冲风险和降低风险的集中度，但同时也会提高银行承担风险的倾向，成为增加银行业风险暴露的新因素。Allen & Gale（2006）亦指出，资产交易的可能性产生了信息外溢并增加了相互的风险暴露，对于不完全的市场而言，资产证券化等信用风险转移事实上可能造成了风险的集中而不是风险分散，因此，金融创新可能会增加整个金融体系的总体风险。

从实证研究来看，其结果似乎更支持金融创新会增加金融风险的结论。Cebenoyan & Strahan（2004）发现，进入贷款出售市场的银行比不积极从事贷款出售的银行持有更大比例的风险资产。Ambrose（2005）对美国14000笔住房按揭贷款数据的实证研究表明，证券化的住房按揭贷款比银行保留在资产负债表中的住房按揭贷款违约率更低，证券化之后银行保留的是风险更高的资产。Franke & Krahnen（2005）也发现，银行在出售资产证券化产品后，其风险的Beta值反而升高。许多案例研究也倾向于表明，越是积极从事证券化业务的银行，其面临的风险越高（Georges Dionne & Tarek M. Hareh aoui，2003；Dennis N.Hansel & Jan-Pietel Krahnen，2007）。

三、信息披露与金融危机：实证分析与检验

（一）研究样本与模型设定

参考Edward J Kane（2004）提供的国家分类，同时基于交叉数据的可获得性，本研究的样本数据共包括53个主要国家和地区，具体为：高收入国家（地区）27个、中高收入国家（地区）8个、中低收入国家（地区）12个和低收入国家（地区）6个（详见表1）。

① 对此，陈雨露和马勇（2008）亦指出，在市场主导型金融体系中，当信息主要是由金融（资本）市场提供时，其信息处理和传递能否达到优化资源配置的效果需要具备严格的前提条件，其中之一是：金融市场必须是相对有效的，价格信息能够准确地反映真实的市场交易状态。

这一样本容量与既有的相关研究近似或者相当。从该样本覆盖的区域和构成来看，该样本包含了各大洲主要的发达国家（地区）和发展中国家（地区），因而可以看做是一个不失代表性的全球样本。

表 1 研究样本的具体情况

国家（地区）分类	样本数	具体国家（地区）列示（国家按原英文名顺序排列）
高收入	27	澳大利亚、奥地利、比利时、加拿大、塞浦路斯、丹麦、芬兰、法国、德国、希腊、中国香港、爱尔兰、以色列、意大利、日本、韩国、卢森堡、荷兰、新西兰、挪威、葡萄牙、新加坡、西班牙、瑞典、瑞士、英国、美国
中高收入	8	阿根廷、巴西、智利、马来西亚、墨西哥、南非、特立尼达和多巴哥共和国、乌拉圭
中低收入	12	玻利维亚、博茨瓦纳、哥伦比亚、厄瓜多尔、埃及、印度尼西亚、约旦、巴拿马、菲律宾、斯里兰卡、泰国、土耳其
低收入	6	孟加拉、印度、肯尼亚、尼日利亚、巴基斯坦、津巴布韦

样本时间区间定位在 1980~1999 年，这一方面是为了和同期的相关研究作比较；另一方面，更为重要的是，在这一时间跨度里，大部分国家都完成了向现代金融体系的过渡（同时也是金融全球化的主要发生和推进期），从而使得该区间的跨国比较分析具有较强的可比性和说服力。在模型变量的选取上，作为被解释变量的金融危机主要包括“系统性银行危机”（Systemic Crisis）和“较大的银行危机”（Major Crisis），这两组数据分别取自 Caprio、Klingebiel（1999）& Barth，Caprio & Levine（2000）。在解释变量方面，除了我们要重点考察公共信息披露指标外，还纳入了在过往研究中被广泛提及的某些变量作为模型检验的控制变量，以提高模型的稳定性和解释力。本研究的基本模型设定如下：

$$Y_i = c_i + \alpha_i R + \beta_i X_i + \varepsilon_i \quad (1)$$

其中，Y_i 作为金融体系稳定性的替代变量，主要采用两个具体指标：一是“系统性银行危机”（记为 Y_1），用以概括一个国家在样本区间是否发生过系统性的银行危机，发生过的国家取值 1，未发生过的国家取值 0；二是“较大的银行危机”（记为 Y_2），它将那些“非系统性”但“较大的”银行危机也包括了进来（Barth、Caprio & Levine，2000），因此是一个更广泛的危机定义指标。同样，如果一个国家经历了“较大的银行危机”，则赋值 1，未经历则赋值 0。

在解释变量方面，R 作为公共信息披露程度的替代变量，主要用一个国家对其大众传媒的限制程度表示。如果一国的大众传媒的内容容易受到包括法律、管制和政治压力的影响，那么这些国家的公共信息披露程度就相对不充分。这一指标具体取自 Edward J. Kane（2004），数值越大，表示该国对其大众传媒的限制程度越高。X_i 代表纳入的其余一些解释变量，用于对不同经济体的基本特征进行控制，以消除不同经济体的异质性可能带来的影响。部分地参考以往研究，我们主要从三个基本层面对不同经济体的特征进行控制：宏观经济因素（GDP 增长率、金融市场发展程度）、产业层面因素（银行管理成本、银行净利差、银行集中度）、制度和管制因素（如法律传统、存款保险制度、银行业务管制）。

除了上述对公共信息披露程度的直接限制外，我们注意到，还存在其他一些因素可能阻碍信息的有效和及时披露。比如，当一国政府的腐败程度增加时，可能使整个金融体系的运转更加不透明，从而利用信息不完全和信息不对称从中谋取更多的利益。换言之，政府腐败程度可以作为信息披露的一个逆向指标：越是腐败的政府，越倾向于加大对公共信息披露的限制；反之，越是廉洁的政府，越倾向于完善对公共信息的披露。正是基于上述推理，我们认为，在基本模型的基础上进一步对政府腐败程度与金融危机之间的发生概率进行实证分析，有助于我们加强对相关问题的判断和认定。于是我们建立了如下的辅助模型：

$$Y_i = c_i + \alpha_i C + \beta_i X_i + \varepsilon_i \quad (2)$$

其中，C 表示政府腐败程度。这里我们用 ICR 的政府腐败指数作为替代变量。根据 International Country Risk Guide 的设计，如果一个国家的各级官员在相关经济行为中更倾向于接受各种形式的贿赂或者要求特殊支付（Special Payments），那么，这个国家的政府腐败指数将被赋予更低的分值。因此，ICR 的政府腐败指数是反向标记腐败程度的：越是腐败的国家，其腐败指数分值越低。回归方程（2）中其他变量的标示与基本模型相同。

（二）实证分析结果

1. 金融危机与信息披露限制程度之间的实证分析结果

为了考察金融危机与信息披露之间是否存在系统的相关关系，我们首先运用 ML-Binary Probit 方法，分别对影响系统性银行危机（Systemic Crisis）和一般银行危机（Major Crisis）的发生概率的因素进行回归。当被解释变量为“系统性银行危机”时，回归结果见表 2。在表 2 的第 1 列中，我们给出了一元的简单回归结果；在第 2 至第 4 列中，我们分别列出了对不同经济体在宏观经济层面、产业层面因素和制度层面的特征进行了控制后的回归结果。从表 2 可以看出，信息披露限制程度对系统性银行危机的发生概率具有统计上非常显著的影响且符号为正，这表明：在那些对信息披露限制程度越大的国家，其发生系统性银行危机的可能性越大。在各个回归方程组中，当我们对其他可能影响系统性银行危机发生概率的因素，如宏观经济因素（GDP 增长率、金融市场发展程度）、产业层面因素（银行管理成本、银行净利差、银行产业集中度）、制度和管制因素（如法律传统、存款保险制度、银行业务管制）进行控制后，信息披露限制程度对系统性银行危机影响的显著性始终维持在较高水平，这说明变量之间的关系具有较强的稳定性。

表 2　系统性银行危机与信息披露的 ML-Binary Probit 回归结果

	系统性银行危机	系统性银行危机	系统性银行危机	系统性银行危机
信息披露限制	0.034035***	0.034072***	0.030551***	0.030691**
	(3.260682)	(3.073672)	(2.798936)	(2.502533)
GDP 增长率		(0.056686)		
		(0.439262)		
金融市场发展程度		−0.678294		
		(−1.451963)		

续表

	系统性银行危机	系统性银行危机	系统性银行危机	系统性银行危机
银行管理成本			9.902978	
			(0.605932)	
银行净利差			12.40675	
			(0.775316)	
银行产业集中度			-1.336811	
			(-1.365123)	
法律传统				-0.305691
				(-0.649995)
存款保险制度				0.900638*
				(1.653929)
银行业务管制				1.020539**
				(2.306629)
常数项	-1.159624***	-0.998689**	-1.008334	-3.955242***
	(-3.097663)	(-2.117250)	(-1.346519)	(-3.247271)
McFadden R^2	0.168649	0.215136	0.251021	0.317457

注：括号内为 z 统计量；*** 表示在 1%置信水平上显著，** 表示在 5%置信水平上显著，* 表示在 10%置信水平上显著。

当被解释变量为“一般银行危机”时，回归结果如表 3 所示。很明显，就信息披露和银行危机之间的相关关系而言，表 3 的结果与表 2 是类似的，这意味着，如果一个国家对信息披露的限制程度越大，其发生一般性银行危机的概率也越大。

表 3　一般银行危机与信息披露的 ML–Binary Probit 回归结果

	一般银行危机	一般银行危机	一般银行危机	一般银行危机
信息披露限制	0.030830***	0.028804***	0.028360**	0.022037*
	(2.873374)	(2.597021)	(2.516346)	(1.684782)
GDP 增长率		0.042637		
		(0.331006)		
金融市场发展程度		-0.268728		
		(-0.611087)		
银行管理成本			10.48047	
			(0.605744)	
银行净利差			9.889473	
			(0.617998)	
银行产业集中度			-1.964221	
			(-1.902626)	
法律传统				0.300266
				(0.561387)

续表

	一般银行危机	一般银行危机	一般银行危机	一般银行危机
存款保险制度				1.142339*
				(1.867377)
银行业务管制				1.615091***
				(2.923013)
常数项	-0.669972*	-0.553409	-0.053724	-4.854076***
	(-1.865918)	(-1.231529)	(-0.069621)	(-3.337793)
McFadden R^2	0.134992	0.139873	0.225319	0.371581

注：括号内为 z 统计量；*** 表示在 1%置信水平上显著，** 表示在 5%置信水平上显著，* 表示在 10%置信水平上显著。

除了对信息披露和银行危机发生概率之间的关系进行考察外，我们还附带考察了信息披露限制程度和危机持续时间长度之间的关系。从表 4 的统计结果可以看出，信息披露限制和危机持续时间长度之间具有高度一致和稳定的正相关关系：在那些对信息披露限制程度越大的国家，一旦发生银行危机，其危机持续的时间也将显著延长。

表 4 危机持续时间与信息披露的 ML-Ordered Probit 回归结果①

	危机持续时间	危机持续时间	危机持续时间	危机持续时间
信息披露限制	0.023630***	0.020556***	0.024552***	0.015828*
	(3.061920)	(2.603989)	(3.042633)	(1.827187)
GDP 增长率		0.098862		
		(0.999357)		
金融市场发展程度		-0.122417		
		(-0.341771)		
银行管理成本			0.878788	
			(0.078808)	
银行净利差			1.721561	
			(0.151001)	
银行产业集中度			-1.960218**	
			(-2.436915)	
法律传统				0.501647
				(1.394076)
存款保险制度				1.068918**
				(2.515033)
银行业务管制				1.026283***
				(3.279274)
LR index（Pseudo-R2）	0.048030	0.047381	0.079100	0.140908

注：括号内为 z 统计量；*** 表示在 1%置信水平上显著，** 表示在 5%置信水平上显著，* 表示在 10%置信水平上显著。

① 危机持续时间以年计，为一整数数列，故使用 ML-Ordered Probit 方法回归。下同。

2. 金融危机与政府腐败程度之间的实证分析结果

当一个国家政府的腐败程度增加时，可能使整个金融体系的运转更加不透明，从而可以利用信息不完全和信息不对称从中谋取更多的利益。换言之，政府腐败程度可以作为信息披露的一个逆向参考指标。通过对金融危机与政府腐败程度之间的相关关系进行 ML-Binary Probit 回归，我们得到表 5 和表 6 的实证结果。

注意，前面我们已经说明，此处使用的 ICR 的政府腐败指数是反向标记腐败程度的（越是腐败的国家，其腐败指数分值越低），因此，回归方程中的负相关关系实际上意味着实际腐败程度和金融危机的正相关关系。表 5 和表 6 的结果表明：随着一个国家政府腐败程度的增加（政府腐败指数下降），其发生"系统性银行危机"和"一般银行危机"的概率均显著增大。因此，通过上述实证分析，金融危机与政府腐败之间的正相关关系基本可以得到确认。

最后，我们还附带考察了政府腐败程度对危机持续时间的影响。从表 7 的统计结果可以看出，政府腐败指数和危机持续时间长度具有高度一致和稳定的负相关关系。这意味着，在那些政府腐败程度越大（腐败指数越低）的国家，一旦发生银行危机，其危机持续的时间将显著延长。

表 5 系统性银行危机与政府腐败的 ML-Binary Probit 回归结果

	系统性银行危机	系统性银行危机	系统性银行危机	系统性银行危机
政府腐败指数	-0.412292***	-0.431718***	-0.320173**	-0.443298**
	(-3.250247)	(-2.856000)	(-2.402474)	(-2.613722)
GDP 增长率		0.060404		
		(0.466710)		
金融市场发展程度		-0.166021		
		(-0.344562)		
银行管理成本			11.77837	
			(0.781862)	
银行净利差			8.074177	
			(0.566978)	
银行产业集中度			-0.907812	
			(-0.947100)	
法律传统				-0.429969
				(-0.889460)
存款保险制度				1.075991*
				(1.818323)
银行业务管制				0.920472**
				(2.043939)
常数项	1.531308***	1.640593**	1.016146	-1.119538
	(2.904992)	(2.504069)	(1.148300)	(-0.785893)
McFadden R^2	0.158042	0.179317	0.215126	0.326212

注：括号内为 z 统计量；*** 表示在 1%置信水平上显著，** 表示在 5%置信水平上显著，* 表示在 10%置信水平上显著。

表 6　一般银行危机与政府腐败的 ML–Binary Probit 回归结果

	一般银行危机	一般银行危机	一般银行危机	一般银行危机
政府腐败指数	−0.306851***	−0.395564***	−0.214524*	−0.392479***
	(−2.492419)	(−2.609886)	(−1.661596)	(−2.835438)
GDP 增长率		0.059046		
		(0.450850)		
金融市场发展程度		0.171298		
		(0.361762)		
银行管理成本			12.64352	
			(0.793097)	
银行净利差			6.946811	
			(0.476755)	
银行产业集中度			−1.609162	
			(−1.597177)	
法律传统				0.117779
				(0.261370)
存款保险制度				0.872479*
				(1.733663)
常数项	1.492578***	1.773942***	1.455639	1.222806*
	(2.800017)	(2.593260)	(1.573511)	(1.718722)
McFadden R^2	0.092186	0.130871	0.162974	0.166313

注：括号内为 z 统计量；*** 表示在 1%置信水平上显著，* 表示在 10%置信水平上显著。

表 7　危机持续时间与政府腐败的 ML–Ordered Probit 回归结果

	危机持续时间	危机持续时间	危机持续时间	危机持续时间
政府腐败指数	−0.240039**	−0.373357***	−0.201010**	−0.304018***
	(−2.417746)	(−3.039419)	(−1.917703)	(−2.877141)
GDP 增长率		0.083326		
		0.838690		
金融市场发展程度		0.282766		
		(0.720911)		
银行管理成本			0.273176	
			(0.024890)	
银行净利差			4.055263	
			(0.368341)	
银行产业集中度			−1.561571**	
			(−1.956602)	
法律传统				0.337490
				(0.961086)
存款保险制度				1.006321**
				(2.435727)
LR index（Pseudo-R^2）	0.029852	0.061750	0.050512	0.071076

注：括号内为 z 统计量；*** 表示在 1%置信水平上显著，** 表示在 5%置信水平上显著。

四、金融创新与金融危机：次贷危机中的信息问题

很明显，单纯地从实证结果的直接推理而言，如果在整个样本国家中，美国具有相对较高的公共信息披露限制程度或者具有相对较低的ICR政府腐败指数，[①] 那么，美国爆发金融危机就应该是符合实证预期的。为此，我们计算了全部53个样本国家的信息披露限制指数均值（31.7）和ICR政府腐败指数均值（3.9），结果表明，不仅美国的信息披露限制指数（8.8）远远低于均值，同时其ICR政府腐败指数（5.2）也明显高于平均水平。从图1和图2我们也清楚地看到，总体而言，美国在样本国家中属于公共信息披露限制较小、政府腐败程度较低的国家。

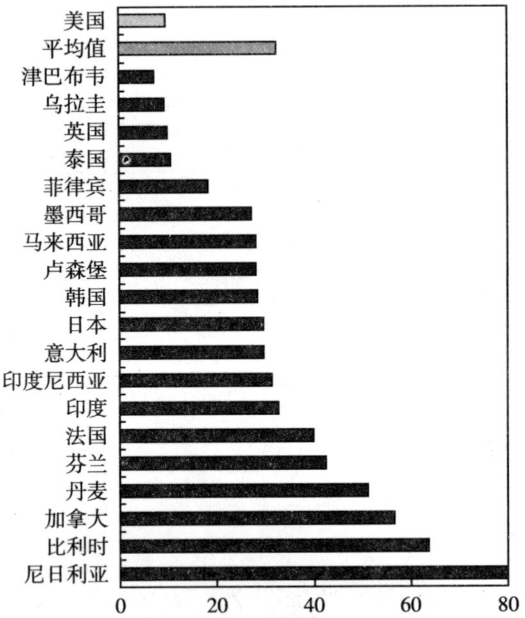

图1　美国的信息披露限制指数和部分样本国家的对比

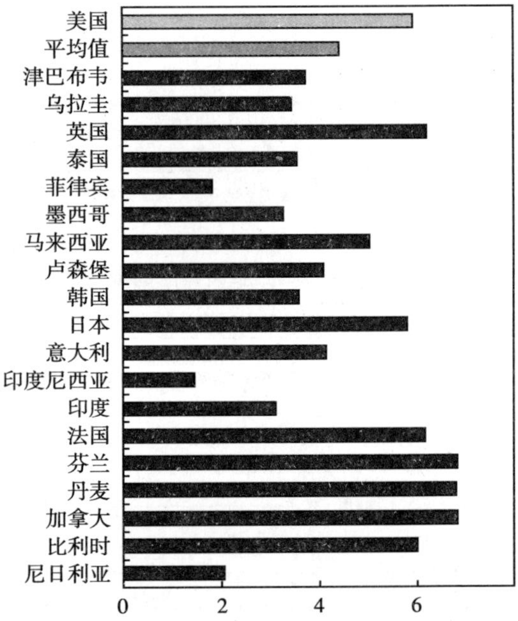

图2　美国的ICR政府腐败指数和部分样本国家的对比

显而易见，由于美国具有相对较低的公共信息披露限制程度，同时具有相对较高的ICR政府腐败指数，根据我们前面的实证分析结果，在这样的国家，爆发金融危机的概率应该较低。面对这个明显的事实悖论，我们有必要进一步追问：美国当前爆发的金融危机难道是上述实证逻辑中的一个小概率事件？又或者说，次贷危机根本就是由那些与信息问

① 前面已经指出，ICR的政府腐败指数是反向标记腐败程度的，因此，较低的腐败指数意味着较高的腐败程度。

题毫不相关的因素引发的？

反思前面的理论逻辑和实证分析，我们很快注意到如下问题：在前面的逻辑推理中，信息披露限制和政府腐败之所以会增加金融危机的爆发概率，关键在于这些问题可能导致整个金融体系的信息处理失真。但是，即使在那些信息披露较为公开和政府腐败程度较低的国家（如美国），也还面临另外一个问题：只有当市场参与者接收到的信息真实、准确地反映了市场交易状态（尤其是准确反映金融产品的“风险——收益”配置关系）时，信息的传递才是有效的。也就是说，即使在信息披露不存在制度障碍、同时也不存在腐败因素对信息传递的干扰时，其他因素（包括来自市场本身的因素）也可能造成金融市场的信息处理失真。换言之，从信息处理与金融危机之间的关系而言，公开透明的信息披露制度（包括不受政府腐败因素影响）仅仅只是降低金融危机概率的必要条件，而非充分条件。

按照上述思路反思次贷危机，我们发现，由于过度的金融创新，危机前的美国金融市场确实存在着大量的信息失真现象。由于宏观经济持续向好，人们对经济前景的预期普遍乐观，而金融创新的活跃进一步为各种金融风险的转移提供了技术支持，这些都使得基于高收益目标的衍生品开发不断受到市场鼓励，金融创新朝着越来越复杂的方向发展。从信息处理和传递的角度而言，次贷危机前的美国，过于复杂的金融创新对整个市场的信息传递产生了以下两个彼此关联的后果：①当各种复杂的金融产品创新（尤其是衍生金融工具）将风险层层转移和“包装”后，投资者发现越来越难从金融工具本身去识别关于产品风险的准确信息，最终只能转而依赖市场提供的价格信息去判断金融产品的风险；②金融创新的活跃使得违约率在一定时期内持续降低，资产价格的波动性亦随之减小，传统金融产品（包括高风险的垃圾债券）的必要收益率普遍下降（见图 3 和图 4），此时，当投资者主要通过市场价格信号去判断金融产品的风险时，他们会误认为整个市场的风险出现了系统性的下降，而充满整个市场的乐观情绪会进一步强化这种错误的认识。

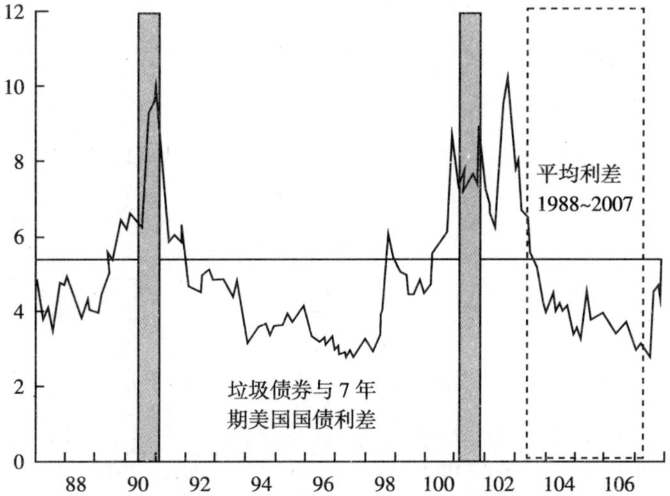

图 3　高风险债券的利差在次贷危机前显著收窄

数据来源：Dimartino，Duca & Rosenblum（2007）

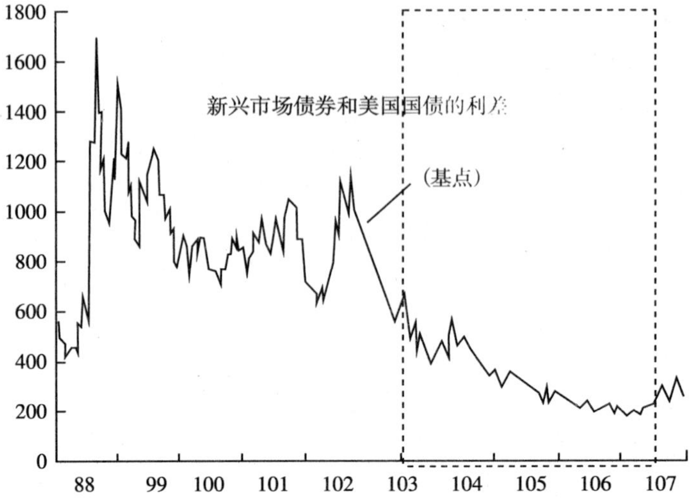

图 4　新兴市场债券的利差在次贷危机前显著收窄

我们知道，如果市场是有效的，价格信号将会传递给投资者关于风险的正确信息，投资者的投资决策与其风险偏好和风险承受能力将保持匹配；反之，如果市场是无效的或者价格无法传递给投资者关于风险的正确信息，那么，投资者的投资决策就可能与其风险偏好形成“错配”或者超越其风险承受能力。如前所述，在金融创新的作用下，传统的金融产品收益率（利差）出现了系统性收窄，由于收窄的利差无法满足那些风险偏好型投资者的收益预期，他们会转而追求具有更高收益的衍生金融产品，而这又反向刺激了以创造更高收益（这也意味着更高风险）为目标的金融创新。如此循环，过度的金融创新使得整个市场的“风险——收益”结构出现了系统性改变，最终的结果是：围绕次级贷款的金融衍生品迅猛发展，整个市场的风险承担远远超越了正常水平。在图 5 中，我们看到，从 2002 年至次贷危机前的 2006 年 4 年间，美国的次级贷款量出现了超过 3 倍的增长，而到了

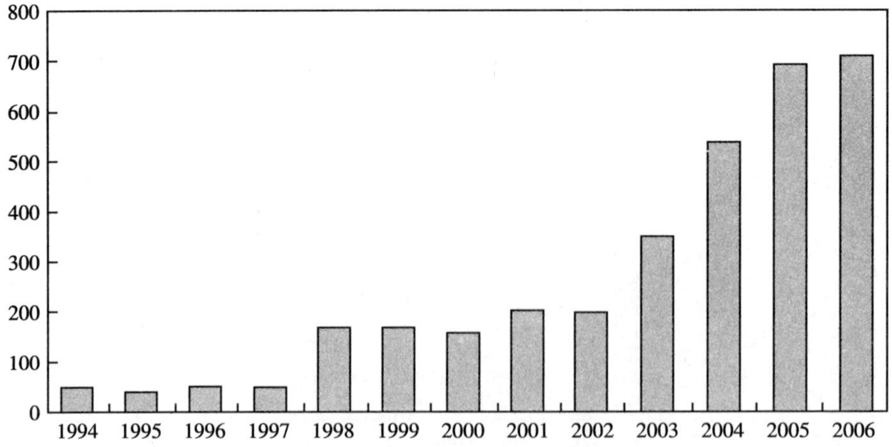

图 5　美国次级贷款的增长情况

资料来源：图 5 数据来自 Center for Responsible Lending inside Mortgage Finance.

2007 年，仅聚集在美国商业银行投资组合中的衍生金融产品总量就超过了 2000 年按 PPP 平价计算的全球财富总量（如图 6 所示）。

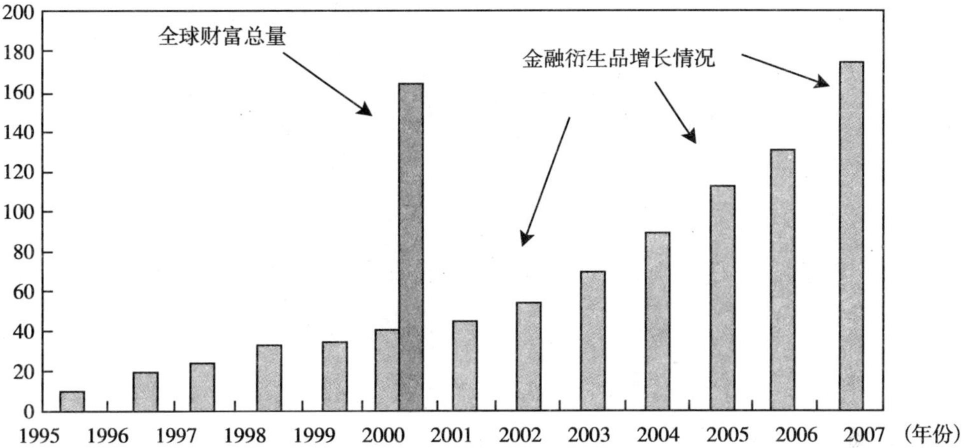

图 6 美国商业银行中的衍生产品

资料来源：图 6 数据来自 An Introduction to the Subprime Crisis in the U.S.（http：//www. arts. uwaterloo. ca/~aghuang/AFM372/handouts/Subprime.ppt）.

当大量的金融衍生产品已经无法通过市场的价格均衡机制准确反映出合理的"风险——收益"配置关系时，整个金融市场的信息就会发生系统性失真。此时，在过于乐观的市场情绪下，投资者的预期和风险态度（Risk Appetite）也会发生系统性改变。如图 7 所示，假定一般状态下的投资者风险分布函数如 L1 的正态分布函数所示，整个市场的平均风险水平为 A；当金融市场的信息失真错误地传递了风险的实际水平时（如前所述的利差非正常收窄所传递的关于金融风险整体水平下降的错误信息），投资者的风险分布函数会从 L1 移动至 L2，此时，整个金融体系在信息失真情况下出现了过度的风险承担；当上述过程与宏观经济的景气周期互相强化时，会进一步导致投资者出现"过于乐观"的市场预期，当这种预期发展成为群体性的市场情绪时，L2 会进一步移动至 L3——与正态分布的 L2 相比，L3 出现了一个显著的"肥尾"，代表越来越多的投资者聚集于高风险状态中。

图 7 所示的由金融市场信息失真所导致的投资者风险分布出现系统性改变的现象，在美国的次贷危机中亦有突出表现。实际上，从 2003 年初开始，与衍生金融工具的迅猛发展相对应，投资者的风险态度逐渐上升到了"过于乐观"（Euphoria，图 8 中的上虚线）的水平[①]。当经济依然处于景气周期、潜在风险尚未被发现的时候，上述过程可以实现自我维系；一旦问题暴露或者景气周期出现下滑，投资者的风险态度又会出现群体性逆转：如图 8 所示，2007 年次贷问题暴露后，投资者的风险态度迅速从"过于乐观"（Euphoria）

① 图 8 数据取自 Dimartino，Duca & Rosenblum（2007）。

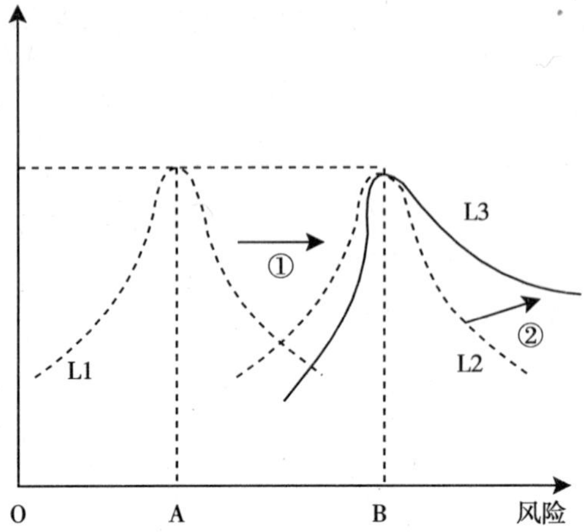

图 7　投资者风险分布的系统性改变

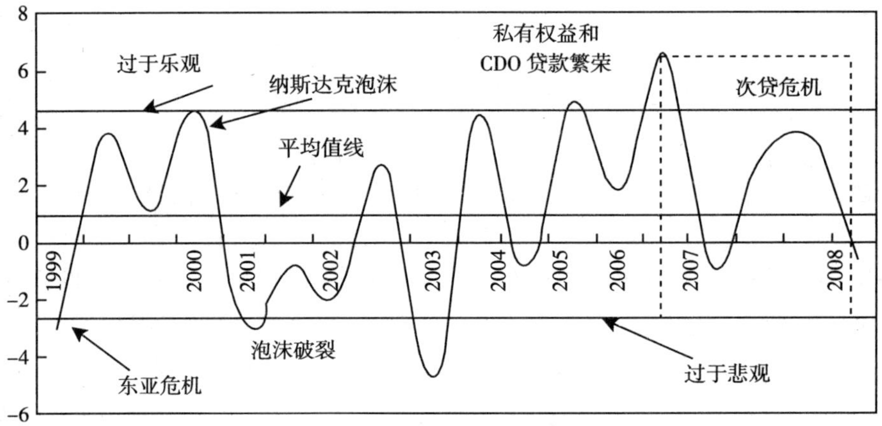

图 8　投资者的风险态度与危机事件

转向“恐慌状态”(Panic，图 8 中的下虚线)，当信心缺失逐渐演变成一种群体性的市场情绪时，局部性的金融问题就极易发展成为系统性的金融危机。

五、结论性评价

本研究通过实证分析，对信息问题在金融危机过程中的基本机制和可能的实现方式进行了系统考察。作为基本问题的一个扩展，在实证结论的基础上，本研究还以美国次贷危机为案例，对市场机制中内生的信息失效问题进行了分析。概括而言，本文的实证和案例研究得出了以下两个基本结论：

（1）当信息披露受到限制或者当政府的腐败程度增加时，金融体系的运转更加不透明，金融市场信息无法得到及时和有效地传递，这将导致整个金融体系的信息失真，金融危机的爆发概率随之增大。这表明，在那些信息披露制度不完善、政府腐败程度较高的国家，更容易发生金融危机。

（2）金融市场的主要功能之一是通过价格信号传递关于风险识别的信息，而过于复杂的金融创新会模糊这一功能。当利差减小到无法正常反映不同金融产品之间的风险差异时，会在投资者之间形成新的信息不完全，最终导致投资者的风险识别状态发生系统性改变，整个金融体系出现过度的风险承担。

上述实证结论表明，只有当市场参与者能够接收到真实、准确的信息并反映出真实的市场交易状态时，信息的传递才是有效的。具体而言，从信息处理的角度视之，公开透明的信息披露制度（包括不受政府腐败因素影响）只是降低金融危机概率的必要条件，而非充分条件。即使在信息披露不存在制度障碍、同时也不存在腐败因素对信息传递的干扰时，其他因素（包括来自市场本身的因素，如美国次贷危机中的过度金融创新）也可能造成金融市场的信息处理失真。

本文的研究表明，从信息处理的角度而言，金融创新诱发金融危机的更深层次机制在于：过于复杂的金融创新由于超越了一般投资者的风险识别能力而导致了整个市场投资决策的扭曲，其结果是市场风险分布状态的系统性失衡。这种投资者风险识别能力的集体性缺失，与金融创新同时产生的信贷扩张彼此强化，短期内使得金融市场在更高的风险状态下维持着暂时的均衡。但这种“失衡的均衡”注定是难以长期维系的——建立在投资者风险识别能力缺失基础上的金融市场的高风险均衡状态，就犹如堆砌在沙砾之上的百尺高楼，表面上风光无限，一旦外部冲击到来就会在瞬间崩溃。

需要特别指出的是，在过往研究中，对金融创新风险的关注，其视角始终落在金融创新所产生的“特殊风险”① 而非“系统性风险”② 上，而按照现代金融理论，凡是“特殊风险”又都是可以通过分散化解决的。于是，在这种“金融产品创新只产生特殊风险，并且这些风险可以通过市场分散化的方式加以消除”的错误理论的指导下，金融创新一再受到鼓励，于是出现了一浪高过一浪的金融创新热潮，但对于金融创新可能诱发的更为严重的系统性风险问题，却长期未能得到足够的重视和深入研究。此外，主流的“有效市场假说”（EMH）认为，金融市场的完备性与证券的数目和类型有关，这也在很大程度上鼓励了旨在不断开发新品种和新交易方式的金融创新。但实际上，近年来反复出现的金融危机表明，“有效市场假说”不仅夸大了金融市场的自我完善能力，而且还使整个金融体系的稳定与效率机制建立在一个看不见、摸不着的空中楼阁之上。

本文结论的政策含义是显而易见的：提高金融市场的信息披露质量，减轻腐败因素对信息处理和传递机制的干扰，有助于降低金融危机的爆发概率；同时，高效率的金融体系

① 金融创新产品本身所具有的高风险特征和性质。

② 本文所强调的过度金融创新所造成的信息失真、信息机制的普遍扭曲和投资者风险识别能力的集体性缺失。

并不意味着需要创造越来越复杂难懂的金融工具和衍生产品，在不影响金融体系风险配置功能的前提下，简单明确、易于理解的金融工具和衍生产品更有利于风险匹配的投资决策和金融稳定。

参考文献

[1] 陈雨露，马勇. 社会信用文化、金融体系结构与金融业组织形式 [J]. 经济研究，2008 (3).

[2] 陈雨露，马勇. 重新解读现代金融体系：理论诠释及基于中国国家禀赋的现实选择 [J]. 货币金融评论，2008 (4).

[3] 陈雨露，马勇. 现代金融体系下的中国金融业混业经营：路径、风险与监管体系 [M]. 北京：中国人民大学出版社，2009.

[4] 陈雨露，马勇. 金融自由化、国家控制力与发展中国家的金融危机 [J]. 中国人民大学学报，2009 (3).

[5] 马勇，杨栋，陈雨露. 信贷扩张、监管错配与金融危机：跨国实证 [J] . 经济研究，2009 (12).

[6] 瞿强. 资产价格波动与宏观经济 [M]. 北京：中国人民大学出版社，2005.

[7] 谢平，陆磊. 中国金融腐败的经济学分析 [M]. 北京：中信出版社，2005.

[8] Allen, Franklin; Carletti, Elena "Credit Risk Transfer and Contagion," Journal of Monetary Economics, 2006 (53).

[9] Ambrose, Blent W., Laeourlittle, Michael and Sanders, Anthony B. "Does Regulatory Capital Arbitrage, Reputation, or Asymmetric Inform ation Drive Seeuritization?" Journal of Financial Services Research, 2005 (28).

[10] Barth, James R; Caprio, Gerard Jr. and Levine, Ross. "Banking Systems Around the Globe: Do Regulation and Ownership Affect Performance and Stability?" The World Bank Working Paper, 2000.

[11] Beck, Thomten; Demirguc-Kant, Asli; and Levine, Ross: "New Database on Financial Development and Structure," World Bank mimeo, January 1999.

[12] Beck, Thorsten; Levine, Ross; and Loayza, Norman. "Finance and the Sources of Growth," World Bank mimeo, 1999.

[13] Beck, Thorsten; Deming-Kunt, Asli and Maksimovic, Vojislav. "Bank Competition and Access to Finance: International Evidece," Journal of Money, Credit and Banking, June 2004.

[14] Cebenoyan A S., P E Strahan "Risk Management, Capital Structure and Lending at Banks," Wharton School Center for Financial Institutions, Working Paper, 2001.

[15] Dermiguc-Kunt, Asli and Levine, Ross. "Stock Market Development and Financial Intermediary Growth: Stylized Facts," World Bank Economic Review, May, 1996.

[16] Demirg-Kunt, Asli and Maksimovic, Vojislav. "Law, Finance and Firm Growth," Journal of Finance, December 1998, 53 (6), 2107-2137.

[17] Dermiguc-Kunt, Asli; Karacaovali, Baybars and Laeven, Luc. "Deposit Insurance Around the World: A Comprehensive Database," The World Bank Working Paper, 2005.

[18] Demirg-Kunt, Asli and Levine, Ross "Bank-based and Market-based Financial Systems: Cross-country Comparisoas," World Bank Economic Review, 2000.

[19] Dennis N. Hansel, Jan-Pieter Krahnen. "Does Credit Securitization Reduce Bank Risk? Evidence

from the European CDO Market," SSRN Working Paper, 2007.

[20] Dionne, Georges and Harchaoui, Tarek M. "Bank's Capital, Securitization and Credit Risk: An Empirical Evidence for Canada," Working Paper, January 2003.

[21] Dufee, G.R., Zhou, C. "Credit derivatives in banking: useful Tools for Managing Risk?" Journal of Monetary Economics, 2001 (48).

[22] Frankel, G., J. P. Krahnen. "Default Risk Sharing between Banks and Markets: the Contribution of eollateralized Debt Obligations," NBER Working Paper, 2005.

[23] Instefjord N., "Risk and Hedging: Do Credit Derivatives Increase Bank Risk?" Journal of Banking and Finance, 2005, 29 (2).

[24] La-porta, Rafael; Lopez-Silanes, Florencio; Shleifer, Andrei; and Vishny, Robea.W. "Law and Finance," Journal of Political Economy, December 1998, 106 (6).

[25] Levine, Ross. "Bank-based or Market-based Financial Systems: Which is Better?" World Bank Working Paper, 2000.

[26] Kane, Edward J. "Financial Regulation and Bank Safety Nets: An International Comparison," Working Paper, July 2004. http: //www2.bc.edu/~kaneeb/.

[27] Dimartino, Duca and Rosenblum. "From Complacency to Crisis: Financial Risk Taking in the Early 21st Century," Economic Letter, Vol 2, No.2, December 2007.

Information Mechanism in the Financial Crisis: A New Perspective

Chen Yulu, Ma Yong and Li Meng

Journal of Financial Research No.3, 2010

Abstract: Based on cross-country data analysis and case study, this paper explores the information mechanism in the propagation of financial crisis and the possible information distortion brought by financial innovation.The empirical results show that the probability of financial crisis is significant lower when there are high quality of information disclosure and low level of government corruption.From the perspective of information-driven mechanism, some financial innovation may be too complicated to preserve financial stability because it will create or deteriorate the problem of inadequate information between investors if those financial products can not be easily understood. When investors trade financial products they do not fully understand, their risk perception state will change systematically, which may finally lead to over risk taking behavior and financial crisis. The conclusion indicates that simple financial products may serve to financial stability because they help to the more effective functioning of information transmission.

Key Words: information disclosure; financial innovation; financial crisis

民间金融高利率成因：一个隐性成本的视角 *

匡桦①
（西安交通大学经济与金融学院，陕西西安　710061）

【摘　要】 民间金融利率问题是民间金融的核心问题。我国许多地区的民间金融利率，均呈现出与正规金融机构贷款利率一致的变动趋势，但二者始终存在巨大差距。本文通过引入正规金融机构贷款隐性成本概念，说明民间金融利率不仅需要参考正规金融机构贷款利率，还要包含借款人享受正规金融利率所需付出的隐性成本，进而构建局部均衡模型，说明隐性成本是民间金融高利率的重要原因，并提出有效降低隐性成本的建议。

【关键词】 民间金融；正规金融；隐性成本；资金价格

一、引言

民间金融是游离于官方监管与主流经济学研究视野之外的金融行为，与官方正规金融相对应，称呼这一类金融行为为非正规金融。民间金融是一种跨时私人契约，标的物是游离于正规金融市场之外的资金，价格则通称为民间金融利率。由于难以监管，民间金融行为累积的风险一旦爆发，会对地区金融稳定、经济发展产生巨大的负面影响。与正规金融不同，非正规金融风险体现为高利率风险，即契约价格虚高导致到期无法履约的风险。因此，研究民间金融利率对深入研究民间金融风险具有重要的意义。

已有民间金融利率的研究，更多是讨论高利率对金融市场乃至社会经济产生的危害，少数涉及利率形成原理的研究则认为非正规金融高利率的原因在于借款人要求的额外风险补偿。BcstBcr，Bcasanko 和 Thako 认为非正规金融的参与者都属于风险偏好者，即利用资金经营高风险或投机性项目，因而非正规金融中的借款人将可能承担较大风险（收不回贷

* 原文发表于《财经问题研究》2010 年第 2 期。

① 匡桦（1983-），男，湖南郴州人，博士研究生，主要从事民间金融与中小企业融资等方面的研究。E-mail：kuanghua01@stu. xjtu.edu.cn.

款)，所以要求较高的资金价格（贷款利率）。也有一些学者遵循麦金农的思路，认为发展中国家普遍存在的金融抑制导致正规金融供给不足是非正规金融高利率的主要原因。Adams 和 Vogel 认为金融抑制导致正规金融市场形成信贷配额，大批资金需求者被挤出，转而涌入非正规金融市场，从而抬高市场利率。还有学者将“寻租”概念引入，对比研究正规金融市场利率和非正规金融市场利率。Baydas Bahloul 和 Adams 研究发现埃及非正规金融资金来源于正规金融，非正规金融有着“行中之行”的特征，即正规金融市场中的银行信贷资金流向非正规金融市场进行套利。Gupla 和 Chaudhuri 将“贿赂”作为变量引入正规金融市场与非正规金融市场的均衡模型，认为借款人为获得政府优惠贷款给予正规金融机构的贿赂是借款人获得正规金融机构贷款的潜在成本，这一成本会反映在非正规金融市场上，从而形成了民间金融的高利率。Jain 认为发展中国家内部的正规金融与非正规金融间存在共生又相克（挤出效应）的复杂关系，充足的正规金融供给会导致非正规金融消失，而正规金融大量的交易费用导致其被非正规金融代替。Tsai 认为发展中国家存在介于非正规金融与正规金融之间的半正规金融部门（Sani-formal Financial Sector），举正规金融之名而行非正规金融之实，推高了非正规金融部门的资金价格。Guirkingcr 发现秘鲁皮乌拉地区正规金融与非正规金融的共存现象源于资金需求者的借款倾向，借款者会基于低廉的交易费用和潜在风险主动拒绝正规金融机构，而从利率更高的非正规金融机构借款。

对我国而言，非正规金融作为正规金融的重要补充，满足了中小企业或个人通过正规金融渠道无法解决的资金需求，非正规金融更像是正规金融的影子，因此在分析我国民间金融利率时，需要更多地考虑正规金融对于非正规金融的影响。中国人民银行赣州市中心支行课题组对江西省赣南市 17 个县的国有银行和农村信用社定价模式进行实证研究，发现在利率市场化初期，正规信贷市场的信贷配给更为显著，其直接体现是贷存比持续下降和民间融资总额持续攀升。正规金融机构利率市场化不仅不能取代民间金融；相反，由于金融工具品种限制，利率市场化对居民的金融资产选择不具备事实上的影响，导致了银行业负债在低利率时期依然保持较大增长，同时在信贷上不得不保持配给。黄沛光针对广东省揭阳市的银行贷款利率和民间金融利率进行对比研究，认为银行贷款利率是民间金融利率的重要参考依据，两者之间具有一致的波动趋势，且形成一定的利率间距差。刘义圣跟踪研究浙江省温州市民间金融利率的变动情况，发现温州利率浮动试点改革起步以来，一定程度上抑制了温州民间金融的势头，打击了民间高利贷行为，并使民间金融利率有所下降，与官方利率的差距在缩小。揭艳明对广西省河池市民间金融利率进行研究，发现民间金融利率主要受金融机构贷款利率的影响，总体上利率水平与金融机构贷款利率呈正方向变动。在银行信贷支持弱化的落后地区民间金融活跃。汪本学和李琪通过研究浙江衢州地区民间金融利率，发现资金需求主体获得官方融资难易程度影响民间融资价格：向金融机构贷款难度大的地区民间金融利率就比较高；反之，向金融机构贷款较为容易，则民间金融利率就低。中国人民银行曲靖中心支行课题组将曲靖市民间金融利率和银行贷款利率进行对比，发现经济相对发达地区的民间金融利率相对较低，而经济相对落后地区民间金融利率相对较高，如金融服务较为完善的麒麟区（曲靖市政府所在地）民间金融的最高利率为 20%，明显低于辖内其他县市的民间金融利率，而经济不发达的会泽县民间金融加权平均利率高于市区 10%。

已有研究表明，存在抑制的正规金融市场导致非正规金融市场产生，非正规金融利率与正规金融利率之间存在一定利率差距，这种差距伴随着正规金融市场的完善在不断缩小。然而，尚未有研究从正规金融角度出发解释上述差距如何产生、差距大小由什么因素决定。

二、民间金融利率与正规金融隐性成本

1. 民间金融利率与正规金融利率的变迁

近 20 年来，我国正规金融贷款利率大体呈现出逐年下降的趋势，相应的民间金融利率也逐年走低，与正规金融机构贷款利率基本保持了相同的变动趋势，二者间利率差别在不断减少。但这一差别无论是在短期还是在长期，都始终存在，即使在民间金融利率持续降低的情况下。

2. 利率差别：正规金融隐性成本

已有的金融抑制假说（麦金农，1973；肖，1973；Fry，1982，1988）和非对称信息假说（Stiglitz and Weiss，1981；Hoff and Stiglitz，1990）都无法解释为什么即使正规金融系统愿意给所有经济部门提供充分的金融支持，仍然会存在对非正规金融途径的需求。现实数据表明，民间金融市场和正规金融市场相互影响，民间金融利率与正规金融利率密切相关。

事实上，正规金融机构除了公布的贷款利率外，还会要求借款人支付一定的手续费、抵押资产评估费等附加费用，另外还需要借款人提供自身财务状况、贷款用途等信息。在我国很多地区，借款人融资成本除上述提到正规金融机构要求的手续费、抵押资产评估费、公关费等各项交易费用、信息披露成本等表现形式以外，还有正规金融机构贷款要求的“顾问费”①，以及借款人为获得资金而对贷款经办人员进行公关的费用。此外，正规金融相对完善的风险管理制度要求完整合规的贷款审批流程，审批期间所耗费的时间有可能使借款人错失良机，从而也成为借款人必须负担的成本。

因此，对借款人来说，正规金融机构贷款的实际资金成本应由以下四部分构成：第一，名义价格，即官方公布的贷款利率。第二，正规金融机构贷款要求的手续费、抵押资产评估费等各项交易费用。第三，借款人为了获得正规金融机构贷款而必须公开自身财务信息的成本以及在等待审批过程中所必须承担的时间成本。第四，除上述成本以外的其他公关费用。后三项就是由正规金融名义利率所掩盖的隐性成本，如图 1 所示。

① 在我国，借款者只能从商业银行获得贷款申请额度的九成并不是罕见的现象。

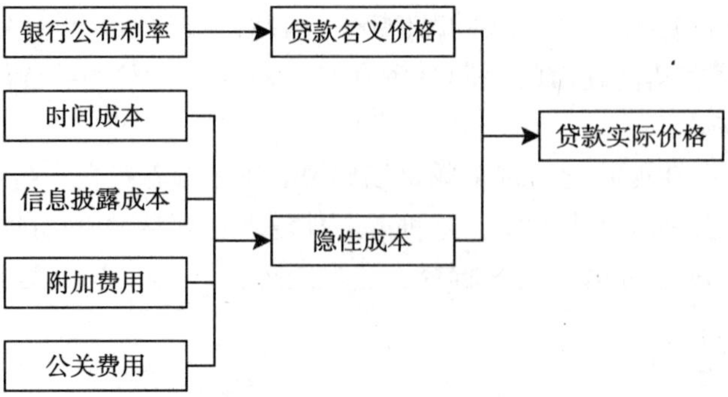

图 1　正规金融贷款实际价格示意图

与正规金融相比，民间金融不需要复杂的审贷流程，也不需要完整的资信证明和贷款用途说明，可以为借款人节省时间成本和信息披露成本。同时，民间金融作为一个完全竞争市场，附加费用与公关费用也远低于正规金融。但民间利率作为完全市场化的资金价格，在确定水平时，除了参考正规金融利率外，还参考正规金融给借款人带来的隐性成本。即民间金融为借款人节省的隐性成本，需要体现在资金价格中作为民间金融贷方的价值补偿。

正规金融贷款中隐性成本的存在，使借款人获得正规金融的实际资金价格总是高于正规金融的名义资金价格。而民间金融的资金价格往往以资金实际价格为参考，民间金融利率不仅需要参考正规金融机构贷款利率，还要包含借款人享受这一利率所需付出的隐性成本。因此，始终高于正规金融机构贷款利率的民间金融利率形成了。

三、民间金融高利率成因——隐性成本

1. 模型假设

围绕隐性成本建立理论模型解释民间金融高利率的成因。模型由利益相关三方组成：借款人、正规金融机构和民间金融机构。借款人可以选择正规金融或民间金融借款，正规金融与民间金融两个渠道的资金在短期内对借款人来说是相互替代的关系。正规金融利率为 r，借款人最终产出价格为 P，这两个变量均为外生变量，与政府政策有关。我们进一步假定，三方均追求自身效用的最大化。

2. 借款人的效用

借款人成功获得资金并用于生产，其产出函数为：

$$Q = F_{B_I + B_F}，且 F' > 0，F'' < 0 \quad (1)$$

其中，B_I 和 B_F 分别代表借款人获得民间金融和正规金融贷款的额度。

i 和 r 分别代表民间金融和正规金融贷款的利率。正如前文所述，借款人为了获得非

正规金融市场和正规金融市场上同等待遇，需要向正规金融机构付出一定的隐性成本，本文认为这一成本平滑影响各期资金流，因此假定隐性成本率为 σ。因而借款人的资金成本为 $B_I(1+i)+B_F(1+r)(1+\sigma)$，相应的借款人收益 Y 为：

$$Y = PF_{(B_I+B_F)} + BI(1+i) - B_F(1+r)(1+\sigma) \quad (2)$$

无论在正规金融市场还是在非正规金融市场，借款人都是资金价格接受者；同时，借款人无法决定自己获得正规金融贷款额度；函数中唯一由借款人决定的变量是民间金融贷款额度。因此，借款人效用最大时有：

$$PF'_{(B_I+B_F)} = 1+i \quad (3)$$

于是对借款人而言有投资边际成本 $\frac{1+i}{P}$，根据边际产量递减定理，必然有最优投资量 $G_{(i,P)}$，且 $\frac{\partial G}{\partial i}<0$，$\frac{\partial G}{\partial P}>0$。于是有：

$$B_I = G_{(i,P)} - B_F \quad (4)$$

进一步有：

$$1+i \geqslant (1+r)(1+\sigma) \quad (5)$$

如果把 $(1+r)(1+\sigma)$ 称为正规金融机构贷款实际价格的话，那么借款人只有在符合式（5）约束条件下才会从正规金融机构贷款。因此，我们得到隐性成本率 σ 的约束条件 $\sigma \leqslant \frac{i-r}{1+r}$，其中 σ 是外生变量，于是 σ 与 i 的关系如图 2 所示。

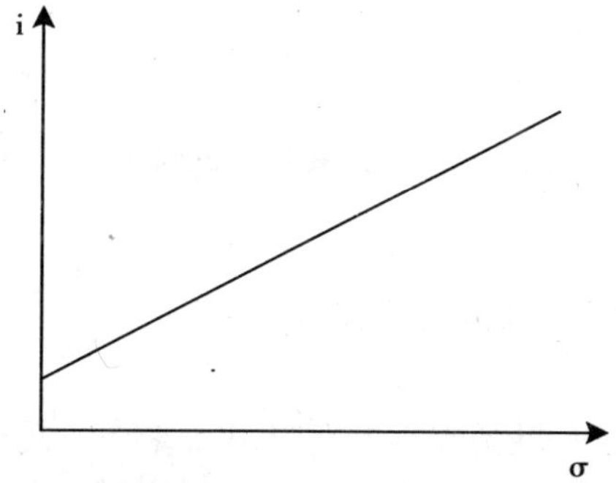

图 2　隐性成本与民间金融利率的关系

3. 正规金融机构的效用

假设正规金融机构效用函数为：

$$U = U_{YF,L} \quad (6)$$

其中，Y_F 为正规金融机构期望收入，L 为正规金融机构劳动投入，且 $\frac{\partial U}{\partial Y_F}>0$，$\frac{\partial U}{\partial L}<0$。进一步有正规金融机构期望收入：

$$Y_F = [(1+r)(1+\sigma)-1]B_F - v(\sigma)B_F \quad (7)$$

$v(\sigma)$ 是借款人违约的概率，它是一个关于隐性成本率为 σ 的增函数[①]。

而正规金融机构投入劳动函数为：

$L = L_{(B_F)}$，且 $L' > 0$，$L'' > 0$， (8)

即随着贷款量增加，所需要投入边际劳动量也在增加；也就是说边际劳动所发放的贷款量减少。因此，我们就得到正规金融机构效用函数的转化形式：$U_{(B_F)} = U_{(Y_F(B_F), L(B_F))}$

使 U 最大化，易得：

$$(1 + r)(1 + \sigma) - 1 - v(\sigma) = \beta L'_{(B_F)} \quad (9)$$

其中，$\beta = \frac{\partial U}{\partial L} / \frac{\partial U}{\partial Y_F}$ 是正规金融机构收入与劳动间的边际替代率。

假设正规金融机构设置的隐性成本率达到式（5）中的极端情况，则式（9）化为：

$$i = \beta L'_{(B_F)} + v(\sigma) \quad (10)$$

根据假设，$L'' > 0$，因此 i 与 B_F 间正相关，如图 3 所示，F 为正规金融机构的反应曲线。

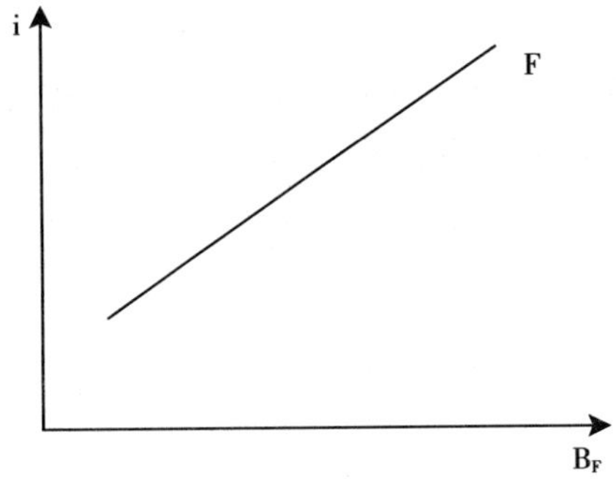

图 3　正规金融机构反应曲线

4. 民间金融机构的效用

基于上述分析，可得民间金融机构的收入为：

$$Y_I = (i - g)[G_{(j,p)} - B_F] \quad (11)$$

其中，g 是民间金融机构的机会成本。对借款人来说，短期内资金需求总量是一定的，因而获得的正规金融贷款 B_F 越多，所需要民间金融贷款就越少，所以民间金融机构反应曲线为 I，如图 4 所示。

5. 隐性成本率、正规金融机构和民间金融机构的均衡

综合以上各方行为，均衡时情形如图 5 所示。

其中，σ^* 是借款人为获得正规金融机构贷款愿付出的最大隐性成本，B_F^* 是借款人付出隐性成本后正规金融机构的贷款数量，I^* 是借款人隐性成本和正规金融机构贷款数量共

① 借款成本率为 σ 意味着借款人获得资金的难易程度，σ 越大，说明正规金融机构越不信任借款人，相应的借款人违约可能性越大。

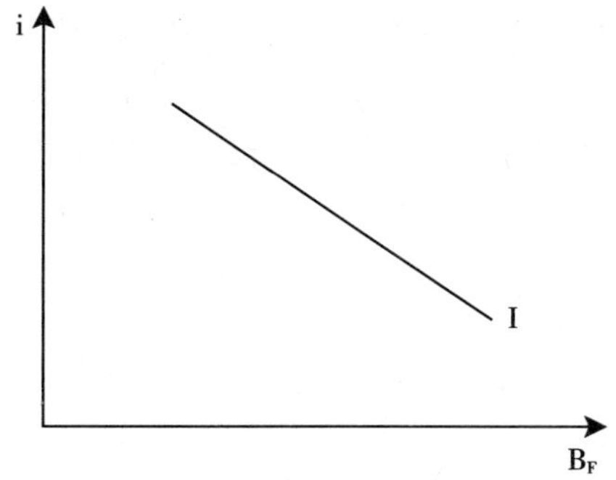

图 4　民间金融机构反应曲线

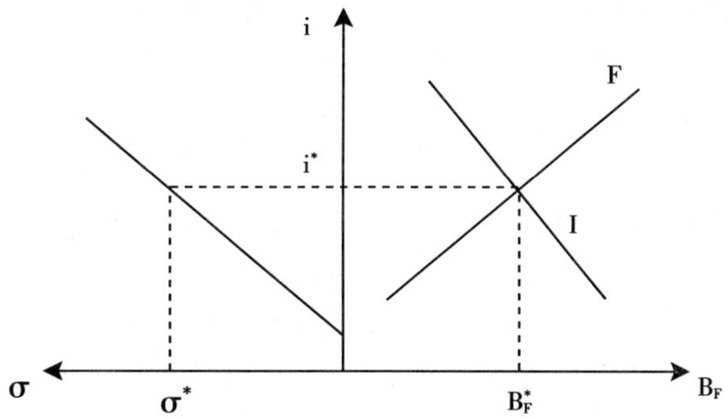

图 5　隐性成本率、贷款数量和贷款利率示意图

同决定下的民间金融利率。因此，可以直观地看到，在借款人资金需求确定的条件下，所付出的隐性成本越高，意味着借款人越倾向于从正规金融机构贷款，相应的正规金融贷款数量越高，而造成的最终结果是民间金融利率越高。

6. 长期情形

上述分析的前提是短期内正规金融贷款和民间金融贷款对借款人来说是相互替代关系，但长期看来，这两方面资金来源对于借款人而言是互补的。因此，长期均衡的情形如图 6 所示。

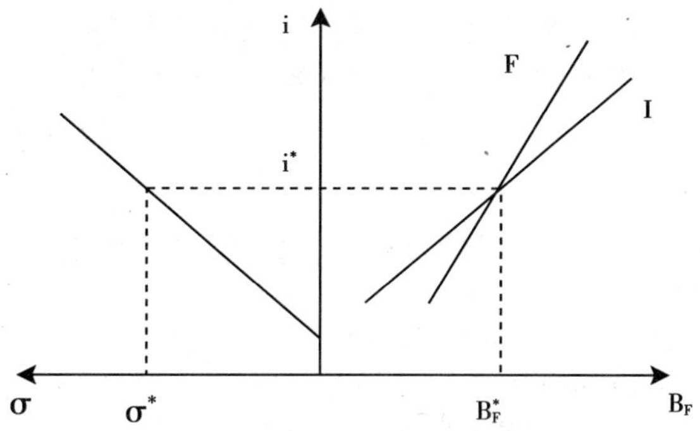

图 6　互补条件下的三方选择

在隐性成本较低的情况下，借款人倾向于向正规金融机构贷款，因为有较低的利率 r，随着隐性成本的增加，民间金融利率增加，但借款人仍然向民间金融机构寻求贷款；当隐性成本超过借款人所能承受最大限度 σ^* 时，借款人宁可承担更高的利率从民间金融贷款，也不会从正规金融机构贷款。

四、结论

借款人从正规金融机构贷款可以享受较低的名义价格，同时也需要承担相应的隐性成本，包括：有形成本，如正规金融机构要求的手续费、抵押资产评估费、公关费等各项必需的交易费用；无形成本，如借款人信息披露成本、等待资金的时间成本；甚至还有一些额外成本，如贿赂等。这些隐性成本，成为一种变相的金融抑制，推高民间金融市场的资金价格，导致潜在的民间金融风险。因此，要防范民间金融风险、控制民间利率水平，就必须从以下几个方面降低正规金融机构的隐性成本。

第一，不断推进贷款利率市场化改革，使正规金融机构贷款利率如实反映市场供求情况。贷款利率市场化改革是贷款市场、民间金融市场和货币市场等多市场的一般性均衡，在当前货币传导依然主要依靠信贷渠道进行的前提下，贷款利率主要不是对信用风险的反映，而是资金供求的指标。因此，平衡正规金融市场资金供求，推动贷款利率市场化，可以有效降低民间金融与正规金融机构贷款的利差。

第二，简化贷款程序，缩短审批周期，降低交易费用，开辟专门的小额贷款放款渠道。资金具有时间价值，正规金融机构繁杂贷款手续和冗长审批流程给借款人带来巨大的时间成本，也会使借款人错过资金使用的最佳时机。基于这样的考虑，借款人转而寻求民间金融这一途径，民间金融机构此时成为了某种程度的“资金垄断者”，相应的民间金融利率大幅度偏离正规金融机构贷款名义利率。因此，正规金融机构在短期贷款业务中金融创新也可以有效降低民间金融利率。

第三，需要进一步建立健全行业监督体系和行业自律机制，加强针对从业人员的监管和素质教育，消除正规金融机构或机构内部员工“寻租行为”给借款人带来的成本；另外，还要依法严惩近期出现的“贷款中介”，合理规范金融市场。

参考文献

[1] Bester, H. Screening vs. Rationing in Cred it Markets with impertect Information [J]. The American Economic Review, 1985 (4): 850-855.

[2] Besanko, D. and Thakor, A. V. Collateral and Rationing Sorting Equilibria in Monopolistic and Competitive Credit Markets [J]. Intemational Economic Review, 1987 (3): 671-689.

[3] Adams, D. W. and Vogel, R. C. Rural Financial Markets in Low Income Countries Recent Controversies

and Lessons [J]. World Development 1986 (14): 477-487.

[4] Mayada M. Baylas, Zakaria Bahloul, Dale W. Adams Informal Finance in Egypt "Banks" with in Banks [J]. World Development 1995 (4): 651-661.

[5] Gupta M. R. and Chandhuri S. Formal Credit Corruption and the Informal Credit Market in Agriculture A Theoretical Analysis [J]. Economica 1997 (5): 331-343.

[6] Sanjay Jain, Symbiosis vs Crowding-out The Interaction of Formal and Infornal Credit Markets in Developing Countries [J]. Journal of Development Economics 1999 (2): 419-444.

[7] Kellee. S. Tasi Impenfect Substitutes: The Local Political Economy of Informal Finance and Microfinance in Rural China and India [J]. World Develompent 2004 (9): 1487-1507.

[8] Catherine Guirkinger. Understanding the Goexistence of Formal and Informal Credit Markets in Piura Peru [J]. World Development, 2008 (4): 1436-1452

[9] 中国人民银行赣州市中心支行课题组. 市场分割与信贷配给：利率市场化的体制及经济效应 [J]. 金融研究，2006 (1)：127-138.

[10] 黄沛光. 正规贷款利率与民间金融利率比较分析：以揭阳为例 [J]. 南方金融，2006 (9)：65-66.

[11] 刘义圣. 关于我国民间利率及其"市场化"的深度思考 [J]. 东岳论丛，2007 (6)：7-12.

[12] 揭艳明. 落后地区民间金融利率与银行贷款利率的差异分析——以河池市为视角 [J]. 广西金融研究，2007 (5)：65-66.

[13] 汪本学，李琪. 民间金融及融资利率分析——以浙江衢州民间金融状况为例 [J]. 农村经济与科技，2008 (3)：67-68.

[14] 中国人民银行曲靖中心支行课题组.民间金融利率与银行贷款利率差异比较——以曲靖市为个案 [J]. 时代金融，2008 (2)：96-98.

Reasons of High Interest Rates in Private Finance: An Aspect from the Hidden Costs

Kuang Hua

The study of Finance and Economics Journals No.2, 2010

Abstract: Private financial interest rate problem is the core issue of the private financial, and private financial interest rates in many areas are showing consistent change in trend with formal financial institutions financial rates, but there always exists a huge gap between the two. Firstly the article indicates that private financial interest rates not only includes formal financial institutions rates, but also contains the hidden cost by introducing the concept of the hidden costs of formal loans from financial institutions. Secondly we build a partial equilibrium model which indicates that hidden cost is an important factor which leads to the high private financial rate. The borrowers would rather bear a loan of higher interest rate from private financial than get loans from formal financial institutions when the hidden costs is so high that many borrowers can not bear it. Finally, in conclusion, the paper puts forward some effective recommendations to reduce the hidden costs.

Key Words: Informal finance; formal finance; implicit cost; capital price

农村民间借贷中的分类相聚性质研究*

张海洋[①] 平新乔[②]
（对外经济贸易大学金融学院，北京 100029；北京大学经济学院，北京 100871）

【摘 要】本文使用农户抽样调查数据，比较了农村民间信贷市场中借贷双方的收入状况。文章发现，民间信贷资金并不是一致地从富人流向穷人，也不是一致地从穷人流向富人，而是表现出较强的“正向分类相聚”（Positive Assortative Matching）性质：穷人把钱更多地借给了穷人，富人把钱更多地借给了富人。本文使用搜寻—匹配模型从经济学的角度分析了这一现象可能的原因，并从理论上证明了模型均衡的存在性，使用数值模拟的方法描述了借贷可能发生的区域（匹配集合），比较好地拟合了观察到的现象。

【关键词】民间借贷；分类相聚性质；搜寻—匹配

一、引言

“物以类聚，人以群分”。“分类”经济学（Eeonomics of Sorting）以及与之相关的“搜寻经济学”（Economics of Search）与“匹配经济学”（Economics of Match）是现代经济学的重要研究领域，其主旨在于探索人与人之间的关系如何形成，不同的群体、集团、组织、机构乃至社会、国家是如何形成的。加里·贝克尔（Becker，1973）最早研究了婚姻匹配中的正向分类相聚。他指出，在婚姻市场上，由于择偶竞争，使得配偶双方能够按照一定的属性，如财富、教育等，各自排序并形成匹配，即我们常说的“门当户对”。正向分类相聚现象（Positive Assortative Matching，PAM），指的是丈夫的某种属性和妻子的某

* 原文发表于《金融研究》2010 年第 9 期。本文的研究受到北京大学汇丰商学院“银行业微观结构”项目的资助。作者感谢参加北大—花旗农村金融问卷调查和数据录入工作的老师和同学，感谢为调查提供帮助的地方政府和金融机构的工作人员。

① 张海洋（1981-），男，经济学博士，对外经济贸易大学金融学院、对外经济贸易大学应用金融研究中心讲师，电子信箱：hyang_zhang@163.com。

② 平新乔（1954-），男，经济学博士，北京大学经济学院教授、博导，电子信箱：xqping@ pku.edu.cn。

种属性呈正相关关系。反向分类相聚现象（Negative Assortative Matching，NAM）指的是丈夫的某种属性和妻子的某种属性呈负相关关系。这样的分类相聚性质不仅在婚姻市场中存在，在经济中其他方面也可以观察到，Li（2008）对此类文献做了比较详细的综述。

在过去的 15 年中，经济学家们对分类过程做了大量的研究。在中国，人们已经可以看到，"分类"以"结婚"—"买房子"—"上学"—"就业"的顺序，已经形成了一个分类链："同什么样的人结婚"与"婚后买什么区域的房子"相关，而"买什么房子"又与"孩子上什么样的小学、中学"相关，"上什么学校"又与"将来从事什么职业"相关。R.Fernandez 从 1997 年至今对此已经发表了一系列论文（Fernandez，2003）。

在民间金融市场关系中，"分类相聚"会呈什么特点？这是本文的关注点。一个借贷合约由贷款数量、利率、期限以及抵押担保等要素组成。贷款人会根据自己对流动性、风险的考虑和信息的掌握情况，设计出不同的借贷合约。不同的借款人会根据自己的属性和从事的经营活动，系统而有序地选择不同的贷款合约。正如 Conning 和 Udry（2007）指出，在借贷市场上，借贷双方会形成一定的匹配模式。

Nagarajan 和 Meyer 等（1995）研究了菲律宾非正规信贷市场中借贷双方的职业匹配。借贷双方为了内部化交易成本，使经济活动更为便利，会自发地发生一定的匹配。回归的结果表明了这样一种模式：借出方一般从事非农业生产，而借入方一般从事农业生产。

Basu（1983）给出了农村借贷关系中发生分类相聚的机制：借贷关系背后存在出借方对借入方事实上的可控性。这是因为农村金融市场上有一些"潜在的风险"。为了避免这些风险，借贷关系就在已经形成的社会网络中发生，这事实上会形成分类相聚。农场主可能只借钱给他们可以控制的农业工人，否则他的贷款会血本无归，无利可图。Bell（1988）指出了金融中关联交易（Interlinked Transactions）的发生原因，由于交易的双方在多个市场上发生交易行为，并且这些交易的条款同时决定，使得人们对一个领域的金融关系与其他领域的交易形成内在联系，并导致分类相聚现象的产生。Bardhan 和 Rudra（1978）和 Braverma 和 Stiglitz（1982）分别就这种分类相聚现象进行了实证分析和理论分析。

在金融的其他领域中，分类相聚现象也得到了很多学者的关注。比如，在关于企业上市成功率的研究中，Srensen（2007）发现那些获得有经验的风险投资的公司更容易上市。作者构建了双边匹配模型，以及相应的基于结构方程模型的计量分析，认为其中原因有两方面：一是这些有经验的风险投资的本身的经验起作用，它们为公司价值的提升作了很大贡献；二是排序作用——有经验的风投在选择公司的时候就选择了那些有潜力的公司，风险投资和公司是正向分类相聚的。

Rhodes-Kropf 和 Robinson（2008）所做的关于并购与重组中双方的市账比（Market-to-Book）状况的研究中发现，高市账比的公司在并购的时候，一般不会选择那些低市账比的公司。并购的双方，往往市账比差别不大，即表现出正向分类相聚性质。他们的文章引入搜寻模型，在搜寻模型的框架下，假定并购双方的资产有互补性质，构造了一个模型以解释这一现象。

发行股票的公司和承销商之间的匹配属性也满足正向分类相聚性质。公司和承销商是双向选择的，并且发行公司的质量和承销商的能力是互补的。因此，在均衡状态下，两者呈现正向分类相聚：高品质的发行公司和高能力的承销商匹配，低品质的发行公司和低能力的承销商匹配。所以观察到的现象是发行公司的品质和承销商的能力正相关（Fernando和Gatchev等，2005）。

在更为一般的货币经济学模型中，Lagos和Wright（2003）、Lagos和Wright（2005）以及Lagos（2010）用搜寻—匹配理论分析了，当供求双方发生多重匹配时，最有利的货币政策应该满足什么样的性质，才能解决由于分类相聚而引起的资源配置问题。

本文的研究不同于张杰（2005）和王芳（2005）等利用宏观分析的方法研究农村金融问题，作者运用其收集、整理的北大—花旗2008~2009年农村金融调查数据，比较了农村民间借贷双方的收入，提出了其中的“正向分类相聚”性质。我们发现，民间信贷资金并不是一致地从富人流向穷人，也不是一致地从穷人流向富人，而是表现出较强的正向分类相聚性质：穷人把钱更多地借给了穷人，富人把钱更多地借给了富人。在相对发达的地区，这一特征表现得比较明显。

为了解释这些现象，本文基于Shimer和Smith（2000）的分析框架，建立了搜寻—匹配模型。民间借贷多发生在亲戚朋友之间，但这不是随机地发生。在借贷发生之前，每个需要借入资金的人都会思考借入款会给自己带来多大的收益或效用，并分析该款项给每个潜在的借出人带来的效用损失。同样道理，每个借出款项的人在借出资金之前，都会考虑自己借出资金的成本及给潜在的借入资金的人带来的好处。在综合考虑这些因素，并确保借贷的收益大于借贷的成本时借贷才有可能发生。虽然“搜寻—匹配”理论，及“分类相聚性质”在经济学和金融学的很多领域都有应用，但在研究借贷双方的匹配行为方面本文的工作属于原创。

二、数据及描述统计

北京大学中国经济研究中心2008年和2009年暑假期间组织的农村金融调查，共访问了分布在陕西省、吉林省、江苏省、云南省、湖南省、黑龙江省的18个县（市）的4178户农户。调查过程中，我们除记录了农户的基本生产、生活、消费、资产配置、储蓄贷款等情况外，还询问并记录了所调查农户参与的民间借贷情况。民间借贷包含农户的借入款和借出款，分别记录了农户近三年主要的借入款和借出款的金额、利率、贷款去向等属性。由于农户的借入款中有比较大规模的资金是从城市亲戚朋友中流向农村，[①] 不能代表农村内部金融市场的一般属性，所以本文的研究利用的是农户问卷调查中获得的农户借出

① 以2009年调查的数据为例，样本农户共借入资金1328万元，但仅借出354.9万元。因此，借入款和借出款之间有较大的不平衡。考虑到我们的抽样是在除县城以外的村庄抽样，可以推断有大量的资金通过亲友借款从城市流向农村。

款的信息。同一农户可能有多笔借出款，也可能没有借出款。两次调查中共获得 1881 笔借出款的信息。

借出款的基本信息统计如表 1 所示。观察到的有效借出款中，1785 笔借出款是无息的，66 笔借出款是有息的，另有 30 笔借出款缺失利率信息。无息借款占总样本数的 94.9%，说明农户间无息借贷占绝大多数。为数不多的有息借出款所涉及的利率也是比较低的，平均而言只有 10.25%，和农信社的贷款利率大致相当。平均每笔借出款的金额是比较可观的，平均而言达到 9401 元。个别地区，如经济比较发达的常熟市，单笔借出款金额达到 18813 元。另外，处于云南省省会昆明市郊区的嵩明县，单笔借出款也达到了 16189 元。即便是经济欠发达的彝良县，单笔借出款平均也达到了 4411 元。这说明农户之间的借贷已经不是传统意义上的小额借贷，几百元甚至几千元的借款已经不能满足一般农户的需求。

表 1　农户借出款的基本信息

市、县别	样本数	其中		平均每笔借出款金额（元）	有息借出款的平均利率（年率，%）
		无息	有息		
府谷县	63	55	8	6877	13.3
丹凤县	72	70	1	5099	1.5
长安县	92	88	2	7274	1.35
图们市	74	66	4	9011	8.1
公主岭市	82	78	2	4839	18
德惠市	98	97	1	4543	14
大丰市	285	277	8	8794	6.66
扬中市	198	193	2	12368	11.5
常熟市	180	168	6	18813	7.33
彝良县	61	59	1	4411	17
南涧县	72	72	0	5915	—
嵩明县	142	140	2	16189	9
桑植县	64	62	0	9871	—
岳阳县	104	87	16	7063	11.5
醴陵县	74	71	2	5657	12
龙江县	111	100	5	5208	12.74
东宁县	79	72	6	10400	9.47
漠河县	30	30	0	4857	—
总计	1881	1785	66	9401	10.25

从表 1 中可以看出，越是发达的地区，民间借贷越是活跃；越是不发达的地区，民间借贷越是冷清。如江苏省的三个县（市），借贷发生得远远比吉林省和陕西省频繁。在同一个省内，也表现出如此特征。比如在云南省，调查的三个县中，处于昆明市郊的嵩明县借贷发生的频次远远高于南涧县和彝良县。湖南省的岳阳县，民间借贷的繁荣程度也高于

桑植县和醴陵县。黑龙江省调查的三个县中，漠河县和东宁县都处于国境线，经济相对于龙江县落后，前两个县的民间借贷发生的频次也小于后者。这与传统的认识不一致，一般认为不发达地区缺乏正规金融的支持，因此非正规金融会相对更加发达。

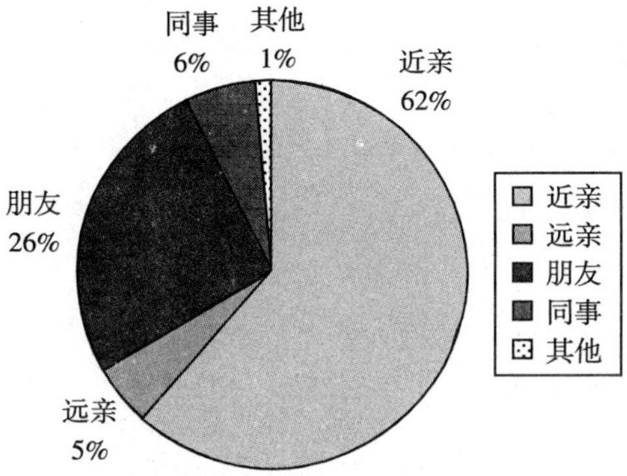

(a) 农户借出款对象与自己的关系

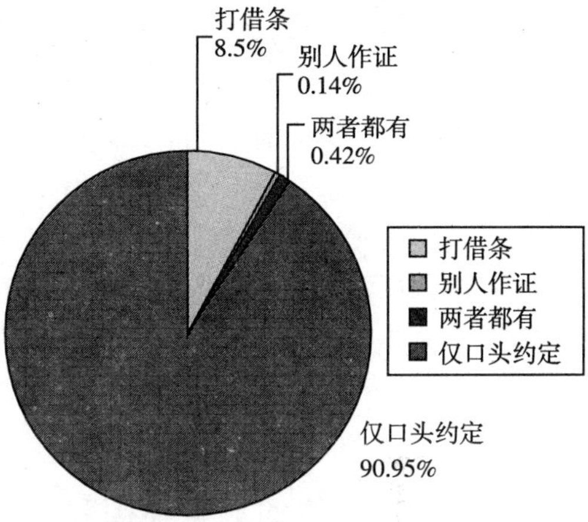

(b) 农户借出款的契约形式

图 1 借贷双方关系和契约形式

图 1(a) 中描述了借款人与借出款农户的关系。接近 2/3 的借款中借贷双方是近亲关系，另外，包括邻居在内的朋友关系占了总借款样本的 1/4 多。相比较而言，远亲之间的借贷比较少，甚至少于同事之间的借款，和俗语中说的“远亲不如近邻”相一致。

图 1(b) 中描述了借款双方的契约形式。从某种意义上说，借款人之间的熟悉程度决定了双方借贷的契约形式。由于大部分借贷发生在比较亲近的近亲属之间和朋友之间，所以观察到的借款契约大部分是口头约定，占到了样本总数的 90.95%。通过相对正规的“打借条”方式约定的借款仅占样本总数的 8.5%。而通过“别人作证”来保证还款的方式很少，几乎可以忽略不计。

(一) 贫富农民的金融活动比较

一般认为，穷人由于缺乏正规金融的帮助，会更多地依靠民间借贷。但我们的调查发现，即使是民间的借贷，穷人的金融活动也远没有富人的金融活动频繁。表 2 中，列出了穷人和富人的金融活动情况。其中，判别一户农户是否属于“穷人”的标准是，根据他的财富在本县所有调查农户中是不是最低的 5%（标准 1），10%（标准 2），25%（标准 3）。两年的调查中，共有 4178 户农户，对应于以上三种标准，分别有 201 户、412 户、1040 户农户被定义为穷人。

按照标准 1，穷人中有 6.97%的家庭在三年内有借出款，富人中有 28.14%的家庭在三年内有借出款。按照标准 2，穷人中有 10.44%的家庭在三年内有借出款，富人中有 28.94%的家庭在三年内有借出款。按照标准 3，穷人中有 15.19%的家庭在三年内有借出款，富人中有

表 2　穷人和富人的金融活动比较

	标准 1（5%）			标准 2（10%）			标准 3（25%）		
	样本数	借入	借出	样本数	借入	借出	样本数	借入	借出
富人	3977	58.94%	28.14%	3766	58.98%	28.94%	3138	59.34%	31.07%
穷人	201	50.75%	6.97%	412	54.61%	10.44%	1040	56.15%	15.19%
总计	4178	58.54%	27.12%	4178	58.54%	27.12%	4178	58.54%	27.12%

31.07%的家庭在三年内有借出款。可见，相对贫穷的农户中存在借出款的家庭比例始终低于富裕农户。

穷人不但有借出款的家庭比例低，有借入款的家庭比例也比较低。按照标准 1，穷人中有 50.75%的家庭在三年内有借入款，富人中有 58.94%的家庭在三年内有借入款。按照标准 2，穷人中有 54.61%的家庭在三年内有借入款，富人中有 58.98%的家庭在三年内有借入款。按照标准 3，穷人中有 56.15%的家庭在三年内有借入款，富人中有 59.34%的家庭在三年内有借入款。

（二）农户借贷的“分类相聚”性质

我们在问卷中设计了“找您借钱的人家里的收入比您家高还是低”这一问题，并给出了三个选项：“高”、“差不多”、“低”，让访问员根据农户的回答选择。从数据的统计来看，农户回答“差不多”的比例显著高于另外两种选择的比例。图 2 中给出的是分地区的统计数据以及所有调查地区的合计统计数据，纵坐标是该地区选择某选项的农户占所有回答该问题的样本的比例。从图中可以看出，绝大多数地区都是借贷双方收入“差不多”的样本最多，高于其他两种情况（借入方比借出方收入“高”或“低”）。总的来看，约 45%

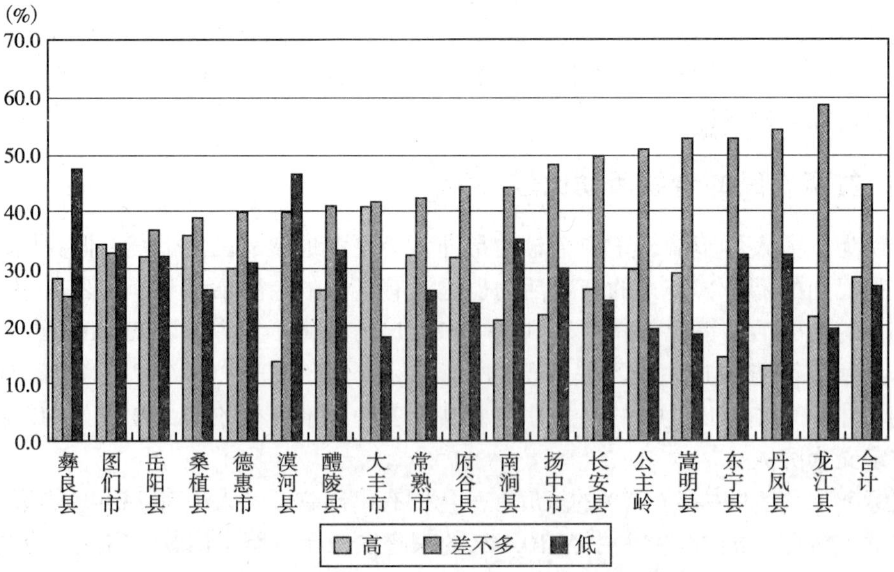

图 2　民间借款借贷双方收入比较（借入方比借出方）

的农户认为向他借款的人收入和自己"差不多"，选择借入方收入比自己"低"的农户和借入方收入比自己"高"的农户均不足30%。这样的差距在黑龙江省的龙江县最为明显，接近60%的农户认为借入方与自己的收入"差不多"，认为借入方比自己收入"高"或"低"的农户分别只有20%左右。只有三个地区的农户选择有例外，彝良县、图们市和漠河县，这三个地区都是处于边疆或交通不便的地区。

接下来，将农户按照资产数量分类，把所有农户均分为"最穷"、"较穷"、"较富"、"最富"四类。研究这四类农户各自的借贷特征。

农户资产包括实物资产（机械设备、运输工具和耐用消费品），金融资产（股票、基金、债券、现金、储蓄、债权），房产，存粮。其中，金融资产和存粮按照年底的实际价值计算。考虑到房产有折旧和升值两方面的因素，且这两方面的影响相互抵消，所以计算房产的价值时按照建设的成本计算。农户实物资产的计算则按照 Paulson 和 Townsend（2004）的方法，把购买时的价格从购买的年份折旧到2007年或2008年，每年的折旧率为0.9。

农户分类以后，"最穷"、"较穷"、"较富"、"最富"四类农户对应的平均资产分别为13842.73元、41768.84元、86025.48元、255050.2元。这四类农户的借出款对象和他们的关系如图3所示。虽然四类农户的资产差异较大，但对应于每一类农户，他们都是把钱比较多地借给了和他们收入水平差不多的农户。以"最穷"的农户为例，借出给和他们"差不多"的农户225笔借款，远高于借出给比他们收入高的农户（153笔）和比他们收入低的农户（86笔）。

图3中反映的是所有借款的情况。而用于生产目的的借款的情况也是这样，图4是用于农业生产的借款的情况。每一类型的农户都更多地把钱借给了和自己收入"差不多"的农户。或者说，每一类型的农户在需要借钱时都找和自己收入"差不多"的农户去借。

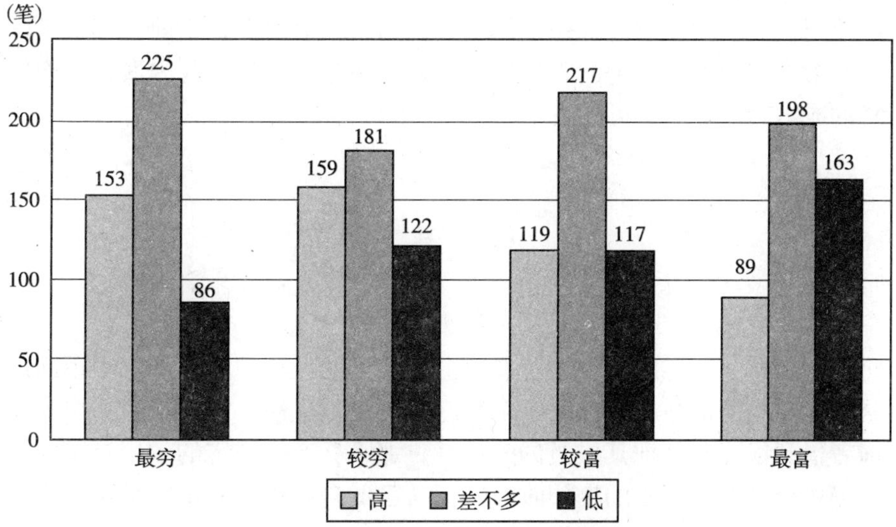

图3 农户借贷双方收入比较（所有用途）

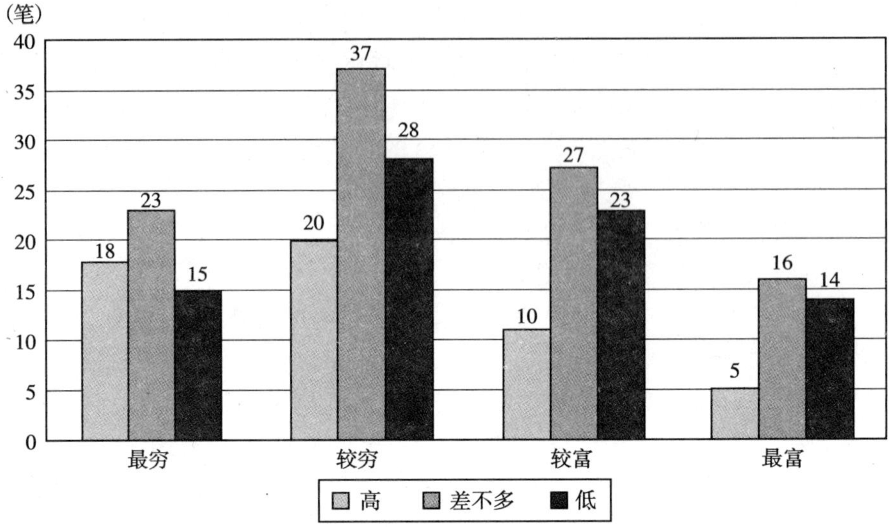

图 4　农户借贷双方收入比较（农业生产）

我们的数据分析揭示出，在中国农村的民间借贷市场中，客观上存在两个现象：一是人与人之间金融关系的分类性，穷人与富人在金融活动的活跃程度上是不同的；二是正向的分类相聚性。上述“穷帮穷，富帮富”的性质，仅仅从社会学的角度很难解释。固然，穷人更多亲戚朋友是穷人，富人更多亲戚朋友是富人，但是这并不保证一定是穷人把钱更多地借给穷人，富人更多地把钱借给富人。如果这些个人之间的借款是帮扶性质的，那么应该一致地从富人流向穷人，每个人都把钱借给比自己穷的人。如果这些借款是投资性质的，那么应该一致地从穷人流向富人，每个人都把钱借给比自己富有的人。本文的第三部分使用经济学模型对这种“穷帮穷，富帮富”现象给出了经济学解释。每个需要借入资金的人都会思考借入款会给自己带来多大的收益或效用，并分析款项给每个潜在的借出人带来的收益或效用损失。同样道理，每个借出资金的人在借出资金之前，都会考虑自己借出资金的成本及给潜在的借入资金的人带来的好处。在综合考虑这些因素，并确保借贷的收益大于借贷的成本时借贷才有可能发生。

三、模型基本设定

本节将使用“搜寻—匹配”模型解释以上观察到的经济现象。经济中不断产生可以通过资金借贷产生效用的机会。例如，一个家庭中有成员生病，需要从另一个家庭借钱来治病。如果前者借到钱，并且把其成员的病治好，那么会产生一定的效用。又如投资，一个人发现某投资机会可以产生正的期望收益，但自己的自有资金并不能满足需求。如果他能够及时从亲友处获得借款，则有可能获得投资收益。

为了表述方便，称需要借钱的人为“借入方”（Borrower，简记为 B）；称有富余的资金，可以借出的人为“借出方”（Lender，简记为 L）。虽然同一个人可以既是债权人又是债务人，但是在某一时刻，只能是借入方和借出方中之一。借入方的收入水平为 x，借出方的收入水平为 y。如果借入方和借出方相互匹配，会产生的收益函数为 φ(x，y)。我们假定：

$$\varphi(x, y) = \varphi(x) + \psi(y) \tag{A1}$$

$$\varphi_x(x, y) = \varphi'(x) > 0, \ \varphi_y(x, y) = \psi'(y) > 0 \tag{A2}$$

假定（A1）给定了收益函数对 x 和 y 是可分的。假定（A2）是说借入和借出任意一方的收入水平增加，都会使得收益函数变大。

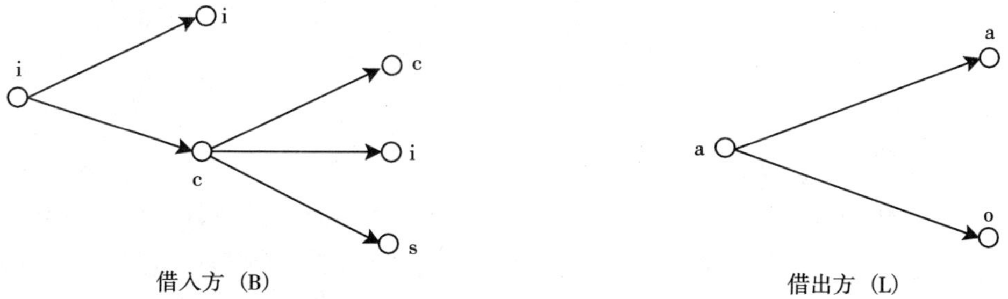

图 5　借入方和借出方的状态转换

借入方有三种状态：①没有通过借钱产生效用的机会，简记为 i（Idle）。②有产生效用的机会，需要借钱，但没有借到钱，简记为 c（Chance）。③需要借钱，且借到钱，简记为 s（Satisfied）。借入方可以在三种状态下相互转换，转换的方式如图 5 左侧所示。当借入方处于 i 状态的时候，可能获得一个产生效用的机会，即状态转变为 c，也可能保持原有的状态 i。当借入方处于 c 状态的时候，可以保持原状；可能失去这一产生效用的机会，状态变为 i；也可能碰到合适的借出方，获得借款，状态变为 s。当借入方变为 s 状态，即退出借贷市场。

借出方有两种状态：①有钱可以借出，简记为 a（Available）。②钱已经借出，简记为 o（Occupied）。借出方可以在这两种状态下转换，转换的方式如图 5 右侧所示。如果借出方处于状态 a，下一时期还可能保持这一状态；也可能碰到合适的借入方，从而转换状态，变为 o。当借出方的状态变为 o，则退出借贷市场。

关于状态转换，本文采用 Diamond-Mortensen-Pissarides 的分析框架（Diamond，1982；Mortensen，1982；Pissarides，1990），使用普阿松转换率（Poisson arrival rate）来刻画状态的转变。具体来说，借入方从状态 i 转换到状态 c 的转换率为 λ_i，表示在很小的时间间隔 Δ 后，发生状态转变的概率为 $\Delta\lambda_i$。借入方从状态 c 转换到状态 i 的转换率为 λ_c，表示借入方从状态 c 在很小的时间间隔 Δ 后，变为状态 i 的概率为 $\Delta\lambda_c$。

市场中处于 c 状态的借入方和处于 a 状态的借出方只有相遇后才有可能实现匹配，相遇的速率为 ρ，外生给定。在假定（A1）和假定（A2）下，对于收入水平为 x 的借入方，

有一个借出方最低收入水平 y^*（x），当借出方收入水平高于此值的时候可以接受，从而对应一个“借入方接受集合”：$A(x)=\{y|y\geqslant y^*(x)\}$。对于收入水平为 y 的借出方，有一个借入方最低收入水平 x^*（y），当借入方收入水平高于此值的时候可以接受，对应一个“借出方接受集合”：$A(y)=\{x|x\geqslant x^*(y)\}$。如果借入方和借出方可以相互接受，则可以达成匹配。因此匹配集合定义为：$\mu(x)=\{y|y\in A(x)\ \&x\in A(y)\}$

根据以上定义，借入方和借出方是对称的，因此 $y\in\mu(x)$ 当且仅当 $x\in\mu(y)$。

经济中不断地有借入方和借出方相互匹配，同时不断产生新的借入方和借出方。状态为 i 的借入方分布的密度函数为 $f^i(x)$，状态为 c 的借入方分布的密度函数为 $f^c(x)$，其中 x 为借入方的收入。在稳态下，要求这两个分布函数保持不变。因此为了封闭模型，需要如下条件：

$$\dot{f}^i(x)=m_B(x)+\lambda_c f^c(x)-\lambda_i f^i(x)=0 \tag{1}$$

$$\dot{f}^c(x)=\lambda_i f^i(x)-\lambda_c f^c(x)-\rho f^c(x)\int_{\mu(x)}g^a(y)dy=0 \tag{2}$$

式（1）中 $m_B(x)$ 为单位时间内新产生的处于 i 状态且收入水平为 x 的借入方的速率，产生的渠道可能来自经济中新加入的参与人，也可能上一时期匹配好的借入方形成新的借款机会。$\lambda_c f^c(x)$表示的是单位时间内从 c 状态变化为 i 状态的测度。最后，单位时间内，也有一部分借出方从 i 状态变化为 c 状态，所以需要减去 $\lambda_i f^i(x)$。均衡状态下，要求处于 i 状态且收入水平为 x 的借入方测度不变，即 $f^i(x)$ 不变，所以式（1）需要取等号。

式（2）中描述了处于 i 状态且收入水平为 x 的借入方的测度变化。根据前文描述，测度的变化来自三个方面：一是借入方由 i 状态转化为 c 状态；二是借入方由 c 状态转化为 i 状态；三是借入方和借出方相遇，形成匹配。式（2）中三项分别对应着以上三种情况，其中 $g^a(y)$ 是借出方收入分布的密度函数，只有在借出方和借入方能够相互接受的时候才能有状态转换，所以要求使用积分 $\int_{\mu(x)}g^a(y)dy$。在均衡状态下 $f^c(x)$ 也需要保持不变。

从式（1）、式（2）可以得到：$m_B(x)=\rho f^c(x)\int_{\mu(x)}g^a(y)dy$ （3）

同样道理，对于借出方，也需要保持处于 a 状态且收入水平为 y 的测度不变，即：

$$\dot{g}^a(y)=m_L(y)-\rho g^a(y)\int_{\mu(y)}f^c(x)dx=0$$

从而：

$$m_L(y)=\rho g^a(y)\int_{\mu(y)}f^c(x)dx \tag{4}$$

式（3）、式（4）描述了稳态的条件：对于每一收入水平的借入方，单位时间进入状态 i 的测度等于匹配成功的测度；对于每一收入水平的借出方，进入状态 a 的测度等于匹配成功的测度：$m_B(x)$ 和 $m_L(y)$ 均为外生给定。

四、模型求解

模型中，用 W_B 和 W_L 分别表示借入方和借出方的值函数。各自的状态用上标 i、c、a 来表示：W_B^i 和 W_B^c 分别表示处于 i 状态和处于 c 状态的借入方的值函数，W_L^a 表示处于 a 状态的借入方的值函数。

收入水平为 x 的借入方，处于 i 状态时的值函数为：

$$W_B^i(x) = e^{-r\Delta}\{\lambda_i \Delta W_B^c(x) + (1-\lambda_i\Delta)W_B^i(x)\} \tag{5}$$

由于借入方从状态 i 转换到状态 c 的转换率为 λ_i，经过时刻 Δ 以后，值函数只有两种可能：以 $\lambda_i\Delta$ 的概率，值函数变为 $W_B^c(x)$；以 $1-\lambda_i\Delta$ 的概率，值函数变为 $W_B^i(x)$。所以式（5）右边是这两项相加的结果再贴现到当期。根据连续时间动态规划的思想，值函数在当期的取值应该和此贴现值相等。

式（5）整理，并令 $\Delta\to 0$，可得到：

$$W_B^i(x) = \frac{\lambda_i W_B^c(x)}{r+\lambda_i} \tag{6}$$

式（6）给出了借入方处于 i 状态和处于 c 状态的值函数之间的关系。从另一个角度，也可以得出式（6）：

$$rW_B^i(x) = 0 + \lambda_i[W_B^c(x) - W_B^i(x)] \tag{7}$$

式（7）为文献中常用的另一种求解此类问题的方法，即直接写出连续时间动态规划问题的贝尔曼方程（Rogerson 和 Shimer 等，2005）。当期值函数乘以贴现率，等于处于此状态每期可能的收益（处于 i 状态当其收益为 0），加上状态发生变化的速率乘以值函数的变化。从直觉上，值函数乘以贴现率表示该值函数在每期的“现金流”，等于当期可能得到的收益，加上以后可能发生的改变。

如果处于 c 状态的借入方（收入水平为 x）和处于 a 状态的借出方（收入水平为 y）相遇，并且双方决定形成借贷关系，根据前文的设定，总的收益函数为 $\varphi(x, y)$。采用 Search 理论的一般方法，双方按照一定比例分配合作得到的期望收益：借入方的收益是 $y\varphi(x, y)$，借出方的收益是 $(1-\gamma)\varphi(x, y)$。

为表述简洁，用 $G(y)$ 表示对应于密度函数 $g^a(y)$ 的处于 a 状态借出方分布函数，$y\in[0, \bar{w}]$；$F(x)$ 表示对应于密度函数 $f^c(x)$ 的处于 c 状态的借入方分布函数，$x\in[0, \bar{w}]$。

收入水平为 x 的借入方，处于 c 状态时的值函数为：

$$\begin{aligned} W_B^c(x) = e^{-r\Delta}\{&\rho\Delta\int_0^{w}[(1-\alpha(x, y))W_B^c(x) + \alpha(x, y)\gamma\varphi(x, y)]dG(y) \\ &+ (1-\rho\Delta)[(1-\lambda_c\Delta)W_B^c(x) + \lambda_c\Delta W_B^i(x)]\} \end{aligned} \tag{8}$$

收入水平为 y 的借出方，处于 a 状态时的值函数为：

$$W_L^a(y)=e^{-r\Delta}\{\rho\Delta\int_0^w[(1-\alpha(x,\ y))W_L^a(y)+\alpha(x,\ y)(1-\gamma)\varphi(x,\ y)]dF(x)+(1-\rho\Delta)W_L^a(y)+\Delta i\} \tag{9}$$

式（8）和式（9）中，r 是贴现因子。式（8）中右侧表示，时间经过 Δ 以后，如果遇到借出方，且互相能够接受，则值函数为 $\gamma\varphi(x,\ y)$，如果不能互相接受则值函数保持 $W_B^c(x)$ 不变；如果没有遇到借出方，则以 $1-\lambda_c\Delta$ 的概率保持状态不变，以 $\lambda_c\Delta$ 的概率之函数变为 $W_B^i(x)$。根据动态规划的原理，在当前时刻，值函数的大小应该和经过 Δ 时间后值函数期望值的贴现相等。式（9）的原理和以上相同，不过这里借出方如果处于 a 状态，会得到利息收入，经过 Δ 时间以后利息收入为 Δi，需要放到方程右侧。

式（8）和式（9）中 $\alpha(x,\ y)$ 为一指标函数，在双方都能互相接受的时候为 1，否则为 0。也就是说 $\alpha(x,\ y)=1$ 当且仅当 $x\in\mu(y)$。即：

$$\alpha(x,\ y)=\begin{cases}1 & \text{如果 } x\geqslant x^*(y)\text{且 } y\geqslant y^*(x)\\ 0 & \text{否则}\end{cases} \tag{10}$$

如前所述，$x^*(y)$ 为收入水平为 y 的借出方所能接受的最低的 x，而 $y^*(x)$ 是收入水平为 x 的借入方所能接受的最低的 y。在假定（A1）和假定（A2）下，$x^*(y)$ 和 $y^*(x)$ 的取值通过如下过程确定。

对于给定的借出方收入水平 y，$x^*(y)$ 为使得 $W_L^a(y)$ 和 $(1-\gamma)\varphi(x,\ y)$ 无差异的 x。当 $x>x^*(y)$ 时，一定使得借出方（收入水平为 y）能够接受这样的借入方（收入水平为 x），这是由 $\varphi_x(x,\ y)>0$ 保证的。也就是说 $(1-\gamma)\varphi(x^*(y),\ y)=W_L^a(y)$，所以 $x^*(y)=\varphi^{-1}[W_L^a(y)/(1-y)-\psi(y)]$。其中 $\varphi^{-1}(\cdot)$ 为 $\varphi(\cdot)$ 的反函数，由于假定（A2），$\varphi'(\cdot)>0$，所以 $\varphi^{-1}(\cdot)$ 一定是存在的。

同理得到 $y^*(x)=\psi^{-1}[W_B^c(x)/\gamma-\varphi(x)]$。$\psi^{-1}(\cdot)$ 为 $\psi(\cdot)$ 的反函数，根据假定（A2），$\psi^{-1}(\cdot)$ 也是存在的。

在双方互相能够接受的时候，借入方和借出方形成匹配，否则两个人都需要继续等待。如果形成匹配，则两方的状态都发生改变，进而引起值函数的改变。

根据式（8）和式（9）整理，并令 $\Delta\to 0$。可以得出均衡时 $W_B^c(x)$ 和 $W_L^a(y)$ 满足的条件。

$$W_B^c(x)=\frac{\rho\int_0^w[(1-\alpha(x,\ y))W_B^c(x)+\alpha(x,\ y)\gamma\varphi(x,\ y)]dG(y)}{r+\rho+r\lambda_c/(r+\lambda_i)} \tag{11}$$

$$W_L^a(y)=\frac{\rho\int_0^w[(1-\alpha(x,\ y))W_L^a(y)+\alpha(x,\ y)(1-\gamma)\varphi(x,\ y)]dF(x)+i}{r+\rho} \tag{12}$$

注意到 $\alpha(x,\ y)$ 是 $W_B^c(x)$ 和 $W_L^a(y)$ 的函数。所以，式（11）右边为函数映射。同理，式（12）等号右侧也定义了一个函数映射。所以，整个模型的求解是一个函数映射的问题，找到这一问题的稳定解就得到了均衡。均衡的定义如下：

均衡是一个 $\{W_B^c, W_L^a, m_B, m_L, \mu\}$ 的组合，满足如下条件：

i) 给定 W_L^a，W_B^c由式（11）确定；给定 W_B^c，W_L^a由式（12）确定；

ii) 给定 $\{W_B^c, W_L^a\}$，μ 能够最大化各自的值函数。即给定 $\{W_B^c, W_L^a\}$，α 由式（10）确定，从而确定 μ。

iii) m_B，m_L由式（3）和式（4）确定，使处于 c 状态的借入方和处于 a 状态的借出方概率分布保持稳定。

令 C 为从 $[0, \bar{w}]$ 到 R^+的有界连续函数的集合，对于 $\forall u \in C$ 定义范数为：

$$\| u \| = \sup_{x \in [0, \bar{w}]} |u(x)| \tag{13}$$

在此定义下，C 为完备的线性赋范空间（Stokey 和 Lucas（1999）定理 3.1）。在此空间之内，有如下两个映射：

$$T_1(u) = \frac{\rho \int_0^w [(1 - \alpha^u(x, y))u(x) + \alpha^u(x, y)\gamma\varphi(x, y)]dG(y)}{r + \rho + r\lambda_c/(r + \lambda_i)}$$

$$T_2(u) = \frac{\rho \int_0^w [(1 - \alpha^u(x, y))u(y) + \alpha^u(x, y)(1 - \gamma)\varphi(x, y)]dF(x) + i}{r + \rho}$$

易见，T_1：C→C 定义了一个从函数集 C 到自身的映射。T_2：C→C 也定义了一个从函数集 C 到自身的映射。找到模型的均衡解，等价于找出这两个映射的稳定点 u，使得：

$$u = T_1(u)$$

$$u = T_2(u)$$

本文将利用压缩映射定理证明以上结论。为此，需要证明 $T_1(u)$ 和 $T_2(u)$ 都是压缩映射。我们给出如下引理：①

引理 1： $T_1(u)$ 和 $T_2(u)$ 均为压缩映射。

压缩映射定理还要求函数空间 C：$[0, \bar{w}] \to R^+$是完备的度量空间。这一点，只需证明 $W_B^c(x)$ 和 $W_L^\alpha(y)$ 的连续性即可。因为根据 Stokey 和 Lucas（1999）定理 3.1，有界连续函数的空间在式（13）定义的范数下，一定是完备的线性赋范空间，从而是完备的度量空间。

引理 2： 均衡的 $W_B^c(x)$ 和 $W_L^\alpha(y)$ 为 Lipschitz 的，从而是连续函数。

图 6 中最下面的图形描述了接受集、匹配集的形态，图形由 MATLAB 画出。图中，所用的收益函数为：$\varphi(x, y) = C_1x + C_2y$，分布函数 F(x) 和 G(y) 都是 [0, 1] 上均匀分布的分布函数。借入方和借出方的收入都标准化到 [0, 1] 区间之内。借入方的收入 x 用横轴表示，根据定义，接受集表示的是对于给定的 x，能够接受的借出方收入水平 y，即 $A(x) = \{y | y \geq y^*(x)\}$。$y^*(x)$ 在图中用粗实线给出。从图中可以看出，$y^*(x)$ 并不是单调的，有时递增，有时递减。当 $x < 0.26$ 的时候，$y^*(x) = 0$。此后 $y^*(x)$ 开始逐渐变大，到了

① 限于篇幅，引理 1 和引理 2 的证明略去，如有需要可向作者索取。

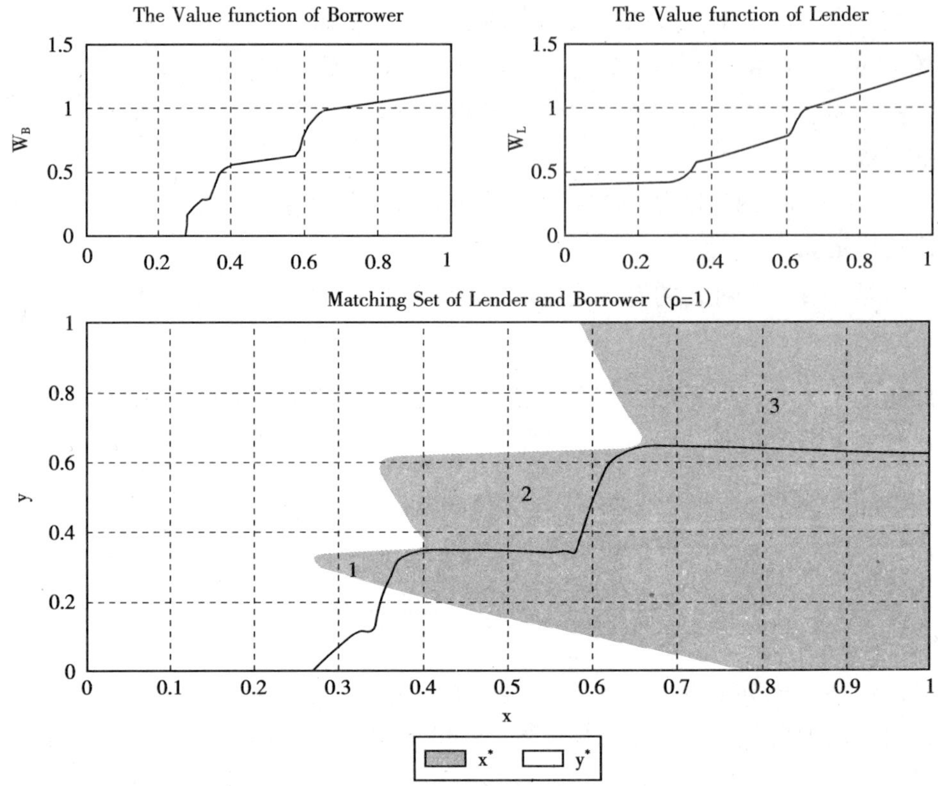

图 6 接受集、匹配集和值函数的说明

注：Payoff Function：Φ（x，y）= $C_1x + C_2y$

Parameters：$C_1 = 1$，$C_2 = 2$，$\lambda_i = 3$，$\lambda_c = 1$，$i = 0.02$，$\gamma = 0.5$，$r = 0.05$.

0.4 以后，又有一个变小的过程。当 $x = 0.58$ 时 $y^*(x)$ 又开始逐渐变大。

借出方的收入 y 用纵轴表示。对于每个 y，同样有一个 $x^*(y)$ 决定着 y 的接受集 $A(y) = \{x|x \geqslant x^*(y)\}$。图中虚线表示 $x^*(y)$。同样 $x^*(y)$ 也不是单调的。

根据匹配集要求，$\mu(x) = \{y|y \in A(x)\&x \in A(y)\}$，借入方和借出方能够同时互相接受。图中实线围成的区域和虚线围成的区域的交集都满足此条件。因此最终均衡状态下的匹配集就是这样的交集。对于收入水平为 0.5 的借入方来说，他的匹配集中借出方的收入为 0.36~0.62。

在无摩擦的情况下，正向分类相聚性质指的是：按照某一属性把参与人排序，最好的和最好的匹配，第二好的和第二好的匹配，依次下来，最差的和最差的匹配。在市场有摩擦的情况下（借入方和借出方彼此搜寻有等待成本 r），不能满足这样的要求，每个人可能的匹配对象是一个集合，即各自和自己“属性相近”的人匹配（Shimer 和 Smith，2000）。

在图 6 中，能够匹配的区域有三块，分别用数字标出。每一块中的借入方和借出方的收入都是相近的。第 1 块中，借入方的整体收入水平最低，借出方的整体收入水平也最低；第 3 块中，借入方的整体收入最高，借出方的整体收入水平也最高。这和我们实际调查中观察到借入方和借出方的收入正向分类相聚现象一致。

图 6 的上半部分对应的是在均衡状态下借入方和借出方的值函数情况，左图是借入方的值函数，右图是借出方的值函数。从图中可以看出，两者的值函数都是随着收入水平增加而单调增加的。借入方收入水平在 0.26 以下的时候，值函数都为 0，这是因为此时没有借出方愿意借钱给他。这一点从匹配区域的图像可以看出，当借入方收入水平超过 0.26，才可能出现在匹配区域里面。当借入方收入水平在 0.36 和 0.58 的时候，其值函数都遇到了拐点，这也与 x^* 的剧烈变化有关。

借出方的值函数和借入方的值函数类似。当借出方的收入水平在 0.22 以下的时候，值函数保持不变，为 0.4。没有人会向处于这一区间的借出方借钱，因而他们只能把钱储蓄起来获得利息。由于设定的参数中，利率 $i = 0.02$，跨期贴现率为 $r = 0.05$，所以值函数的取值必然是 $i/r = 0.4$。随着借出方收入的增加，其值函数取值也不断增大。在借出方收入为 0.36 和 0.62 的时候，值函数也出现了拐点，这和 y^* 在这两处的剧烈变化有关。

另外，图 6 中的匹配区域也可以解释穷人的金融活动没有富人的金融活动频繁这一现象。由于所用的分布为均匀分布，所以图中的匹配区域面积表示发生借贷的概率。图中的第 1 块匹配区域，借入方的收入水平和借出方的收入水平都比较低，该块的面积也比较小；第 3 块匹配区域中，借入方的收入水平和借出方的收入水平都比较高，该块的面积也比较大。所以随着收入的增加，发生借贷活动的概率也大大地增加了。对于收入小于 0.26 的借入方和借出方，不会发生借贷活动。当他们需要借钱时，没有人会借钱给他们；当他们有钱能够借出时，也没有人会向他们借钱。

有了引理 1 和引理 2 的结论，再利用压缩映射定理，就可以证明在这样一个模型中，存在唯一的均衡解。

定理 1：在假定（A1）和假定（A2）下，模型存在唯一的均衡解。

证明：由 Stokey 和 Lucas（1999）定理 3.2 直接得证。

需要说明的是，随着参与人相遇的速率增加（ρ 变大），匹配区域的形态会发生变化。图 7 中分别对借入方和借出方相遇的速率为 0.5、1、5、10、30、50 的情况作出了图像。和前面的图像一样，图中虚线围成的区域是借出方的接受区域，实线围成的区域是借入方能够接受的区域，两者相交的部分就是均衡的接受区域。从这些图像的比较中可以发现，随着相遇速率的增加，正向分类相聚的表现越来越明显。在图 7 中的第一个图像中，相遇速率为 $\rho = 0.5$，匹配区域为两块，在这种情况下，虽然表现出一定的分类相聚性质，但是“精度”并不高。在相遇的速率变为 $\rho = 50$ 时，匹配区域近似于一条斜线。在区域的下端，借出方和借入方的收入都比较低；在区域的另一端，借出方和借入方的收入水平都比较高。在匹配区域中，随着借出方的收入增加，借入方的收入也增加。这时分类相聚的“精度”明显地提高了。

这是符合经济直觉的，下一期如果双方很容易相遇，那么在时间成本不变的情况下，每个人都更愿意等待，以期下次获得更好的匹配。反之，下一期如果经济中的参与人很难相遇，则每个人都会更加珍惜当前的机会，降低匹配的门槛。所以在前一种情况下，正向

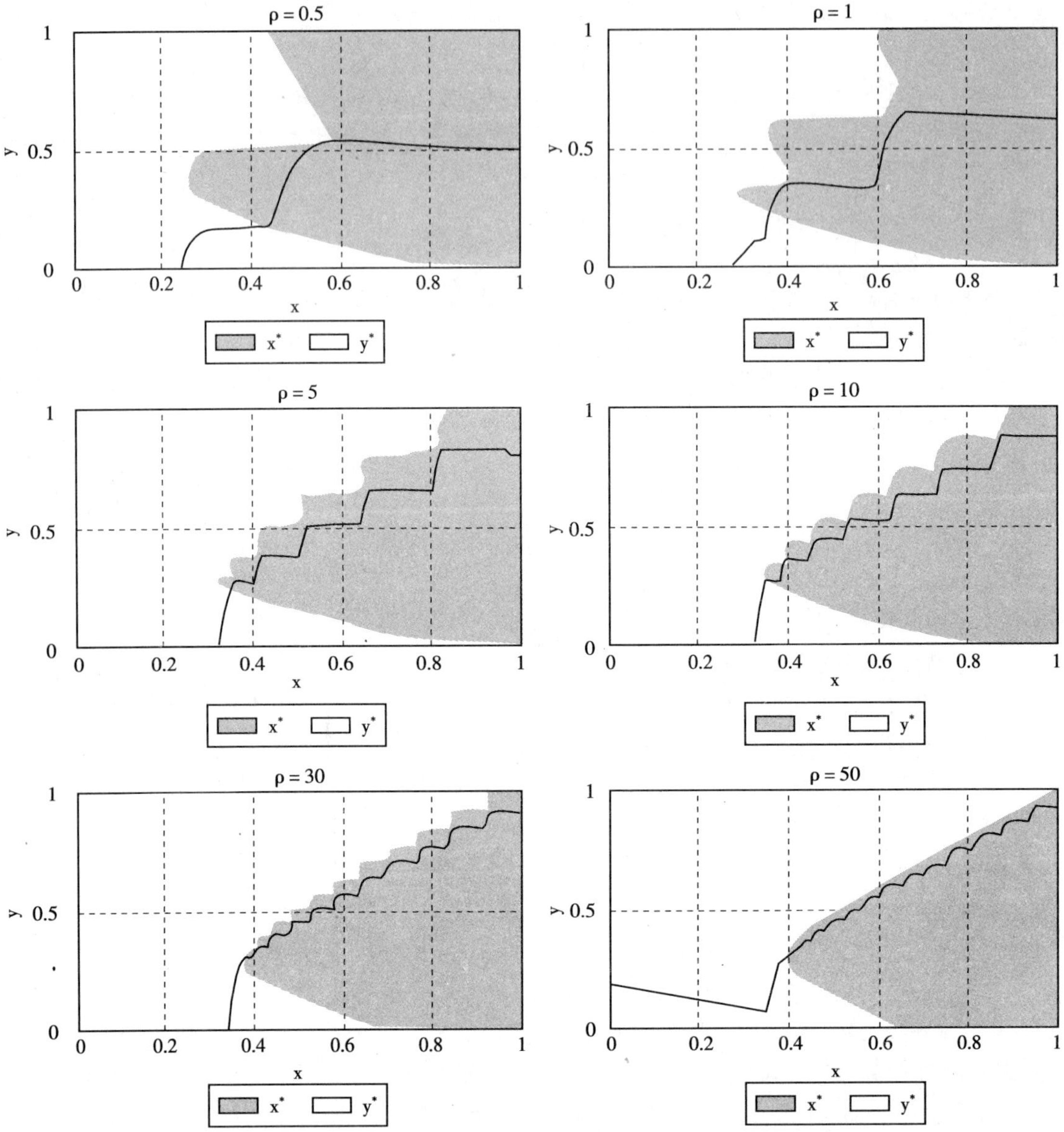

Matching Set of Lender and Borrower

图 7 匹配区域的形态变化

注：Parameters：$C_1=1$，$C_2=2$，$\lambda=1$，$i=0.02$，$\gamma=0.5$，$r=0.05$

Payoff Function：Φ（x，y）$=C_1x+C_2y$

分类相聚的“精度”很高，后一种情况下正向分类相聚的“精度”很低。

回顾前文的数据分析中，不是更多地把钱借给和自己收入“差不多”的三个地区分别是图们市、漠河县、彝良县，这三个地区都是处于边疆或交通不便的地区。造成这些地区不同于其他地区的可能原因是，由于当地交通或通信不便，增加了借贷双方相遇的难度。

因而人们借钱的时候，彼此选择时正向分类相聚的“精度”比较低。

五、总结和不足

本文比较了农村民间借贷活动中借入方和借出方的收入情况，通过对农户抽样调查数据的分析，发现了民间借贷的如下特征：民间信贷资金并不是一致地从富人流向穷人，也不是一致地从穷人流向富人，而是表现出较强的“正向分类相聚”（Positive Assortative Matching）性质：穷人把钱更多地借给了穷人，富人把钱更多地借给了富人；在相对发达的地区，分类相聚特征表现得比较明显；同时，相对贫穷的农户的金融活动明显不如其他农户频繁：不但他们中存在借出款的家庭比例低，他们中存在借入款的家庭比例也比较低。

出现以上现象可能的原因是，从资金的期望收益角度考虑，富人不愿意借钱给穷人，因为穷人使用资金的期望收益低；从资金的机会成本角度考虑，富人在需要借钱的时候，不愿意从穷人那里借钱，因为穷人的资金机会成本太高。因而，穷人向穷人借钱，富人向富人借钱。并且，由于穷人之间借贷的期望收益低，机会成本高，所以总的净收益就会低于富人之间的借贷，这也就导致了穷人的金融活动明显不如富人的金融活动频繁。

本文的结论有一定的政策含义。众所周知，金融活动是农户平滑消费和满足生产中现金流的重要手段。目前，由于缺乏抵押品等众所周知的原因，农户从正规金融渠道获得贷款比较困难，大多只能依靠非正规金融渠道。而本文的分析表明，多数穷人只能从和自己类似的穷人那里得到借款。因此，无论借款的数量，还是借款频次都比较小。为了帮助穷人，为他们提供足够的金融服务，鼓励成立真正合作性质的农村金融组织，打破贫困农民和富裕农民之间资金流动的壁垒，应该是一条必由之路。

此外，本文的研究也有一定的理论意义。本文在设定上，放松了 Shimer 和 Smith（2000）中对收益函数 $\varphi(x, y)$ 超模性质的要求，只是要求 $\varphi(x, y)$ 满足连续性、单调性。同时与 Shimer 和 Smith（2000）要求 $\varphi(x, y)$ 的对称性不同，本文要求 $\varphi(x, y)$ 对 x、y 具有可分性。本文的论证表明，在这些设定条件下均衡依然是存在的，并且这一均衡较好地拟合了数据中观察到的现象。

由于本文的调查数据是抽样调查，很难同时调查到借入款方和借出款方。因此只能获得一方的收入，另一方的收入需要根据所调查到的一方的回答来判断。所以本文的分析中，对于收入比较只能相对粗略地比较，而不能精确地分析。进一步的研究中需要对此不足加以改进。

参考文献

[1] 王芳. 我国农村金融需求与农村金融制度：一个理论框架 [J]. 金融研究，2005 (4).
[2] 张杰. 农户、国家与中国农贷制度：一个长期视角 [J]. 金融研究，2005 (2).

[3] Bardhan P., A. Rudra Interlinkage of Land, Labour and Credit Relations: An Analysis of Village Survey Data in East India. Economic and Political Weekly, 1978, 13 (6/7): 367–384.

[4] BastI K. The Emergence of Isolation and Intedinkage in Rural Markets. Oxford Economic Papers, 1983, 35 (2): 262–280.

[5] Becker G. S. A Theory of Marriage: Part I. The Journal of Political Economy, 1973, 81 (4): 813–846.

[6] Bell C. Credit Markets and Interlinked Transactions. Handbook of devalopment economics, 1988 (1).

[7] Bmvema A., J. Stiglitz Sharecropping and the Interlinking of Agrarian Markets. The American Economic: Review, 1982, 72 (4): 695–715.

[8] Conning J., C. Udry. Chapter 56 Rural Finaneial Markets in Developing Countries. Handbook of Agriculture Economics. 2007 (3): 2857–2908.

[9] Diamond P. A. Aggregate Demand Management in Search Equilibrium. The Journal of Political Economy, 1982, 90 (5): 881–894.

[10] Fernandez R. Sorting, Education, and Inequality. Advances in Economics and Econometrics, 2003 (2).

[11] Femando C. S., V. A. Gatchev, P. A. Spindt. Wanna Dance? How Firms and Underwriters Choose Each Other. The Journal of Finance, 2005, 60 (5): 2437–2469.

[12] Lagos R. Some Results On the Optimality and Implementation of the Friedman Rule in the Search Theory of Money. Journal of Economic Theory, 2010 (145): 1508–1524.

[13] Lagos R., R. Wright. Dynamics, Cycles and Sunspot Equilibria in "Genuinely Dynamic, Fundamentally Disag–gregative" Models of Money. Journal of Economic Theory, 2003 (109): 156–171.

[14] Lagos R., R. Wright. A Unified Framework for Monetary Theory and Policy Analysis. Journal of Political Economy, 2005 (113): 463–484.

[15] Li H. Assortative Matching. New Palgrave Dictionary of Economics, 2008.

[16] Mortensen D. T. Property Rights and Efficiency in Mating, Racing, and Related Games. The American Economic Review, 1982, 72 (5): 968–979.

[17] Nagarajan G., R. L. Meyer, L. J. Hushak. Segmentation in the informal credit markets: the case of the Philip–pines. Agricultural Economics, 1995, 12 (2): 171–181.

[18] Paulson A. L., R. Townsend. Entrepreneurship and financial constraints in Thailand. Journal of Corporate Finance, 2004 (10): 229–262.

[19] Pissarides C. A. Equilibrium Unemployment Theory. Oxford: Blackwell, 1990.

[20] Rhodes–Kropf M., D. T. Robinson. The Market for Mergers and the Boundaries of the Firm. The Journal of Finance, 2008, 63 (3): 1169–1211.

[21] Rogerson R., R. Shimer, R. Wright. Search–Theoretic Models of the Labor Market: A Survey. Journal of Economic Literature, 2005, 43 (4): 959–988.

[22] Shimer R., L. Smith. Assortative Matching and Search. Econometrica, 2000, 68 (2): 343–369.

[23] Sorensen M. How Smart is Smart Money? A Two–Sided Matching Model of Venture Capital.The Journal of Finance, 2007, 62 (6): 2725–2762.

[24] Stokey, Lucas. Recursive Methods in Economic Dynamics.Harvard University Press, 1999.

Research on Assortative Matching of private lending in rural areas

Zhang Haiyang and Ping Xinqiao

Journal of Financial Research　No.9, 2010

Abstract: The paper resealches the Positive Assortative Matching property in the informal credit market. It is found that informal loans are mostly interest rate free, but the loan flows were neither from the rich to the poor, nor from the poor to the rich. The loan flows have the PAM property: most loan flows are from the rich to the rich and from the poor to the poor. The authors constructs a model in a search-matching framework to explain this property, theoretically prove the existence of the equilibrium, discuss the equilibrium property, and depict the matching set through numerical methods.

Key Words: Informal Credit Market; Assortative Matching Property; Search-Matching

商业银行信贷决策与内部信用评级：一个授权激励视角的研究*

施丽芳① 廖飞② 丁德明③ 茅宁④
（南京大学管理学院，南京 210093；
国家审计署驻南京特派员办事处，南京 210008）

【摘 要】在我国商业银行的信贷决策中，普遍存在着"信息困境"：信贷决策所依赖的信息有着"硬信息软化"的特征、信贷决策流程中普遍存在着信息的"私有化"、为信贷决策所收集信息的使用效率不足。怎么克服上述"信息困境"以提高信贷决策的质量和效率，是银行面临的现实问题。本文指出，一个高质量的内部信用评级机制能够成为向信贷业务人员转移信贷决策权的中介，进而激励信贷业务人员做好信息工作。本文提供了一个分析框架以指导信贷决策者审慎地根据内部信用评级的质量来给予信贷业务人员适当的决策权重，在规避过度授权引发的风险的同时，最大限度地发挥授权的激励作用。在这个过程中，"信息困境"被有效克服，信贷决策权配置得到优化。本文对银行的信贷决策实践和内部信用评级机制的建设有着一定的指导作用。

【关键词】信贷决策；内部信用评级；授权激励；不确定性

一、问题的提出

在银行业，评价借款人风险是银行的核心活动之一，信息构成了借款人风险评估的基

* 原文发表于《金融研究》2010 年第 1 期。本文为国家自然科学基金项目：管理干预与企业内部决策权有效配置——基于行为决策视角的研究（70972033）阶段性研究成果。本文同时受国家自然科学基金项目：可信性、公平感与企业内部授权机制的有效性——基于行为合约视角的研究（70772031）资助。

① 施丽芳，南京大学管理学院工商管理系讲师、博士。
② 廖飞，南京大学管理学院工商管理系博士研究生。
③ 丁德明，国家审计署驻南京特派员办事处博士。
④ 茅宁，南京大学管理学院教授、博士生导师。

础。作为金融中介的银行，本质上也是一个信息生产者。[①] 因此，在对银行的研究中，银行出于借款人风险评估目的而进行的信息收集与评价活动一直是研究者关注的热点话题之一（Stein，2002；Liberti & Mian，2009）。在银行实践中，作为信用风险管理的重要手段之一，内部信用评级本质上是一个信息收集、分析和评价的过程，它是银行用于采集信用信息的重要机制（Lehmann，2008）。所谓信用评级就是通过一定的方法和标准对借款人的偿债能力或偿债程度进行综合评价与区分的过程，目的在于揭示借款人的风险水平。对银行来说，外部信用评级体现的是第三方对借款人的信用风险评估，内部信用评级则更强调银行自身对借款人潜在风险的评价（沈沛龙和邵长毅，2004）。相较于外部评级机构，银行作为借贷的一方，在涉及客户的信贷记录和"软信息"方面有着明显优势，银行如果在内部信用评级中充分利用这些信息，可以有效提升信贷决策的质量和效率，提升信贷风险管理水平。

目前，国内研究者对内部信用评级的作用的讨论，一般都集中在它对企业信用风险的预测作用上，却常常忽略了内部信用评级机制对信贷业务人员做好信息收集、分析工作的激励作用（丁德明，2007）。信贷决策依赖于信贷业务人员的信息，对于银行来说，银行提供信息激励的有效方式之一，就是根据一定标准将信贷决策权配置给信贷业务人员。在理想情况下，如果有一个良好的内部信用评级机制，信贷业务人员的信息工作[②] 就可以通过它得到可信的反映，从而为银行向其授权（指信贷配置的决策权，以下简称"信贷决策权"）提供依据（Stein，2002；Berger et al.，2005）。借助内部信用评级机制，信贷决策者可以对信贷业务人员进行授权以激励其做好信息工作，充分利用其所拥有的专门知识。Jensen & Meckling（1992）对上述现象作了详细阐述，他们明确指出，委托人有动力将决策权配置给代理人，从而借助他们拥有的专门知识尤其是"地域"知识（Local Knowledge）来获益，而这些知识常常难以转移。

在实践中，将内部信用评级作为信贷决策权配置依据的前提是，内部信用评级必须是可靠的，它真实反映了借款人的信用风险。因此，在基于内部信用评级的信贷决策权配置过程中，确保内部信用评级的可信与可靠就成为关键所在。为了获得可信与可靠的内部信用评级，完善的信息基础是必要条件，为此，银行必须充分地收集、分析并及时更新借款人的相关信息。国际经验表明，大多数银行在内部评级系统建立中，都将主要精力花费在数据收集和整理上。反观我国商业银行，数据储备严重不足，且数据缺乏规范性、质量不高，这严重制约了我国商业银行内部信用评级机制的发展（吕长征，2006）。当商业银行内部信用评级难以作为信贷决策权配置的基础时，其应具备的信息激励作用被弱化，这是我国商业银行在信贷决策过程中深受三个"信息困境"之苦的重要原因。

---

① Gorton etal（2002）总结了银行的五个角色：一是委派的监督者（Delegated Monitors）；二是信息的生产者（Information Producers）；三是消费的润滑器（Consumption Smoothers）；四是流动性的提供者（Liquidity Providers）；五是承诺机制（Commitment Mechanisms）。本文关注的是银行的信息生产者角色。

② 信息工作指的是信贷业务人员所做的信息收集、分析、解读、汇报、更新工作，它构成了信贷业务人员的主要工作内容（丁德明，2007）。

在我国商业银行的信贷决策中，存在着三个“信息困境”。首先，信贷决策所依赖的信息有着“硬信息软化”的特征（高洪民，2005），这使得软信息更难以被硬化，从而加剧了信贷决策过程中的信息传递损耗（Petersen，2004）。其次，信贷决策流程中普遍存在着信息的“私有化”[①]——在信贷处理流程中，生产、处理信息的个体存在着将信息据为己有的行为（施丽芳等，2009），这使得做出最后决策的信贷委员会更难以充分获得有效决策所需的信息供给。最后，在缺乏足够信息供给的同时，传递到信贷委员会的信息常常难以得到充分解读（孙伯灿等，2003），也就是说，已有信息的使用效率也不够，这是制约信贷决策质量和效率的直接原因。这三个困境相互联系，共同影响着信贷决策的质量和效率，进而制约着信贷风险管理的开展。

克服上述“信息困境”的关键在于，充分激励信贷业务人员做好信息工作，向信贷决策者提供高质量的信息以帮助其做出信贷决策。那么，商业银行怎样才能克服内部信用评级的低效率，进而缓解信贷决策中的“信息困境”？这构成了本文的研究问题。本文认为，在内部信用评级低效率的情况下，信贷决策者可以借助自己的主观判断，策略性引入内部信用评级作为信贷决策权配置的依据，有效地激励信贷业务人员做好内部信用评级所必须的信息工作，进而改善内部信用评级与信贷决策所需的信息基础，提升信贷决策质量和效率。

二、相关文献综述

在知识经济中，“知识就是力量!”（Knowledge is power）这句老话在组织情境下更是得到了充分的印证。那些用于做出决策的信息和知识广泛分布在组织层级中，比如，低层经理常常比他们的上级更清楚市场变化、客户需求、竞争对手动向等。为此，公司必须将决策权下放，以充分利用低层经理人员拥有的知识来获益（Jensen & Meckling，1992）。商业银行信贷决策，就是一种高度依赖于员工所拥有信息和知识的决策过程。对于信贷决策者来说，有效获取和运用这些信息和知识，构成了信贷决策质量和效率的关键所在。因此，信贷决策者需要向员工提供激励以获得其拥有的信息和知识，信贷决策权就是一种强有力的激励手段。Knight（1921）最先以知识和决策权之间的关系为基础来界定企业的性质，他区分了风险和不确定性，这意味着人们会将拥有高判断力（Capabilities of Judgment）的人们视为可以做出决策的企业家。[②] 在 Knight 之后，Hayek（1945）的先驱性工作，为分

① 施丽芳与廖飞（2006）对知识转移的“私有化”现象做了论述。个人是信息处理的主体，对个人而言，他可以在信息的处理过程中采用独立的信息编码方式以加大信息处理成本，也可以通过不对信息进行编码或者有选择的编码来阻碍信息的流动，从而实现信息的私有化。对部门和层级而言，他们力图实现对信息的控制。一方面，他们可以听任成员将信息“私有化”或者指示成员按部门特有的方式对信息编码，从而实现信息在部门或层级内的“私有化”；另一方面，可以通过制定“人为的标准”来干扰信息的抽象过程，以阻碍信息扩散。

② Coase（1937）挑战了 Knight 对企业的界定。

析知识分布如何影响组织结构及其在组织理论发展中的关键作用，提供了一个起点。Hayek 假定，市场自动将决策权转移给拥有相关知识的代理人，并假定这些代理人将正确行使决策权。遗憾的是，Hayek 从未讨论过这是如何发生的，而只有理解这个问题，才能更深刻地理解企业的组织和管理问题（Jensen & Meckling，1992）。Jensen & Meckling 指出，组织必须审慎对待下述问题：是将决策权让渡给拥有知识的人？还是将知识让渡给拥有决策权的人？前者会引致代理成本，即设计、实施、维持适当的激励和控制制度的成本和由完全解决这些困难所引起的剩余损失的总和（Jensen & Meckling，1976）。后者会引致信息成本，包括获得信息的成本和委托人所做错误决策所引致的成本。在 Jensen & Meckling 看来，组织提高效率的关键在于委托人将决策权转移给代理人，从而使由缺乏信息引起的成本和由于委托—代理双方目标不一致引致的成本之和最小。

在实践中，为了避免授权失控所引致的风险，即使决策所需专门知识的转移成本高昂，企业仍然会选择由拥有知识的人向决策者让渡知识。一种普遍的情况是，管理者通常会征询不同专家的意见，然后结合自己的判断，再做出决策。或者，管理者会直接让专家参与到决策的制定过程中，但最终决策权仍然掌握在自己手中。[①] 在这个过程中，让渡知识和让渡决策权的过程在同步发生，拥有知识的代理人向委托人让渡知识的同时，也获得了非正式的决策权力。其原因在于，尽管作为委托人的决策者拥有正式权力（Formal Authority），但在很多情况下，委托人会默认拥有更多知识的代理人所做出的决策，这样一来，代理人就拥有实际权力（Real Authority），即他们独立做出的决策得到了委托人的认可（Aghion & Tirole，1997）。Aghion & Tirole 所说的实际权力，可以被视为有限授权的一种形式。有限授权更接近现实世界，有研究者甚至认为，在组织中，只有那些居于层级顶端的高层管理者拥有正式权力，中低层管理者只拥有非正式权力。简单地讲，下级从高层那里借来决策权，而不是决策权的拥有者（Baker et a1.，1999）。

考虑一种情景，代理人扮演着意见提供者的角色（Ludema & Olofsg rden，2006），他和委托人之间是意见提供者与意见采纳者（决策者）的关系。意见提供者的信息和意见越可靠，决策者赋予其的决策权重就越高。[②] 在我国商业银行的信贷决策中，信贷决策权高度集中在信贷委员会以尽力避免信贷风险。信贷员与信贷决策者的关系，就是一种意见提供者与意见采纳者的关系，他通过提升自己的意见在决策中的权重来获得授权（被赋予一定的信贷决策权）。

授权对信贷员做好信息收集、分析工作有着直接的强激励作用。现在，我们通过一个例子来说明（Stein，2002）。某信贷员是一个有许多分支机构和层级的大银行中的一员，他已经付出了许多努力来学习如何根据所在 A 地区的实际情况进行预测，但是居于更高的组织层级中的某个人认为 B 地区的贷款业务机会更好，于是就削减了对 A 地区的信贷资本配置。此时，由于信贷员没有能够得到发挥他所生产“软信息”作用的机会，而且他还

① 企业的大多数重要决策反映了专家的作用，而不是拥有知识的某个专家的独立决策（Demsetz，1992）。

② Bonaccio & Dalal（2006）对此问题作了很精彩的综述，本文不再赘述。

未能以一种能保证信息传输质量的方式将他所生产的“软信息”传递出去，他就无法得到相应的信贷资本配给。这样，信贷员的研究努力也就浪费了。从事前的角度看，这就意味着处于层级中的信贷员会减少生产“软信息”的努力。为此，银行需要形成一个合适的向信贷员转移信贷决策权的机制。内部信用评级就是这样一个机制。在理想情况下，如果有一个良好的内部信用评级机制，信贷业务人员的信息工作就可以通过它得到可信的反映，从而为银行向其授权提供依据（Stein，2002；Berger et a1.，2005）。

那么，当内部信用评级缺乏效率时，会出现什么情况呢？

三、内部信用评级低效率与信贷决策中的信息困境

信息是决策的基础。银行信贷决策所用到的信息通常被划分为两类：软信息与硬信息，硬信息是数量化的信息，易于存储，他的传递独立于个人，并且它的内容与信息收集过程互相独立，如财务信息等。软信息一般是以文字形式交流的，他包括观点、想法、传言、经济预测、对未来计划的陈述和对市场的评价等，这就对收集的对象和方法有了限制（Petersen，2004）。根据已有研究，可以从三个维度将信贷决策中的软信息和硬信息区分开来：①信息的本质。硬信息是数量化存在，侧重于反映历史信息，如资产负债表，而软信息是以文字形式定性存在，它更着眼于反映未来，如商业计划、市场前景。硬信息可以被第三方验证，相对应地，软信息难以通过第三方验证。[①] ②信息的收集方法。硬信息的数量特征意味着它可以很容易被以电子的形式来收集、存储和传递。[②] 对软信息来说，收集时的情景和收集者都是信息的一部分，是不可分割的。当事人根据需要可以迅速地以很小的成本修改硬信息，与此相反的是，除非其他当事人支付高昂费用，否则无法修改软信息（Petersen，2004）。③认知因素。硬信息中缺乏主观判断、解释、看法和感知，而这些是软信息不可分割的一部分（Godbillon-Camus & Godlewski，2006）。

在我国的商业银行信贷决策中，存在着三个“信息困境”。第一个困境是“硬信息软化，软信息更难以硬化”。由于财务制度、法律体系尚存在的缺陷，财务报表、税收、公积金等硬信息常常并没有真实、完整地反映企业的历史状况，而对于信贷决策者来说，真实、完整的硬信息才提供有效的决策依据。饶艳超和胡奕明（2005）的调查表明，在信贷

① 因此，也有研究者将银行信贷决策中需要用到的信息分为公共信息和私人信息（Uzzi & Lancaster，2003）。公共信息指那些以标准形式汇报的信息，如公司报告、经审计的财务声明、广告费用、询价、合约、担保以及其他类似的可以通过公共渠道获得的信息。他们被按照标准化的格式和程序来收集和发布，因此可以被第三方验证。相对应地，私人信息不能通过公共途径获得或无法经第三方验证，即那些关于公司的异质非标准化信息，如未公开的公司战略、与众不同的竞争力、无文件记载的生产能力、内部经营冲突或继承人计划、对关键供应商或关键客户的依赖、专门的合约供应、进行中的尚未公开的创新以及一些潜在的动因。

② 一般而言，硬信息的收集者并不是对信息评估并做出决策的那个人，而且硬信息可以独立于他收集的环境来理解，则使得他可以传递到组织中的不同的人来使用（Stein，2002）。

决策中，会计信息常常不足以满足贷款分析，部分原因是企业有弄虚作假现象、企业会计报表不真实、会计信息真实性无法验证等等。当所谓的硬信息在很大的程度上被“软化”，它们反而成为贷款决策中不确定性的重要组成部分（高洪民，2005）。信贷决策人员对软信息的解释，常常是与对硬信息的解读联系在一起。如市场竞争力、前景、还款能力这类定性指标，没有可靠的数据作为基础，定性的评价也常常缺乏说服力，也就更难以硬化（简单地用分值来替代定性的描述）。当存在着“硬信息软化”的问题时，就更难以将管理能力等软信息硬化，也就难以作为信贷决策的有力依据，这就是“软信息更难以硬化”。

第二个困境是在信贷决策流程中存在着信息的“私有化”（施丽芳等，2009）。信息自身的特征使得它容易被据为己有。信息具有内隐、无形的特性，软信息尤其如此，他们通常属于个人经验的积累，如果没有一定的承诺，一般人会将信息作为私人财产，认为是个人在企业内部价值的衡量指针。当信息可以直接影响着决策的制定和实施时，操纵或占有信息，就意味着对决策有着直接的影响。在组织的层级中，层级中的一个成员也许不会完全地展示他可得到的信息，因为如果他“歪曲”私人信息，可能导致层级组织做出对他有利的决策。

第三个困境是信息的实际使用者（信贷决策者）难以充分解读已获得的信息。在我国的商业银行中，信贷决策权高度集中，各类信贷的最后决策权都汇集在信贷委员会。一方面，信贷委员会没有足够的知识针对不同类型的信贷项目做出最优决策；另一方面，决策任务重、时间紧，信贷委员会的注意力有限。因此，传递到信贷委员会的信息常常没有得到充分的解读（孙伯灿、宋安平、马庆国，2003）。

三个信息困境共同存在于信贷决策过程中，它们相互影响，直接降低了信贷决策的质量和效率，进而制约了商业银行信贷风险管理的开展。下面，结合商业银行信贷决策过程的信息传递，本文对此做进一步分析。

在信贷决策过程中，存在着两条信息传递途径（如图 1 所示）：①信贷员将自己收集的借款人信息直接传递给信贷决策者；②信贷员通过内部信用评级机制将自己收集的信息浓缩为简单的信用评级符号后传递给信贷决策者。在第二条路径中，软信息被浓缩成硬信息，信息的损失不可避免，重点在于：有多少信息和什么样的信息被丢失了？如果信息损耗过大，则意味着内部信用评级是低效率的。信贷决策者面对着两类不确定：外部不确定和内部不确定。所谓外部不确定性，指的是由于企业自身经营状况、产业环境、宏观经济等因素引致的不确定性，它发生在银行的外部。内部不确定性，指的是在信贷决策过程中，内部信用评级机制本身内含的不确定性：对借款人的信用评级没有充分反映借款人的信用风险，因而难以完全作为信贷决策的信息来源。

信息的作用在于帮助决策者克服不确定性，做出合适的决策。在信贷决策过程中，信息困境的存在弱化了信贷决策者克服不确定的能力，从而降低了信贷决策质量和效率。从解决不确定的视角来看，当信息从第一条途径传递时，信贷决策者直接面对外部不确定性，他需要充足的信息供给，并且具备足够的信息解读能力。在信贷决策过程中，信息的

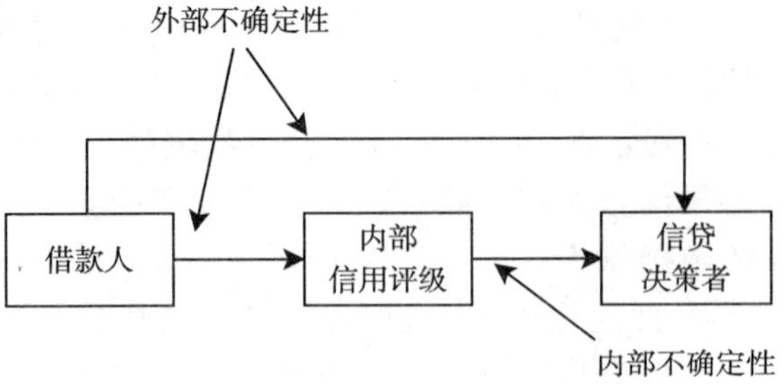

图 1　信贷决策中的信息传递途径

损耗也开始发生。“硬信息软化，软信息更难以硬化”和信息的“私有化”加剧了信息在传递过程中的损耗。当信贷决策者认为他所接受到的信息中内含的不确定性过大时，就会倾向于依赖那些更易于辨别的信息以做出决策，如抵押物、更可靠的还款来源，以及所有权信息（廖秀梅，2007）。这就是第三个信息困境。第三个困境的存在对承担信息收集工作的信贷人员有着负面的影响，因为他们意识到自己在信息收集、软信息硬化上的投入并没有得到信贷决策者的充分认可，这无形中加剧了前两个信息困境，进而，信贷决策者更强化易于辨别的信息来源，这可能是我国商业银行信贷决策能力低下，信息资源难以得到有效积累和充分运用的原因之一。

在当信息从第二条途径传递时，在内部信用评级有效的情况下，外部不确定性被信贷员部分地解决，因此，信贷决策者所要解决的外部不确定性就少很多，这意味着他对信息的需求量也少很多，第三个信息困境得到缓解。问题在于，内部信用评级本身内含一定的不确定，因此，他一方面帮助信贷决策者减少了一部分外部不确定，但又增加了信贷决策者需要解决的内部不确定。如果内部信用评级解决的外部不确定有限，内含的内部不确定较高，则可以认为它是低效率的。内部信用评级的效率越低，信贷决策者就越需要依赖于第一条信息传递途径，信息困境对信贷决策的影响就越大。

在实践中，信贷决策者综合使用两条信息传递途径，尽管内部信用评级低效率，如果内部不确定要小于内部信用评级所解决的外部不确定，信息从第二条途径传播仍然是有效率的，也就是说，低效率的内部信用评级仍然有助于缓解信息困境，只是缓解的程度有限而已。从这个角度来说，内部信用评级低效率是我国商业银行信贷决策深受“信息困境”困惑的重要原因。

与第一条路径相比，在通过内部信用评级传递的过程中，信息的浓缩程度要更大一些，信息的损耗可能也更严重，第一、二两个信息困境同样存在，这也是内部不确定的直接成因之一。内部信用评级是一个信息处理的机制，它具备的信息激励功能使得第一、二两个信息困境在评级过程中就能得到克服，下面本文对此进行论述。

四、内部信用评级在信贷决策中的信息激励机理

商业银行的内部信用评级是一个信息浓缩的过程，信用评级人员收集信息，借助数量分析，通过自己的主观判断，对信息进行解读之后给出一个信用等级。这个信用评级反映了信用评级人员所收集的信息及主观判断。内部信用评级基本流程可以分为三个阶段：初始评级、系统评级和最终评级。首先，录入硬信息（如财务数据、信用记录等），利用计量模型，计算出客户风险分值，转换为风险要素，并对应为初始评级（R^1）。其次，将软信息（如客户基本面信息）录入信用评级模型，计算出基本面等级，并以此为依据对初始评级（R^1）进行调整，确定系统评级（R^2）。最后，直接评级人员和评级审查人员对借款人最终信用等级提出建议，报信用等级审批部门，信用等级审批人员根据拥有的软信息（产业的整体风险、政策导向等）做出判断，确定最终评级（R^3）。如图 2 所示，R^1、R^2、R^3 分别代表三个不同类型的信用评级。随着软信息逐步被输入，信用评级人员的主观判断在评级中的程度越来越大（Lehmann，2008）。

在内部信用评级过程中，借助信用评级人员的主观判断，软信息不断被转化为硬信息，这个过程中，主观判断逐步增加，不确定性逐步减少。硬信息软化的程度越高，软信息的含量越高，则信用评级越依赖于评级人员的主观判断。作为常规工作的一部分，内部信用评级是循环进行的，每一次循环，内部不确定都能被弱化，最后的信用评级符号就能更真实全面地反映了借款人的风险水平，信贷决策者在做决策时就能把注意力集中在那些信用评级难以充分反映的风险因素上，如宏观环境的变化、异常事件的出现等，这无疑提升了信贷决策的质量和效率。在图 2 中，A 表示一个高质量的内部信用评级过程，通过客观公正地解读信息，信用评级人员的主观判断有效地减少了外部不确定性，此时，内部信用评级可以作为信贷决策的有效依据。B 表示一个低质量的内部信用评级过程，新评级人员没能有效减少外部不确定性，此时，内部信用评级难以作为信贷决策的有效依据。如果内部信用评级过程的质量高，则随着评级循环进行，经过一次次收敛，R^3 中内含的不确定性程度越来越低，它越来越能有效地反映借款人的真实信用。对于信贷决策者而言，当信用评级内含的不确定性足够低，就可以被作为信贷决策的有力依据，因为可以被用作信贷决策依据的信息（不论是软信息，还是硬信息）已经被逐步浓缩在信用等级中。反之，如果评级过程的质量低劣，则每一次循环，也难以有效地减少不确定性，这就意味着在内部信用评级上的投入是低效率甚至是无效的。

从信贷决策权配置的角度来说，内部信用评级机制表现为一个信息与信贷决策权进行交换的中介机制。借助内部信用评级机制，信贷人员将自己收集的信息浓缩成抽象的信用符号后向信贷决策者转移，这个过程，就是他利用自己的知识、发挥自己的判断力来进行信息收集、分析和解读的过程。在决策中，信贷决策者赋予信贷员意见一定的权重，这是

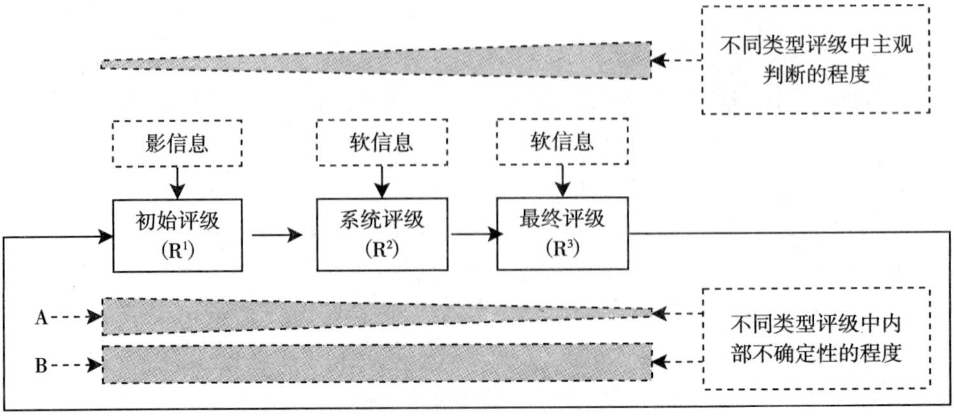

图 2　内部信用评级流程

一种非正式的授权，或者说，基于参与的授权（Yukl & Fu，1999）。

当信贷业务人员发现，通过有效降低内部信用评级中的不确定性，他的意见就越可能获得更高的决策权重，则他有动力提供一个高质量的信用评级。信贷业务人员做好信息工作（收集信息、分析信息并给出意见）的动机就越强，这直接提高了信贷决策的质量，同时又促使他进一步提高内部信用评级的质量，参见图 3。这个过程循环进行，随着内部信用评级内部不确定越来越低，信贷业务人员就可以依据它得到在信贷决策中得到更多的决策权重，信贷决策权的配置得以优化，从而更好地发挥对信贷业务人员做好信息工作的授权激励作用。

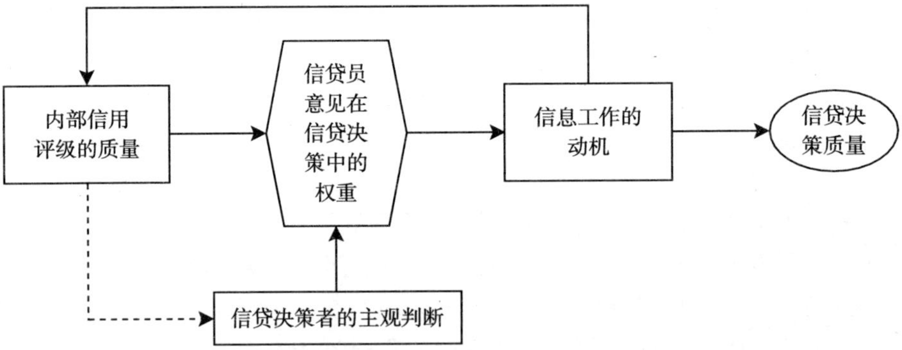

图 3　内部信用评级对信贷员的激励作用机理

从本质上说，内部信用评级是一个信息浓缩的过程，软信息向硬信息转化的效率越高，内部信用评级内含的不确定性越小，表明它的质量越高，则信贷业务人员可凭借高质量的信用评级在决策中获得更多的权重。信贷业务人员意识到，他所做的内部信用评级越可靠，则内部信用评级能为他带来更高的决策权重，他就有动力去收集、解读信息，充分发挥自己的主观判断，做好软信息的硬化工作。第一个信息困境被克服。当信息通过内部信用评级来传递时，对信息的分析和解读分多个阶段完成，因此，信贷人员所收集的信息就会得到仔细的甄别、检验和评价。从这个角度来说，内部信用评级的过程也是一个对信贷人员的信息工作进行评价的过程。在这个过程中，第二个信息困境被克服。现在我们来审视信贷决策中的第三个信息困境。

为了有效解决外部不确定，信贷委员会需要信贷人员的信息和意见。如图 1 所示，信贷人员的信息和意见通过两种方式向上传递，信贷委员会根据内部信用评级结果和信贷人员的意见做出最后的决策。信贷业务人员的意见，代表了他运用自己的知识和判断力对信息进行分析的结果，他是信贷业务人员工作成果的直接体现。信贷决策者依据三个方面的信息做出最后信贷决策：信贷人员通过第一条途径传递的信息（包括未经浓缩的硬信息和软信息）、内部信用评级结果（第二条信息传递途径）、信贷人员的意见。高质量的内部信用评级与信贷业务人员的建议相互补充，为信贷决策者提供了简洁、可靠的决策依据。信贷决策者所需要处理的信息载荷被有效减少，节省了他们的注意力和信息处理能力，他们更应该关注的是那些没有被信贷业务人员和信用评级机制解决的外部不确定。第三个信息困境被有效克服。

五、改善内部信用评级质量　提升银行信贷决策能力

信贷员意识到，他所做的内部信用评级越可靠，则内部信用评级能为他带来更多的决策权重，则他有动力去做好信息工作。因此，内部信用评级有着授权激励的作用。那么，在实践中，怎样才能实现内部信用评级所具备的授权激励作用？延伸出问题就是，什么情况下，内部信用评级才能真正地给信贷员带来更多的决策权？毕竟，内部信用评级并不是决定信贷员意见在信贷决策中的权重的唯一依据。内部信用评级本身也内含不确定性，这就意味着，在决策中要谨慎地采用内部信用评级结果，以免给予信贷业务人员过多的决策权重，承担不必要的失控风险。回答了上述问题，信贷决策者就可以有针对性地采取措施，发挥出内部信用评级对信贷员的激励作用，在有效克服信贷决策中的信息困境最大化时避免授权失控风险。下面，借助图 4，本文为信贷决策者提供了一个分析框架以指导信贷决策者发挥自己的主观判断来决定信贷员意见在决策中的权重。

从解决不确定的角度来看，信贷决策者给与信贷业务人员决策权重，是为了借助其拥有的知识和判断力来解决部分的不确定。外部不确定越高，信贷决策者就越需要信贷业务人员的信息、知识和判断力。当内部不确定性较高时，说明信贷业务人员不能够通过内部信用评级过程有效减少外部不确定性，他获得的决策权重就应该较少。简单地说，外部和内部不确定性的程度不同，信贷决策者对信贷业务人员决策权重的赋值策略也不同。在信贷决策中，如果信贷决策者在未能充分解决不确定的情况下就给与信贷人员意见以过多的权重，可能就会增大授权失控的概率。在借助信贷业务人员减少外部不确定的同时，信贷决策者需要自行解决一部分外部不确定，参见第三节中对图 1 的说明。因此，信贷决策者

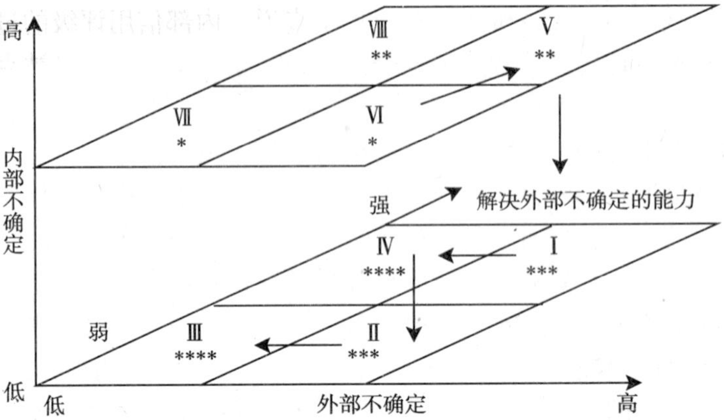

图 4　信贷决策者对信贷业务人员意见在信贷决策中权重的赋值

对自身解决不确定的能力的判断也是影响其给与信贷员决策权重的重要因素。

下面，我们分两种情况讨论信贷决策者在赋予信贷员决策权重时的策略选择。①当内部不确定较高时，信贷业务人员没有能够通过内部信用评级有效地减少外部不确定性，信贷决策者对信贷人员意见的权重赋值就要小一些，此时，他更依赖于自己解决外部不确定的能力来做出信贷决策。举例来说，当内部不确定与外部不确定都较高，信贷决策者解决外部不确定的能力较弱时，他的最佳策略是先提升自身解决外部不确定的能力（从象限Ⅵ到象限Ⅴ），此时，信贷业务人员在信贷决策中的权重增加。如果内部信用评级内含的不确定被有效降低，则信贷业务人员在信贷决策中的权重继续增加（从象限Ⅴ到象限Ⅰ）。相较于另一个策略（直接增加信贷业务人员决策权重，从象限Ⅵ到象限Ⅱ），第一个策略引起授权失控的概率要小些。②当内部不确定较低时，信贷业务人员能够通过内部信用评级有效地减少外部不确定性，信贷决策者对信贷业务人员意见的权重赋值就要大一些，此时，他可以更依赖于内部信用评级来做出信贷决策。在这类情形中，信贷决策者对信贷人员全策权重的赋值策略为从象限Ⅱ到象限Ⅲ以及从象限Ⅰ到象限Ⅳ。

总而言之，信贷决策者仔细区分出外部不确定性和内部不确定性的变化，结合自身解决外部不确定的能力，审慎地选择合适的增加或减少信贷业务人员决策权重的策略，得以在规避过度授权带来的风险的同时，最大限度地发挥内部信用评级的授权激励作用。信贷决策者对信贷业务人员决策权重的赋值处于动态调整中。在这个过程中，内部不确定被逐渐减少，解决外部不确定的能力增强，信贷决策中的信息困境被有效克服。在组织层面，这种局部的提升表现为信贷决策权配置的优化，内部信用评级内含的不确定越少，信息与信贷决策权交换的效率就越高，信贷决策所需的信息和知识与决策权的匹配就越佳。我们引入 Jensen & Meckling（1992）对决策权配置的分析来说明，参见图 5。不考虑内部信用评级的情况下，从理论上说，最佳决策权配置位于 B 点，此时总组织成本 Co 最小。在商业银行信贷决策中，为了最大化避免信贷员为了追求私利引致的成本 Ca，信贷决策权的位置落在 A 点，信贷委员会拥有信贷决策权。

在信贷决策中，信贷委员会对信贷人员意见赋予一定决策权重。通过这种方式，信贷人员获得了真实的权力（Aghion & Tirole，1997），实际的信贷决策权的位置落在了 B′点，实现了知识和决策权的最佳匹配。当内部信用评级内含的不确定越少，内部信用评级结果对借款人信用风险的反映可信度就越高。信贷人员的意见须与内部信用评级结果相一致，它必须充分考虑内部信用评级结果所反映出来的借款人风险，如果有差异，则需要用未经浓缩的信息来做出解释。因此，当基于内部信用评级结果来做出信贷决策时，信贷人员的意见就会更符合信贷决策者的偏好，信贷决策者与信贷人员目标不一致所带来的成本被降低了，信贷决策者给予信贷业务人员更多的决策权重，以实现知识和决策权的最佳匹配。曲线 C_a 移动至 C'_a，总成本曲线 C_o 移动至 C'_a，最佳信贷决策权的位置移动到了 B′点。

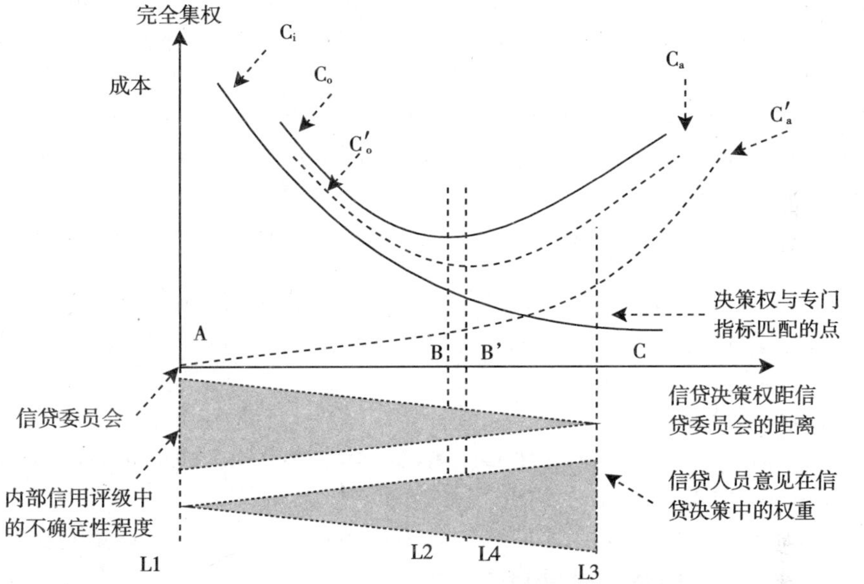

图 5　通过内部信用评级，信贷决策权向信贷员转移

注：该图系作者在 Jensen & Meckling（1992）的基础上，结合本文分析绘制而成。C_i 表示由于缺乏信息所带来的成本，C_a 表示信贷决策者与信贷人员目标不一致所带来的成本，C_o 表示总组织成本，它是 C_a 与 C_i 之和。

综上所说，本文提供了一个分析框架以指导信贷决策者审慎地根据内部信用评级的质量来给予信贷业务人员适当的决策权重，在规避过度授权引致的风险的同时，最大限度地发挥授权的激励作用。这对银行改善内部信用评级质量以提升整体信贷决策能力有着直接的指导意义。首先，银行应该意识到，即使内部信用评级暂时处于低效率的状态，银行仍可以借助它来有效克服信贷决策中的信息困境。信贷决策者可以在信贷决策中策略性地根据内部信用评级来赋予信贷业务人员决策权重，在避免失控的同时，最大化地发挥信贷业务人员的知识和判断力，从而提升信贷决策质量。在这个过程中，信贷业务人员有着尽力减少内部信用评级内含不确定以获得更多决策权重的动机，因而会对信息的收集、分析和解读进行充分投入，信贷决策和内部信用评级的信息基础得以改善，这对提升银行信贷决策能力有着直接的帮助。其次，在组织层面，随着内部信用评级质量的改善，内部信用评级内含的不确定越少，信息与信贷决策权交换的效率就越高，信贷决策所需的信息和知识与决策权的匹配就越佳，信贷决策权配置得到了优化。这是银行提升信贷决策能力的组织基础。

参考文献

［1］Aghion，Philippe.，Tirole，Jean. Formal and Real Authority in Organizations. Journal of Political Economy，1997，105，1，1~29.

［2］Baker，George，Robert Gibbons，and Kevin J. Murphy. Informal Authority in Organizations.Journal of Law，Economics，and Organization，1999，Vo1.15，pp.56~73.

［3］Berger，Allen N.，Miller，Nathan H.，Petersen，Mitchell A.，Rajan，Raghuram G.，Stein，Jeremy C. 2005. Does Function Follow Organizational Form? Evidence from the Lending Practices of Large and Small Banks. Journal of Financial Economics，76，237~269.

［4］Bina Lehmann，Diplom–Volkswirtin. 2008. How Good Is “Good”? –Making Better Use of Subjective Informationin Bank Internal Credit Scoring Systems. Unpublished dissertation，University of Konstanz.

［5］Bonaccio，Silvia.，Dalal，Reeshad S. 2006. Advice taking and decision–making：An integrative literature review，and implications for the organizational sciences. Organizational Behavior and Human Decision Process，101，127~151.

［6］Godbillon–Camus，Brigitte.，Godlewski，Christophe J. 2006. The Organization of Credit Risk Management in Banks：Hard versus Soft Information，Working Paper，Robert Schuman University，France.

［7］Gorton，Gary.，Winton，Andrew.，Financial Intermediation，Handbook of the Economics of Finance，edited by George Constantinides，Milt Harris and Rene Stulz，Amsterdam：North Holland，2002.

［8］Grunert，Jens.，Norden，Lars.，Weber，Martin. 2005. The role of non–financial factors in internal credit ratings.Journal of Banking & Finance，29，509~531.

［9］Foss，Kirsten.，Foss，Nicolai J.2005.Hands Off! How Organizational Design Can Make Delegation Credible. Working Paper，Copenhagen Business School，Denmark.

［10］Jensen，Michael C.，Meckling，William H. Specific and general knowledge，and organizational structure. Contract Economics，Lars Werin and Hans Wijkander，eds.（Blackwell，Oxford 1992），pp.251~274.

［11］Liberti，Jose M.，Mian，Atif R. 2009. Estimating the Effect of Hierarchies on Information Use. Review of Financial Studies，forthcoming.

［12］Lehmann，Bina. 2008. How Good Is “Good”? –Making Better Use of Subjective Information in Bank Internal Credit Scoring Systems. Dissertation for Ph. D，University of Konstanz，German，http：//www.ub.uni–konstanz.de/kops/voll– texte/2008/5771/.

［13］Petersen，Mitchell A. 2004. Information：Hard and Soft，Working Paper，Northwestern University.

［14］Stein，Jeremy C. 2002. Information Production and Capital Allocation：Decentralized Versus Hierarchical Firms. Journal of Finance，Vol.LVII，No.5，Oct.

［15］Uzzi，Brian.，Lancaster，Ryon. 2003：Relational Embeddedness and Learning：The Case of Bank Loan Managers and Their Clients.Management Science，49，4，383~399.

［16］Yukl，Gary.，Fu，Ping Ping. 1999. Determinants of Delegation and Consulation by Managers. Journal of Organizational Behavior，20：219~232.

[17] 丁伯平，刘决琦，郑义. 国有商业银行信贷激励：约束机制的实证研究[J]. 金融研究，2003 (2).

[18] 丁德明，茅宁，廖飞. 组织惯性、激励机制与新型企业的治理实践 [J]. 经济管理，2007 (5).

[19] 高洪民. 转轨经济中的信息、不确定性与贷款决策机制：一个将制度性信息内生化的贷款决策模型 [J]. 财经研究，2005 (5).

[20] 刘少波，蒋海. 信誉机制、信用资源的有效供给 [J]. 金融研究，2004 (1).

[21] 吕长征. 防范信用风险加速内部信用评级体系建设 [J]. 金融研究，2006 (7).

[22] 廖飞，茅宁. 进入权理论：能否成为公司治理的理论基础 [J]. 中国工业经济，2006 (2).

[23] 饶艳超，胡奕明. 银行信贷中会计信息的使用情况调查与分析 [J]. 会计研究，2005 (4).

[24] 施丽芳，廖飞.信息需求与 IT 投资的商业价值：组织资本视角的审视[J]. 经济管理，2006 (10).

[25] 施丽芳，丁德明，廖飞. 银行信贷管理中的绩效测量与信息激励研究 [J]. 财贸经济，2009 (7).

[26] 施丽芳，廖飞，茅宁，丁德明. 产出不确定、管理干预与企业内部决策权的有效配置——基于行为决策视角的研究 [J]. 管理世界，2009 (7).

[27] 孙伯灿，宋安平，马庆国. 商业银行贷审委的信贷决策行为研究及其绩效评估 [J]. 金融研究，2003 (4).

[28] 沈沛龙，邵长毅. 关于新资本协议中信用评级若干问题的探讨 [J]. 金融研究，2004 (12).

[29] 青木昌彦. 比较制度分析. 上海远东出版社，2001.

Commercial bank credit decision-making and internal credit rating: An authorized incentive perspective

Shi Lifang, Liao Fei, Ding Deming and Mao ling

Journal of Financial Research No.1, 2010

Abstract: In the loan decision of commercial banks in China. there is widespread "information dilemma". How to overcome the dilemma in order to improve the quality and the efficiency of loan decision is a practical problem faced by commercial banks. The paper provides an analytical framework to guide loan decision-makers to cautiously give the proper decision weights to the credit officers according to the quality of internal credit rating, in the circumvention of the risks of excessive authority, while maximizing the incentives authorized. In this process, the dilemma could be effectively got over while the allocation of credit decision-making power can be optimized. This paper has a certain guiding function for the practice of loan decision and the internal credit rating mechanism.

Key Words: Loan Decisions; Internal Credit Rating; Delegation as an Incentive; Uncertainty

消费金融研究综述*

王江① 廖理② 张金宝③

（麻省理工学院，美国 MA02139；清华大学经济管理学院，北京 10083）

【摘 要】消费金融是金融和经济学中一个正在快速兴起的重要研究领域。本文旨在对这个领域的状况和发展做一个简单的综述。首先，我们讨论消费金融研究的基本范畴和主要问题。其次，在此基础上，从家庭金融活动、消费者的行为与消费金融、消费金融与金融市场及政府的相互关系等几个方面，介绍消费金融的研究现状。最后，对消费金融研究提出一些粗浅的看法。

【关键词】消费；消费金融；消费者行为；储蓄；投资

消费是经济活动和发展的基本内容和目的，因此在经济发展和研究中占有至关重要的地位。所谓消费金融可以广泛地理解为与消费相关的所有金融活动。金融的核心问题即对现有的资源或财富进行最优配置。配置的方向又可分为生产与消费两个方面。前者的目的为扩大资源或增加财富，而后者的目的为利用已有的资源来最大限度地满足经济需求，也就是消费。显然，前者最终也是为后者服务的。而后者，即如何使已有资源用来满足消费的需求，是消费金融所关心的问题。因此从理论上讲，消费金融正是金融所关心的基本问题。

在实际经济活动中，消费金融的重要性是显而易见的。以2009年初美国的数据为例，消费者即家庭所占有的资产在2009年初为64.5万亿美元，而企业（非金融、非农场）所占有的金融资产为27.3万亿美元。前者是后者的两倍多，更何况企业的资产大部分最终还是为家庭所有（有一部分为机构所有）。因此，现有资产主要是为消费者所掌握和支配的。若我们看金融活动的另一个侧面，即借贷或融资，则美国家庭的借贷总量为14.1万亿美元，而非金融、非农场企业的借贷总额为13.3万亿美元。因而在一个发达的市场经济中，消费者无论从金融资产的占有还是金融活动的总量上都占有主要的地位。我国消费

---

* 原文发表于《经济研究》2010年增刊。

① 王江，麻省理工学院，电子信箱：wangj@mit. edu。

② 廖理，清华大学经济管理学院，邮政编码：10083，电子信箱 liaol@sem.tsinghua.edu.cn。

③ 张金宝，清华大学经济管理学院金融学博士后，电子信箱：zhangjb2@sem.tsinghua. edu.cn。

金融的重要性也日趋显著。根据中国人民银行的统计，至 2010 年 9 月，仅短期消费贷款就达到了 8697 亿元。[①] 整个住户部门的消费性贷款已达到了 7.1 万亿元，占到国内各项贷款总额的 15%。

这些数据明确地告诉我们，消费金融无论是国外还是国内都是直接关系到国计民生的核心金融业务，除应引起政府和业界的充分重视外，也值得学术界认真研究和探索。

一、消费金融的范畴

如何明确地界定消费金融的内容和范畴仍是一个尚未完成的任务。这一方面是由于它涉及金融及相关领域的多个方面，另一方面也由于对它的全面研究才刚开始。对消费金融的一个狭义的理解是与消费尤其是短期的简单消费直接相关的融资活动。这样的理解显然过于局限，并不是本文所说的消费金融的概念。我们下面会看到，短期消费和长期消费是不可分的，融资与储蓄和投资也是不可分的。而且消费的内容也应更为宽泛。以住房为例，它既是消费，也是投资（由于可以在市场上转手套现），而它的购买往往需要大额融资。其他如教育、职业选择，则可能既有投资的因素也有消费的因素。这些问题需要有一个统一的、兼顾各个相关方面的框架来考虑。

因此，我们试图给消费金融赋予一个在金融经济学基础上的更为恰当和宽泛的含义，即与消费有关的金融问题。这里，我们对消费和金融两个方面的含义都作了拓宽。我们所说的消费不仅局限于日常生活的消费，而且包含了对所有资源的非生产目的的使用或消费。所说的金融也不仅包括消费者本身所面临的金融问题，还包括市场、机构和政府与消费相关的金融技术、产品、服务、法律、监管、政策。所以说，这里所说的消费金融是一个更为全面和完整的概念。

下面我们将从几个不同的侧面和角度来进一步探讨消费金融所包含和涉及的范畴。

（一）有关消费金融的几个概念和术语

由于消费金融涉及面很宽，不仅包括经济和金融，还有营销学、心理学、行为学、社会学、公共政策等，因而在消费金融领域的研究中，一些术语的使用各有侧重，缺乏统一的规范。这样，在讨论消费金融的研究范畴时，就有必要先对消费金融领域几个常见的术语做出解释。

大部分有关金融消费的称谓从消费主体出发。消费主体可定义为消费者、家庭或个人；消费者的概念较为抽象和笼统，而家庭和个人的概念则更为具体。主要有如下几个：

Consumer Financc（CF）：这是在学术文献中使用频率较多的一个词汇，其英文字面的

---

① 中国人民银行网站，http：//www.pbc.gov.cn/publish/html/2010s01ahtm。

意思为“消费者金融”，主要从消费者的角度来考虑其所面临的金融问题。一般来讲，一个消费者所面临的金融问题是如何在给定的金融环境中，利用所掌握的资产来最大满足其各种消费需求。这里需考虑的包括消费者的经济目标即消费目标、消费与储蓄、信贷、资产配置、面临的各种风险和约束。这方面的经典文献可见 Samuelson（1969）和 Merton（1969，1971）。我们下面会做进一步的讨论。

参照 Merton & Bodie（1995）所提出的以基本金融功能来定义金融环境的思路，Tufano（2009）从消费者所需要的各项金融功能来界定 Consumer Finance 的研究范围。他把这些功能归纳为四个方面：第一是支付，如支票、支付卡、信用卡；第二是风险管理，如人寿保险、预防性储蓄等；第三是信贷，如按揭，即目前消费花费未来的钱，或寅花卯钱；第四是储蓄和投资，即安排现在的资产为了未来的消费，或卯花寅钱。这样的表述对分析消费者本身的金融需求较为全面，对研究消费金融的市场、产品和服务也有一定帮助，因而是一个较为可用的概念。但它对于市场、宏观和政策环境的研究，则略嫌考虑不够，对更微观的因素如消费行为、消费心理也不太注重。由于对具体金融环境的刻画一般都相当简化，这类研究从操作和业务层面上看也往往显得粗略。

Personal Finance（PF）：也有文献表述为 Personal Financial Planning（PFP），从字面可以理解为个人理财或个人财务规划。它所涵盖的内容主要为个人如何制定和实施财务规划，包括如何管理自己的收入、如何进行风险管理（如健康风险、收入风险等）、如何管理自己的投资和储蓄、如何管理税负以及个人的遗产处置和信托等。在讨论个人理财的问题时往往侧重于财务或财富的角度而不特别注重消费，并尤其注重财务操作层面的问题。因此其对个人金融状况和所处金融环境的细节考虑更为实际，重点在具体运作。而这些业务也正是金融机构针对消费者个人开发的金融产品和服务的目标。和 PF 很接近的一个术语为 Personal Wealth Management，即个人财富管理。

Household Finace（HF）：也有文献将之称为 Family Finance（FF），从字面可理解为家庭金融或居民金融。Campbell（2006）提出以家庭为单位来研究其金融活动，并将之描述为 Household Finance。如果我们把家庭整体作为一个消费单元，则家庭金融可以包括在消费者金融的范畴内。当然，在不同的社会环境里，家庭并不等同于个人，也不一定能综合家庭中的各个成员。因为家庭主要是一个社会单元，而并不一定是经济单元。但由于许多数据是以家庭为单位的，所以从实证分析的角度，以家庭为对象有它有利的一面。再有，家庭所面临的金融问题比简单的消费要丰富。比如职业选择、专业教育对未来收入的影响及其融资选择也是家庭金融的重要部分，但通常并不包含在消费者金融所考虑的范围之内。

另一些有关消费金融的术语则侧重于消费金融的某个特定方面。

Consumer Credit（CC）：这也是消费金融领域使用较多的词汇之一，它从字面上理解为消费信贷。其具体考虑的是金融机构向消费者所提供的借贷产品和服务，以帮助消费者购买消费产品，如日常的消费品、大件耐用消费品、汽车等，从而提高消费者的福利。这也是比较狭义的消费金融的概念，与目前国内业界对消费金融概念的理解比较接近。

其他如 Housing Finance，主要考虑住房融资等，也都偏重于与消费相关的金融活动的某个侧面，并已被包含在我们所讨论的消费金融的范围之内，这里就不赘述了。

从上述几个流行的术语的内涵来看，就研究方面来说 CF 或 HF 的范畴较为全面、明晰，它也包含了个人理财（PF）的主要内容。而狭义的消费信贷（CC）只是个人或家庭理财范畴中的一部分。

（二）消费金融的其他方面

若只从消费主体的角度来考虑，则消费金融似乎也就可以等同于消费者金融。但实际上消费金融还与消费主体所处的金融环境有着密切的关系。对这个环境的刻画和研究是消费金融的研究和实务中极其重要的有机组成部分。而这个环境主要包括两个方面：

（1）金融市场。在很大的程度上，消费者的决策取决于他所面临的金融选择，如支付手段（支付卡、信用卡、网上支付等），融资环境（借贷利率、标准、额度、成本等），投资渠道（债券、股票、商品、房地产、基金、另类投资等）。因此，金融市场和机构为消费者所提供的金融产品、工具、技术及各种服务（如信用评估、财务顾问、会计及税务服务等），它们的功能和演变，也都是消费金融所必需考虑的问题。

（2）政府。在考虑消费金融所涉及的问题时，除市场之外政府的作用也是极为重要的。政府的重要性主要来自于三个方面：第一，整个金融市场的架构和内容，都离不开其所处的法律和监管环境。而后者的建立和管理正是政府的职责。以美国为例，其证券法、投资法、保险法，以及 2008 年金融危机后推出的华尔街改革和消费者保护法案等，都包含了针对消费者所面临的金融市场、产品和服务的相关法律。第二，政府的税收体系，也直接和间接地影响消费者的金融决策。而这种影响往往是政府短期和长期宏观经济政策的一部分。譬如在美国，购买自住房的利息享有税负上的优惠。这是美国政府长期以来为了提高住房自有率的政策的一部分。另外，个人投资的增值部分也享有较低的税率，以鼓励投资和资本积累。第三，政府还会以各种方式，直接影响消费者的金融决策和与之相关的金融市场。这里最重要的例子包括社会保障体系、医疗保险体系、退休金制度。它们都是政府为家庭直接提供的产品和服务。另外，如美国的两房（房利美、房地美）则是政府直接介入和影响与消费者相关的金融市场的著名例子。

因此，我们在考虑与消费相关的金融问题时，也必须考虑消费者所处的金融环境、决定和影响这个环境的各种因素，以及这个环境和消费者之间的互动。

（三）从金融学及金融行业的角度理解消费金融的范畴

为了进一步理解消费金融的意义，我们再用现代金融学的框架来考察它的含义、地位和重要性。

金融学关心的是不同经济决策者如何利用金融市场达到其资源在时间和风险两方面的最佳配置，以及金融市场的制度安排（包括其结构和运行方式）——如何完成这样的配置的微观（对每个决策者而言）和宏观（对整体经济而言）有效性问题（LeRoy & Werner,

2001；王江，2001）。而基本的经济决策者可分为三类：个体（包括个人或家庭）、公司和政府（这里的公司和政府都是作为资源所有和使用者而出现的）。而他们的金融决策分别是所谓消费者金融、公司金融（Corporate Finance）和公共金融（Public Finance）的范畴。

从金融市场、金融行业以及政府的金融政策的角度来看，它们所服务的对象也是上述的三类主体。在市场方面，这种服务主要来自于各种金融市场和产品，如债券、股票、资产支持证券、金融衍生产品，以及金融机构，如银行、保险公司、资产管理公司、金融咨询公司、信用评级机构。在政府方面，这种服务包括有关法律、监管、税收、社会保障体系等。

如果再考虑到公司和政府的终极所有者和服务者仍是个体的话，[①] 则个体或消费者应该是三类主体中最重要的主体。所以从这个意义上来讲，消费者金融在金融研究和实际业务中都应占有主导和核心的地位。但就现有状况而言，对他的研究远落后于对公司金融和公共金融的研究以及对于资本市场（Capital Markcts）和金融机构（Financial Instiutions）的研究。造成这种状况的主要原因包括两个：一是其所面临的问题的复杂性，比如一个家庭的经济目标多元化的程度可以超过一个企业；二是所需信息和数据的极端匮乏，例如对一个家庭的经济金融状况的信息远少于对一个企业（尤其是上市企业）的经济、金融状况的了解。但这些都不应是忽略对消费金融研究的理由，而应是这个分支学科大有发展空间的原因。因此我们认为，消费金融的研究是极为重要也极具前景的。

（四）一些学术机构开展消费金融研究所涉及的内容

以上从三个方面讨论了消费金融的范畴。我们再介绍一下学术机构所开展的有关消费的金融研究，从另一个侧面来加深对消费金融范畴的理解。

一个典型的例子是美国国家经济研究局（NBER）消费金融研究组（Consumcr Finance Working Group），它们开展的研究涉及家庭的储蓄、资产配置、负债和投资决策等，并研究解释家庭金融决策的概念性框架，开展关于家庭金融行为、公共政策和企业行为对家庭金融选择的影响等方面的研究。

美国的著名期刊《Joumal of Marketing Rescarch》也曾就消费者的金融决策和行为问题组织专辑。这个专辑的内容涵盖了以下内容：消费者如何选择抵押贷款，为退休和教育进行储蓄，使用信用卡进行消费，使用高息的短期贷款消费，支付医疗保健和保险费用及投资股票市场以增加财富等。

综上所述，我们可以看出：第一，消费金融的研究不局限于狭义的消费信贷上，后者只是前者的一部分和一个分支。第二，消费金融的范畴包含消费者的各种金融活动，包括支付信贷、储蓄、投资、保险、信托等等；消费者尤其是个人和家庭是消费金融研究的主要对象。第三，消费金融的研究还应包括对与消费者所处的金融环境、其形成和发展，以

---

① 某些特殊的公司除外，如慈善和公益基金。

及其与消费者之间的关系及相互作用的研究，尤其是包括金融市场及政府的行为（Kartik，2007）。事实上无论国际国内，消费金融的研究才刚刚起步，他的范围和内容都将不断地扩大和丰富。

本文的后续部分，将在较宽泛的范畴内讨论目前消费金融领域所开展的研究，在此基础上结合中国的实际，对消费金融的研究提出几点看法。由于篇幅所限，我们对于现有研究的综述是有限和简略的，既不能面面俱到，也不能在各个方向特别深入。不足之处有待后补。好在我们的描述中特意引用了许多最近的综述性文献，有意的读者可据此作进一步了解。

二、从消费者的角度来考虑消费金融的问题

为了对消费金融所关心的问题有一个更具体的了解，我们先从消费者的角度来考察他所面临的金融选择。为讨论的方便起见，下面的表述常以家庭作为消费者的代称。

（一）消费者面临的金融决策

首先，一个消费者或家庭的消费依赖于他的经济基础，也就是他所掌握的资源或资产。资产又可分为人力资产，如工作者的收入和非人力资产，如房产、持有的股票和自营的生意。有了这些资产（和收入），则家庭即可以根据自身的消费需求来做出最佳安排。而这样的安排从金融的角度来看，是对资源在时间和风险两个方面的配置，并主要通过金融市场来实现，因此也就是金融决策。

在时间方面，面临的是现在消费与将来消费的选择。若现在的收入高于消费，则多余的部分即形成储蓄。若消费反高于收入，则短缺的部分来源于借贷，也即以将来的收入（或现有资产作为抵押）进行融资。在风险方面，面临的是储蓄如何投资，或借贷如何选择（如短债还是长债、定息还是活息）。另外，还有各种风险如何规避（如人寿、医疗、失业保险的选择，乃至工作和职业的选择）。因此，一个消费者的金融决策包括两个方面：①消费按时间的配置：现在消费与储蓄/借贷的选择；②消费按风险的配置：投资/借贷组合和各类保险的选择。

如按常见的市场结构和功能再将支付和保险从①和②中剥离出来则是 Tufano（2009）所提出的消费者需要的金融的四个功能。我们这里不做如此的区分，因为市场的结构和功能不仅是有重复的，而且是不断演变的。一个明显的例子就是保险产品往往兼含保险和投资两个特征，且两者的相对权重也随市场的变化而变化。

（二）消费者金融状况的描述

为了进一步分析一个消费者（或家庭）的金融活动，我们可以首先来考察其资产和负

债情况。这通常可以由其资产负债表来反映。表 1 大略描述一个家庭或个人的资产和负债。在各种形式的资产中，以流动性和安全性由高向低可作如下分类：①现金，其作用主要是实现家庭的支付功能；②储蓄存款，债券是安全性较高的金融资产，其作用是抵御风险、平滑消费，这里还应包括社会保险、退休金（固定福利类）；③股票（股票）基金是风险较高的金融资产，可以帮助投资者适当分享市场增长的收益，或在承担一定风险的条件下获取较高的收益。另外，一个家庭或个人的资产并不局限于金融资产，也还包括实物资产，如住房、大件耐用消费品，以及私营生意等。

表 1　家庭资产负债

资产	负债
金融资产	长期负债
现金	住房贷款
存款	其他长期借款
债券	中期负债
股票	汽车贷款
基金	其他中期借款
其他资产	短期负债
实物资产	短期消费贷款
大件耐用消费品	其他短期借贷
住房	
私营生意	

家庭的负债从期限结构上可以分为短期（1 年以下）、中期（2~5 年）和长期（5 年以上）。家庭的长期负债主要是家庭的住房贷款。中期贷款主要是指汽车贷款、教育贷款等。一般情况下，中长期消费金融贷款都是抵押贷款。短期贷款主要是信用卡借款，还有消费金融公司及消费品零售商提供的各种贷款等。短期的消费金融贷款一般是无抵押的信用贷款。需要说明的是，家庭的负债未必全是用来支持家庭的消费，也存在利用负债进行投资的可能，利用按揭投资房地产就是最常见的例子。

资产负债表中各种形式的资产与负债充分反映了一个家庭的金融活动的空间。从家庭决策者的角度看，这些活动都是为了实现家庭的金融决策目标。这个目标不外乎两个：一个是实现家庭财富最优增长，另一个是实现家庭在其现有财富及增长基础上的最优利用。家庭的各项金融活动（投资、融资、储蓄、购买保险）实际上都是家庭为实现自己的目标进行跨期配置资源的选择。这也说明，从家庭的视角来讨论消费金融的范畴时，单纯地研究狭义的消费金融（消费信贷）是远远不够的。

虽然家庭的资产负债表往往被作为研究家庭金融行为的重要依据，但我们同时也要看到它的局限性：第一，它所描述的情况是静态的，不能反映现有资产和负债的来龙去脉，尤其是以后的变化情况。例如，没有充分反映将来的收入情况。如果以公司金融的情况来类比，我们还需要有收入与支出信息，即 Income Statement。第二，通常的资产负债表并不能完全反映一个家庭的金融状况。有许多因素会被忽略，如人力资本的投资机会（如职业教育）、各种保险及其他各种风险。因此，要全面、详细地刻画一个消费者或家庭的金融情形是一件极具挑战性的任务。简单的资产负债表只是给了我们一个粗略但非常重要的图像。

（三）消费者金融决策的理论描述

消费是个人或家庭财富的终极利用。消费金融的研究中，具体了解家庭的消费金融行为和决策至关重要。这里我们需要一个简明的理论框架来帮助表述。有关家庭消费的最基本的理论为生命周期理论，它建立在经典的理性选择理论和理性预期假设的基础之上。虽然这个理论框架也遇到一些挑战（Kahncman & Tvcrsky，1979，1992），但仍可以作为我们分析消费金融问题的一个基础。

消费的生命周期理论最早由 Modigliani & Brumberg（1954，1980）提出，以后被逐渐发展和完善（Ando & Modibliani，1963；Hall，1978；Gourinchas & Parkcr，2002 等）。这个理论的核心思想是消费者会根据自己的财富和收入情况及对未来的理性预期，最佳地安排其生命周期中的消费以使得总效用最大化。在这个过程中，消费者的决策可以用下面的数学语言来描述：

$$\mathrm{MaxE}\left[\sum_{t=0}^{T}\beta^{t}u(C_t)+\beta^{T+1}\upsilon(W_{T+1})\right] \tag{1}$$

式（1）中，$E[\cdot]$ 代表期望算子，C_t 代表决策者的当期消费，$u(\cdot)$ 是其效用函数，β 代表其时间偏好率，W_{T+1} 指的是生命周期结束时遗留的财富（净资产的市值），$\upsilon(\cdot)$ 代表决策者对遗产的效用函数。消费者在决策的过程中，还会受到动态的预算约束：

$$W_{t+1}=(W_t+Y_t-C_t)R \quad (t=0,\ 1,\ \cdots,\ T),\ W_{T+1}\geqslant 0 \tag{2}$$

式（2）中，W_t 为当期的财富或净资产，Y_t 为当期的收入，R 为投资市场的总收益。式（2）的含义是当期收入扣除当期消费后，即形成当期净储蓄，若储蓄为负则代表借贷。这些储蓄及原有财富加之获得的利息共同构成下一个时期的财富。并且，决策者在生命周期的最后所遗留下的财富 $W_{T+1}\geqslant 0$。

由式（1）和式（2）所描述的消费者的决策问题考虑了现在消费与将来消费通过储蓄或借贷，所完成的选择。虽然简单，但反映了消费者决策中三个最基本的金融内涵：第一，决策的核心是资源跨期的配置。第二，这个配置是通过金融市场来完成的。如没有市场所提供的储蓄和借贷机会，则跨期的配置就很困难。第三，这个配置在很大程度上依赖于市场的情况，即利率（这里我们假设储、贷利率是一样的）。

另外，上面的简单描述只是一个基本框架。可以进一步扩充和丰富。如果消费有多种，如包括非耐用品（食物）和耐用品（住房），则我们可分别用 $C_{N,t}$ 和 $C_{D,t}$ 来代表非耐用品和耐用品的消费，$p_{N,t}$ 和 $p_{D,t}$ 代表它们的价格，$C_t=p_{N,t}C_{N,t}+p_{D,t}C_{D,t}$ 代表总消费额，$u(C_{N,t},C_{D,t})$ 代表总效用函数。将之代入式（1）和式（2），则我们就将基本描述推广到了多元消费品的情况。

基本理论框架一个重要的推广是允许储蓄除了投资于无风险资产之外的其他资产，如股票，这是消费者所面临的投资组合问题。其经典的工作来自于 Samuelson（1969）和 Merton（1969，1971）。如以 x_t 代表投资于股票的权重，r_{t+1} 代表下期股票的额外收益率（超出无风险利率的部分），则我们可将式（2）写成：

$$W_{t+1}=(W_t+Y_t-C_t)(R+x_tr_{t+1})(t=0,\ 1,\ \cdots,\ T),\ W_{T+1}\geqslant 0 \tag{3}$$

从而包含了投资组合的选择问题。再进一步考虑有多个风险资产的情形是很容易的。

另外一个有意义的推广是对家庭负债惰性的进一步分析。这里我们必须考虑存、贷款利息的差异。让 R 仍代表存款率，R_b 代表贷款利率。参考 Gourinchas & Parker（2002），我们可对式（2）所表达的预算约束作进一步改进：①

$$W_{t+1}=R(W_t+Y_t+B_t-C_t)-B_tR_b(t=0,\ 1,\ \cdots,\ T),\ W_{T+1}\geqslant 0 \tag{4}$$

式中，B_t 代表家庭当期（第 t 期）持有的负债，期末的时候家庭归还的负债本息和为 B_tR_b。公式（4）右侧的第一项含义是说，家庭的资产、收入、负债都可以构成家庭消费的资金来源；而第二项则是负债所需支付的本息。当家庭的负债直接用来偿付家庭购买消费品的款项时，负债就与前述的狭义的消费金融（消费信贷）相吻合。当家庭的负债用来进行投资时，则负债所购买的投资品会以家庭的资产形式表现出来，负债的利息则构成了投资的融资成本。

上述的目标函数和不同情形下的预算约束一起，共同描述了家庭的金融决策过程。在这里，财富的最优利用被理解为消费效用最大化。它通过家庭跨期分配资源来实现。跨期分配资源的金融活动包括储蓄、投资、借贷等，正如我们在前一部分考察消费者的资产负债情况时所讨论的。

需要说明的是，尽管生命周期理论以及它的各种延拓给我们描述消费者的金融问题提供了一个相当明晰而又灵活的分析框架，可以包含很多方面，但具体应用这个框架进行分析的时候，由于技术和数据上的原因，往往会省略诸多实际的因素，就像罗列消费者资产负债状况时一样。如家庭的非金融风险（如家庭的健康风险等）、消费品价格的变动、具有投资性质的资产价格变动（如住房等）、家庭进行各种交易的成本，以及流动性约束和政府的税收政策等。

三、家庭视角的消费金融研究

在讨论了消费金融的范畴、基本问题及简单的理论分析框架之后，以下就现有各相关方面的研究做一个简单的介绍。我们首先考虑消费者方面，然后考虑市场及其他方面。在绝大多数研究中，都是以家庭作为消费者的单元，这主要是因为信息和数据的来源往往是

① 为分析简便起见，我们假定家庭当期的借款，当期归还。

以家庭为单元的。这些研究大概可分为三个方面：第一，对消费者的金融行为进行总体性的描述（如代表家庭的资产负债情况）；第二，分析单个消费者的金融行为与各种微观和宏观因素的关系（如投资或借贷与收入、年龄及市场利率的关系）；第三，探讨所观察到的行为与理论的一致性。这既可以由理论出发也可以从实证入手。

（一）家庭的总体资产和负债状况

为了对家庭的金融状况及金融活动有一个总体的认识，我们首先考察它的总体资产负债情况。Bertaut & Star McLucr（2002）报告了美国家庭在1983~1998年的平均资产和负债情况，他们的构成和随时间的变化。表2给出了他们的一些发现。其中有几个值得注意的情况：第一，家庭持有的资产种类比较多，其中非金融资产的比重（1998年为60.0%）要大于金融资产的比重（40.0%）。非金融资产中，房产（38%）和自营生意（17%）都占有较大比重。第二，安全资产和有风险资产比例基本相当，但有风险资产随时间变化呈明显上升趋势，这可能与这段时间内（1983~1998）股票市场的上涨有一定关系。第三，负债占总资产的15%左右（1998年），其中房贷为（总资产的）12%，消费贷款不到3%。因此从借贷的角度来看，房贷占大头。

表2反映的是美国平均家庭的情况。但我们注意到，家庭的财富水平是极不平衡的。这可由家庭净资产的分布看出。其中值（median）为7万美元（以1998年美元价值计），而均值为28万美元。可以想象，家庭的财富水平会影响到它的资产负债选择。Bertaut & Star McLuer（2002）还利用统计数据进一步考察了美国家庭的平均情况（其更依赖于较富有的家庭的情况）则其无论从资产和负债的水平和构成都和表2中的情形有较大差异。

表2　美国平均家庭的资产和负债情况、组成和变化（抽样状况）

净值水平（以1998年MYM1000计）	1983年	1989年	1992年	1995年	1998年
中值（1998年$1000）	56.9	59.0	55.8	59.4	71.1
均值（1998年$1000）	194.6	233.8	211.1	220.4	281.1
资产和负债（占总资产的百分比）					
金融资产	29.4	28.9	30.6	35.2	40.0
流动账户	5.0	5.7	5.4	5.1	4.6
定期大额存单	3.3	3.0	2.5	2.1	1.7
储蓄债券	0.2	0.4	0.4	0.5	0.3
其他债券	3.1	3.0	2.6	2.3	1.7
股票	7.9	4.5	5.1	5.7	9.2
共同基金	0.9	1.6	2.4	4.7	5.0
退休金账户	3.8	5.5	7.5	8.8	10.6
人寿保险现金价值	2.4	1.8	19.0	2.7	2.6
信托和其他被管理资产	2.6	1.9	1.7	2.2	3.6
其他金融资产	0.2	1.4	1.2	1.2	0.7
备注：所有股权	9.5	8.3	10.4	13.8	21.7

续表

净值水平（以1998年MYM1000计）	1983年	1989年	1992年	1995年	1998年
非金融资产	70.6	71.1	69.4	64.8	60.0
首要住宅	31.6	31.2	31.7	30.1	27.7
投资性房产		16.2	14.9	11.4	10.6
商业股权	19.3	18.2	17.8	17.3	16.9
其他非金融资产	4.3	5.5	5.0	6.0	4.8
负债	12.9	15.3	16.2	16.1	15.4
住房抵押贷款和房屋净值贷款	7.4	8.7	10.4	10.8	10.3
投资性房产贷款	2.7		3.2	2.4	2.1
信用卡贷款	0.2	0.3	0.5	0.6	0.5
其他负债		2.6	2.1	2.3	2.4
备注项目：					
金融资产中股权份额	n. a.	28.6	34.1	39.1	54.4
首要住宅股权占房屋净值的百分比	27.9	26.9	25.4	23.0	20.6
房屋所有者股权份额中值	59.6	58.4	54.1	49.3	43.4
按揭等住房贷款占总债务的百分比	57.2	54.8	64.2	67.4	66.8
按揭等贷款占房产价值的百分比	23.3	26.9	32.8	35.9	37.1

美国的情况是否有某种普遍性？目前我们缺乏系统、可比的数据来满意地回答这个问题。但从 Banks & Tanncr（2002）、Guiso & Jappclli（2002）、Eymann & Borschr Supan（2002）及 Alessic et al.（2002）分别对英国、意大利、德国和荷兰各国所做的调查来看，在许多重要方面，欧洲各国与美国的情况存在着明显的差异。

下面我们再根据资产和负债两个方面的几个主要板块来回顾现有的一些数据、分析和结果。

（二）家庭的资产配置

家庭持有的资产（尤其是金融资产）的多样化也意味着各个家庭所持有的资产组合会很不一样。资产的不同组合所带来风险和收益会影响家庭财富的增长方式，因而也影响家庭的消费。例如，陈强和叶阿忠（2009）的研究就是直接考察了风险资产对家庭消费行为的影响，认为股票收益的波动是影响家庭边际消费倾向的一个重要因素。

为了进一步探讨影响家庭资产配置的因素，许多研究分析了不同家庭的资产组合和其各种特征之间的关系，如国别、收入、资产、年龄、教育水平等。Guiso & Jappclli（2002）、Banks & Tanncr（2002）、Eymann & Borschr Supan（2002）及 Alcssic et al.（2002）对美、英、意、德、荷各国的研究中都包含了许多这方面的数据和分析。

不难想象，家庭的资产配置会受到其外部环境如所在国别或地区的影响。表3中给出的是 Guiso et al.（2002）所报告的美、欧各国（美国、英国、荷兰、德国和意大利）家庭资产组合中风险资产的比重及其变化。

表 3 欧美各国家庭投资风险资产占总资产的比例（%）

年份	美国	英国	荷兰	德国	意大利
直接持有股票的					
1983	19.1	8.9	n.a.	9.7	n.a.
1989	16.8	22.6	n.a.	10.3	4.5
1995	15.2	23.4	11.5	10.5	4.0
1998	19.2	21.6	15.4	n.a.	7.3
直接和间接持有股票的					
1983	n.a.	n.a.	n.a.	11.2	n.a.
1989	31.6	n.a.	n.a.	12.4	10.5
1995	40.4	n.a.	29.4	15.6	14.0
1998	48.9	31.4	35.1	n.a.	18.7
有风险的金融资产					
1983	n.a.	n.a.	n.a.	13.7	n.a.
1989	31.9	n.a.	n.a.	17.2	12.0
1995	40.6	n.a.	21.9	20.2	18.5
1998	49.2	3.4	27.7	n.a.	22.1
全部有风险的资产					
1983	n.a.	n.a.	n.a.	17.8	n.a.
1989	46.4	n.a.	n.a.	24.1	47.0
1995	51.6	n.a.	28.4	25.2	46.9
1998	56.9	n.a.	32.8	n.a.	43.8

在家庭资产组合中风险资产的比重尤其受到重视。这当然是因为风险资产的比重，即所谓投资的战略选择，对投资的长期收益和风险起着决定性的作用。多数文献将家庭持有的风险资产定义为股票和基金。也有文献专门研究家庭持有的某一种风险资产。McCarthy（2004）进一步研究了 6 个经济合作与发展组织（OECD）国家居民家庭的股票投资与户主年龄及家庭财富的关系。他将居民家庭按照财富由低到高进行了四等分，发现财富等级越高的家庭组别中，投资股票的家庭比例越高。户主年龄在 50~59 岁、40~49 岁年龄段的家庭，投资股票的比例也比较高。Bertaut（1998）、Shum & Faig（2006）等人的研究也表明，家庭财富、户主年龄是影响家庭股票投资的重要因素。此外，他们的研究还表明，教育程度、风险厌恶等因素也影响家庭的股票投资。家庭的股票投资与其他风险投资具有负相关的关系。

家庭的资产配置本质上是对风险和收益的管理。但家庭所面临的许多风险却无法通过资产配置进行对冲，如家庭的健康风险、收入风险、住房资产风险等（Shiller，2005）。许多研究者分析了这部分风险对家庭资产组合的影响。如 Cardak & Wilkis（2009）利用澳大利亚的数据研究了家庭持有风险资产的影响因素。他们发现，收入风险（Labor Income Risk）对家庭持有风险资产有负向的影响。这个结论印证了 Merton（1969）早期的理论推断。Guiso（1996）等人的研究也表明，收入风险高的家庭所持有的风险资产的比例显著低于收入风险低的家庭。Fan & Zhao（2009）、Edwards（2008）、Berkowitz & Qiu（2006）、Rosen

& Wu（2004）、Guiso et al.（1996）等文献研究了家庭的健康状况对家庭持有风险资产的影响。他们的研究结果表明，家庭成员健康状况越差，家庭持有的风险资产的比例就越低。

除了家庭自身的因素外，有的学者还研究了家庭和社会环境对家庭股票投资的影响。例如，Chiteji & Stafford（1999）发现了一个有趣的现象：家庭投资股票资产的行为在代际间有一定的传承性。若父母持有股票，则他们的下一代所形成的年轻家庭拥有股票投资的概率较高。李涛和郭杰（2009）利用中国 15 个城市居民的调研数据研究后发现，家庭的社会互动程度影响家庭的股票投资。

（三）家庭住房资产与消费

住房是家庭资产组合中的重要组成部分。这一方面是由于随着经济的发展，家庭住房占有率的提高，另一方面也是由于住房本身较高的价值水平。表 4 给出了美国、欧洲和日本各国住房占有率的情况，平均在 43%~85%。根据清华大学中国金融研究中心对国内 15 个城市的调查统计，住房约占国内城镇居民家庭资产的 62.72%（廖理等，2010）。

住房资产与消费的关系在近年来得到了越来越多研究者的关注，表 4 为美国、日本、欧洲各国的住房拥有率（Dvomak and Kolher，2007）。住房与其他金融资产的不同主要表现在：第一，住房资产本身还有消费特性。第二，住房资产规模大且流动性差。第三，住房投资往往允许较高的杠杆比（按揭）。这些差异都使得住房不同于其他金融资产。

表 4　美国、日本、欧洲各国住房拥有率（2002 年）

美国	67.9%
日本（2003 年）	60. 9%
德国	43.4%
英国	70.6%
法国	62.7%
意大利	75.5%
西班牙	85.3%
瑞典	59.9%
荷兰	54.4%
奥地利	53.7%
希腊	83.6%

Case et al.（2001）分析了 14 个发展中国家 1975~1996 年的宏观面板数据。他们发现，家庭房产的增值会增加家庭的消费。Chen（2006）利用瑞典 1980~2004 年的数据，研究了家庭消费与财富的关系。他的分析表明，在长期内，房产的增值会增加家庭的消费，而在短期内，房产价格的波动对家庭消费支出的影响则不显著。

基于上述现象，一些学者开始探讨房产影响家庭消费的机理。一种解释是说，当住房资产增值时，家庭会觉得更加富有，从而愿意多消费，即所谓的“财富效应”。但这种解存在争议。Phang（2004）以新加坡为例，用住房价格的上升代表住房财富的增加，并未发现住房价格的上升对家庭消费有显著影响。Carnpbell & Cocco（2007）从信用约束的角度来解释住房财富对消费的影响。他们的研究认为增加住房财富，会使消费者更容易获得消费信用，因为住房可以作为抵押资产，使家庭更容易筹集到资金，从而降低家庭的信用约束。Gan（2010）利用跟踪中国香港 12793 个消费者的信用卡消费和家庭住房财富所获得的数据，从家庭层面研究了住房和消费的关系。他的研究结果表明，当家庭拥有多套住房的时候，住房财富的增加对消费的影响会更加显著；同时发现，年轻家庭的住房财富效应更加明显；当家庭存在融资需求时，住房财富确实能起到降低信用约束的作用。但 Gan（2010）的研究也表明，家庭即使不存在融资需求，住房对消费的财富效应仍然显著。

（四）短期储蓄、保险与家庭消费

家庭储蓄的一个重要动机就是预防性储蓄。多数研究表明，家庭收入的不确定性、家庭成员的健康状况等显著影响家庭的储蓄，尤其是短期储蓄，诸如 Guiso et al.（1992）、0stry & Levy（1995）、Pistaferri（2001）、Guariglia（2001）等。这些研究都表明，家庭收入的不确定性越高，家庭成员的健康状况越差，家庭越会将更多的收入用于储蓄，以帮助家庭承担风险。

从家庭风险管理的角度看，保险能够将单个家庭的风险进行分散。因此，它可以看成是储蓄的替代品。Hubbard et al.（1995）的研究表明，拥有保险能减少家庭储蓄的欲望。同时，它也能够增加家庭的消费。如果把生命周期假说的理论框架理解为家庭进行跨期分配资源的话，那么保险也是一种跨越家庭的资源配置（Deaton，1997）。

（五）家庭的负债

融资借贷是家庭金融活动的另一个重要方面。由表 2 中所介绍的美国情况可以看到，家庭的负债有两个用途：消费和投资。前者的例子为短期消费信贷（CC），后者的例子为用于自营生意的借贷，而住房抵押贷款往往是兼顾了两个用途。前面提到，住房贷款对一个代表家庭而言是其负债的最主要部分，其次是短期消费贷款。

Bertoal et al.（2006）考察了欧洲一些国家和美国的居民的借贷状况。他们发现，不同国家的消费信贷总体规模、家庭的负债结构、家庭的负债水平具有明显的差异。图 1 来自于他们的研究。我们注意到三个现象：第一，各国家庭的债务结构有较大的差异；第二，住房借贷普遍占主导地位，其次是消费借贷；第三，在有些国家，如意大利和卢森堡，除消费和住房之外的借贷也占很大比重。Guardia（2000）认为，各国之间家庭的负债差异与该国的宏观环境有关，如利率水平、市场竞争程度以及监管环境等。

对家庭负债情况的分析，除其总体水平和构成外，还需考虑它的期限结构和其与家庭收入的关系。期限结构的选择既反映了市场所提供的各种融资渠道，也反映了家庭对利率风险的承受情况。

图 2 给出了 2002 年欧洲各国家庭债务的期限结构。我们看到，对于住房借贷而言，

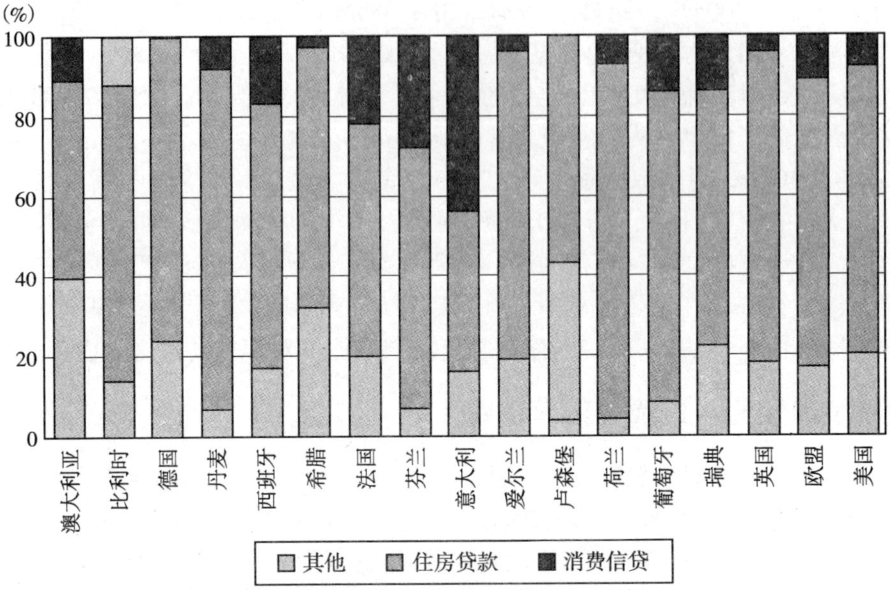

图 1 欧美各国家的债务结构（2002 年）

资料来源：Betola et al.，2006。

长期（5 年以上）的定息贷款占较大比重，如在德国和法国均达 60%以上。但各国之间也有很大的差异，如在西班牙只占极小的比例。而对于消费借贷，则主要以短期、活息债为主。

图 3 描述了美国和欧洲一些国家家庭的债务和其收入的比。其中以荷兰、英国和美国为最高，在 80%~90%。德国和法国在 40%左右，而意大利、西班牙尤其低，在 1995 年都远不足 10%。各国之间为什么存在如此大的差异是我们研究的一个重大问题。同时我们还注意到，1995~2001 年，各国家庭的借贷和收入比都发生了明显的变化，基本呈增长的趋势。到 2001 年，美、英两国家庭的借贷收入比都已超过 100%，而荷兰更是高达近 140%。但从相对增长幅度而言，则以意大利和希腊为最大。意大利家庭的借贷收入比在 1995 年不足 5%，而到 2001 年已超过 15%，翻了 2 倍。这样快速的增长是否与这两国在 2008 年的全球金融危机后所遇困境有密切的关系则是很值得研究的问题。要回答这个问题，我们需要更近期的数据。

由于住房贷款在家庭负债中所占的地位（无论从比例和期限来看），许多研究特别分析了住房贷款的情况和特征。我们在考虑家庭债务的期限结构时也已经提到。如 Bertola et al.（2006）进一步分析了欧洲各国家庭房贷和房产价值的比及房贷的平均期限。他们的研究结果反映在图 4 中。我们看到房贷和价值比一般在 60%~90%。对于荷兰、英国、法国和西班牙的有些家庭，这个比例已达 100%甚至 110%以上。这反映了家庭的住房持有所承担的风险。同时，我们也看到，房贷的平均期限都很长，从 15 年到 30 年不等。

考虑到家庭负债的差异，相当多的学者从微观层面来研究影响家庭负债的因素，尤其是负债情况和家庭特征的关系。在实证方面，Jappelli（1990）、Crook（2001）、Duca &

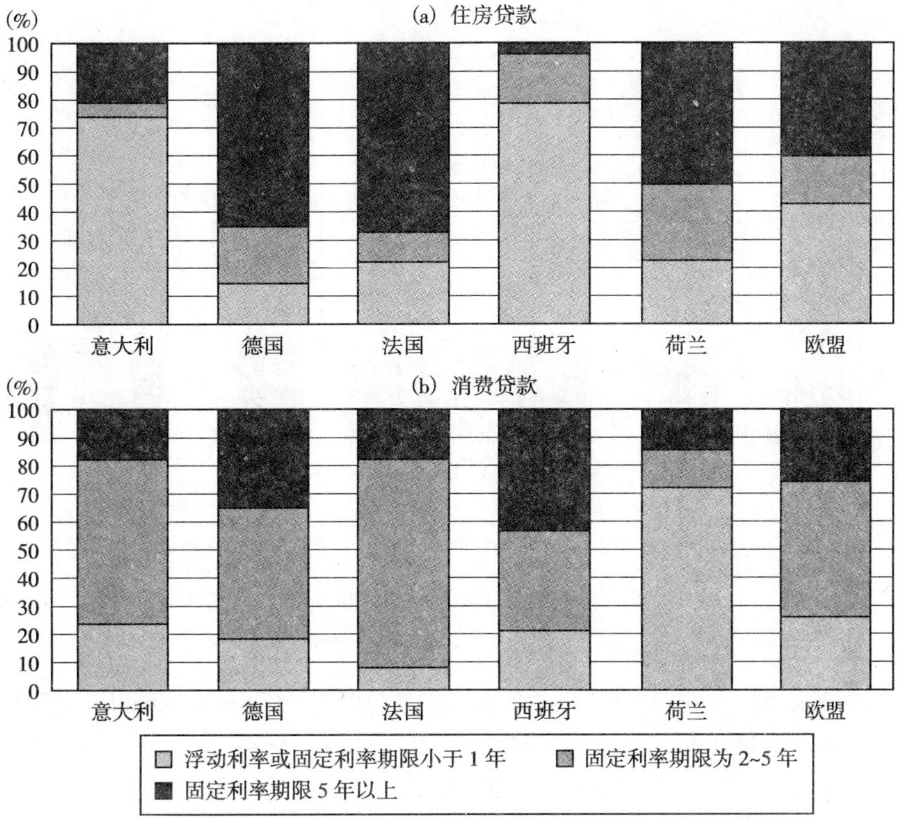

图 2 欧洲各国家庭债务的期限结构（2002 年）

资料来源：Bertola et al.，2006。

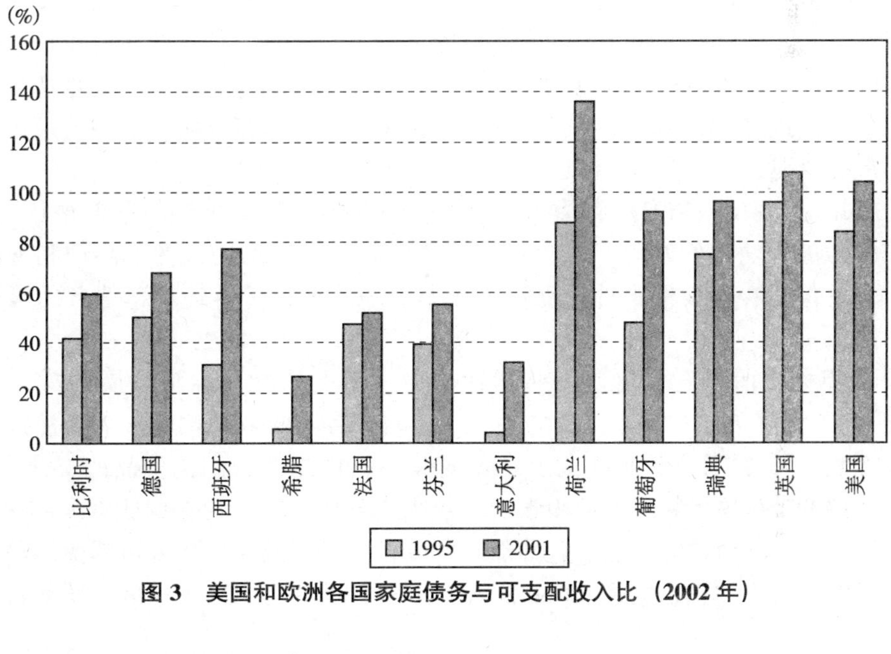

图 3 美国和欧洲各国家庭债务与可支配收入比（2002 年）

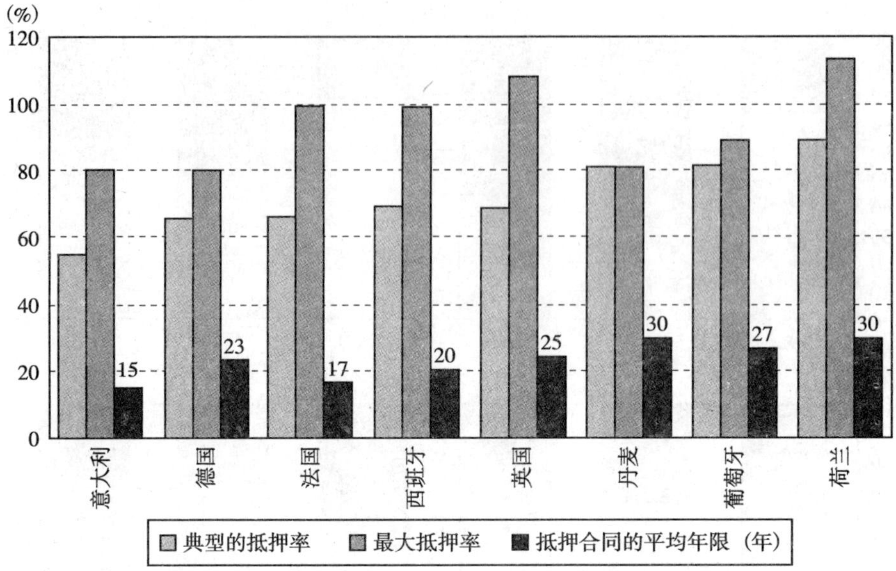

图 4　欧洲各国家庭住房借贷情况

资料来源：Bertola et al.，2006。

Rosenthal（1993）、Lyons（2003）、Cox & Jappelli（1993）、Ferri & Simon（2000）等人考察了美国的情况，Fabbri & Padula（2004）、Magri（2002）分析了意大利的微观数据，而Cava & Simon（2003）则考察了澳大利亚的情况。Crook & Hochguertel（2006）利用 4 个OECD 国家（美国、意大利、西班牙和荷兰）的微观数据，研究了家庭的负债情况的差异。他们发现户主年龄是影响家庭负债的一个因素。美国和意大利的数据都表明，户主年龄越大，家庭越不愿意负债。教育也是影响家庭负债的因素之一，户主是高学历的家庭的负债概率要明显大于户主是低学历的家庭。家庭的人口特征方面，是否有小孩、小孩的数量以及他们的年龄都影响家庭的负债。在意大利，家庭有年龄稍大的小孩被认为是家庭负债的原因之一。此外，CrooK & Hochguertel（2006）等人研究表明，信用约束也是影响家庭负债的重要原因。

Compbell & Cocco（2003）应用生命周期理论来分析家庭抵押债务的最优选择问题。通过数值模拟的方法他们发现，在存在信用约束和收入风险的条件下浮动利率的债务对家庭更有利。但对存在大额抵押、高违约成本的家庭而言，浮动利率债务的吸引力要弱一些。

与消费相关的信贷发展促使一些学者探讨了消费信贷与经济发展的关系。Murphy（1999）研究了家庭负债与家庭消费的关系。他将债务与收入的比例作为度量指标发现这个指标与家庭未来耐用消费品的支出有负向关系，而对非耐用消费品的支出没有影响。Ludivgson（1900）考虑了家庭的信用限额与收入成正比关系但会受到随机因素冲击的条件下，家庭负债对家庭消费的影响。这种随时间变化的信用约束可用来解释美国消费信用的增长与消费增长之间的正向关系。Coulibaly & Li（2006）还研究了家庭的偿债行为对家庭消费的影响。他们发现，美国家庭在偿还完抵押贷款后，并没有增加日常的消费，反而增加金融资产储蓄和耐用消费品的消费。针对中国市场，黄兴海（2004）发现，家庭的刷卡消费与家庭消费具有正向关系，表明家庭的负债对家庭消费有正向作用。

（六）信用约束[①]

家庭的信用约束是指家庭借贷或融资时所受到的外在限制。简单的生命周期理论所得出的最优消费意味着，家庭可以利用消费金融跨期分配家庭的资源。在家庭成员年轻收入低时可以负债，在中年收入高时可以储蓄，到老年再进行负储蓄。这个理论实际上隐含地假设了一个前提，即家庭在需要利用负债时，他能够从容筹借到所需要的资金。实际上，家庭在借贷的过程中会受到信用约束的影响，并不是所有的家庭都能够获得自己所需的借贷。家庭的借贷需求得不到满足时自然会影响他的金融决策和消费。

Hayashi（1985）的实证研究发现，家庭受到的信用约束越强，家庭的消费相对越少。这种现象在年轻的家庭中尤为明显。Zelds（1989）在生命周期理论的基础上，分别考虑了有无信用约束的条件下，家庭的消费函数所满足的最优条件下的欧拉方程。他得出的结论是：家庭在信用约束的条件下的最优消费，低于家庭没有信用约束条件下的消费。在实证中，Zelds 根据储蓄的额度或者金融资产数量多少来划分家庭所受到的信用约束的等级，并利用美国 SCF（Survey of Consumer Finance）的数据检验了信用约束对家庭消费的影响，得到的结论与 Hayashi（1985）是基本一致的。

四、消费者行为与消费金融

在研究分析消费者的金融行为的时候，我们对他们的行为目标要有一个尽量准确的认识。生命周期理论对消费者的行为目标提出了一个清晰的描述，即基于一生的考虑来做出消费安排以实现消费效用的最大化。这意味着消费金融能够帮助消费者平滑一生的消费（包括将来各种可能的情形下）。这样的描述有一定的理论基础，也简单、直观、合理和有可操作性，但它也遇到来自几个方面的挑战。从实证的角度我们看到，不同的消费者其消费和金融行为存在很大的差异，如前面提到的不同国家、不同家庭之间的资产和负债选择的不同。这些有可能受其自身的经济特征及所处的经济、金融环境的影响，但也不能排除其他因素存在的可能，如不易为简单效用函数所反映的偏好和行为习惯、心理因素、深层

① 信用约束（Credit Constraint）是消费金融领域常见的术语之一，另一个与之相近的术语是流动性的约束（Liquidity Constraint）。作者认为，这两个术语是有差别的，流动性约束是指家庭的流动性资产不足导致家庭的支付困难，信用约束则是家庭对外进行借贷时由于违约风险等所受到的限制。有流动性约束的家庭如果具备偿债能力，也能顺利地筹借到所需的贷款，因此不会受到信用约束。但目前文献中，对这两个术语的区分并不严格。我们将有关家庭流动性约束与信用约束方面的文献，放在一起讨论。

的信息和交易成本等。从理论方面，近期行为经济、金融学的发展也对生命周期的理论基础，如理性选择理论、理性预期假设，提出异议。这就要求我们在研究消费金融的时候要特别对消费者行为及所处环境有更为详细和准确的了解。

这方面的一般性研究近来较为活跃。在个人行为方面，尤其风险选择方面，继 Kahneman & Tvcrsky（1979，1991）之后有许多后续工作。大致的介绍可见 Thaler（1993，2005）、Shefrin（2002）、Subrahmanyam（2007）、Shleifer（2001）。有些学者更从心理和生理的角度来考察人的经济行为，如 Berr Sharar（2007）和 Camerer et al.（2005）。在信息和交易成本方面，Merton（1987）、Vayanos & Wang（2009）做了一些初步探讨。

在消费金融的一些具体领域，也有很多工作。如 Benartzi & Thaler（2001，2007）发现个人在做投资决策时往往并不最佳地分散风险。有些文献发现消费者在使用消费金融产品时并不只是为了平滑消费，有时也为了便利或降低交易成本等。如 Chakravorti & Emmons（2003）等将信用卡用户分为两种，一种持卡人是消费信用（revolver）的使用者，另一种持卡人使用信用卡则只是为了支付方便（convenience users）。清华大学中国金融研究中心的消费金融调查结果也表明，持有信用卡的家庭中有 59%的家庭使用信用卡仅仅是为了支付便利。后者的消费金融行为可能更多地与消费者的行为习惯和面临的交易环境有关。

由于有关消费者的消费和金融行为这个领域涉及的范围很宽，且发展较快，我们难以在此作全面的介绍。所以本节中只是提及几个方面，旨在反映所涉及的一些重要问题。

（一）风险厌恶与消费金融

风险厌恶影响个人消费金融行为。Neave（1971）指出，消费者的风险厌恶影响家庭的消费投资决策，风险厌恶的人一般会少消费，而将更多的收入用于储蓄。风险厌恶也影响家庭使用消费金融的行为。关于风险厌恶多数研究认为，家庭的人口和社会学特征以及经济条件是解释个人风险厌恶的主要因素，读者可参照 Lucarelli（2010）的总结，本文不再赘述。

Polkovnichenko（2005）认为，在不确定环境下，家庭的消费效用函数不应用通常的预期效用函数来表述。他因此考虑了一种更为广义的效用函数，即所谓 RDU（rank-dependent utility）函数。这种效用函数允许不同情形下的消费效用被赋予与该情形发生的客观概率不同的权重，以反映决策者的主观感受。Polkovnichenko 利用 RDU 效用函数理论来解释美国家庭中，同时持有风险分散化的基金产品和风险分散化较差的股票的现象，以及拥有储蓄较多的家庭很少投资股票的情况。这一类更广义的效用函数实际是想以一种更为严谨的方式来描述一些特定的行为偏差。

（二）行为习惯

对消费者行为习惯的研究由于数据的缺乏而增加了难度，但在消费金融的有些方面，特定的数据给我们提供了机会，如信用卡和短期消费信用就是一个例子。前面已提到投资组合方面的例子，因此我们这里再做些介绍。

Zinman（2009）研究了消费者选择使用借记卡还是信用卡的问题，认为消费者选择使用借记卡还是信用卡主要是考虑：商户对这两种卡的接受程度、安全性能、时间、成本等因素。Chien & Devaney（2000）利用美国 SCF 的调查数据研究发现，对信用卡的态度影响信用卡的使用额度。那些认为使用信用卡是不错的主意的人，越愿意使用信用卡。Brito &Hartley（1995）的研究对消费者使用信用卡提出了另一种解释：尽管银行贷款利率相对于信用卡利率低一些，但持卡人并不会因为银行借款利率低而放弃使用信用卡，原因是对于时间较短、难以预测的资金需求而言，信用卡明显具有一种便利性。

那么，消费者在选择信用卡时会注意信用卡合同条款吗？Durkin（2000）针对这个问题进行了研究。他发现，有关信用卡使用成本的条款，诸如年费、利率等是消费者关注的主要对象。Lee & Hogarth（1998，2000）等人做了类似的研究，他们考察了消费者在挑选信用卡时的信息收集行为。研究表明，消费者平均会收集 1.4 个左右金融机构提供的信用卡信息，这些信息包括信用卡利率、年费、免息期等参数。这种信息搜寻是有成本的，Kerr & Dunn（2008）认为，搜寻成本使持卡人宁可承担较高的利率，而不愿意再更换持有的信用卡产品。这在一定程度上解释了信用卡的高利率现象。

但信用卡余额高的持卡人仍愿意寻找能够提供低利率的信用卡，尽管他们被拒绝的概率较高。这主要是高余额会给持卡人带来较高的利息费用，说明信用卡利率一定程度上也影响持卡人的行为。

（三）信用卡与消费

生命周期假说表明，消费金融能够提高家庭当期的消费。这是从家庭进行优化决策的角度来解释。就短期消费金融产品而言，也有学者从金融行为的角度来分析消费金融对消费的刺激作用。

Cross & Souleles（2002a）的研究表明，信用卡对消费具有刺激作用：增加消费者的信用限额之后，消费者的信用卡负债会显著提高。Soman & Cheema（2002）通过试验的方法研究了信用限额对信用消费的影响，结论是对于年轻和教育程度较低的消费者而言，信用限额的提高对消费的刺激程度更大。

（四）消费金融中的违约行为

违约是消费金融重点关注的领域之一。Bertola（2006）考察了西班牙、法国、澳大利亚、比利时 4 个国家的数据，发现失业和疾病是导致家庭违约的主要原因。这与 Domowitz & Sartain（1999）等人的研究结果比较接近。值得注意的是，在西班牙和澳大利亚，家庭财富的管理不善也是家庭违约的主要原因之一。这或许表明，对消费者开展金融教育是降低违约的一个有效途径。

Cross & Souleles（2002b）从经济学的角度利用美国持卡人的违约数据研究了个人违约问题。他们试图解释在 1994~1997 年美国持卡人的违约率上升的现象。他们认为可能的原因是：第一，由于持卡人的群体扩大，导致总体上持卡人的信用质量下降。第二，由于社会违约成本的下降。这种违约成本不仅表现在可用货币计量的成本，也表现在用货币无法计量的成本（如羞耻感等）。在剔除掉持卡人的风险因素后，他们发现持卡人的违约率仍呈上升趋势，表明除存在着第一种原因外，违约成本下降也是信用卡违约率上升的原因之一。

White（1998a，1998b）从法律的角度研究，认为美国的消费者存在着策略性违约的现象。在美国，当消费者面临困境时可以选择破产，这样自身资产以及未来收入的一部分将获得免除偿债的权利。消费者也可以选择还债，这样自身的资产和未来的收入将首先用来偿还债务，剩余部分将归消费者所有。消费者是否选择破产将取决于两种情况下消费者最终的得益。Whitc 利用美国 SCF 的数据研究发现，大约 1/6 的家庭会从登记破产中获得收益。Fay et al.（2002）利用 PISD（Pancl Study of Income Dynanics）的调查数据计算了在 1984~1995 年间美国破产家庭从免除额度中获得的利益。他们得出的结论是，家庭从破产登记中获得免除额度越高，家庭登记破产的可能性越大。这说明，政府行为是影响消费者违约的一个重要因素。

五、消费金融与金融市场

前面三部分都是从消费主体即消费者（家庭或个人）的角度来考虑消费金融所涉及的问题，主要是消费者的金融决策及其与消费的关系。但正如本文第一部分所说，消费者的金融行为受制于他所处的金融环境，尤其是相关的金融市场。对比不同国家的家庭的金融选择时，我们看到在很多方面存在较大的差异，这和各个国家的金融市场环境的不同有着必然的联系。以投资为例，处于不同国度的家庭所面临的投资渠道会有很大差异，如基金的普及程度和国际投资的选择。再考虑住房抵押贷款，不同国家的产品也有不同。如美国以长期的定息贷款为主，且有赎回选择，而英国则多以活息为主。这些都会影响消费者的金融决策。

（一）市场的供给

金融市场的结构，也就是它所有的产品、交易过程、服务等是由什么来决定的呢？这是一个极为重要的问题。但这方面的研究工作较为缺乏。Merton 所提出的从金融功能的角度来分析金融市场的结构、变迁以及监管的理论是一个极为重要的框架（Merton & Bodie，1995）。他的基本出发点是界定金融市场的终端使用者所需要的各种基本金融功能，如支付、投资、风险分散等等。然后，考虑在给定的技术和法律、监管条件下，金融服务的提供者如何形成各种市场和机构来有效地实现各种金融功能。当然，这里所说的大多数金融功能是相对于消费者而言的。

这个理论的一个例证就是按揭证券化市场的作用及其对消费者的影响。按揭的证券化通过风险分散、组合和担保等过程，使得长期投资者能直接为购房者提供资本，从而降低了购房借贷的成本。

这个理论从金融活动的基本需求出发，为我们在考虑如市场的结构、板块乃至许多具体方面时提供了一个分析框架。Crane et al.（1995）在这方面进行了更为详细的讨论。但这个理论还有待进一步的验证、丰富和细化。尤其是它的具体应用还必须与市场的许多实际因素，如现有的技术、信息结构、交易成本等，密切结合起来。

另一个角度是具体分析金融产品和服务提供者的行为。例如，许多研究仔细考虑了零售金融产品的定价问题，如货币基金（Christoffersen & Musto，2002）、信用卡（Ausubel，1991）、按揭借贷（Bay & Morhan，2001）、寿险（Brown & Goolsbe，2002）。有的进一步分析金融产品和服务零售中的信息不对称性（Capon et al.，1996；Agnew & Szykman，2005）。Carlin（2009）在信息不对称的基础上对金融产品和服务的零售市场的行为作了理论分析。

研究消费金融市场供给量的文献不多。以信贷为例，市场的供给最终取决于消费者的偿债能力以及抵押品的情况。其次，逆向选择和道德风险也限制了信贷市场的供给(Jaffee & Rusell，1976；Stiglitz & Weiss. 1981)。另一个影响市场供给的重要因素是政府的监管。例如，Casolaro et al.（2006）对意大利居民家庭的债务研究表明，当政府放松监管时，市场的竞争会加剧。竞争压力会导致银行增设分支机构，增加信用供给。

（二）市场的需求

给定金融市场的现有产品，我们再来考虑消费者对它们的需求。由于金融产品的极端多样化，我们避免考虑每一个产品，而是以信贷产品为例，来探讨分析市场需求的基本方法。研究金融需求通常有两种方法，一种是利用调查直接获得的观测数据，另一种是采用结构化的方法来估计。

不少研究者采用了第一种方法来估计家庭的信用需求函数。其中利用美国数据估计家庭信用需求的文献有 Duca & Rosenthal（1993）、Cox & Jappelli（1993）、Gropp et al.，(1997)、Crook（2001)，利用意大利数据的文献有 Magri（2002)。总的看来，影响家庭债务需求的因素主要有收入、资产、家庭规模、是否失业、婚姻和教育等，但这些研究得出的结论又不尽相同。例如，Magri 的研究表明，意大利家庭的收入越高，家庭对负债的需求越小。这与 Duca & Rosenthal（1993）针对美国家庭的研究结果正好相反。这个现象本身说明家庭的消费金融需求具有一定的复杂性。

（三）再谈信用约束

本文第三部分讨论了有关信用约束的一些研究。那些工作主要是研究信用约束如何影响家庭的消费，本节则是讨论信用约束本身。信用约束可以理解为家庭在向金融机构借款时所受到的限制，这给我们理解消费金融市场的供给和需求提供了一个独特的视角。

关于信用约束度量，一种方法是让受访者回答借款的难易程度，如 Cardak & Wilkins

(2009)。也有一些文献用家庭申请借款时遭到拒绝的概率来表示信用约束，如 Jappelli (1990)、Cox & Jappell (1993)、Duca & Rosenthal (1993)、Crook (2001)、Crook & Hochguertel (2006)、Benito & Mumtaz (2006) 等。遭到拒绝的概率越大，家庭受到的信用约束越强。但这种度量没有充分考虑只获得部分贷款的情况。

Gant (2007)、Chen & Chivakul (2008) 则从信用市场的供给和需求角度重新定义了信用约束。利用欧洲意大利等国 2001 年和 2004 年家庭的调查数据，Chen & Chivakul 发现，财富和收入高的家庭受到的信用约束较小。Gant (2007) 的研究利用的是美国 CES (Consumer Expenditurey Survey) 调查数据，发现有 31%的家庭受到信用约束，换句话说对这部分家庭而言，市场提供给他们的信用不能满足他们的需求。那些年轻的受过教育的家庭受到的信用约束更多些。

(四) 消费金融市场的信息不对称

信用约束的存在，一种原因可能是家庭由于偿债能力低而借不到所需的钱款，另一种原因是市场的供需双方存在着信息不对称 (Canner et al, 1991; Cox & Jappelli, 1993; Duca & Rosenthal 1993)。信息不对称也被 Ausebel (1991) 用来解释信用卡的定价之谜。他指出，美国的信用卡市场因为有数以千计的发卡银行和较低的准入门槛，更像是一个自由竞争的市场。但发卡机构提供的利率却远高于其他消费金融产品。Auseble 解释说由于存在着信息不对称，银行不愿意降低利率，因为降低利率会吸引高风险的持卡人。Calem & Master (1995) 利用美国 SCF 的调查数据证实了信息不对称是导致信用卡高利率的原因。他们的研究还表明，信用卡市场的逆向选择和信用卡的更换成本，也是导致信用卡利率偏高的原因。

针对消费金融市场的信息不对称，有学者比较了信息共享程度不同的市场上逆向选择和道德风险的情况。Jappelli & Pagano (2002) 研究发现，在银行之间信息共享程度高的国家，银行提供的消费贷款额度高且风险小。这说明，信息共享是减少道德风险和逆向选择的有效途径。

六、消费金融中政府的作用

政府对于市场及对于消费者行为的直接影响是极为重要和巨大的，对它的认识和分析非常重要。这不仅是对政策制定者和市场而言，对消费者而言也是如此。对这类问题的研究涉及很多方面，包括经济、政治和法律等。纯粹从金融的角度，前面讨论的 Merton 的金融功能框架可以有一定的帮助。鉴于本文的目的，我们不想就这方面的问题作全面的讨论，只是想通过几个侧面来考察政府的行为对消费者的金融活动所能带来的比较直接的影响。第一，想进一步说明政府的作用在消费金融领域的重要性；第二，想以此引起研究者更大的兴趣。

首先，我们来考察不同国家对消费者（家庭或个人）借贷所付利息的税负处理。表 5 给出了美国、日本、加拿大和欧洲各国对于家庭不同类的借贷所给予的税务处理（见 Poterba，2002）。可以看到，各国的政策有相当大的差异。例如，对于住房贷款，美国、荷兰、意大利和法国对其利息是免税的，日本和英国部分免税，而德国和加拿大则完全没有。对照前面对各国住房拥有率的分析，我们看到德国在几个主要工业化国家中住房占有率最低。这可能不是完全偶然的（当然我们尚不能确定因果关系如何，只是指出可能的关联）。

表 5　主要工业化国家个人借贷的税务处理

	借贷利息是否免税	
国家	住房按揭	消费借贷
加拿大	否	否
法国	是	否
德国	否	否
意大利	是（仅限首次买房）	否
日本	否（除新购房者前 6 年）	否
荷兰	是	是（限额以下）
英国	否（2000 年 4 月起）	否
美国	是	否

其次，我们来考虑西方各个国家通过各种政策来保障居民的基本消费和鼓励长期储蓄。这方面最重要的政策是社会保险和退休储蓄激励。各国的社保政策虽在结构上大致相同，但细节上仍有许多差异。因为对于退休后的收入而言，贡献的水平不高（对于低收入家庭仍很重要），我们来看退休储蓄激励的情况。

表 6（Poterba，2002）中所反映的是美国、日本、加拿大和欧洲几个主要国家对个人退休储蓄在税收政策上的不同处理。以美国、英国和加拿大为例，它们都为一定额度下的退休储蓄免除了税收（至最终提取）。而日本和法国则无这样税收上的激励。这些差异必然会影响各国家庭的储蓄、投资和消费行为。许多国家还通过税收和立法来推动企业为其雇员提供退休后的经济保障。

表 6　各主要工业国家的退休储蓄激励机制

国家	退休储蓄账户	最大缴款额度	是否免税	特别提示
加拿大	是	\$9400（加元 15500），indexed	是	限于外国股票；结转未使用的额度
法国	否	—	—	—
德国	是	Venmogensbildungs gesetz 限制为\$2200	是	投资于“长期基金”；其他方案来积累住房首付
意大利	是	工资的 2%或者\$1414	是	

续表

国家	退休储蓄账户	最大缴款额度	是否免税	特别提示
日本	否	—	—	普遍的 maruyu 邮政储蓄账户于 1986 年被逐步淘汰
荷兰	是	每年 1700 荷兰盾，或大约$850 用于员工储蓄计划	是	“员工储蓄计划”和“保费储蓄计划”；在收回前有四年的保留期限
英国	是	收入的 17.5%~40%用于个人养老金；个人的储蓄账户（ISAs），从 2000 年开始限额每年存入 5000 英镑	是	ISAs 在投资选择上有限制；总额度限制在 2000 年之前较高
美国	是	个人退休账户$2000；401（k）计划为$10500	是	其他的选择包括 Roth IRAs 和 403（b）计划

政府的其他政策也都对消费者有直接的影响，如医疗保险、失业保障、各类教育和住房贷款。这些对消费者尤其是低收入家庭的消费、风险和相关金融活动都是极为重要的。譬如，Kantor & Fishback（1996）的实证研究表明，社会保险虽然对私人购买的商业保险有一定的挤出效应，但能够显著地减少家庭的储蓄。Gruber（1997）利用美国家庭的收入数据，研究了失业保险对家庭消费的影响，结果表明拥有失业保险对家庭的消费增加起正向作用。Browning & Crossley（2001）利用加拿大的调查数据得到了同样的结论。但总体来讲，这方面的研究还很不够。

七、结语：关于消费金融研究的几点看法

最后，我们在前面讨论的基础上就消费金融的研究提出一些看法，尤其希望探讨我们所面临的挑战及发展的方向。

（一）消费金融理论研究面临的挑战

我们将消费金融内容理解为研究消费者如何通过跨期配置资源实现自己的目标。那么这个目标是什么？在生命周期理论中，家庭的目标被设为消费效用最大化，但这样的目标假设仍是值得商榷的。[①] 近期的实验和实证研究都表明，个人的实际经济和金融行为与经典金融经济学中用预期效用函数所描述的情形在有些方面存在一定的差异。这只是反映了个人行为中某种随机性的偏差，还是简单决策理论的局限？这种局限是可以通过对现有理论的某种延伸即可以解决（Schmeidler，1989；Gilboa & Schmeidle，1989），还是需寻求全

① 以清华大学中国金融研究中心的调查为例，在对 5200 多份问卷的调查中，有 51%的家庭认为实现财富最大化是家庭追求的目标，有 46%的家庭认为提高生活水平是家庭追求的目标。

新的表述？这涉及微观经济理论的基本问题，对消费金融的研究，尤其是微观层面对消费者行为的分析。

家庭的消费金融行为具有相当的复杂性。第一，家庭的金融活动与家庭的生产和消费活动紧密相连，而我们通常的分析往往只注意后者。其实，对于一个家庭或个人而言，生产是更为基础性的，因其是家庭经济的主要来源。这种生产活动包括职业的选择、人力资本的投资（如教育）以及自营生意等等。第二，家庭的金融活动不仅与家庭的现实经济条件有关，还与家庭对未来的预期、家庭的结构、知识和信息水平、心理和行为习惯等因素有关。譬如许多抽样分析都表明，不同个人之间的一些基本经济预期，如对通胀、股市收益和风险、收入平均预期等，往往存在很大的差异。第三，家庭所处的地域、社会生态等也影响家庭的金融行为。这些因素都增加了消费金融问题理论描述的复杂性。

理论研究中另一个问题是将宏观环境等变量引入到模型中。从本文第三部分介绍可以看出，不同国别家庭的债务结构和规模、家庭的资产配置等行为具有很大差异。那么这种差异背后的决定因素是什么？其对家庭金融决策的重要程度如何？这些宏观层面的问题是值得认真探讨的。此外，家庭金融活动中的交易成本、政府的税收政策、金融市场环境等都会根本地影响家庭的金融活动和行为。如何将这些变量考虑到家庭决策的理论模型中，也是消费金融理论研究面临的一项挑战。

从技术的角度看，理论模型的可解性也是研究者必须考虑的问题。如将上述因素都考虑到理论模型中，无疑会增加模型复杂程度，使模型的求解、估计和分析变得更加困难。

另外我们必须注意到，由于信息不对称和交易成本等原因，家庭的许多金融活动乃至决策都是通过代理人来完成的。比如资产管理往往是委托给金融机构，金融规划求助于金融顾问等等。这样的情况会怎样影响家庭的各种金融决策和最终的消费惰性是一个很重要的问题。

（二）消费者经济、金融状态的描述

无论是从理论（如上述）还是从实证的角度，消费金融的研究都基于对家庭基本金融状况的了解。如同公司金融研究的前提是准确地度量和描述公司经营和金融状况一样，对家庭消费金融的研究，首先需要较准确地度量和描述家庭的金融情形。Samphantharak & Townsend（2006）特别强调了这个问题的重要性。他们通过家庭和公司的特征对比，试图通过建立一套描述家庭经济活动的财务报表来分析和描述家庭的资产状况和经济活动。财务报表中涉及的基础数据，一般是通过消费金融调查获得。然而，描述家庭资产和经济活动的数据尚无统一的标准和规范。

第一，家庭的资产负债表。有些资产如大件耐用消费品等目前还没有一个统一的标准。对于住房的价值，有资产评估的价格、当前市场价格以及购买时的成交价格等，对这些资产价值采用哪一种计量方式最终将影响到家庭总财富的度量。

第二，家庭的收支表。家庭收入和支出是记载家庭各项经济活动的重要内容，如消费、融资、储蓄和投资等各项活动，都可以在家庭的支出表中加以体现。但少有文献涉及经营性支出在家庭支出表中的处理。规范家庭的收支表的度量对开展消费金融研究同样重要。

第三，家庭除了拥有资产之外，还拥有人力资本，人力资本在家庭的金融活动中占有重要的地位。一个明显的例子是，人力资本也是金融机构考虑偿债能力的重要因素。尽管有文献（Angerer & Lam，2009）讨论人力资源和家庭金融活动的关系，但这方面的研究也有待深入。

家庭经济活动的度量既关系到重要信息的收集，也影响到理论模型的应用。例如，Attanasio & Weber（1995）曾用生命周期理论解释美国20世纪80年代消费增加的现象，但Gale & Sabelhaus（1999）指出，生命周期理论所定义的储蓄与宏观经济中定义的储蓄是不同的，前者包含着资本收益。然而从家庭的微观角度而言，显然包含资本收益的储蓄更为合理。

更为复杂的是如何描述消费者的金融行为。以消费信贷为例，对于中长期的汽车贷款和房屋抵押贷款而言，由于是消费者在一个很长的时间内考虑问题，或许能更好地体现生命周期特征。但正如本文第四部分所阐述的，对于短期的消费信贷产品，如信用卡等则更多的是与消费者的行为有关。如何刻画和描述消费者行为，是消费金融研究面临的又一项挑战。

（三）对消费金融环境的描述

除了对消费者状况的描述，对他们所处的金融环境的了解也至关重要。而这样的刻画是特别困难的。例如从市场的角度，一个消费者所面临的借贷环境（包括借贷利息、限额、抵押、成本）、投资环境（包括投资品种、信息、费用）等所涉及的方面和细节很多。而它们对消费者的影响如何又难以确知，所以描述、取舍、简化起来都较困难。再以支付为例，一个消费者面临多种支付手段的选择，他们之间的便利、成本、限制的差异会很大程度上影响消费者的支付选择和行为。对这些因素描述不准确，往往会给理解所观察到的现象带来困惑或误导。

对于其他的宏观金融环境的描述也是如此。以美国为例，一个人所享受的社会保险及医疗的水平、面临的税率等等，都是极为复杂的，其本人乃至一个出色的财务顾问都难以描述清楚。这给我们分析消费金融问题带来了困难。目前的分析都是在极端简化的基础上，其恰当性还有待进一步考证。有些国家，如丹麦和瑞典，所收集的极为详细的宏观和微观的数据（Grinblatt & Keloharju，2001；Calvet et al.，2007），或许允许我们对这样的问题作进一步的探讨。

（四）消费金融的研究需要做好基础性的工作

消费金融最终是为消费者服务的。消费金融领域的研究重点无疑是针对消费者的研究。因此，获得消费者的消费金融数据对消费金融的研究是至关重要的。目前常见的数据来源主要有两类：第一类是针对个人消费者的消费金融数据，数据的来源主要是消费金融机构，内容多局限于与短期消费直接相关的金融产品的交易记录，如信用卡、汽车贷款等。这种数据的优点是具有良好的客观性和准确性。缺点是：第一，由于数据包含着个人隐私信息，对研究者而言数据的获得和使用都比较困难。第二，数据更多地记载了消费者的某些金融行为，但对行为的决定因素反映较弱。

第二类是针对居民家庭的消费金融调查数据。从前文的综述可以看出，大量有关消费金融的研究都是建立在家庭调查数据的基础上。这一点，美国的经验值得借鉴。早在1963年美国政府就开始了全国范围内的消费金融调查。从1983年开始调查常态化，每隔3年进行一次。这些数据涵盖了家庭经济生活和金融活动的多个方面，能够更深入、细致地解释居民家庭的金融行为，为推动美国的消费金融研究发挥了至关重要的作用。而丹麦和瑞典等国家收集的所有家庭的极为详尽的数据（包括个人信息、收入、所有投资记录）更为消费金融研究，无论是理论探讨还是实证分析都提供了极为难得的条件（Grinblatt & Keloharju，2001；Calvet et al.，2006）。遗憾的是这些数据目前尚未被公开使用。

我国目前尚无官方推动的全国范围内的消费金融调查。已公布的关于居民家庭的统计年鉴数据（如《中国城市（镇）生活与价格年鉴》、《中国劳动统计年鉴》等）虽然也提供了家庭的收入、消费等方面的信息，但若从单个家庭的角度看，数据缺乏足够的有效性、完整性和关联性，无法适应国内的消费金融研究以及相应政策制定的需要。因此，有步骤地启动国内家庭消费金融状况的抽样调查，合理设计，形成体系，是开展消费金融研究必须做好的基础性的工作。

通过前面的讨论，我们看到消费金融无论从研究、业务还是宏观政策来看都是金融学中一个极为重要、应占有核心地位的领域。其所涉及的问题非常广泛、丰富且极具挑战性，同时又是一个新兴的研究领域，亟待开发和发展。我们希望本文的综述能有助于国内的研究和政策制定者增强对消费金融的重视和兴趣。

参考文献

[1] 陈强，叶阿忠. 股市收益、收益波动与中国城镇居民的消费行为 [J]. 经济学季刊，2009 (3).

[2] 黄兴海. 我国银行卡消费与经济增长的实证研究 [J]. 金融研究，2004 (11).

[3] 李涛，郭杰. 风险态度与股票投资 [J]. 经济研究，2009 (2).

[4] 廖理，黄诺楠，张金宝. 中国消费金融调研报告 [M]. 经济科学出版社，2010.

[5] 王江. 金融经济学 [M]. 中国人民大学出版社，2005.

[6] Agnew，J. and Szykman，L.，2005，Asset Allocation and Information Overload：The Influence of information Display，Asset Choice and Investor Experience，Journal of Behavioral Finance 6，57-70.

[7] Alessie，R.，Hocharertel，S. and Soest，A. V.，2002，Household Portfolios in Netherlands，Household Portfolio，Edied by Guiso，L.，Haliassos，M.，and Jappelli，T.，MIT Press，341-388.

[8] Ando，A. and Modingliani，F.，1963，The 'Life Cycle' Hypothesis of Saving：Aggreate Implications and Tests，American Economic Review 53，55-84.

[9] Angerer，X. and Lam，P.，2009，Income Risk and Portfolio Choice：An Empirical Study，Journal of Finance，1037-1055.

[10] Attanasio, O. P. and Weber, G., 1995, Is Consumption Growth Consistent with Intertemporal Optimization? Evidence from the Cormsumer Expenditure Survey, Journal of Po litical Economy 103, 1121–1157.

[11] Ausubel, L. M., 1991, The Failure of Competition in the Credit Cand Market, American Eoonomic Review 81, 50–81.

[12] Bands, J. and Tanner, S., 2002, Household Portfolios in the United Kingdom, Household Portfolio, Edited by Guiso, L., Haliassos, M., and Jappelli, T., MIT Press, 219–250.

[13] Benartzi, S. and Thaler, R. H., 2001, Naive Diversification Stratgies in Retirement Saving Plans, American Economic Review 91, 79–98.

[14] Benartzi, S. and Thaler, R. H., 2007, Heurisitics and Biases in Retirement Savings Behavior, Journal of Economic Perpectives 21, 81–104.

[15] Benito, A. and Mumtaz, H., 2006, Consumption Excess Sensitivity, Liquidity Constraints and the Collateral Role of HousingO, Working Paper, Bank of England, No.306.

[16] Ben Shahar, D., 2007, Tenure Choice in the Housing Market: Psychological Versus Economic Factors, Environment and Behavior 39, 841–858.

[17] Bertaut, C. C. and Starr McMluer, M., 2002, Household Portfolios in the United StatesO, Household Portfolio, Edited by Guiso, L., Haliassos, M., and Jappelli, T., MIT Press, 181–218.

[18] Berkowitz, M. K. and Qiu, J., 2006, A Further Look at Household Portfolio Choice and Health Status, Journal of Banking & Finance 30, 1201–1217.

[19] Bertaut, C. C., 1998, Stockholding Behavior of U. S. Households : Evidence from the 1983–1989 Survey of Consumer Finance, Review of Economics and Statistics 80, 247–257.

[20] Bertola, G., Disney, R. and Grant, C., 2006, The Economics of Consumer Credit, MIT Press.

[21] Brito, D. L. and Hartley, P. R., 1995, Consumer Rationality and Credit Card0, Journal of Political Economy, 400–433.

[22] Browning, M. and Crossley, T. F., 2001, Unemployment Insurance Benefit Levels and Consumption Changes, Journal of Public Economics 80, 1–23.

[23] Brown, J. R. and Goolsbee, A., 2002, Does the Internet Make Markets More Competitive? Evidence from the Life Insurance Industry, Journal of Political Economy 110, 481–507.

[24] Calem, P. S. and Mester, L. J., 1995, Consumer Behavior and the Stickiness of Credit Card Interest Rates, American Economic Review 85, 1327–1336.

[25] Calvet, L. E., Campbell, J. Y. and Sodini, P., 2006, Down or Out : Assessing the Welfare Costs of Household Investment Mistakes, NBER Working Paper (http: PPssrn.comPabstract=883079).

[26] Campbell, J. Y., 2006, Household Finance, Journal of Finance 61, 1553–1604.

[27] Campbell, J. Y. and Cocco, J. F., 2003, Household Risk Management and Optimal Mortgage Choice, Quarterly Journal of Economics 118, 1449–1494.

[28] Campbell, J. Y. and Cocco, J. F., 2007, How Do House Prices Affect Consumption? Evidence from Micro Data, Journal of Monetary Economics 54, 591–621.

[29] Camerer, C. F., Loewenstein, G. and Prelec, D., 2005, Neuroeconomics: How Neuroscience Can Inform Economics, Journal of Economic Literature 63, 9–64.

[30] Canner, G. B., Gabriel, S. A. and Woolley, J. M., 1991, Race, Default Risk and Mortgage

Lending: A Study of the FHA and Conventional Loan Markets, Southern Economic Journal 58, 249–262.

[31] Capon, N., Fitzsimons, G. J., and Prince, R. A., 1996, An Individual Level Analysis of the Mutual Fund Investment Decision, Journal of Financial Services Research 10, 59–82.

[32] Cardak, B. A. and Wilkins, R., 2009, The Determinants of Household Risky Asset Holdings: Australian Evidence on Background Risk and Other Factors, Journal of Banking & Finance 33, 850–860.

[33] Carlin, B. I., 2009, Strategic Price Complexity in Retail Financial Markets, Journal of Financial E-conomics, 278–287.

[34] Case, K. E., Quigley J. M. and Shiller, R. J., 2001, Comparing Wealth Effects: The Stock Market versus the Housing Market, Cowles Foundation Discussion Paper, No. 1181.

[35] Casolaro, L., Gambacorta, L. and Guiso, L., 2006, Regulation, Formal and Informal Enforcement, and the Development of the Household Loan Market: Lessons from Italy, Economics of Consumer Credit, edited by Bertola, G., Disney, R. and Grant, C., MIT Press, 93–134.

[36] Cava, L. G. and Simon, J., 2003, A Tale of Two Surveys: Household Debt and Financial Constraints in Australia, Research Discussion Paper, Reserve Bank of Australia.

[37] Charkravorti, S. and Emmons, W., 2003, Who Pays for Credit Card? 0, Journal of Consumer Af-fairs, 208–230.

[38] Chen, J., 2006, Reevaluating the Association between Housing Wealth and Aggregate Consumption: New Evidence from Sweden, Journal of Housing Economics 15, 321–348.

[39] Chen, K. C. and Chivakul, M., 2008, What Drives Household Borrowing and Credit Constraint? Evidence from Bosnia and Herzegovina, IMF Working Paper, WPP08P202.

[40] Chien, Y. and Devaney, S. A., 2001, The Effects of Credit Attitude and Socioeconomic Factors on Credit Card and Installment Debt, Journal of Consumer Affairs 35, 162–179.

[41] Chiteji, N. S. and Stafford, F. P., 1999, Portfolio Choice of Parents and Their Children as Young Adult : Asset Accumulation by African2 American Families, American Economic Review 89, 377–380.

[42] Christoffersen, S. and Musto, D., 2002, Demand Curves and the Pricing of Money Management, Review of Financial Studies 15, 1499–1524.

[43] Coulibaly, B. and Li, G., 2006, Do Homeowners Increase Consumption after the Last Mortgage Payment? An Alternative Test of the Permanent Income Hypothesis, Review of Economics and Statistics 88, 10–19.

[44] Cox, D. and Jappelli, T., 1993, The Effect of Borrowing Constraints on Consumer Liabilities, Jour-nal of Money, Credit and Banking 25, 197–213.

[45] Crane, D. B., Froot, K. A., Mason, S. P., Perold, A. F. and Merton, R. C., eds, The Global Financial System: A Functional Perspective, Cambridge, MA: Harvard Business School Press.

[46] Crook, J., 2001, The Demand for Household Debt in the USA: Evidence from the 1995 Survey of Consumer Finance, Applied Financial Economics 11, 83–91.

[47] Crook, J. and Hochguertel, S., 2006, Household Debt and Credit Constraints: Comparative Micro Evidence from Four OECD Countries, Finance and Consumption Workshop, (http: PPwww. econ. ed. ac. ukP-papers PC reditConstraintsOECD. pdf).

[48] Cross, D. B and Souleles, N. S., 2002a, Do Liquidity Constraints and Interest Rates Matter for Consumer Behavior? Evidence from Credit Card Date, Quarterly Journal of Economics 117, 149–185.

[49] Cross, D. B and Souleles, N. S., 2002b, An Empirical Analysis of Personal Bankruptcy and Delinquency, Review of Financial Studies 15, 319–347.

[50] Deaton, A., 1997, The Analysis of Household Surveys, Johns Hopkins University Press.

[51] Domowitz, L. and Sartain, R. L., 1999, Determinants of the Consumer Bankruptcy Decision, Journal of Finance 54, 403–420.

[52] Duca, J. V. and Rosenthal, S. S., 1993, Borrowing Constraints, Household, Debt and Racial Discrimination in the Loan Market, Journal of Financial Intermediation 3, 77–103.

[53] Durkin, T. A., 2000, Credit Card: Use and Consumer Attitudes, 1970/2000, Federal Reserve Bulletin, September, 623–34.

[54] Dvornak, N. and Kohler, M., 2007, Housing Wealth, Stock Market Wealth and Consumption: A Panel Analysis for Australia, Economic Record 83, 117–130.

[55] Edwards, R. D., 2008, Health Risk and Portfolio Choice, Journal of Business and Economic Statistics 26, 472–485.

[56] Eymann, A. and Borsch Supan, A., 2002, Household portfolios in Germany, Household Portfolio, Edited by Guiso, L., Haliassos, M.and Jappelli, T., MIT Press, 291–340.

[57] Fabbri, D. and Padula, M., 2004, Does Poor Legal Enforcement Make Households Credit Constrained?, Journal of Banking & Finance 28, 2369–2397.

[58] Fan, E. and Zhao, R., 2009, Health Status and Portfolio Choice: Causality or Het erogeneity, Journal of Banking & Finance 33, 1079–1088.

[59] Fay, S., Hurst, E. and White, M. J., 2002, The Household Bankruptcy Deci sion, American Economic Review 92, 706–718.

[60] Ferri, G. and Simon, P., 2000, Constrained Consumer Lending: Methods Using the Survey of Consumer Finances, University of Bari (Italy), Working Paper.

[61] Gale, W. G., Sabelhaus, J. and Hall, R. E., 1999, Perspectives on the Household Saving Rate, Brookings Papers on Economic Activity1, 181–214.

[62] Gan, J., 2010, Housing Wealth and Consumption Growth: Evidence from a Large Panel of Households, Review of Financial Studies 23, 2229–2267.

[63] Gilboa, I. and Schmeidler, D., 1989, Maximin Expected Utility with A Non2Unique Prior, Journal of Math Economic 18, 141–153.

[64] Grinblatt, M. and Keloharju, M., 2001, How Distance, Language, and Culture In fluence Stockholdings and Trades, Journal of Finance56, 1053–1073.

[65] Gourinchas, P. and Parker, J. A., 2002, Consumptionover the Life Cycle, Econometrica 70, 47–89.

[66] Grant, C., 2007, Estimating Credit Constraints among US Households, Oxford Economic Papers 59, 583–605.

[67] Gropp, R., Scholz, J. K. and White, M. J., 1997, Personal Bankruptcy and Credit Supply and Demand, Quarterly Journal of Economics112, 217–251.

[68] Gruber, J., 1997, The Consumption Smoothing Benefits of Unemployment Insurance, American Economic Review 87, 192–205.

[69] Guardia, N. D., 2000, Consumer Credit in the European Union, ECRI Research Report No.1, European Credit Research Institute, Brussels.

[70] Guariglia, A., 2001, Saving Behavior and Earnings Uncertainty: Evidence from the British Household Panel Survey, Journal of Population Economics 14, 619–634.

[71] Guiso, L., Haliassos, M. and Jappelli, T., 2002, Household Portfolios, MIT Press, 1–24.

[72] Guiso, L., Jappelli, T. and Terlizzese, D., 1992, Earnings Uncertainty and Precautionary Saving, Journal of Monetary Economics 30, 307–337.

[73] Guiso, L., Jappelli, T. and Terlizzese, D., 1996, Income Risk, Borrowing Constraints, and Portfolio Choice, American Economic Review 86, 155–172.

[74] Guiso, L. and Jappelli, T., 2002, Household Portfolios in Italy, Household Portfol io, Edited by Guiso, L., Haliassos, M., and Jappelli, T., MIT Press, 251–290.

[75] Hall, R. E., 1978, Stochastic Implication of the Life Cycle Permanent Income Hypothesis: Theory and Evidence, Journal of Political Economy 86, 971–987.

[76] Hayashi, F., 1985, The Effect of Liquidity Constraints on Consumption: A Cross Sectional Analysis, Quarterly Journal of Economics 100, 183–206.

[77] Hubbard, R. G., Skinner, J. and Zeldes, S. P., 1995, Precaut ionary Saving and Social Insurance, Journal of Political Economy 103, 360–399.

[78] Jaffee, D. M. and Russell, T., 1976, Imperfect Information and Credit Rationing, Quarterly Journal of Economics 90, 651–666.

[79] Jappelli, T. and Pagano, M., 2002, Information Sharing, Lending and Defaults: Cross2Country Evidence, Journal of Banking & Finance26, 2017–2045.

[80] Jappelli, T., 1990, Who Is Credit Constrained in the U. S. Economy, Quarterly Journal of Economics 105, 219–234.

[81] Kahneman, D. and Tversky, A., 1979, Prospect Theory: An Analysis of Decisionunder Risk, Econometrica 47, 263–292.

[82] Kahneman, D. and Tversky, A., 1992, Advances in Prospect Theory: Cumulative Representation of Uncertainty, Journal of risk and uncertainty 5, 297–323.

[83] Kantor, S. E. and Fishback, P. V., 1996, Precautionary Saving, Insurance, and the Origins of Workers. Compensation, Journal of Political Economy 104, 419–442.

[84] Karitik, A., 2007, Consumer Finance and the–Richmond. View, Federal Reserve Bank of Richmond, Working Paper.

[85] Keer, S. and Dunn, L., 2008, Consumer Search Behavior in the Changing Credit Card Market, Journal of Business & Economic Statistics 26, 345–353.

[86] Lee, J. and Hogarth J. M., 1998, Shopping for a Credit Card: Does Information Search Pay Off? Consumer Interests Annual .

[87] Lee, J. and Hogarth, J. M., 2000, Relationships among Information Search Activities When Shopping for a Credit Card, Journal of Consumer Affairs 34, 330–360.

[88] LeRoy, S. F. and Werner, J., 2001, Principles of Financial Economics, Cambridge University Press.

[89] Lucarelli, C. and Brighetti, G., 2010, Risk Tolerance in Financial Decision Making, Working Paper, Wolpertinger Conference (http: PP wolpert inger. bangor. ac. ukP wolpertinger2010PpapersPLucarelli–Brighetti–W2010–august–2010%20AS4P3. pdf).

[90] Ludvigson, S., 1999, Consumption and Credit : A Model of Time Varying Liquid ity Constraints,

Review of Economics and Statistics 3, 434–447.

[91] Lyons, A., 2003, How Credit Access Has Changed over Time for U. S. Households, Journal of Consumer Affairs 37, 231–255.

[92] Magri, S., 2002, Italian Household Debt: Determinants of Demand and Supply, Temi di discussion, ideas. repec. org.

[93] McCarthy, D., 2004, Household portfolio Allocation: A Review of the Literature, Journal of Economic Literature (http: PPwww. esri. go. jpP jpPprj) rcPmacroPmacro15P01) 2) R. pdf).

[94] Merton, R. C., 1969, Lifetime Portfolio Selection under Uncertainty: The Continuous2 Time Case, Review of Economics and Statistics 151, 247–257.

[95] Mert on, R. C., 1971, Optimum Consumption and Portfolio Rules in a Continuous–Time Model, Journal of Economic Theory 3, 373–413.

[96] Merton, R. C., 1987, A Simple Model of Capital Market Equilibrium with Incomplete Information, Journal of Finance 42, 483–509.

[97] Merton, R. C. and Bodie, Z., 1995, A Conceptual Framework for Analyzing the Financial Environment, The Global Financial System: AFunctional Perspective, eds. D. B. Cranee, K. A. Froot, S. P. Mason, A. F. Perold, R. C. Merton. Cambridge, MA: Harvard Business School Press.

[98] Modigliani, F. and Brumberg, R., 1954, Utility Analysis and the Consumption Function: An Interpretation of Cross2 Section Data, Rutgers University Press.

[99] Modigliani, F. and Brumberg, R., 1980, Utility Analysis and Aggregate Consumption Functions: An Attemptat Integration, MIT Press.

[100] Murphy, R. G., 1999, Household Debt and Aggregate Consumption Expenditures, SSRN Working Paper (http: PPssrn. comPabstract=228496).

[101] Neave, E. H., 1971, Multi2period Consumption2Investment Decision and Risk Préference, Journal of Economic Theory 3, 40–53.

[102] Ostry, J. D. and Levy, J., 1995, Household Saving in France: Stochastic Income and Financial Deregulation, Staff Papers2International Monetary Fund 42, 375–397.

[103] Phang, S., 2004, House Prices and Aggregate Consumption: Do They Move Together? Evidence from Singapore, Journal of Housing Economics 13, 101–119.

[104] Pistaferri, L., 2001, Superior Information, Income Shocks and the Permanent Income Hypothesis, Review of Economics and Statistics 83, 467–476.

[105] Polkovnichenko, V., 2005, Household Portfolio Diversification: A Case for Rank2 Dependent Preferences, Review of Financial Studies 18, 1467–1502.

[106] Poterba, J., 2002, Taxation, Risk2Taking a Household Behavior, Handbook of Public Economics 3, 1109–1171.

[107] Rosen, H. S., and Wu, S., 2004, Portfolio Choice and Health Status, Journal of Financial Economics 72, 457–484.

[108] Samphantharak, K. and Townsend, R. M., 2006, Household as Corporate Firms: Constructing Financial Statements from Integrated Household Surveys, SSRN Working Paper (http: PPssrn. comPabstract= 911964).

[109] Samuelson, P. A., 1969, Lifetime Portfolio Selection by Dynamic Stochastic Programming, Review

of Economics Statistics 51, 239-246.

[110] Schmeidler, D., 1989, Subjective Probability and Expected Utility without Addi tivity, Econometrica 57, 571-87.

[111] Shefrin, H., 2002, Beyond Greed and Fear: Understanding Behavioral Finance and the Psychology of Investing, Oxford University Press.

[112] Shleifer, A., 2000, Clarendon Lectures: Inefficient Markets, Oxford University Press.

[113] Shum, P., and Faig, M., 2006, What Explains Household Stock Holdings?, Journal of Banking & Finance, 30, 2579-2597.

[114] Soman, D. and Cheema, A., 2002, The Effect of Credit on Spending Decisions: The Role of the Credit Limit and Credibility, Marketing Science 21, 32-53.

[115] Stiglitz, J. E. and Weiss, A., 1981, Credit Rationing in Markets with Imperfect Information, American Economic Review 71, 393-410.

[116] Subrahmanyam, A., 2008, Behavioral Finance: A Review and Synthesis, Euro pean Financial Management.

[117] Thaler, R. H., 1993, Advance in Behavioral Finance, Russell Sage Foundation.

[118] Thaler, R. H., 2005, Advance in Behavioral Finance, Princeton University Press.

[119] Tufano, P., 2009, Consumer Finance, Journal of Economic Literature 1, 227-247.

[120] Vayanos, D. and Wang, J., 2009, Liquidity and Asset Prices: A Unified Frame work, NBER Working Paper (http: PPssrn. comPabstract=1454931).

[121] White, M. J., 1998a, Why It Pays to File for Bankruptcy: A Critical Look at Incentives under U. S. Bankruptcy Laws and a Proposal for Change, University of Chicago Law Review 65, 685-732.

[122] White, M. J., 1998b, Why Don't More Households File for Bankruptcy?, Journal of Law, E-conomics and Organization 14, 205-231.

[123] Zeldes, S. P., 1989, Consumption and Liquidity Constraints: An Empirical Investigation, Journal of Political Economy 97, 305-346.

[124] Zinman, J., 2009, Debit or Credit?, Journal of Banking & Finance 33, 358-366.

A Survey of Consumer Finance Research

Wang Jiang[1], Liao Li[2] and Zhang Jinbao[3]

(1: MIT Sloan School of Management; 2: SEM, Tsinghua University)

Abstract: Consumer finance is a new developing field of finance and economic research. This paper aims at providing a brief summary of this field. First, we define the overall scope of consumer finance research and the main problems it studies. Then, we survey the current landscape of the field from several perspectives such as: financial decisions of consumers, the behavioral description of their financial activities, the relationship of consumer finance and the financial environment, especially financial markets and governments. related policies. Finally, we comment on the challenges and future developments of consumer finance research.

Key Words: Consumption; Consumer Finance; Consumer Behavior; Savings; Investments

中国构建国际金融中心的路径探讨*

吴晓求[①]
（中国人民大学金融与证券研究所，北京 100872）

【摘 要】 中国已成为全球性经济大国，建设新的国际金融中心，构建与全球性经济大国地位相匹配的大国金融是中国金融发展的战略目标。人民币国际化是构建国际金融中心和发展大国金融的前提条件，金融市场特别是资本市场大发展则是国际金融中心形成的关键。而提升产业核心竞争力、发展民主法制、提高市场透明度、建设良好的社会信用体系，发展与大国经济和大国金融相匹配的军事实力，亦是国际金融中心和大国金融建设不可或缺的因素。

【关键词】 国际金融中心；人民币国际化；资本市场发展

引 言

中国金融发展的战略目标是，到2020年，将以上海—深圳资本市场为轴心的中国金融市场，建设成全球最具影响力的金融增长极，并将上海建设成新的国际金融中心，以实现中国金融的崛起。届时，中国资本市场将是全球最重要、规模大、流动性最好的资产交易市场之一，其市值将超过80万亿人民币。人民币届时将成为全球最重要的三大国际性储备货币之一，因而以发达的资本市场为核心的中国金融体系将成为全球多极金融中心之一极。这个新的国际金融中心将成为人民币及人民币计价资产的定价中心，拥有人民币及人民币计价资产的定价权[②]。

种种迹象表明，新的国际金融中心的确正在向中国（上海）漂移。综观全球经济发展

---

* 原文发表于《金融研究》2010年第8期。左志方、李少君、杜斌参与了本文讨论并搜集了部分参考资料。

① 吴晓求（1959–），男，经济学博士，教授，博导，任职于中国人民大学金融与证券研究所。

② 参阅吴晓求（主笔）：《中国资本市场：全球视野与跨越式发展》，中国人民大学出版社，2008年，第10页。该报告中提出的中国金融战略目标与本文表述略有差异，但基本含义是一致的。

的脉络和金融中心演进的路径，历史上曾经出现过五大金融中心，分别是威尼斯、阿姆斯特丹、伦敦、纽约和东京。纽约和伦敦似乎仍是21世纪国际金融中心，东京由于受到泡沫经济的严重影响，其国际金融中心地位已经受到严峻挑战，威尼斯和阿姆斯特丹已经成为历史。

全球经济发展重心的移动轨迹实际上也是一部金融中心漂移的历史。从威尼斯商人到阿姆斯特丹郁金香，从伦敦的工业霸主到纽约的华尔街奇迹，金融中心用几个世纪的时间，从欧洲漂移到北美洲。20世纪中后期，新的国际金融中心似乎显示了向东京漂移的迹象，但是最终没有实现。目前，有向具有灿烂文明和巨大发展潜力的中国漂移的机会。新的国际金融中心的形成和中国金融的崛起应当是中国经济全面崛起的重要标志，也是中国经济这样一个大国经济持续稳定增长的重要保障。中国应抓住千载难逢的机遇从以下几方面努力促进中国（上海）成为新的国际金融中心，成为全球金融新的增长极。

一、中国构建国际金融中心和实现大国金融的经济基础

（一）中国已经成为全球性经济大国

按照维基百科的总结，具有全球影响力的国家就是大国。全球经济大国虽然没有统一的标准，但以下四个指标对于衡量大国经济至关重要：经济规模与经济密度、进出口贸易规模和结构、产业竞争力、经济金融化率。这些指标从经济、贸易、产业和金融的角度衡量了一国经济的综合实力和对全球经济的影响力，是大国经济的基本衡量标准。从这些指标看，目前中国已经是一个全球性经济大国。

观察中国经济的发展历程，可以很清晰地发现：2000年之前，从经济影响力上说，中国还只是一个区域性大国，而进入21世纪特别是加入WTO之后，中国经济保持持续性的高速增长，经济基础日益深厚，经济规模迅速扩大，经济地位不断提高，中国经济的影响力正在从区域走向全球。因而目前正是中国成为全球性经济大国的历史转折点。

从经济总量来看，虽然受到全球金融危机的冲击，2009年中国的GDP增长速度仍然达到了8.7%，GDP总规模将超过33.5万亿元人民币，约合4.91万亿美元，仅次于美国，和日本经济规模相当。据预测，到2020年，中国的经济规模将达到75万亿人民币以上，将接近美国的经济规模。伴随着经济总量的扩张，中国进出口贸易总额一直保持稳定增长的态势。2009年，全年进出口总额22073亿美元，其中出口12017亿美元，进口10056亿美元，并且超过德国成为全球第一大出口国。在产业竞争力方面，中国产业结构经过60年的发展，基本实现了由以农业为主向第一产业、第二产业和第三产业协同发展的转变。2009年中国产出结构中，三大产业占比分别为10.6%、46.8%和42.6%，产业结构逐渐优化，而且各产业内部结构也在逐步调整。农业内部结构实现了由以粮为纲的单一结构

向农林牧渔业全面发展的转变；工业结构实现了从门类简单到齐全、从以轻工业为主到轻重工业共同发展的转变，从以劳动密集型加工业为主向劳动、资本和技术密集型共同发展的转变；服务业结构基本实现了由以传统服务业为主到传统服务业与现代服务业共同发展相互促进的转变。产业结构的不断优化为产业国际竞争力的提升奠定了基础，而中国金融的崛起和经济金融化率的不断提高则有利于产业竞争力的维持和进一步的扩张。2009 年，中国金融资产总规模达到 992751 亿元，金融总资产与 GDP 之比达 2.96，中国经济的金融化率与发达国家已经非常接近。因此，从这些指标来看，中国已经崛起为全球经济大国，但是如何维持中国经济的长期、稳定增长，则是我们当前所面临的战略问题。

（二）建设一个与大国经济相匹配的大国金融不可忽视

基于美国、日本的历史经验和我国实际情况，维持中国这样新型的全球性经济大国的长期、稳定增长，以下四大要素至关重要：人口（劳动力）规模和结构、有安全保障的战略资源、科学技术创新能力、开放的能在全球有效配置资源且能分散风险的金融体系。从经济增长理论角度分析，劳动力和资本是决定经济增长的基础性要素，技术则是影响潜在产出的重要变量。无论一国经济处于快速成长阶段还是成熟阶段，资本和劳动力要素的投入都是该国经济增长的基本前提，而规模相对稳定、结构相对合理的劳动力和资本要素供给，特别是工业活动所必需的战略资源的保障性供给对于大国经济具有战略意义。而且，伴随着经济潜能水平的实现，经济增长将越来越有赖于科学技术创新，因为科技创新将使整条增长曲线向上位移。

尽管劳动力、资本和技术是维持经济持续增长的核心要素，但是我们不能忽视的是，劳动力、资本和技术的简单加总并不等于社会的必然进步和经济的必然发展。这些资源需要在某一个系统中进行合成方可构成现实的生产力，这个系统可以看做一个从投入到产出的函数系统，这个系统也可以看做是各种要素、经济主体运行的平台——这就是金融体系。金融体系按照风险与收益相匹配的原则，在这一原则下经济活动的主体（企业）和经济活动的客体（资本、劳动等要素）实现了对资源的跨期、跨区域配置，最终形成有效、现实的生产力，实现一国经济的增长。金融体系在合理配置资源的同时，实现了风险的分散，具有这种功能的金融体系是“市场为主导（基础）的金融体系”，因为市场主导的金融体系所表现出的经济活力和风险收益的配置能力已经远远超过以传统商业银行为主导的金融体系①，当然，这一金融体系必须是开放的。这就是与大国经济相匹配的大国金融——开放的能在全球有效配置资源且能分散风险的金融体系。

基于中国目前的国内、国际环境，实现大国金融构建国际金融中心的路径应首先是人民币的国际化和金融市场特别是资本市场的大发展。人民币的国际化将实现资本的自由流动，进而实现人民币计价资产市场的国际化，资本市场的大发展则使中国金融体系可以在

① 关于具体的论述，我们已经在《市场主导与银行主导：金融体系在中国的一种比较研究》（吴晓求等，中国人民大学出版社，2006 年版）有较系统的分析，在这里不再赘述。

全球范围内配置资源。

二、人民币国际化是构建国际金融中心和实现大国金融的前提

（一）人民币国际化是国际经济格局呈现多元化趋势的必然结果

第二次世界大战以来，美国经济规模虽然一直位居世界首位，但是金融危机使得美国的经济增长方式备受质疑。当其他国家的经济规模相对较小时，靠美国小幅增长所提供的增量美元就足够维持世界各国对美元的需求，特里芬难题还不会出现。但是，当其他国家特别是一些新兴经济体的经济规模越来越大，增长速度远高于美国时，对美元的需求开始大于美国自身经济增长所能提供的国际货币的增量，特里芬困境必然出现。经过几十年的发展，全球经济的多极化格局越来越明显，目前已经基本上形成了美国、欧盟、日本、中国为主体的多极格局，而且以中国为代表的新兴经济体的经济总量占全球经济的相对比重正在迅速上升。但是，与实体经济格局相矛盾的是国际货币体系仍然是以美元为主导的单极格局，美元本位制的固有缺陷已经并且仍会继续导致周期性的重大金融危机，给国际经济带来巨大的风险。要解决这一系列问题，根本点就在于要构建“多元化的国际货币体系”，逐步改变目前的单极国际货币体系格局，而人民币无疑是其中重要的一极。

在建立“多元化的国际货币体系”进程中，人民币作为主权货币充当国际货币有很大优势，这种优势主要表现在以下几个方面：第一，中国是一个大国。只有大国才能通过巨额的进口支撑起本币源源不断的输出，只有大国才能通过巨额的出口为本币提供坚实的物资保证，这是他国持有本国信用货币的唯一信心来源。第二，中国经济的高增长率。在经济总量上，中国已成为世界第二大经济体，从人均看，中国 GDP 水平还是相对较低，因此中国的经济增长潜力巨大。高速持续增长的中国能够担当起全球金融中心新的一极的责任，只有人民币才可能成为国际货币体系中新的重要一员。

（二）人民币作为国际货币功能的逐步完善：一个必要条件

人民币国际化是一个渐进实现的过程，从不完全可交易的货币到完全可交易的货币，再到全球重要的储备货币，这个过程将面临重要困难。但是，人民币的国际化进程可以借鉴日元国际化的经验和教训，依靠自身金融市场改革发展来推进，包括：第一，通过政府顺应潮流的政策选择而得以加快；第二，鼓励贸易中的本币结算（鲁政委，2009）；第三，完善本币金融市场，提高市场流动性，便利国外居民参与本币金融市场，建立本币国际金融中心等措施。当然，在国际化进程中应该避免在外部巨大压力下的过快升值，以及与此相关联的巨大的资产泡沫。

目前，中国已经迈开了人民币国际化的步伐。2009 年 4 月 8 日，中国在上海市和广

东省内四城市开展跨境贸易人民币结算试点，并且在逐渐扩大试点范围。此举实现了多赢且意义重大，既提升了人民币的国际地位，又有利于促进我国与周边国家和地区的贸易发展。从理论上而言，人民币结算的前景非常好，但是在试点过程中也显示出以下问题：试点地区范围狭窄、配套措施不完善以及境外交易对手对人民币的接受程度有限等。境外交易对手对人民币的接受程度有限是人民币跨境贸易结算的最大障碍，也是人民币国际化整体战略的最大障碍。这突出表现在以下两点：第一，在境外，人民币离岸市场功能不健全，海外人民币持有者难以找到保值增值的渠道。香港作为人民币在海外最主要的流通地，近年来在建设人民币离岸中心方面已取得重大进展，然而和其他国际货币的离岸市场相比，人民币离岸市场的功能仍然不完善。第二，在境内，资本账户管制较为严格，海外人民币难以流回境内寻找投资机会。因此，为了实现人民币的国际化，应该大力发展香港人民币离岸市场，建立人民币离岸中心；逐步放开资本账户管制，实现人民资本账户的完全可兑换。

三、金融市场特别是资本市场大发展是国际金融中心形成的关键

（一）资本市场是最重要的财富管理方式和资产配置方式

今天的国际金融中心已不主要是货币交易中心，更重要的是资产交易中心和财富管理中心。从居民资产配置理论角度来讲，人们的投资倾向、资产选择偏好与其收入水平和资产总量是相关联的（吴晓求、许荣，2002）。随着社会生产方式的进步和经济总量的增长，人们拥有的财富和资源也在不断增加，当财富总量和收入水平达到一定程度后，人们对金融服务的要求就会超越静态意义上的资产安全性的要求，希望提供增值、避险、组合和一体化金融服务，其中对存量财富的管理和资产配置需求最为迫切。相对实物资产而言，金融资产的流动性、安全性具有显著的优势；而且金融资产与经济增长通过资本市场建立了市场化函数关系，这种函数关系具有一种杠杆效应。所以资本市场的发展的确可以大幅度增加社会金融资产的市场价值，使人们可以自主而公平地享受经济增长的财富效应，在一定程度上提高经济增长的福利水平。对于今天的国际金融中心，如果希望得到外国投资者的认可，必须具备资产配置和财富管理的功能，才能促使本国货币的清算功能向储备功能的转变。可以说，没有资本市场的大发展，人民币要实现国际重要储备货币的目标就难以实现。

（二）资本市场是配置风险、管理风险的最佳方式

从金融功能演变的角度来看，金融经历了从融通资金到信用创造，再到转移风险的发展过程，而现代金融的核心功能是为整个经济体系创造一种动态化的风险传递机制，使经济体系的风险可以通过金融体系来转移，从而达到风险的流量化。如果现代金融体系不能够使经济体系的风险流量化而是存量化，那么存量化的风险就可能侵蚀金融体系的肌体，

甚至严重地恶化金融体系的功能。在商业银行为主导的金融体系中，虽然商业银行和中央银行试图把风险堵在金融体系之外，但是如此的结果可能导致一种极端的形态——经济的严重衰退（吴晓求，2003）。因此，为了避免这种情况的出现，现代金融体系必须创造一种风险分散和转移机制，将经济体系的风险进行有效的疏导，而非中途堵截，这样一种机制就是资本市场。资本市场作为现代金融运行的基础平台，在为投资者提供丰富多样的金融产品时，按照风险收益匹配的原则分散风险，达到风险配置的目的。同时，资本市场通过资产价格的波动，释放经济体系的风险，使金融体系具有充足的弹性，达到管理风险的目的。从这个角度来讲，资本市场是现代经济体系中风险配置和风险管理的最佳方式。

（三）2005年以来中国资本市场发展迅速

2009年，中国股票市场总值为243939亿元，债券存量为142812亿元，股票市场融资额为6084亿元。从市值来看，中国已经是全球第二大股票市场，债券市场也已发展为亚洲第二大市场；从IPO融资额来看，中国已经超过美国，位居全球第一位。中国资本市场已经成为全球资本市场格局调整的重要力量。在总规模迅速增长的同时，中国资本市场的功能也在悄然变化。它已经远远超越了经济晴雨表的功能，对居民财富管理和对实体经济的推动作用日益明显。2009年，作为居民投资主要渠道之一的公募基金，其资产管理规模达到2.67万亿元，是2005年的5倍多①，如果考虑到私募基金、居民个人投资，资本市场已经成为中国居民进行投资和财富管理的主要渠道之一。另外，正如前文所言，资本市场通过财富管理、风险配置和风险管理功能，利用对存量资源的优化配置（包括并购、重组）、对中小企业融资渠道的扩充（股权融资和债券融资）、对技术创新的推动（创业板上市的财富效应激励机制）等方式对实体经济产生巨大的影响力，而且这种影响力随着资本市场的发展而不断扩展。

（四）按照国际金融中心的要求，中国资本市场需要更进一步的发展

虽然中国资本市场发展迅速，但是要成为国际金融中心，还需要在规模、结构、资源配置、财富管理、风险管理、全球地位等方面有进一步发展。首先，从总量规模来讲，中国股票市场总市值到2020年至少应达到80万亿元人民币，才能与国际金融中心的规模要求相匹配；其次，资本市场结构需要进一步优化，建立与股票市场规模相近的企业债券市场，弥补企业融资结构不平衡的问题，同时为投资者创造了风险相对较低的投资品种，优化资本市场的风险结构；再次，不断优化中国资本市场中的产业结构、实现投资工具的多样化，进一步加强资本市场的风险配置功能和财富管理功能；最后，允许国际投资者自由投资中国资本市场、允许外国优质企业在中国上市，真正实现中国资本市场的国际化。只有如此，才能使中国资本市场成为全球最具活力的市场，才能成为与中国实体经济地位相匹配的新的国际金融中心。

---

① 中国资本市场数据来源于《中国证券期货统计年鉴》。

四、中国构建国际金融中心的其他条件

中国在建设大国金融和全球新的国际金融中心的过程中，除推进人民币国际化和大力发展金融市场特别是资本市场两个基点之外，以下四个条件亦不可或缺：

（一）产业核心竞争力

一般来说，核心竞争力是一种他国无法模仿、复制的优势资源，产业可基于这种资源取得长期稳定的竞争优势和超额利润。当今世界，国际竞争日益激烈，产业竞争已经逐渐从低成本竞争转向技术、品牌、渠道、资源等多元化竞争。法国的奢侈品、意大利的时装、美国的电子科技、中东的石油等，各产业的形成和发展都有独树一帜的能力，这里有历史积淀、文化积淀、人才积淀、自然积淀等因素的作用以及各种因素的综合作用，这些都是他国难以复制和替代的。中国的产业只有构建自己的核心竞争力，才能够保证实体经济在激烈的国际竞争中长期稳定增长，进而为大国金融之路奠定坚实的基础。

（二）民主法制和市场透明度

民主法制是构建和谐社会的重要途径和手段，而和谐社会是中国保持长期稳定发展的必要条件。只有大力推进民主法制建设，才能为构建社会主义和谐社会奠定基本的制度框架，才能保证社会的常态稳定，最终实现经济的持续、稳定增长。在资本市场制度建设中，不断提高市场透明度占据核心地位，因为透明度是资本市场赖以存在和发展的前提，同时是资本市场功能得以有效发挥的必要条件①。正如哈耶克所说，如果人们获取某些信息的渠道是畅通无阻的，那么市场过程的运行也将因此而变得更为有效，尽管市场本身就是传递信息的最为有效的工具之一②。总体而言，我们在民主法制建设和完善透明度方面离国际金融中心的要求还有相当大的差距。民主法制水平和透明度的提高是中国通向大国金融最重要的，也是必须完善的软条件。

（三）良好的社会信用体系

社会信用体系也称国家信用管理体系或国家信用体系，是一种社会运行机制。它保证授信人和受信人之间遵循一定的规则达成交易，保证经济运行的公平和效率。社会信用体系具体作用于一国市场规范，旨在建立一个适合信用交易发展的市场环境，保证一国的市场经济向信用经济方向转变，即从以原始支付手段为主流的市场交易方式向以信用交易为

---

① 吴晓求：《中国资本市场分析要义》，中国人民大学出版社 2006 年版，第 166 页。

② ［英］弗里德利希·冯·哈耶克. 法律、立法与自由. 邓正来等译，中国大百科全书出版社 2000 年版，第 357 页.

主流的市场交易方式的转变。中国的社会信用体系在制度建设方面虽然近几年有了较大进展，但从整体上看，信用秩序仍然相当紊乱，信用基础仍然薄弱，如果中国的社会信用关系没有根本性改善，将严重制约中国金融的崛起，严重影响国际金融中心的建设。

（四）与大国经济和大国金融相匹配的军事实力

历史上任何一次国际金融中心的转移，似乎都与战争有关。战争在摧毁了旧经济中心的军事力量的同时，也削弱了其经济实力和信心。当代的军事不只是经济系统中的一个纯消费部门，还是一个对经济发展具有巨大推动作用的部门。强大的军事实力不仅能够通过军工产业拉动经济增长，更是和平与发展的根本保障，而国家安全和和平的周边环境是一国经济和金融市场持续稳定发展的先决条件。虽然军事实力的强大对一国的发展已不像历史上那么重要、直接，但落后还是会挨打、被排挤，这是一个不争的事实。只有具备了强大的军事实力才能对影响本国经济发展的风险因素进行有效的控制，才可能使国内外投资者对本国金融市场具备足够信心。当今世界，虽然和平发展是主流趋势，战争也可能不再是金融中心漂移和形成的首要因素，但是忽视军事实力对大国金融崛起和国际金融中心建设所具有的巨大潜在影响的想法，则是幼稚的。在目前复杂的国际政治经济格局中，对中国而言，保持一个与中国全球地位相适应的、有助于中国崛起的军事实力，绝对是必要的。

因此，中国要抓住机遇，在发展经济的同时，要处理好中国金融崛起亦即国际金融中心建设过程中的两个基本要点，平衡发展好上述四个方面的关系，到 2020 年中国就一定能够实现其所确立的中国金融崛起的战略目标，21 世纪新的国际金融中心就一定会在中国出现。

参考文献

[1] 吴晓求主笔. 中国资本市场：全球视野与跨越式发展. 北京：中国人民大学出版社，2008.

[2] 吴晓求等. 市场主导与银行主导：金融体系在中国的一种比较研究. 北京：中国人民大学出版社，2006.

[3] 鲁政委. 人民币国际化：历史潮流与政策选择 [J]. 中国金融，2009（10）.

[4] 吴晓求，许荣. 金融的市场化趋势推动中国金融的结构性变革 [J]. 财贸经济，2002（9）.

[5] 吴晓求. 现代金融的核心功能是配置风险 [J]. 经济经纬，2003（6）.

[6] 吴晓求. 中国资本市场分析要义. 北京：中国人民大学出版社，2006.

[7] [英] 弗里德利希·冯·哈耶克著，邓正来等译. 法律、立法与自由. 北京：中国大百科全书出版社，2000.

[8] 国家统计局. 国际地位明显提高，国际影响力显著增强. 北京：2009（9）.

Exploration on the Path of China's Construction of International Financial Center

Wu Xiaoqiu
(Finance and Securities Research Institute, Remin University of China)

Abstract: A number of data has indicated that China has become a great power in global economy. Building a new international financial center and constructing a great power's finance matching its economy are strategic targets in Chinese finance. Renminbi internationalization is a precondition for creating an international financial center and a great power's finance. Developing financial market especially capital market is the key to creating an international financial center. Furthermore, strengthening industrial core competitiveness, improving democratic legal system and market transparency, reliable social credit system and great military power are also essential elements to those targets.

Key Words: international financial center; the rise of China's finance; Renminbi internationalization; capital market development

中国宏观金融中的国民经济部门间传染机制*

宫小琳[①] 卞江[②]
（山东大学管理学院，山东 250100）

【摘 要】本文通过网络模型量化分析了冲击在经济中的传导及系统危机的演生过程。本文利用2007年国民经济核算中的资金流量表（金融交易账户）数据[③]，建立了基于会计数据[④]的中国国民经济部门间金融关联网络模型。模型的数据基础是按各类金融工具细分的部门—部门资金融通关系矩阵表。在此模型基础上，通过模拟测试，揭示了负面经济冲击在部门层面循环传导的轨迹——部门间资产—负债表传染机制；同时量化分析了资产—负债表传染发生时，各个部门于各传染轮次中的损失量。模型的建立与基于模型的定量分析，旨在为防范和应对系统危机提供相应的理论依据与实证支持。

【关键词】宏观金融风险；网络模型；系统风险；资产—负债表传染机制；资金流量表

一、引言

如Lucas所言，经济学家们对“系统风险”在理论层面上的理解，始于凯恩斯在《就业、利息和货币通论》中对1929年大萧条所做的诠释（Kambhu et al.，2007）。自此之后，系统风险及其防范措施，成为经济学界持久关注的问题之一。G-10在其2001年关于金融部门整合的报告中，将系统风险相对宽泛地定义为这样一种风险：某一事件可能触发金融系统中为数众多的机构蒙受经济损失或者失去公众对其的信心，同时导致与这些金融机构

* 原文发表于《经济研究》2010年第7期。

① 宫小琳，宾西法尼亚大学沃顿商学院、山东大学管理学院，电子信箱：gcaelyn@gmail．com。

② 卞江，山东大学管理学院，邮政编码：250100。郑重感谢匿名审稿人的重要意见和建议。当然，文责自负。我们拟分步骤对中国宏观金融风险进行分析，本文为第一部分。简要的研究规划请参阅文章结论部分。

③ 金融资产—负债表信息应是揭示冲击传导（部门间资产—负债表传染机制）的数据基础。但出于数据可得性的原因，本文的分析基于金融流量数据。数据的局限性及其对分析有效性的影响详见本文第三部分。

④ 基于CCA风险财务报表的部门间关联网络模型见后续研究。

相对应的不确定性增加；而金融领域的上述情况又很可能严重到足以对实体经济造成相当程度的负面影响。

通常的系统稳定性评估强调对系统内风险因素与薄弱环节的分析、识别与应对。而该领域中较新的研究方法，则更为倾向于将整个经济、金融体系视为一个内部各实体间相互关联的网络模型；并致力于在此整体视角下，明晰系统内各实体间的“链接”（Links），从而有效识别负面经济冲击在系统内的传导轨迹和量化预估次第传染的严重程度。

2007~2008 年开始至今的全球性金融危机再次揭示了宏观金融体系的错综复杂性，同时也证实了网络分析方法的重要性。我们需要新的理论框架和模型，用以分析局部性负面冲击如何迅速升级演变成强势的系统危机；系统内传统意义上被视为相对稳固、并且远离震源的经济部门或实体，是如何感染损失和被卷入危机的；以及解释诸如银行间市场冻结僵局（Gridlocks）等金融现象。

二、网络理论与模型在系统风险分析中的应用

Hendricks（2006、2009）指出，新的金融稳定模型强调将金融体系作为一个网络结构或者种群集合进行研究；而该领域较为传统的研究则更为关注机构间的互动和投资组合效应等问题，例如：信贷风险传染和由某一资产类别价值下跌而引发的集体性抛售问题。在此类传统模型中，市场流动性、存放期限不合、资金筹措以及杠杆率等因素，均被界定为影响传染和回馈循环严重程度的重要因子。同时，信贷周期模型、商业周期模型和资产泡沫模型等则着重于研究繁荣期与萧条期中经济非持续性自我强化机制的动态演变。具体而言，这些模型分析了经济高涨期中，共性预期如何逐渐变得不切实际、尽职调查等审慎性措施的标准如何渐次下降、杠杆率如何逐步攀升等问题；以及在泡沫破裂后，预期崩塌、企业与家庭破产等现象与相应的机制（Hendricks，2009）。

（一）理论与实证研究

理论和实践的发展均证明，随着系统内实体间各类型的经济链接日益繁复，网络理论和模型确实成为我们完整而清晰地认识复杂系统的有力工具。Allen & Babus（2009）就网络模型在金融系统分析中的应用做了相对系统与全面的阐述。他们认为网络分析方法尤其适用于评测金融系统稳定性和分析系统节点的负外部性风险。他们同时指出该方法着重从如下两类问题研究系统风险：①主要从社会效益角度出发，分析、评价不同网络结构的效率（譬如网络的抗传染性）；②从社会效益最大化与个体自利性选择行为之间冲突与折衷的角度，研究网络的形成机制。

从规范层面而言，对金融系统网络结构及其特性的深入研究和理解，有助于引导结构变迁，从而增强系统的弹性和抗风险能力。Allen & Gale（2000）在 Diamond & Dybvig

(1983) 界定的消费者流动性偏好的基础上，研究了不同的银行间网络结构对传染的不同反应。他们指出当网络中的每个节点与其他所有节点均有链接时，节点间即形成了一个“完全网络”；并且证实了完全网络结构能够更好地抗拒严重性传染，因为损失将会由更多的银行分担，从而避免了风险过度集中所带来的连锁性系统危害；另外，在“不完全网络”中，单个银行的倒闭则可能倾覆整个银行系统。在对此类问题的后续研究中，Freixas et al.（2000）通过对流动性冲击的分析，Gai & Kapadia（2007）通过将流行病学的研究方法引入金融网络分析，殊途同归，均在一定程度上证实了“完全网络”结构抗传染的相对优越性。与此同时，有学者从不同的角度、以不同的标准探讨了银行间网络结构的最优化设计，如 Vivier Lirimont（2004）从改善存款人效用的角度分析研究了最佳网络结构；而 Leitner（2005）从对金融机构间网络结构的两面性（常态下的风险分担机制与非常态下的传染机制）的权衡分析中提出对金融网络的优化调整。其他学者如 Eisenberg & Noe（2001）、Cummins et al.（2002）以及 Minguez-Afonso & Shin（2007）则将网络分析的理论和方法拓展到对保险业、清算系统和支付系统等更为广泛的金融系统研究当中。

相对于从不同角度研究网络结构效率的文献而言，着重于分析网络形成过程的文献更少。Babus（2007）和 Castiglionesi & Navarro（2007），Allen et al.（2009）分别从不同的角度探讨了金融机构间形成网络链接的机制。而 Lagunoff & Schreft（2001）以及 De Vries（2005）则论证了网络结构在金融波动时期的变化——网络链接的中断与减少。

网络理论的实证研究大多采用如下方法：首先利用资产—负债表信息构建多节点间的关联模型，然后通过模拟冲击，对网络的稳固性进行测试。网络方法实证研究的具体案例如：Furfine（2003）将网络分析应用于美国的银行系统；Sheldon & Maurer（1998），Wells（2004），Upper & Worms（2004），Boss et al.（2004）分别研究了英国、德国、奥地利及瑞士银行系统的网络结构；而马君潞等（2007）则分析了中国的银行系统。不难看出，这些分析集中针对银行业，而网络中的节点多为微观经济实体（银行）。这与我们以部门为节点的网络构架是截然不同的。除此之外的另一重要区别在于，这些研究多聚焦于分析较严重的经济冲击（如违约和银行倒闭）对系统稳定的危害性，而本文的模型可兼而分析各种级别的负面冲击对系统稳定性的影响。

（二）部门层面的网络模型

如上述文献所示，目前网络理论与模型在金融稳定性分析中的应用多集中于微观实体（金融机构）层面。与此同时，也有相当数量的文献利用银行跨国资金流动数据，分析国家层面的网络结构。但罕有致力于国民经济部门间网络架构的分析和研究。Gray et al.（2006、2008）在设计用以改善中央银行分析和管理宏观金融风险的新方法时，提出将国民经济各部门视作相互关联的投资组合（包含资产、负债和担保等显性与隐性金融资产）[①]。Kiyotaki & Moore（1997、2002），Goodhart（2006），以及 Shin（2008）也描绘了负面经济冲击通过资产—负债表关联网络在国民经济各部门间传导的概念性模型。Castren & Kavonius（2009）利用欧元区账户（EAA）金融资产—负债表数据开创了部门层面关联网络模型的实证研究。本文沿用 Castren & Kavonius（2009）的研究思路，依据中国 2007 年资金流量数据，建立了我国国民经济部门间金融关联网络模型，进而实现了对部门间传染机制的识别和量化分析。

三、金融资产—负债表分析及金融存/流量数据

要建立国民经济部门间金融关联网络模型以揭示负面经济冲击在部门层面循环传导的轨迹，需要基于工具—部门的金融资产—负债表编制按照金融工具细分的部门—部门的资产—负债表。

（一）数据有效性分析

中国人民银行自 1996 年起正式编制中国资金流量表（金融交易部分）。然而，截止到本文成稿时，我国尚未发布过金融资产与负债存量数据。为较好传递并阐明“资产—负债表传染”（Balance Sheet Contagion）这一当前宏观金融风险分析的核心概念，我们在缺乏存量数据的情况下，以流量数据为基础，引入“模拟资产—负债表”。在以 2007 年金融交易数据建立的各部门模拟资产—负债表中，资产与负债项下的数据不是常规情况下的 2007 年底各部门金融资产与负债的存量数据；而是各部门于 2007 年度在来源与运用项下积累的金融资产与负债的净变化额。同金融资产—负债表一样，按复式记账原理编制的资金流量表，因其固有的对应规则而适用于分析交易关联方的风险暴露状况和识别冲击在部门间的传导轨迹。从以其代建宏观金融稳定模型的角度而言，我们认为：我国的资金流量数据，仍需在时效性和通过进一步细分部门与项目从而增强诠释力等方面有所完善。

基于流量数据的模拟资产—负债表及部门间模拟资产—负债表关联网络模型，能够充分、有效地演示和阐明冲击在经济中的传导过程，即资产—负债表传染机制。从而有助于我们在缺乏相应数据的情况下深入理解诸如危机爆发的非线性特性、2007~2008 年开始至

① Gray et al.（2008）提出的部门层面关联网络模型应建立在更为广泛、详尽的统计数据与计量方法运用之上，而不仅是国民经济账户数据。其适用的分析范围也与基于金融存量数据的部门资产—负债表关联网络模型有所不同。譬如，其对宏观经济模型、货币政策模型均有增益作用；再如，目前对中国颇具政策与现实意义的研究——房地产行业的风险联动分析。在 Merton et al.设计的部门联动模型中，房地产及按揭贷款可以不同的方式作为部门资产—负债表的显性组成部分。而在 Castren et al.（2009）及本文的模型中，对该领域的相关分析，则需通过特殊技术处理所设计的虚拟部门来进行。

今金融危机的演化机理、我国地方债以及当前希腊主权债务危机可能带来的连锁性危害等理论与实践问题。同时，从原始数据的整合与处理、网络模型数据基础的推导与生成过程以及冲击传导的推演和对循环传染轮次中损失量的估算方法等方面来看，流量数据分析均与存量数据分析相同。所以一旦数据可得，可依既定程式，即刻建立我国部门间资产—负债表关联网络模型，并在完全数据基础上分析冲击或经济隐患的系统性危害。

然而，从实证层面看，以流量数据为基础的模拟资产—负债表关联网络模型必然有其局限性。如单纯考量损失额在部门间的循环传导，流量数据模型与存量数据模型在分析过程和结论方面的唯一差别在于：对各传染轮次中各部门损失量的估算略有偏差。这是因为，在流量数据与存量数据中，以部门运用“来源平衡表”资产—负债表中相关金融工具为形式，各部门的投资比例有所不同[①]。具体而言，如后文根据我国 2007 年金融流量数据估算得出：企业、金融、家庭和国外部门分别以 6.71%、25.55%、23.29%和 44.45%的比例持有企业部门的股权；而通过分析截至 2007 年底的存量数据，我们或许会得到略有不同的比例。此外，如不仅追踪损失量在部门间的传导，而且同步分析在各传染轮次中损失对相应金融工具总量的影响，以不忽略理论极值情况下可能的金融工具间传染问题，流量数据的弊端则为：在传染机制的推演中，模拟资产—负债表上相应金融工具会在较早阶段出现负值，从而降低此类数据的现实解释力，并令数据处理更为复杂。

（二）国民经济各部门模拟资产—负债表[②]组成分析

如上文所及，我们的模型建立与模拟分析均基于中国 2007 年金融交易账户数据。图 1 显示了截止到 2007 年第四季度末，非金融企业部门（NFCs）、金融部门（FIs）、家庭部门（HHLs）、政府（GOV）和国外部门（RoW）的资产、负债组成结构[③]。其中，我们依据流动性、法律特性等因素，对金融工具的分类在初始分类的基础上作了调整，调整后的 6 大类金融工具为：通货与存款、贷款、债券、股票与其他股权（挂牌股票与非上市股份）、保险准备金和其他账户。

同 Castren & Kavonius（2009）的以欧元区金融账户存量数据为基础的研究结论相比较，从比例上看，我国各部门所持有的债券资产显著少于欧元区各部门。而中国的家庭部门比欧元区家庭部门直接或间接持有较低比例的股票和其他类型股权。值得注意的是，就我国数据而言，股票与其他股权是国外部门资产中占比例最高的金融工具，体现了中国大量使用外商直接投资的现状。就负债方而言，各部门情况迥异，但均不悖于经济常识。在此不做详尽分析。

① 对资产/运用方金融工具而言，则表现为本部门的投资以不同比例分散于国民经济各部门间。

② 为行文与分析的简洁性，后文中将不再重复提及“模拟资产—负债表”与“ 模拟资产—负债存量”，而直接以“资产—负债表”和“资产—负债”概念展开定性与定量分析。

③ 机构部门分类参考《中国人民银行统计季报》。

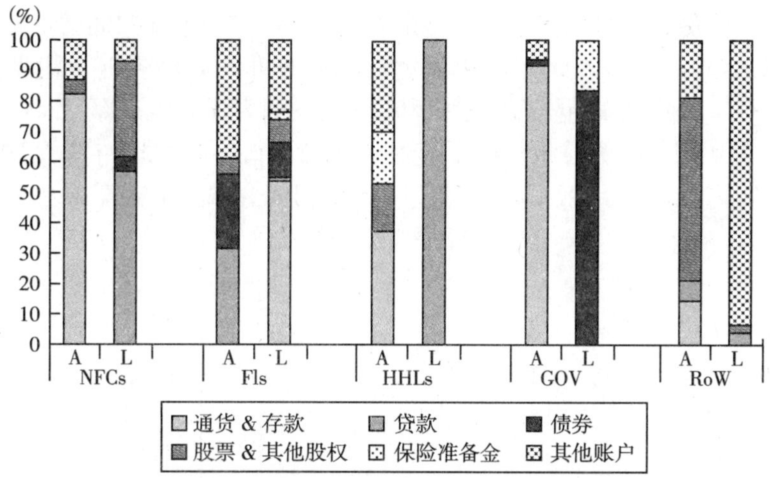

图 1　国民经济各部门金融资产—负债表成分比例

四、国民经济部门间资产—负债表关联网络模型

本文将我国宏观金融体系视做一个内部蕴含复杂链接的网络模型。网络中的节点（Node）为国民经济各部门（以部门为单位汇总的资产—负债表）；而节点间的链接（Link）是部门间的金融债权债务关系（资产—负债表之间的关联）。模型中的 5 个节点分别为：企业、金融、家庭、政府和国外部门。涵盖如上 5 个节点的国民经济金融网络模型，体现为一个闭环网络结构。因为任意部门的任一项金融资产必然同时是其交易关联方的负债（交易关联方既可以是不同部门的经济实体，也可能是同一部门内的其他实体）。

为识别负面经济冲击在部门层面循环传导的轨迹，以及量化分析资产—负债表传染机制，我们需要基于每一种金融工具的部门—部门（Who-to-whom Account）金融关联网络模型。在缺乏相应统计数据的情况下，我们利用统计学中经常使用的最大熵方法获取所需信息。该方法同样被广泛应用于对银行网络系统的分析。如本文第二部分中所涉及的不同研究者对不同国家银行体系所作的分析，大多基于最大熵估计方法（Upper，2006）①。

（一）基于每一种金融工具的部门间资金融通矩阵表

我们假定 F 为如下任意一种金融工具：通货与存款、短期贷款、长期贷款、债券、挂

---

① 例如：Mistrulli（2007）运用银行间金融联系的实际数据，分析了意大利的银行网络系统；Mueller（2006）使用瑞士银行间市场的实际数据，分析了银行间的金融交易关系。

牌股票与非上市股份、保险准备金和其他账户[①]。国民经济 5 部门间就金融工具 F 的投融资状况，可以通过一个 5 × 5 的矩阵来表示，其中的每一个元素 $F_{i,j}$，代表部门 i 对部门 j 的金融资产持有。由此可知矩阵行元素之和，a_i 即为部门 i 对所有部门（包括部门 i 本身）以金融工具 F 为形式的投资总量；而矩阵列元素之和 l_j，即为部门 j 以金融工具 F 为形式的负债总量。如下即为基于金融工具 F 的 5 × 5 部门间金融关系矩阵：

$$
\begin{array}{r|c}
 & \sum_{j=1}^{5} \\
F = \begin{bmatrix} F_{1,1} & F_{1,2} & F_{1,3} & F_{1,4} & F_{1,5} \\ F_{2,1} & F_{2,2} & F_{2,3} & F_{2,4} & F_{2,5} \\ F_{3,1} & F_{3,2} & F_{3,3} & F_{3,4} & F_{3,5} \\ F_{4,1} & F_{4,2} & F_{4,3} & F_{4,4} & F_{4,5} \\ F_{5,1} & F_{5,2} & F_{5,3} & F_{5,4} & F_{5,5} \end{bmatrix} & \begin{bmatrix} a_1 \\ a_2 \\ a_3 \\ a_4 \\ a_5 \end{bmatrix} \\
\hline
\sum_{i=1}^{5} \quad l_1 \quad l_2 \quad l_3 \quad l_4 \quad l_5 &
\end{array}
$$

其中，$a_i = \sum_{j=1}^{5} F_{i,j}$；$l_j = \sum_{i=1}^{5} F_{i,j}$。

在已知 a_i，l_j 的情况下，依据最大熵方法，我们推导出矩阵中的所有元素。按照金融工具细分的部门间资金关联情况如图 2 所示。该图就每个部门从资产与负债两方面，按不同的金融工具分类，展现了部门之间的相互持有关系。总的来说，通过估算得出的、部门间基于各种金融工具的投融资关系，均与直觉预期相一致。以金融部门为例，其持有的金融工具种类相对齐全，包括：通货与存款、短期贷款、长期贷款、债券、挂牌股票与非上市股份以及其他账户[②]。再以其中的长期贷款为例，可以看出金融部门对企业部门、本部门、家庭以及国外部门的相应贷款，分别约占其长期放贷总量的 63.53%、2.63%、30.29%和 3.65%。在缺乏细化至各类金融工具的、各部门间投融资详尽统计数据的情况下，我们的估算为深入分析部门间的资金融通关系提供了一个清晰、全面的描述。

（二）最大熵方法的有效性分析

运用最大熵方法分析银行间网络结构时，矩阵元素是反映微观实体经济活动的数据，所以矩阵对角线上的元素必须为零。这是因为在经济现实中，微观经济实体（譬如银行），不会与其自身发生金融交易。由于该方法本身无法确保估算结果中的对角线元素全为零，在具体的数据处理与推算过程中，研究者往往通过设置额外的限制条件以达到这一目的。

---

① 在处理各部门贷款数据时，我们将外汇贷款等按各部门当期通行的长、短期贷款比例，折算入短期贷款和长期贷款项下。

② 其他账户金额巨大，在一定程度上因为涵盖了中央银行业务。

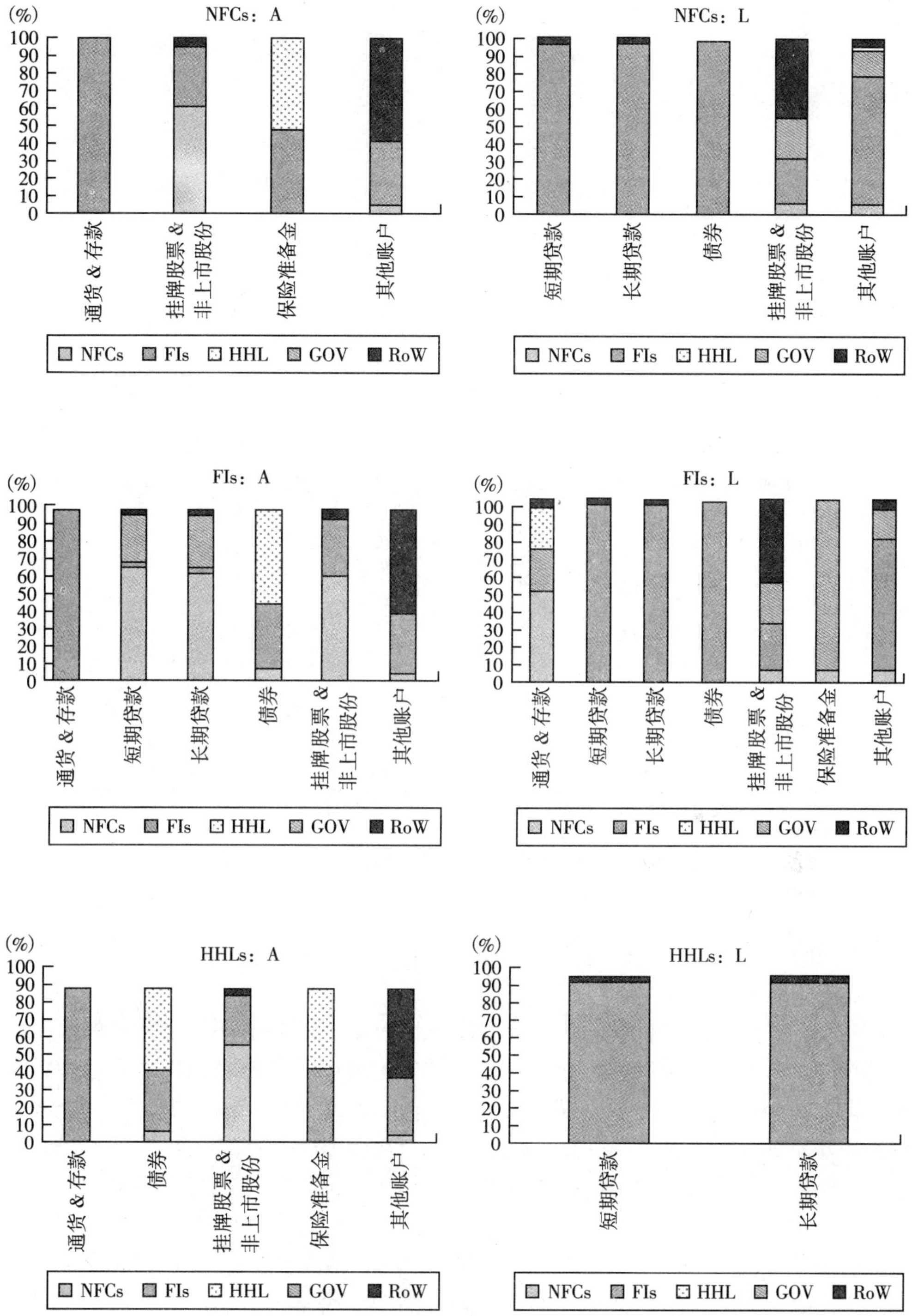

图 2　按照金融工具细分的部门间资产—负债关联结构示意

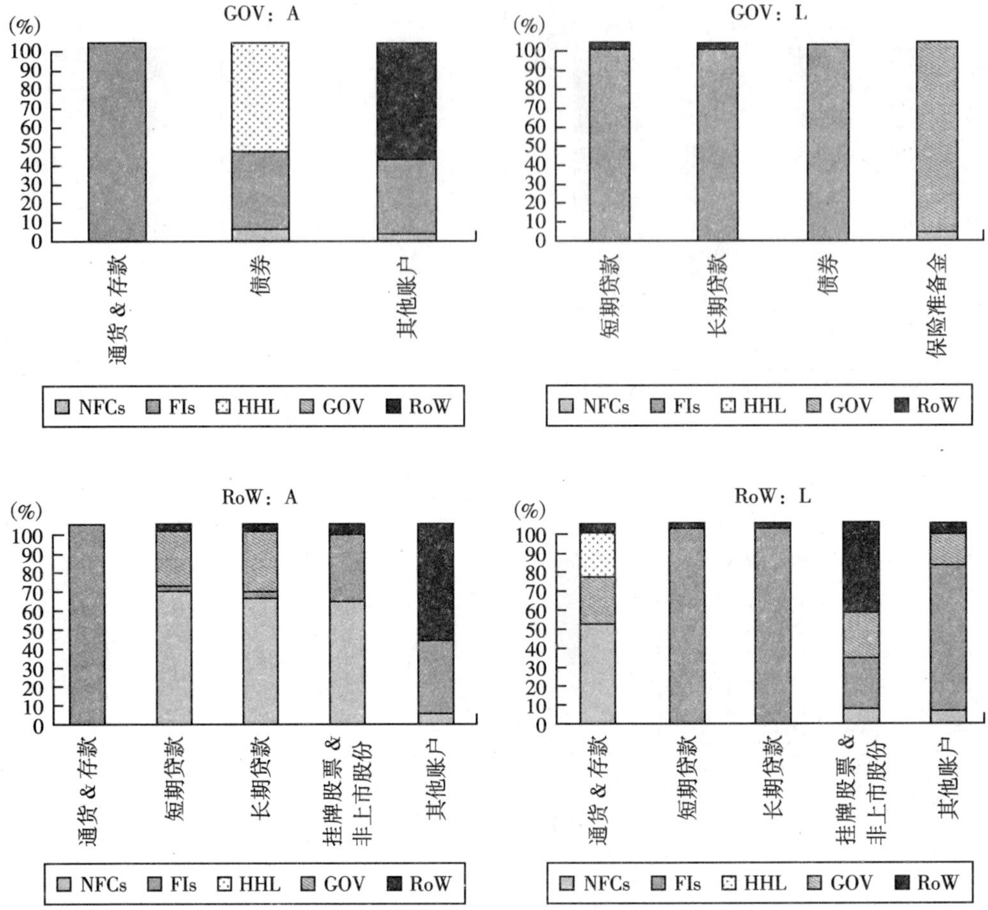

图 2　按照金融工具细分的部门间资产—负债关联结构示意（续图）

作为经济现实的一部分，部门内经济实体间的确存在资金融通关系，也就是说我们对矩阵对角线元素的取值无特定要求。

最大熵方法中所隐含的假设是：研究对象（银行或国民经济部门）会在最大可能性内分散他们的出资；这也就意味着研究对象之间倾向于形成完全网络结构。而该假设会令基于此种估算方法得出的结论产生一定的偏差（Upper，2006）。Mistrulli（2007）同时运用银行间金融联系的实际数据与利用最大熵方法估算得出的数据，分析了意大利的银行系统。通过比较基于不同数据的结论，作者指出：虽然在某些特定情况下，最大熵方法会高估传染的严重程度；通常情况下，此方法在一定程度上低估了传染的严重性。同时，Upper & Worms（2004）简要讨论了最大熵方法中的“独立性”假设造成结论偏差的可能性。但是，在缺乏详尽数据的情况下，最大熵方法依然是常用、实用的方法。尤其是在对部门层面、非违约性负面经济冲击的研究中，其不足之处对分析结论的影响较小。

（三）国民经济部门间金融关联网络结构

在前文估算出的部门间按金融工具细分的资金融通数据的基础上，我们可以进一步推算出部门间的汇总资金融通量和基于任一金融工具的汇总资金融通量（仅以债券为例），并形成图 3 和图 4。

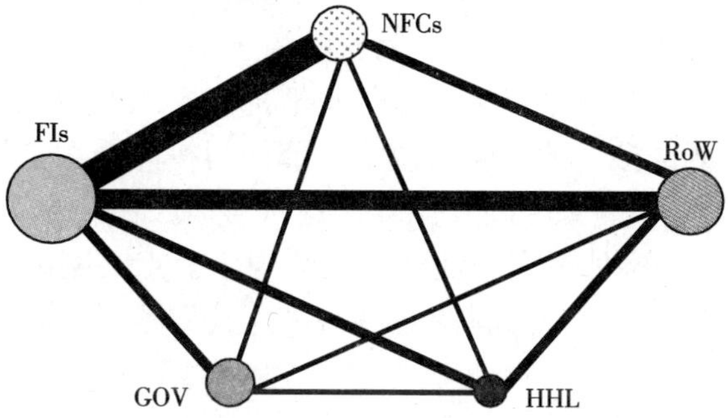

图 3　部门间金融资产—负债关联网络结构

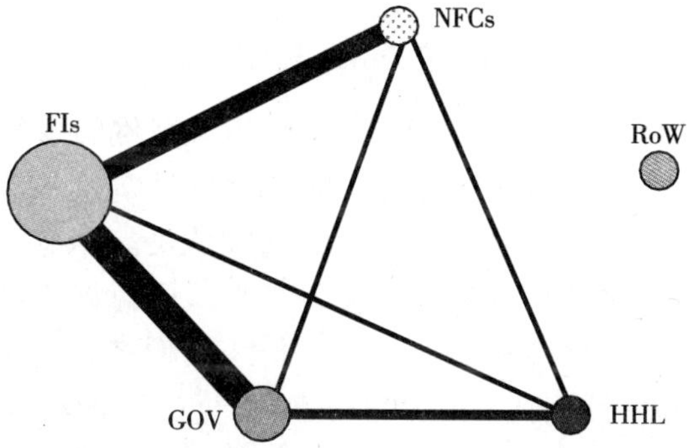

图 4　部门间基于债券的资产—负债关联网络结构

图中节点的尺度体现了各部门内部的资金融通量，譬如：在企业部门内，各企业间股权、债权的相互持有总量。根据最大熵估计方法，各部门通过各种金融工具而实现的部门内资金融通总量以亿元人民币为单位，分别是：3834.38（FIs）；2576.22（RoW）；1200.74（NFCs）；139.53（GOV）；0.00（HHLs）。因而，网络结构图中最大的节点是金融部门，而最小的是家庭部门，其他部门按一定比例居于此两者之间。图中各部门间链接的尺度（连接线的粗细），与部门间资金融通总量成正比（为了增强图 3 与图 4 中企业、家庭、政府和国外部门间链接的可识别性，我们已分别将其链接线的尺度在原基础上加重 0.5pt）。

部门间这种金融资产—负债关联网络结构形成了资产—负债表传染和风险传导的渠道。通过部门间资金融通量（链接）的差异，图 3 和图 4 突出传达的（也是预料中的）信息是，金融部门在我国整个国民经济金融体系中的中枢（Hub）作用。金融部门稳定状况的任何异动都会直接危及国民经济各个部门，同时金融部门也是将来自其他部门的负面经济冲击传导给整个系统的中枢环节。而除金融部门外，其他 4 部门间金融关联相对较少，以至于与其相对应的部门间链接的尺度相当小，链接线几乎难辨。

图 3 体现出，我国国民经济 5 部门网络中每个节点的度都是 4 度。这种度分布均匀的网络结构，即为 Allen & Gale（2000）所定义的“完全网络”结构。如前文中对此类网络结构的讨论所及，其具有更好的抗风险能力。然而这并不表明我国金融系统现行构架是“稳固的”或“具有较强抗风险性”。Castren & Kavonius（2009）指出，在这种节点内汇集大量微观经济实体、而总节点数（5 个）偏少的情况下，完全网络结构是非常容易实现的。因为任一部门中至少会有少量经济实体与其他部门中的个体发生金融交易，从而形成了部门间资产—负债表的链接。他们同时说明，部门间按照金融工具分类而形成的网络就不都表现为完全网络结构。本文通过“债券”这种金融工具，展示了部门间网络结构的“不完全”性。在此例中，这种不完全性，不仅体现为节点在网络中链接数量的不同和重要性的不同，甚至体现为某些节点被排除在网络之外，如图 4 中的国外部门。

五、部门间资产—负债表传染的轨迹识别与定量分析

基于各种金融工具的部门——部门资产—负债表关联网络模型为我们研究系统风险提供了有利平台。基于此平台，我们不仅可以对诸如流动性危机和信贷链中断等问题进行分析，而且能够研究通过多种金融工具而实现的部门间传染。相应的分析可以拓展到涵盖存款、贷款、债券、股票与其他股权等多类别金融工具。同时该模型也使我们能够分析不同严重程度的负面经济冲击和经济危机。这不同于传统模型多就重大始发状况的传导进行分析，如银行倒闭和违约等事件（Shin，2008），从而更加贴近经济现实，也更易于发现与应对危机隐患。2007~2008 年开始至今的全球性金融危机就是典型案例之一，该危机最初也仅表现为美国次级信贷处境困难，后期却迅速升级至波及全球信贷市场的全面性危机。考虑到当前国内外焦点经济问题，为了较好地揭示银行信贷损失和一般性企业业绩下滑等问题的系统影响，本文模拟分析了两种适当强度的冲击。我们界定了发生于 2007 年第四季度末的两种冲击：①模拟冲击Ⅰ——企业部门经营业绩普遍下滑，当期净收入蒙受为数约1500 亿元人民币的损失，而该损失足以引致对企业部门资产—负债表所有者权益项目作-10%的调整。在盯市会计原则下[①] 该冲击通过所有权资产的连锁缩水在系统内传导。②模拟冲击Ⅱ——对家庭部门的贷款出现 20%的永久性坏账。从图 2-HHLs：L 模块可知，在我国，金融部门是家庭部门贷款的主要债权人。因而在此情况下，其金融账户资产方发生对应数量的损失。同样，依照盯市会计原则，该损失进而反映在金融部门所有者

① 盯市会计原则不是资产—负债表传染的必要条件；后文简要分析了在不实施盯市会计的情况下，传染依然会以隐性或显性的方式在部门间进行。

权益项目中。部门间资产—负债表传染也由此展开①。

为清晰地展示部门间资产—负债表传染的轨迹，我们以模拟冲击Ⅰ为例，通过表1说明负面经济冲击在各部门间的多阶段（跨期）的传导过程。企业部门在业绩下滑后，依照盯市会计原则，将这一来自损益表的损失，反映在其资产—负债表中——所有者权益项目作-10%的调整。作为企业部门所有者权益的持有者，金融、企业、家庭和国外部门的金融资产相应缩水，其各自的损失量与其在企业“股票与其他股权”中的投资权重成正比。其中，国外部门的损失金额最大，为659.29亿元人民币；其次是金融部门，损失量约为378.98亿元；企业部门与家庭部门的资产缩水数额分别为：99.48亿元和345.35亿元。而受损失的4个部门，依据盯市会计原则，当期对各自的资产—负债表做出相应调整以反映其资产损失——国外部门、企业部门和金融部门分别将其相应所有者权益项目下调54.90%、0.75%和4.76%，从而引发了新一轮的传染②。在此第二轮的传染中，作为这3个部门的股权资产持有者，金融、家庭、企业和国外部门，同时承受了来自于这3个部门的金融资产损失。具体而言，企业部门蒙受了共计76.31亿元的第二轮传染，其中6.67亿元来源于对本部门经济实体股权的价值缩水，25.42亿元来源于对金融部门的股权资产贬值，44.22亿元来源于对国外部门的股票与其他股权的缩水。同理，金融部门在第二轮传染中的损失共计290.73亿元；而国外部门的损失总额为505.77亿元。第三轮传染机制如上。在此三轮传染以及后续的诸轮传染中，家庭部门因为未向其他部门发行股票与其他股权，所以在每一传染轮次中只是单纯地蒙受损失，却不再将其进一步传导至其他部门。而政府部门因为未通过此种金融工具与企业部门以及金融和国外部门产生金融关系，因而在任何一轮的资产—负债表传染中均未受到冲击。

表1　模拟冲击Ⅰ在部门资产—负债表间跨期传染的过程（简要）示意

第一轮				
	关联部门资产损失		关联部门内资产负债表调整	
	亿元¥	占资产%	部门	占所有者权益%
NFCs	99.48	0.28	NFCs	0.75
FIs	378.98	0.30	FIs	4.76
HHL	345.35	0.98	HHL	
GOV	0.00	0.00	GOV	
RoW	659.29	3.69	RoW	54.90
平均值		1.05		
总量	1483.10			

① 虽然本文分别分析了两个独立的负面经济冲击，但是就模型本身而言，可分析危机爆发期间同时触发的多种冲击在部门间的交叉循环传导。

② 为简化分析，我们假定在蒙受冲击损失时国外部门相应金融工具价值调整同国内各机构部门。

续表

第二轮							
	冲击来源			关联部门资产损失		关联部门内资产负债表调整	
	NFCs	FIs	RoW	亿元¥	占所有者权益%	部门	占所有者权益%
NFCs	6.67	25.42	44.22	76.31	0.22	NFCs	0.58
FIs	25.42	96.84	168.47	290.73	0.23	FIs	3.84
HHL	23.16	88.25	153.52	264.93	0.76	HHL	
GOV	0.00	0.00	0.00	0.00	0.00	GOV	
RoW	44.22	168.47	293.08	505.77	2.94	RoW	93.37
平均值					0.83		
总量	99.48	378.98	659.29	1137.75			
第三轮							
	冲击来源			关联部门资产损失		关联部门内资产负债表调整	
	NFCs	FIs	RoW	亿元¥	占所有者权益%	部门	占所有者权益%
NFCs	5.12	19.50	33.92	58.54	0.17	NFCs	0.44
FIs	19.50	74.29	129.24	223.03	0.18	FIs	3.06
HHL	17.77	67.70	117.77	203.24	0.59	HHL	
GOV	0.00	0.00	0.00	0.00	0.00	GOV	
RoW	33.92	129.24	224.83	388.00	2.33	RoW	1079.73①
平均值					0.65		
总量	76.31	290.73	505.77	872.82			

该传染机制会持续在部门间运行，直至出现如下一种或多种情况：①某一部门的正面业绩抵消了该负面冲击；②在不完全网络中，损失终止于不再与其他部门存在金融资产—负债关联的部门；③负面冲击的传导可能会终止于不实行盯市会计、从而将任何一期的损失及时体现在资产—负债表中的部门。当然，需要在此强调指出的是：不在资产—负债表中及时体现相应损失，并不意味着客观上该损失不存在。也就是说，即使不实施盯市会计原则，如果资本市场迅速反映出最初发生在某一部门的负面冲击；或者在市场完全信息与有效预期的假设下，类似的冲击传导也会迅速在各个部门间展开，而且速度可能更快（Castren & Kavonius，2009）。这也是此项研究具有普遍意义的原因之一。

表 2 和表 3 分别从绝对值与相对值两个角度总结了各部门在各轮次传染中的损失程度。

结合表 2 与图 2 双方面的信息，我们可以发现，作为多数部门股票与其他股权的较大持有者——家庭部门、国外部门和金融部门，在历次传染中所受损失均较大。

就模拟冲击Ⅱ而言，截止到 2007 年第四季度末，银行部门对家庭部门的贷款总量（短期贷款+长期贷款）为 11621.28 亿元，20% 的永久性坏账将造成银行贷款资产为数约

① 此高额百分比在一定程度上显示出该分析基于流量数据。

表 2 模拟冲击 I 的量化分析总结

	部门间资产—负债表传染轮次							
	第一轮		第二轮		第三轮		各轮次传染平均值	
	亿元 ¥	占部门总 资产的%	亿元 ¥	占部门总 资产的%	亿元 ¥	占部门总 资产的%	亿元 ¥	占部门总 资产的%
NFCs	99.48	0.28	76.31	0.22	58.54	0.17	78.11	0.22
FIs	378.98	0.30	290.73	0.23	223.03	0.18	297.58	0.24
HHL	345.55	0.98	264.93	0.76	203.24	0.59	271.17	0.78
GOV	0.00	0.00	0.00	0.00	0.00	0.00	0.00	0.00
RoW	659.29	3.69	505.77	2.94	388.00	2.33	517.69	2.99
平均值		1.05		0.83		0.65		
总量	1483.10		1137.75		872.82			

表 3 模拟冲击 II 的量化分析总结

	部门间资产—负债表传染轮次							
	第一轮		第二轮		第三轮		各轮次传染平均值	
	亿元 ¥	占部门总 资产的%	亿元 ¥	占部门总 资产的%	亿元 ¥	占部门总 资产的%	亿元 ¥	占部门总 资产的%
NFCs	155.89	0.44	119.59	0.34	91.74	0.26	122.41	0.35
FIs	593.93	0.46	455.63	0.36	349.53	0.28	466.36	0.37
HHL	541.22	1.54	415.19	1.20	318.51	0.93	424.97	1.23
GOV	0.00	0.00	0.00	0.00	0.00	0.00	0.00	0.00
RoW	1033.22	5.79	792.63	4.71	608.06	3.80	811.30	4.77
平均值		1.65		1.32		1.05		
总量	2324.26		1783.04		1367.85			

2324.26 亿元的损失。此后，部门间传染将按照与模拟冲击 I 类似的方式展开，在此不再作详尽分析。

从如上两份模拟冲击量化分析的数据汇总中，我们可以看出，传染程度在逐渐减轻。以模拟冲击 II 为例，传染损失占部门金融资产总量的平均比例在各轮次中分别为：1.65%、1.32%和 1.05%。这主要是因为家庭部门在每一轮次的传染中，只承受资产损失但却不再通过部门间相互关联的金融资产—负债表进一步传导损失。但是，如果将金融账户与实账户（Real Accounts）合并在一起考虑，家庭部门金融资产净值（金融资产存量与负债存量的差额）减少会相应反映在实账户中。继而我们会发现，负面经济冲击在部门间传导时所引致的损失量，在各轮次中事实上变化不大。

另外需要特别指出的是，上述对负面经济冲击在部门间传导的分析中，我们忽略了现实中因某些部门在多期时间跨度下采取资产—负债表再平衡措施所造成的传染加重的情况（Castren & Kavonius，2009）。各部门在面对所有者权益缩水，继而债务资产价值下降的情况下，为降低资产—负债表风险会采取去杠杆化措施。而这些措施中尤为值得关注的是收回投资（Dis-investment），因为这一举措将会以另外一种方式引起部门间资产—负债表的循环传染。

六、结论

复杂的经济现实和持久存在的系统风险隐患，促使我们不断寻找新的理论和模型，用以深化我们对危机、金融、实体经济及其相互关联的理解。网络分析方法在国民经济部门层面的应用，为我们提供了一个整体性的视角，使我们得以深入分析系统危机的形成机制。

利用我国 2007 年金融资金流量数据，本文建立了细化至每种金融工具的、部门间金融关系网络模型。在此模型基础上，通过模拟两个较有普遍意义的负面经济冲击：企业业绩下滑和银行贷款坏账，揭示并量化分析了负面经济冲击在部门间循环传导的轨迹——部门资产—负债表传染机制，进而简要分析了连锁性传染终止的可能性。这为我们防范和应对负面经济冲击的传导，建立系统危机预警体系，提供了有效的决策支持。此外，部门间金融总量关联网络模型（图 3），以直观的方式表明，为维护宏观金融体系的稳定，必须强化对金融部门的监管。

本文是我们对中国宏观金融风险进行初步性研究的第一部分。文中所建的部门间资产—负债表关联网络模型是我们分析和测度宏观层面资产—负债表传染的有力工具之一。但是基于会计数据的部门间资金融通网络模型，不利于分析金融关联方风险暴露的状况与部门层面的风险传导。因而在后续的研究中，我们将尝试纳入风险因素，建立并分析部门间 CCA 风险财务报表关联网络模型。同时，我们需要在更为广泛的理论视野与研究方法中，更加精确地分析系统危机的衍生过程，并设计和模拟测试宏观金融风险的预警体系与应对措施。

参考文献

[1] 马君潞，范小云，曹元涛. 中国银行间市场双边传染的风险估测及其系统性特征分析 [J]. 经济研究，2007 (1).

[2] 中国人民银行. 中国人民银行统计季报. 北京：中国金融出版社，2009 (56).

[3] Allen, F. and D. Gale, 2000, "Financial Contagion", Journal of Political Economy, 108, 1–33.

[4] Allen, F. and A. Babus, 2009, "Networks in Finance", chapter from The Network Challenge, edited by P. Kleindorfer and J. Wind, Wharton School Publishing, 367–382.

[5] Allen, F., A. Babus and E. Carletti, 2009, "Financial Connections and Systemic Risk", Working Paper 9–33, Wharton Financial Institutions Center, University of Pennsylvania.

[6] Babus, A., 2007, "The Formation of Financial Networks", Discussion Paper 6–93, Tinbergen Institute.

[7] Boss, M., H. Elsinger, S. Thurner, and M. Summer, 2004, "Network Topology of the Interbank Market", Quantitative Finance, 4, 1-8.

[8] Castiglionesi, F. and N. Navarro, 2007, " Optimal Fragile Financial Networks, Working Paper, Tilburg University.

[9] Castren, O. and I. Kristian Kavonius, 2009, "Balance Sheet Interlinkages and Macro" Financial Risk Analysis in the Euro Area", Working Paper, ECB.

[10] Cummins, J. D., N. Doherty and A. Lo, 2002, "Can Insurers Pay for the 'Big One'? Measuring the Capacity of the Insurance Market to Catastrophic Losses", Journal of Banking and Finance, 26, 557-583.

[11] De Vries, C., 2005, "The Simple Economics of Bank Fragility", Journal of Banking and Finance, 29, 803-825.

[12] Diamond, D. and P. Dybvig, 1983, "Bank Runs, Deposit Insurance and Liquidity", Journal of Political Economy, 91, 401-419.

[13] Eisenberg, L. and T. Noe, 2001, "Systemic Risk in Financial Systems", Management Science, 47 (2), 236-249.

[14] Freixas, X., B. Parigi, and J. C. Rochet, 2000, "Systemic Risk, Interbank Relations and Liquidity Provision by the Central Bank", Journal of Money, Credit and Banking, 32 (3), 611-638.

[15] Furfine, C., 2003, "Interbank Exposures: Quantifying the Risk of Contagion", Journal of Money, Credit and Banking, 35 (1), 111-128.

[16] Gai, P., and S. Kapadia, 2007, "Contagion in Financial Networks", Working paper, Bank of England.

[17] Goodhart, C., 2006, "A Framework for Assessing Financial Stability?", Journal of Banking and Finance, 30.

[18] Gray, D., R. Merton, and Z. Bodie, 2006, " A New Framework for Analyzing and Managing Macrofinancial Risks of an Economy", NBER paper # 12637 and Harvard Business School Working Paper # 07—26, October.

[19] Gray, D., R. Merton, and Z. Bodie, 2008, "New Framework for Measuring and Managing Macrofinancial Risk and Financial Stability", Harvard Business School Working Paper.

[20] Hendricks D., J. Kambhu, and P. Mosser, 2006, "Systemic Risk and the Financial System", Back Ground Paper for Conference, Federal Reserve Bank of New York.

[21] Hendricks D., 2009, "Defining Systemic Risk", Financial Reform Project.

[22] Kambhu, J., S. Weidman, and N. Krishnam, Rapporteurs, 2007, New Directions for Understanding Systemic Risk, The National Academies Press, Washington, D. C.

[23] Kiyotaki, N. and J. Moore, 1997, "Credit Cycles", Journal of Political Economy, 105.

[24] Kiyotaki, N. and J. Moore, 2002, "Balance Sheet Contagion0, American Economic Review, 92.

[25] Lagunoff, R. and L. Schreft, 2001, /A Model of Financial Fragility0, Journal of Economic Theory, 99, 220-264.

[26] Leitner, Y., 2005, /Financial networks: Contagion, Commitment, and Private Sector Bailouts0, Journal of Finance, 60 (6), 2925-2953.

[27] Minguez2Afonso, G. and H. Shin, 2007, /Systemic Risk and Liquidity in Payment Systems, Working Paper, London School of Economics.

[28] Mistrulli, P., 2007, /Assessing Financial Contagion in the Interbank Market : Maximum Entropy Versus Observed Interbank Lending Patterns0, Working Paper, Bank of Italy.

[29] Mueller, J., 2006, /Interbank Credit Lines as a Channel of Contagion0, Journal of Financial Services Research, 29.

[30] Sheldon, G. and M. Maurer, 1998, /Interbank Lending and Systemic Risk: An Empirical Analysis for Switzerland0, Swiss Journal of Economics and Statistics, 134 (4), 685-704.

[31] Shin, H. S., 2008, /Risk and Liquidity in a Systemic Context0, Journal of Financial Intermediation.

[32] Upper, C., 2006, /Contagion Due to Interbank Credit Exposures: What Do We Know, Why Do We know It, and What Should We Know ? 0, Working paper, Bank for International Settlements.

[33] Upper, C. and A. Worms, 2004, /Estimating Bilateral Exposures in the German Interbank Market: Is There a Danger of Contagion? 0, European Economic Review, 48 (4), 827-849.

[34] Vivier2Lirimont, S., 2004, /Interbanking Networks: Towards a Small Financial World? 0, Cahiers dela Maison Des Sciences Economiques, Universite Pairs Pantheon Sorbonne.

[35] Wells, S., 2004, /U. K. Interbank Exposures: Systemic Risk Implications0, Journal of Monetary Economics, 2 (1), 66-77.

Quantifying Sector2 Level Balance Sheet Contagion

——Chinaps Macro2 Financial Risk Analysis

Gong Xiaolin (Caelyn) and Bian Jiang

(The Wharton School, University of Pennsylvania and

School of Management, Shandong University 250100)

Abstract: By using Chinaps 2007 flow of funds data, we construct the simulated sector2 level network of bilateral balance sheet exposures. We then prove that the cross2 sector financial linkages through all types of financial instrument categories constitute the shock propagation channels. Thus, the network models of instrument 2specific bilateral exposures facilitate simulations and stress testing to demonstrate shock transmission process and measure the balance sheet contagion.

Key Words: Balance Sheet Contagion; Flow of Funds Accounts; Macro2 financial Risk; Network Models; Systemic Risk

中国经济转型的紧迫性及其对金融转型的内在要求 *

潘英丽[①]
（上海交通大学安泰经济与管理学院　200052）

【摘　要】本文分析了中国 50 余年来工业化战略的主要特点及其未能及时退出的后遗症。工业化战略退出的延误不仅带来产业结构与产业组织结构的失衡，而且埋下了未富先老社会危机的隐患，未来 10 年中国经济转型迫在眉睫。本文探讨了中国经济转型的内在规定性及其对行政垄断型金融体系向市场化、现代化金融体系转换的客观要求。

【关键词】工业化战略；经济转型；金融转型

金融危机发生后，各国政府采取了极具扩张性的反危机政策。虽然这些短期政策开始生效，带来了全球经济的复苏，但是发达国家政府债务风险和新兴市场国家资产泡沫的生成和通货膨胀压力正在上升。全球经济中长期的变化趋势在于：经济重心逐步向发展中新兴市场经济国家转移；伴随贸易保护主义复兴和贸易增长的减速，世界经济也将从不平衡走向相对平衡。但发达国家宏观经济政策对更高通货膨胀目标的定位和央行承担更多提供流动性的职能无疑会产生对新兴市场经济国家不利的外部流动性过剩的压力。在此种国际经济环境中，中国制造业出口导向型发展模式正面临越来越大的战略风险。危机平息后，中国经济转型已迫在眉睫，并且要求我们力避战略决策层面的失误。本文的目的在于强化经济转型的紧迫意识，并指出经济转型的一个核心内容是金融的转型。

---

* 原文发表于《国际经济评论》2010 年第 5 期。本文得到 2009 年度国家社科基金重点项目“国际金融体系调整与我国的对策研究”（项目批准号为：09AJY003）的资助。

① 潘英丽，上海交通大学安泰经济与管理学院都授，中欧—陆家嘴国际金融研究院学术委员，上海国际金融中心研究会副会长，中国世界经济学会常务理事。

一、中国经济高速增长的两大支柱：廉价劳动力与廉价资本

改革开放30年来，中国经济取得了快速增长的巨大成就。但是，其负面效应和不可持续性日益显现。因为这种高增长是通过劳动和资本要素大规模投入制造业的工业化战略实现的。在前30年，工业化战略主要通过“价格剪刀差”，即压低农产品收购价、提高工业部门生产的农用生产资料的销售价将农民的剩余产品转移到工业部门，并通过工业利润的全部上缴形成国家的资本积累，快速建立起一个完整的工业体系。在新中国面临西方封锁的背景下，此项工业化战略无疑是合理而成功的，但是其负面效应也慢慢显现出来。那就是城乡二元结构与三农问题的恶化。三农问题使占全国人口总数70%的农村人口消费仅占全部居民消费支出的1/4左右，严重抑制了国内消费市场的拓展。此外，农村的低收入和低消费水平也造就了农村廉价剩余劳动力的持续供给。制造业农民工的工资水平是由农村的平均收入加上城市的额外生活费用决定的，因此城乡的巨大差距保证了中国制造业持续的低成本国际竞争优势。中国加入WTO使中国经济增长的巨大潜能通过制成品的出口得到了充分的显现。

除了农村廉价剩余劳动力的支撑外，中国行政垄断型的金融体系也为制造业发展提供了廉价的资本供给。改革开放30年来，中国金融业得到了迅速的发展，但是金融业的行政垄断性质并没有根本的改变。主要表现为金融服务业的市场准入管制，证券市场融资的发行审批，新业务新产品开发的审批，利率、汇率等金融价格的行政管制和政府对银行贷款发放的行政干预。官方利率持续控制在市场均衡水平之下，证券发行审批更是通过融资规模的控制将发行市盈率保持在国际水平的1~2倍之上。通过价格管制人为地降低企业融资成本，并通过股票发行审批和信贷干预将廉价资本导入国家主导的工业化战略产业。这些金融管制政策对建立起资本密集型的重化工业有重要的促进作用。然而这些政策显然已经不合时宜。政府对金融业的过度管制压抑了金融机构和金融市场创新的空间和活力，使金融业的发展长期滞后于经济发展的内在需要，给高新技术产业和服务业的发展形成瓶颈制约，抑制了本国居民通过消费信贷改善生活质量的机会，并且几乎消除了本国居民通过金融投资分享经济高成长成果的可能性。

二、中国经济转型的紧迫性

工业化战略未能及时退出，一定程度上埋下了社会发展危机的隐患。政府行政主导型工业化战略的惯性延续（源自既得利益集团的抵制而未能适时退出）已使制成品出口导向

型增长模式面临重大的战略风险①。五大压力体现出中国经济转型的紧迫性。

第一，中国相对低端和低效率制造业的过度扩张已面临资源环境的巨大瓶颈。

表 1 列出了美国苹果公司 iPod 产品在世界各国（地区）产业链上工资所占比重，反映出中国在国际分工的低端制造加工环节的低附加值性质。

表 1　与美国苹果公司的 iPod 相关的国家（地区）与产业链工资占比（2006 年）

	生产环节	其他非专业环节	工程与专业环节	总计
美国	0.1%	20.6%	49.3%	70.1%
中国	1.7%	N/A	0.5%	2.2%
菲律宾	0.9%	N/A	0.4%	1.3%
日本	2.7%	N/A	7.0%	9.6%
新加坡	1.3%	N/A	0.2%	1.5%
韩国	1.7%	N/A	1.7%	3.4%
泰国	0.2%	N/A	0.1%	0.2%
中国台湾	0.1%	N/A	0.8%	0.8%
其他国家	0.0%	9.1%	1.8%	10.9%
美国以外地区	8.5%	9.1%	12.4%	29.9%
总计	8.6%	29.7%	61.7%	100.0%

Source：Calculated from Greg Linden，Jason Dedrick and Kenneth L.Kramer，"lnnovation and Job Creation in a Global Economy：The Case of Apple's iPod"，Personal Computing Industry centre，UC Irvine，January 2009.

表 2 对 12 个国家人均的投入、产出和生产率进行了国际比较，显示出中国制造业的人均产出和劳动生产率是相当低下的，仅比印度略好，与韩国相比还存在巨大差距。

表 2　与美国相比的人均投入产出和生产率（2005 年）

	投入	生产率	产出
美国	100.0%	100.0%	100.0%
加拿大	94.4%	83.0%	78.4%
英国	93.8%	83.4%	78.2%
日本	88.2%	83.2%	73.4%
德国	84.4%	81.9%	69.2%
法国	76.0%	93.9%	71.4%
意大利	66.8%	90.4%	67.1%
韩国	52.9%	80.3%	42.5%
墨西哥	41.3%	61.1%	25.3%
中国	39.5%	40.3%	15.9%
巴西	32.0%	61.8%	19.8%
印度	23.3%	36.9%	8.1%

Source：Calculated from Jorgenson and VU 'Information Technology and the World Growth Resurgence'

① 业内人士用语言形象表达了这样的意思：我们正在将天空染黑，将河流染黑，将地下矿藏掏空，以换取并保有美国政府开出的白条。

图 1 给出了 2007 年国际能源署关于全球能源需求的预测。这项根据 21 世纪中国能源消耗的增长态势对中国 2030 年能源需求所作的预测与 2002 年的预测相比提高了 79%，从 21 亿吨石油当量提高到 38 亿吨。并预测那时中国将占全球能源需求的 22%，超过欧洲、俄罗斯和日本的总和。由此产生了中国的能源安全问题、经济增长的可持续问题和国际社会的中国威胁论。

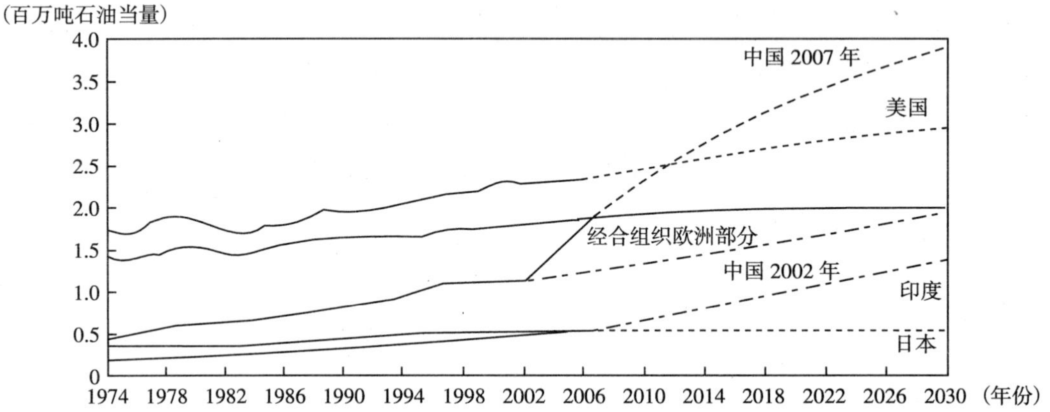

图 1　国际能源署关于能源需求的预测

资料来源：国际能源署. 2007 年世界能源统计与供求差额. 2007 年世界能源展望.

第二，制造业生产在原材料供应和产成品销售两头产生对外部市场的过度依赖，已造成贸易条件的持续恶化、国家利益的流失和外部市场收缩引起的产能过剩。

国内学者陈长缨对 1993~2008 年中国贸易条件的研究表明，以 1993 年为基期，1997 年中国的贸易条件指数为 1.09，得到 9%的改善；而 1998~2008 年贸易条件持续恶化，降至 0.786，与 1997 年相比恶化 28%①。图 2 更显示出 2010 年以来贸易条件的严重恶化。

另外，随着金融危机中主要发达国家的经济衰退和需求萎缩，中国制造业出现了较为严重的产能过剩。例如 2009 年粗钢生产能力达 7 亿吨，而市场需求仅 5 亿吨，过剩产能达 2 亿吨。

第三，20 世纪 50 年代与 70~80 年代出生的两代人创造的剩余产品或国民财富面临储存或投资的战略风险，在安全性、收益性和流动性方面都没有得到应有的保障。

全球经济不平衡的一个深层原因在于各国人口结构的差异和劳动力不允许跨境流动。青壮年占比高的中国有更高储蓄和更多贸易顺差。十余年来，我们期望通过制成品出口和持有西方发达国家金融资产，来实现现期生产能力向未来消费能力的转换。但是由于西方经济实力的下降和货币的贬值，我们所持有的外汇资产面临市值下降的风险。这将使我们通过出口导向型增长模式和国际市场将今天的生产能力转换成未来消费能力的计划受

① 参阅陈长缨“尽快调整导致我国贸易条件恶化的内外因素”，2009，www.10jqka.com.cn。

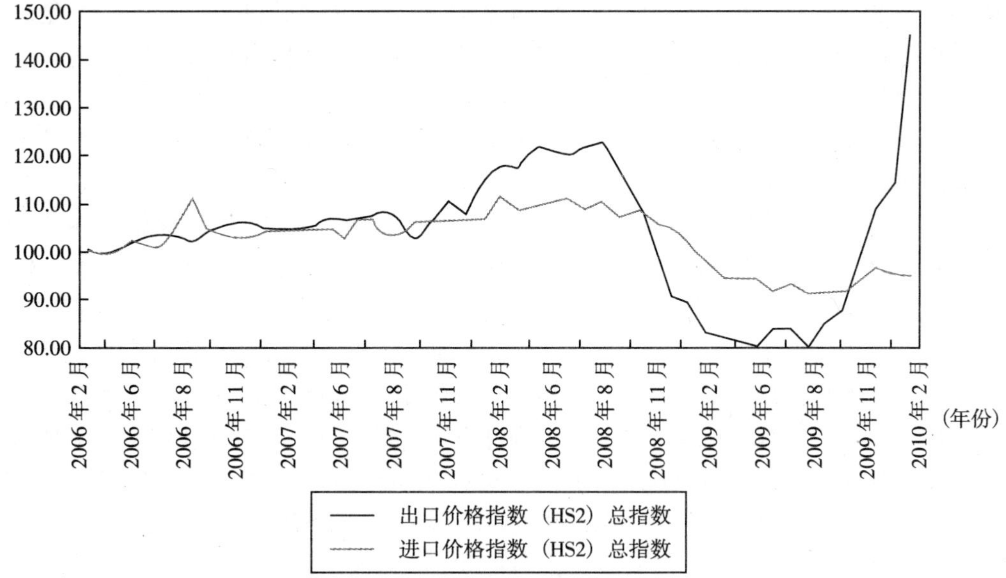

图 2 中国贸易条件恶化：进口价格快速上涨、出口价格处低位

数据来源：Wind，江海证券研发部。

阻或落空。中国的高储蓄如果继续转化为制造业的投资和出口，中国很可能面临重大的战略风险。

国民财富面临战略风险主要是因为国民财富更多掌握在政府手中，更多以官方外汇储备的形式储存。据陈志武测算，2007 年中国民间资产约为 27.6 万亿元，国有资产和国有土地约为 88 万亿元，合计 115.6 万亿元，相当于 GDP 的 4.7 倍。但是民间资产占比不到 1/4，多达 76%的资产掌握在政府手中[①]。据中国外汇管理局 2010 年 5 月初披露，至 2009 年年末，中国整体对外金融资产的数额为 3.46 万亿美元；其中，中央银行持有的国际储备资产达 2.451 万亿美元，占对外金融资产的 71%。2009 年年末官方外汇储备达 2.399 万亿美元，占全球官方外汇储备的 30.7%，其中 2/3 都以美元资产或美国国债的形式持有。未来 10 年发达国家人口老龄化，技术创新周期步入衰减阶段，经济增长低迷，主权债务风险大幅度上升。即使美国不再发生伯格斯坦所言的金融危机或硬着陆式的美元危机[②]，

① 参阅陈志武“国民财富纵横谈”，《上海证券报》，2008 年 3 月 24 日 B6 版。

② 按照美国彼得森国际经济研究所预测，美国的国际经济地位有可能大幅度恶化，经常项目逆差将从相当于 GDP6%的先前纪录增长到 2030 年的 15%（每年 5 万亿美元），对外净债务会从如今的 3.5 万亿美元增加到 2030 年的 30 万亿美元（相当于 GDP 的 140%，并超过出口额的 700%）。那时美国每年需要将相当于经济价值的 7%（2.5 万亿美元）支付给外国人。该所所长认为，这对美国具有三大威胁：第一，如果其他国家再度为美国巨额贸易逆差融资，危机条件再现，发生灾祸的风险卷土重来；第二，外国投资者不再满足美国增长的融资需求，美元严重贬值，造成硬着陆；第三，即使美国足够幸运地避免了再一次危机，日益增长的对外还本付息仍将严重侵蚀美国人的生活水准。参阅 Bergsten，G. F.，“美元与赤字：华盛顿如何才能防止下一次危机”，美国《外交事务》杂志第三季度 8 卷第 6 期，2009 年 11/12 月号。

美元相对亚洲货币和资源出口国货币的中长期贬值趋势几乎也是确定无疑的。因此，国家财富更多掌握在政府手中，更多以官方美元资产形式持有，不仅资产收益率极低，而且流动性差，贬值风险巨大。

第四，中国金融改革和发展的滞后使得 10 年后的中国面临未富先老的潜在社会危机。

考察跨世纪的 100 年间（1950~2050）中国人口的年龄结构可以发现，如果在横轴的时间维度上向前推移 30 年，中国人口结构与日本的人口结构具有惊人的相似之处。

图 3 是以人口抚养率的形式对中日两国人口结构进行的比较。2010 年是中国人口抚养率最低从而人口红利最大的一年。这种人口红利的优势要比日本 80 年代大得多。但是 2020~2030 年间中国人口老龄化问题将变得十分严重。2020 年是一个重要的时间之窗，因为这一年中国的人口结构将与日本泡沫经济破灭的 1990 年相同，并且此后人口结构将以比日本更快的速度恶化。如果 2010~2020 年间中国不能将投资的重点从低端制造业转向高新技术和人力资本积累，不能实现经济增长方式从要素投入型转向效率增进型转换，不能实现行政垄断型金融体系向市场化和现代化金融体系的转换，不能将社会高储蓄导入高成长产业并高效积累起更多社会财富，中国经济将可能步入长期衰退，并可能面临发生社会危机的高风险。

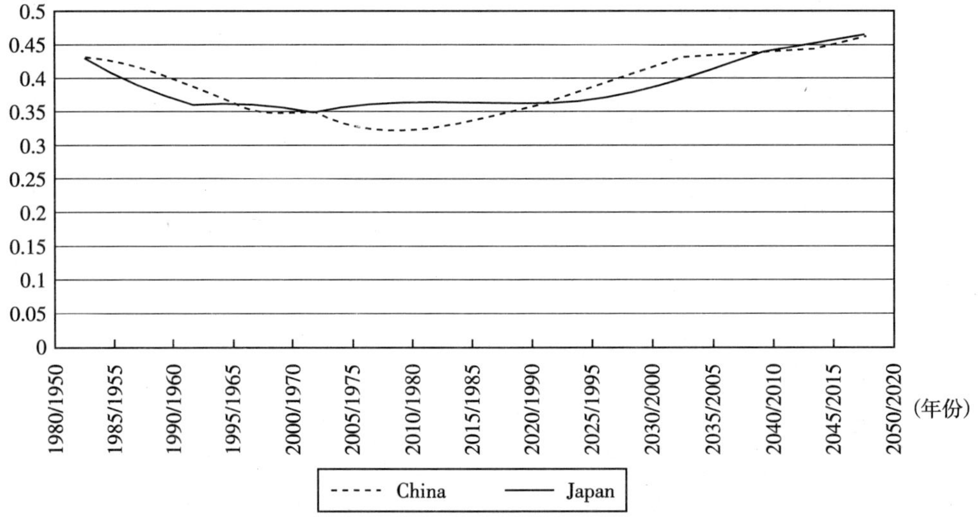

图 3　中日两国人口抚养率比较

数据来源：联合国人口署。

第五，全球化背景下中国面临金融开放与稳定的“两难”。

过去的三十年中，全球资本流动的规模迅猛增长，其中以追求流动性和短期利润的证券组合投资和对冲基金的比重也日益增大。金融危机以来以及其平息之后的一定时期内，主要发达国家仍存在失业和通货紧缩的压力，并且有着调高通货膨胀目标、实施适度宽松货币政策的内在需要，之后全球将面临新一轮流动性过剩的压力。亚洲新兴市场经济国家和拉美、中东等资源输出国家都将面临热钱流入的通货膨胀压力；国际投资者对这些国家货币的需求还会导致这些国家货币的升值，后者进而会造成它们经常项目的逆差。此外，由于资本流入国家内部的金融体系欠发达，如金融市场狭小而脆弱，银行体系的金融中介和资本配置功能弱小，从而未必能够管理好大量涌入的资本。因此在未来亚洲地区的资本盛宴中是资本输入国和国际资本的双赢格局，还是国际资本成为赢家，资本输入国在新一轮的金融危机中败下阵来？这是中国等亚洲新兴市场经济国家未来3~5年内面临的严峻挑战。

三、经济转型对金融转型与发展的内在要求

面临全球经济再平衡的大趋势和中国社会经济结构矛盾的加剧，中国需要顺势而为加快经济结构调整和转型的步伐。经济转型将涉及以下重要领域：

（一）经济转型要求降低储蓄率，提高消费比例，并按照以人为本发展理念和社会经济可持续发展的内在要求，大力发展作为经济增长核心要素的劳动者自身年轻化的产业

笔者提出年轻化产业这个概念或产业领域，具有四层内涵：其一，一国居民的最终消费水平的高低是一国社会经济福利水平的衡量指标，是经济增长的终极目标和社会发展的主要体现。像中国这样的人口大国，产业的发展需要围绕本国居民最终需求来推进。其二，消费与投资并非对立，与人力资本投资相统一的消费存在严重不足，需要重点鼓励。消费中“衣食住行医”的重要经济功能在于劳动力这种核心生产要素的再生产，低收入阶层消费水平的提高对于劳动力体质和素质具有重要意义。而“教科文体娱”等精神文化产品的消费是人力资本积累的过程，需要通过扩大供给来促进消费。其三，普遍提高居民消费比例的过程中需要通过税收与补贴对居民消费进行引导，鼓励有助于劳动力年轻化和人力资本积累的消费，避免对环境产生压力的奢侈性物质产品的过度消费。其四，提高劳动者自身生产能力并延长其生产周期的年轻化产业，需要政府采取鼓励政策加快投资和发展。

如前所述，2020年前后中国将面临人口结构不利变化的挑战。虽然我们并不排除通过鼓励生育调整人口结构的合理性和必要性，但考虑到过大人口基数对资源环境的压力以及经济、非经济因素对人口增长潜能的限制性影响，更为合适的战略选择应该是创造全新的投资领域，即有助于延长现有和未来劳动者工作年限的年轻化产业。随着人口预期寿命的提高，随着技术进步与产业结构更多地向服务业转换和知识经济的发展，现有劳动力延长10年工作期限的可能性是完全存在的。因此，现阶段社会资本需要更多地投入有利于现有劳动者生产能力和服务供给能力的保有和储存的年轻化产业，即发展更多降低劳动强度的技术创新；提供更多与产业发展需要相适应的教育和培训；通过优惠的政策和制度安排鼓励人力资本的更多积累；更多更好地促进健康产业、文化创意产业和其他消费服务业的发展，等等。通过生育政策的适当调整和年轻化产业的发展，中国有望减缓或平滑现有

人口结构对经济的不稳定影响，促进中国经济长期的可持续发展。

（二）经济转型的核心任务是实现行政垄断型金融体系向市场化、现代化的金融体系的转换

以人为本的消费增长和年轻化产业的发展具有多样化和个性化的内在要求。后者要求中国的产业从大规模、标准化的制成品生产体系转向标准化与个性化并存、大生产与小制作并存、现代化农业、工业与服务业平衡发展的复杂生产体系转换。与此相适应，中国的产业组织需要从中央国企的行政垄断和竞争性行业的无序竞争的两种极端状况转向与复杂社会分工体系相适应的大型、中型、小型企业平等发展、有序竞争的格局转换。这种复杂生产体系和有序有效的产业组织只有具有多样性的、多层次的、灵活的、市场化和现代化的金融体系才能提供与之相适应的有效金融服务。

近年来中国金融业的发展是相对滞后的，未能有效发挥其金融中介与资源配置的功能。具体表现为以下几个方面：

其一，东南亚金融危机以来中国的实际利率水平是持续下降的，未能显现稳步上升的金融发展特征。2004 年与 2006 年第四季度以来出现较为明显的实际负利率。实际利率是筛选或淘汰低效率投资项目的门槛，利率水平的稳步提升表明真实投资收益率和整体效率的提高。反之，实际利率下降使得低效率项目有能力参与竞争数量有限的资金或社会稀缺资源，在政府行政干预和金融寻租背景下，社会生产资源有很高的概率被低效率配置或滥用。另外，实际利率为负意味着本国居民很大程度上丧失了通过金融投资分享中国经济成长的权利。

其二，一年期存贷款基准利率的利差从 1995 年的 1 个百分点扩大到 1999 年以来的 3.6 个百分点。存贷款利差实际上是银行业发挥金融中介职能时自身所消耗的社会资源。利差越大，表明金融中介效率越低。我们以存贷款利差与贷款利率的比例作为金融中介的社会成本指标，这个比例已从 1998 年的 31%上升到 2006 年的 59%。目前，中国银行业存贷款利差比国际水平高 2 个百分点，这是存款人给银行业的补贴。政府最初实施利差补贴的意图在于帮助国有银行消化政策性不良资产。由于政策补贴与银行信贷规模成正比，这使银行业不思进取，盲目实施信贷扩张。银行业引进战略投资者让外资银行分享了中国银行业的垄断利润和利差补贴，而没有引入有序的竞争。银行业成为从前期股份制改革中获利并阻碍下一步利率市场化和市场准入改革的既得利益集团。2009 年银行信贷规模达 40 万亿元左右，行业利润约为 8000 亿元，如果取消 2 个百分点的利差补贴，银行业整体将处在零利润边界，如果考虑信贷规模扩张中不良资产的快速形成，银行业又将陷入整体亏损。

其三，金融业过度的行政保护和行政管制，导致金融机构创新不足。2007 年 6 月金融机构按基准利率和下浮 10%发放的贷款占总贷款的比例从 2005 年 6 月的 40%提高到 56%。这表明贷款进一步向国有大企业倾斜。国有大企业大都属于重化工业，而中国的重化工业很可能已经过度发展。因为发达国家重化工业在发展顶峰时期占工业比例的 65%，而中国目前重化工业占比已达 70%。2008 年上半年，银行业对中小企业的贷款有所增加，

主要因为信贷规模受到严格限制，发放中小企业贷款可以大幅度提高贷款利率，进而提高相同信贷规模下的利息收入。由此可见，金融机构的开拓能力和进取心都是存在的，需要的只是一些压力。但是在全球金融危机的冲击下，商业银行的避险倾向有所加强，2009年信贷规模的巨额扩张中，银行贷款更多都流入了地方政府项目和国有企业，小企业的经营环境严重恶化。另外市场准入和金融产品开发的严格审批制度也限制了金融创新的空间。金融创新不足与资本市场融资的准入限制，使房地产市场和政府投资领域的泡沫膨胀与产业发展资金不足同时并存，流动性洪灾与旱情同时并存，既导致系统性金融风险的积累，又限制民营经济和新经济的发展。

其四，中国金融体系的地方政府干预和中央政府担保已造成一个以金融体系为中介的社会资源耗散系统。笔者2006年在国内和国际学术会议上提出这一概念，用来解释前10年银行体系问题对社会的影响①。在全球金融危机和新一轮银行不良资产上升的背景下，这一概念的解释力仍将有效并可能得以加强。由于资金是社会稀缺资源的支配和使用权，社会资源的耗散反映为国家垄断经营的金融体系的资产损失。这种耗散从外部原因来看，主要包括贷款企业的道德风险导致的逃废银行债务的行为，政府对银行信贷活动的行政干预导致资金及其所支配资源的低效率使用和浪费，以及政府对银行体系的高税收，抽取了大量资源。内部原因主要是银行运行低效率和道德风险。为了缓和资源耗散对中国银行体系可持续性的威胁，保证银行体系的偿付能力，政府又将社会资源通过以下四种方式注入银行体系：财政注资；中央银行再贷款；外汇储备注资；存贷款高利差补贴。社会资源隐性地持续地通过金融体系不断向外流失，并通过政府担保和主导下的阶段性注资，形成以金融体系为中介的社会资源耗散系统。它所产生的影响表现为加剧了社会的两极分化和经济的不可持续性。部分资源被少数人侵吞或被地方政府浪费在大量的政绩工程上，而民众不得不以其税赋为此埋单。

其五，出现中国这种低收入国家援助发达国家高消费的斯蒂格利茨怪圈（Capital Doubtful Recycling），导致国家利益的流失和转移。斯蒂格利茨怪圈表明，中国外汇储备的积累相当于卖方信贷，把钱借给发达国家，让后者购买本国商品。以高成本引进外国资本，又以购买美国国债等低收益形式把引进的资本再借出去。斯蒂格利茨怪圈是中国经济两大重要特征在国际金融关系上的反映：第一，外汇储备的积累是在国内需求不足的背景下中央政府通过将汇率固定在低水平，并将汇率风险从企业转移到自身身上，以维护出口制造业竞争力和出口导向型经济增长的结果。第二，外资在中国享有超国民待遇，反映了政府和较多行政管制的（或国家垄断型）金融体系对国有经济的倾斜抑制了民间有效率企业组织的发展，使非国有经济对外部资本和外资企业产生过度依赖。其影响在于：导致财富的国际转移或社会福利的流失；导致中国外汇储备的资产减值或购买力损失；派生出升值压力、通货膨胀压力、结构恶化和金融体系脆弱性增加等一系列问题。

---

① Pan Yingli，"Liberalization of China's Financial System with Intrinsic Defects"，An Unpublished Paper for International Conference Communication，2006.

两者反映了中国社会资本配置的结构性失衡：相对国内外市场需求而言的标准化低端制造业产能的过剩；相对民营经济金融中介不足而言的储蓄过剩；相对社会经济可持续发展而言的公共产品、消费者服务、生产者服务和金融服务的有效供给不足。

因此，中国经济和金融的转型和可持续发展要求国家经济战略做出调整，并推进深层的体制变革。一是对现有财税和金融政策进行梳理，将工业化倾斜政策调整为农业、工业和服务业平衡发展政策；二是探索修正地方政府目标函数的干部考核和选拔制度的变革，加大中央和地方政府社会公共产品的供给，避免建立在个体理性基础上的集体非理性在地区经济发展上造成的负面影响；三是推进法治社会的建设，健全自由创业制度、市场信用制度和相对独立的司法制度，培育更多企业家人才和有效率企业组织；四是加快金融体系的改革和开放，提高金融体系的运行效率。

（三）经济和金融转型要求加快金融服务业的改革和开放

中国金融处在过度管制状态，加快金融的改革和开放已是中国实现社会资源市场化的有效配置，促进经济的可持续发展所面临的迫切任务。

中国金融业改革的重点体现在以下几个方面：逐步取消利差补贴政策和实际负利率政策，取消存款利率限制，完成利率的市场化改革；放宽市场准入，促进金融服务业的对内和对外双向开放和有序竞争，建立存款保险制度并逐步形成和完善金融机构破产机制，实现政府担保的退出；放宽审批制度，促进金融创新，促进金融机构、金融市场和金融产品的多元化发展；完善社会信用制度、信息披露制度和会计审计制度：健全金融监管制度、立法、司法和执法制度，有效保护债权人和中小投资者的利益。

金融开放主要涉及两个领域。一是资本账户开放或人民币资本项下的完全可兑换，即允许国际金融资本没有限制地大进大出；二是金融服务业开放，主要是允许外资金融机构独立注册子公司来全面经营人民币业务。在确保金融安全前提下的金融开放有一个路径或次序上的要求。一个重要的原则是先开放金融服务业市场，再开放资本市场。

目前发达国家希望我们金融全面开放，特别是资本账户的开放。其中一个重要的背景是发达国家人口老龄化问题严重，经济低速增长并可能全面步入衰退，因此它们规模巨大的养老基金和各类投资基金急切希望进入高成长发展中国家分享高成长成果。如果未来仅有的十来年高成长成果更多地让国际资本分享，而本国居民因为没有本钱，或因为本钱不多而没有机会分享本国的高成长成果，那么 10 年后巨大规模的老龄人口（2020 年、2030 年和 2040 年中国 60 岁以上人口分别将是 2.43 亿、3.47 亿和 4.1 亿）的养老将成为严重的社会问题。

资本账户开放在次序上应放在人民币汇率充分浮动之后。这是因为，维护本国独立的货币政策需要这样做；在人民币币值低估的情况下，允许外国资本流入，意味着贱卖国内资产。资本账户开放的必要条件是具有稳健的国内金融体系和稳定的宏观经济环境。目前国内银行体系存在很大的潜在风险，由于利差补贴和经济周期下滑，高盈利状态是难以维持的。宏观环境方面通货膨胀压力很大，当前首要任务是加强外汇管制，而不是放开。

另外，中国人均收入很低，居民抗风险能力很弱。金融危机的发生对中国老百姓是不堪承受之重。开放过程中的金融安全必须放在第一位。特别是国际金融领域的系统风险已高度积累。全球金融资本也正在寻找避风港和投资出路，大规模资本流入中国，而中国再大规模对外投资，必然会面临国际市场崩溃和美元贬值的双重风险。

因此，笔者的一个基本结论是未来10年间中国资本账户全面开放的条件是不完全成熟的。当前对中国特别有意义的金融开放应该是金融服务业的开放。目前中国金融业发展滞后，主要表现为金融服务供给不足。因此有必要通过引入更多的外资银行、外国投资银行和外国基金管理公司开设更多的分支机构直接给中国企业和居民提供金融服务，扩大整体的金融服务供给。其促进中国金融改革和发展的作用主要体现在这样一些方面：促进金融业的竞争，大幅度提高金融服务的性价比，更好地满足实体经济和居民的金融服务需求；促进金融人才的集聚和全面的金融创新，并激活国内金融机构创新动力机制和进取精神。总之，金融服务业的对外开放有利于增进国家利益和国民利益，虽然它不利于国内金融部门获取行政垄断利润。两者相权孰轻孰重，应该是一目了然的。

Urgency of China's Economic and Financial Transitions

Pan Yingli

(International Economic Review5，2010)

Abstract: This article analyzes the main features of China's industrialization strategy over the past five decades, its failure to quit the strategy in a timely manner and the ensuing side effects. The delay of quitting the industrialization strategy has caused not only such problems as unbalanced industrial structure and industrial organizational structure, but also sown the seed of the social crisis that the society is ageing while the people are yet to get rich. This article strengthens the urgency of China's economic transformation through the five aspects: the Chinese manufacturing industry facing huge bottlenecks of environmental resources, deterioration of terms of trade, the risks faced by the national wealth, financial development lagging behind and financial development and stability dilemma. Also this article tells the inherent requirements of economic transformation on the financial transformation and development.

Key Words: Industrialization Strategy; Economic Transformation; Financial Transformation

高管薪酬公平性问题研究
——基于综合理论分析的量化方法思考*

步丹璐　蔡春　叶建明
（西南财经大学会计学院　610074　纽约城市大学　Bamch 学院　10010）

【摘　要】目前，在金融危机背景下，国内外政府纷纷对高管高薪进行管制，高管薪酬的公平性成为社会各界关注的热点，归纳国内外相关文献，关于高管薪酬公平性并没有直接的衡量方法，已有文献对高管薪酬公平性的评价方法主要有三种：一是利用问卷调查的方法，以普通员工对高管薪酬的满意程度来衡量高管薪酬的公平性；二是直接以高管和普通员工的薪酬差距来表示薪酬分配的不公平程度；三是分析影响高管薪酬的合理性因素并计算高管薪酬中的额外薪酬，以此衡量高管薪酬的不公平程度。已有的评价方法具有一定的主观性和间接性，本文在全面分析相关理论的基础上，结合前期文献的研究结果，设计了衡量高管薪酬的公平性的三种方法：一是基于高管特征的视角，在公平理论，相对剥削理论和有效工资理论的基础上衡量高管薪酬的公平性；二是基于公司特征的视角，从最优薪酬机制理论的角度衡量管薪酬的公平性；三是综合高管特征和公司特征，结合前两种方法衡量高管薪酬的公平性。本文从公平的视角梳理了高管薪酬的前期文献，基于行为学、经济学、管理学等多领域的相关理论，对前期研究法进行修正，提供了直接量化高管薪酬公平性的思路，以期为高管薪酬的相关研究和政策制定提供理论基础。

【关键词】高管薪酬；公平性；量化方法

* 原文发表于《会议研究》2010 年第 5 期。本文是教育部人文社会科学研究青年项目“公司风险偏好和管理层激励合同的设计”（项目审批号 09XJC630012）和四川省哲学社会科学“十一五”规划青年项目“公平与效率的量化与关系——基于企业薪酬分配的视角”（项目批号 SC09C31）的研究成果，本文受到西南财经大学“211 工程”三期项目、青年教师成长项目、西南财经大学科研基金的资助。

一、引言

金融危机背景下，公众对于高管高薪、行业间的收入差距不断提出质疑。中国平安马明哲的千万年薪，国泰君安百万年薪事件，中石油团购等都引起了社会各界的广泛关注。新浪网站“2010年全国两会，你最关注什么话题”的调查结果显示，网民对“收入差距及收入分配改革问题”的关注程度位居榜首，远远领先于高房价和住房难、医药卫生体系改革、政府职能及反腐倡廉、就业、环境等社会热点问题①。

对于公平与效率的关系，我们党有一个逐步认识的过程，党的十四大提出要“兼顾效率与公平”；党的十四届三中全会提出“效率优先、兼顾公平”；党的十六届四中全会从构建社会主义和谐社会的高度，提出要“注重社会公平”；党的十六届四中全会把推进社会公平，构建和谐社会问题，摆到前所未有的高度来认识和把握；党的十七大报告明确提出：“实现社会公平正义是中国共产党人的一贯主张，是发展中国特色社会主义的重大任务”，提出“要通过发展增加社会物质财富、不断改善人民生活，又要通过发展保障社会公平正义、不断促进社会和谐”，强调“初次分配和再分配都要处理好公平与效率的关系，再分配要更加注重公平”。2010年3月，温总理指出，社会的公平正义比太阳还要有光辉。温总理在政府工作报告中明确指出扭转收入差距的扩大趋势是政府当前的重要工作，如果说做大社会财富这个“蛋糕”是政府的责任，那么分好社会财富这个“蛋糕”就是政府的良知。这些都说明我们党的经济社会发展指导思想已从“效率优先，兼顾公平”过渡到“注重社会公平”阶段。

收入分配是加强以改善民生为重点的社会建设的重要内容之一，同时也是公平与效率关系的重要结合点。正确把握和处理好收入分配中公平与效率的关系，对实现社会公平正义，促进社会和谐，具有十分重要的意义。为了体现公平优先，一方面，政府部门开始限制垄断行业、金融行业的高薪，财政部2009年明确要求金融企业负责人总薪酬不应高于280万元，2008年业绩下降的国有金融机构，高管人员薪酬再下调10%②。2009年9月人力资源和社会保障部等部门联合出台《关于进一步规范中央企业负责人薪酬管理的指导意见》，这是中国政府首次对所有行业国有企业颁布的高管“限薪令”。另一方面，2010年两会代表也纷纷提出提高普通职工收入的措施，如提高个税起征点、完善医疗报销体制等等。甚至在崇尚自由市场经济的美国，奥巴马政府也积极限制企业高管年薪，要求接受政府金融救助的7家企业高管的年薪不得超过50万美元，比去年平均减少90%。随后欧盟也效仿奥巴马政府，发布“限薪令”。

---

① 新浪调查 http：//surrey news sina.com.cn/resuk/43394.thml f=1.

② 财政部2009年公布《财政部规范国有金融机构高管人员薪酬分配秩序》。

在此背景下，高管薪酬的公平性成为社会各界关注的热点，如何衡量高管薪酬的公平性是当下急需解决的关键问题。已有文献关于高管薪酬的理论研究和实证检验都较丰富，但是从公平性的角度研究高管薪酬的文献并不多，归纳起来，对高管薪酬的公平程度的评价方法主要有三种：一是利用问卷调查的方法，以员工对高管薪酬的满意度来衡量高管薪酬的公平性（Sweeney 等，1990；Beng，1991；Covin 等，1993；Cropanzano and Rupp，2003；DeConinck and Stilwell，2004；Tekleab 等，2005；Ambrose 等，2007），这种方法基于员工的主观感受，缺乏一定的客观性和可比性；二是以高管与普通员工的薪酬差距来反映高管薪酬的不公平程度（Milgmm and Roberts，1988；Lambert 等，1993；Main 等，1993；Siegel and Hanbrick，1996；Diemond，1971；Lazear and Rosen，1981；Diamond 1981；Rosen，1986；Burdett and Mortensen，1998；Mortensen，2003 等），这种衡量方法比较直接，但是却忽略了高管的个人特征；三是用高管薪酬中的额外薪酬来反映高管薪酬的不公平程度（Core、Holthausen and Larcker，1999；吴联生等，2010），这种方法主要依赖实证模型的回归结果，受模型变量选择的影响较大。本文旨在综合相关理论的主要思想，在已有文献的基础上，设计衡量上市公司高管薪酬公平性的思路，以期为政策的制定以及理论的完善提供依据。

本文以下内容结构安排如下：第二部分是对国内外已有文献的归纳分析；第三部分是对相关理论的理解和提炼；第四部分是高管薪酬公平程度的量化思路；第五部分为结论。

二、文献综述

关于高管薪酬的研究较多，Demsetz and Lehn（1985）、Jensen（1986）、Palia（1998）和 Hinmelberg 等（1999）分析了管理层持股的决定性因素；Smith and Watts（1992）、Caver and Caver（1993）、Yermack（1995）分析了股权激励的决定性因素；Lazear and Rosen（1981）、Gbbons and Murphy（1992）、Core and Guay（1999）、Amaiz 等（2008）分析了最优的管理层薪酬结构；Core and Guay（2002）、Chidan baran and Prabhala（2003）、Ittner、Lambert and Lareker（2003）、Carter and Lynch（2004）、Henderson 等（2006）、Balsand 等（2007）研究了高管薪酬的结构与薪酬效率的关系。然而，从公平视角研究高管薪酬的文献并不多，以下我们从公平性的视角对已有的高管薪酬文献进行了梳理。

（一）高管薪酬公平性的理论研究

早期对薪酬分配的公平性研究，主要基于理论的分析和模型的推导。行为理论强调平均分配，薪酬差距较大会使较低薪酬员工产生被剥削的感觉，促使他们损害较高薪酬员工来实现自身的利益。行为理论又可分为三个分支：相对剥削理论认为，员工会将自己的薪酬和高级别的薪酬做比较，如果觉得薪酬差距不够合理，他们会觉得被剥削，从而对企业目标漠不关心，进而造成企业凝聚力下降等现象（Cowherd and Levine，1992；Martin，1981）。组织政治学理论认为，薪酬差距较大只会导致政治阴谋和利己行为，从而破坏团队之间的合作。如果压缩薪酬差距将会满足人们的公平偏好，从而满足实质性合作需要（Milgrom and Roberts，1988）。分配偏好理论认为，薪酬应该以“不给领取薪酬的人带来不满”为依据设定（Creenberg，1987）。前两种行为理论具有滞后性（Reactive），即结果导向；分配偏好理论具有前瞻性（Proactive），即过程导向。更加强调事前的薪酬分配决策。社会比较理论认为人们希望正确地评价自己的观点和能力，在缺乏标准时，人们通过与他人的比较进行自我评价（Festinges，1954），通过社会比较，人们形成公平性的认知（Amrose，Harland and Kulk，1991）。高层梯队理论（Upper Echelon Theory）（Hanbrick and Mason，1984）认为由于战略决策者所处的环境非常复杂，一个高管不可能观察到组织内部和外部环境的每一个方面，因此，战略领导者的研究重点应该是整个高管团队，而不仅仅是领导者个人。CEO 与非 CEO 高管在职位层级上存在差异（Tsui and O’Reilk，1989），职位决定了个体在组织中的正式角色（Brew and David，2004），而薪酬差距是职位差异的一种体现。

赵波（2000）从中国人的历史渊源上剖析了分配公平感，指出中国人分配公平感的历史渊源根植于民族心理中的平均主义分配价值观——“不患寡而患不均”，长期主导了中国社会的分配观念。周学军等（2004）探讨了公平理论在薪酬管理中的应用。赵利红（2004）认为，影响薪酬满意度的主要因素是薪酬的内部公平性、外部公平性和个人公平性。闫威等（2006）从横向公平的角度出发，利用一个简洁的理论模型研究薪酬差距、员工努力程度与企业内部薪酬结构问题，发现当员工对于相互间的薪酬差距的关注程度越高时，在最有状态下，企业应使内部员工的薪酬差距缩小，并且这种差距缩小的幅度由员工努力水平对相对工资（即薪酬差距）和自身工资的敏感度的比值决定。

（二）高管薪酬公平性的量化研究

由于公平问题具有很大的主观因素，因而学术界并没有一个统一的公认的衡量薪酬分配公平性的方法。目前已有文献对高管薪酬公平性的评价主要有员工满意度的衡量、薪酬差距的衡量以及额外薪酬。

1. 员工满意度

随着统计方法的进步，调查研究的方法应用于薪酬分配的研究中。部分学者采用调查和问卷发放的方式检验了员工对于薪酬分配的公平感认知与员工满意度的关系（Klein，1973；Oldham 等，1986；Folger 和 Konovsky，1989；Sunmers and Hendrix，1991；Sweeney 等，1990；Berg，1991；Summers and DeNisi，1990；Cropanzano and Rupp，2003；DeConinck and Stilwell，2004；Tekleab 等，2005；Ambrose 等，2007）。Weiss、Dawis，Endland and Lofquist（1967）研究了明尼苏达度量表（Minneesota Satisfaction Questionnaire，MSQ），对影响员工满意因素的测量采用 Likert 五点量表计分。Smith（1969）通

过工作描述指数问卷（Job Descriptive Index，JDI），统计出员工对薪酬分配的满意程度。Locke（1976）设计了9个分量表，36个问题。Porter（1978）开发了一种开放式的适用于管理人员工作满意度的调查方式，即彼得需求满意调查表（PortNeed Satisfaction Questionair，即NSQ）。Hackman and Oldhan（1974）开发了工作诊断调查表（Job Diagnostics Survey，即JDS），用来衡量五项核心工作构面与两项辅助构面。已有的研究，大多是基于以上几种统计调查表来衡量员工对薪酬分配公平性的认知程度（Sweeney等，1990，Berg，1991；Covin等，1993；Cropanzano and Rupp，2003；DeConinck and Stilwell，2004；Tekleab等，2005；Ambrose等，2007）。

Finn and Lee（1972）、Hills（1980）、Capelli and Sherer（1988）以及Taylor and Vest（1992）等分析发现内部公平比外部公平更容易导致员工对薪酬的满意；Dreher（1981）、Scholl等（1987）、Das and Bhadury（1997）以及Tremblay等（2000）发现外部公平比内部公平对薪酬满意度的影响更大。Michel Termblay and Patrice Roussel（2001）从内部公平、外部公平、个体公平、分配公平和程序公平研究了公平感对薪酬满意度的影响，通过案例研究进一步证明了内部公平、外部公平、个体公平、分配公平和程序公平都与薪酬满意度紧密相关。刘亚等（2003）运用中国文化背景下开发的组织公平感的4因素问卷，通过发放问卷的方式直接衡量员工的公平感，考察了组织公平感与组织效果变量之间的关系。通过相关和回归分析，结果表明：组织公平感对一些主要的组织效果变量有很好的预测作用。万迪防等（2008）在调研和问卷发放的基础上对电力集团的管理层和普通员工的公平感进行调查，从过程公平和结果公平两个角度综合考虑公平的衡量，发现公平感和员工满意度有着正向关系。

2. 薪酬差距

根据行为理论、社会比较理论等主要思想，人们会与其同层级的员工或者高一级的员工比较薪酬来得到薪酬分配公平性认知。因而，相关文献通过直接计算公司内外部不同层级的薪酬差距来替代薪酬分配的公平程度（Main等，1993；Siegel and Hanbrick，1996；Diamond，1971等）。

Jensen（1976）最早讨论薪酬差距，认为随着行政层次的提高，应提高薪酬水平并加大与相邻层次间的薪酬差距，从而发挥锦标赛理论的作用。Rosen（1986）和林浚清等（2003）认为CEO和其他高级管理层之间的薪酬差距应该设计为最大。Main and O' Reilly（1993）分析薪酬排名前五名高管的薪酬，他们发现从第四名上升到第三名，薪酬提升了44%，从第三名提升到第二名，薪酬提升了75%，当从第二名提升到第一名时，薪酬提升了141%。这个结论证明了Rosen（1986）的观点。林浚清等（2003）检验CEO和非CEO的薪酬差距与公司绩效之间的关系，发现中国上市公司薪酬差距和未来公司绩效之间存在正相关关系。Carpenter and Sanders（2004）检验了高管团队薪酬、公司的国际化程度和它的未来市场份额和会计表现之间的关系，发现CEO和其他高管团队之间的薪酬差距与公司绩效呈负相关关系。张正堂（2008）分别研究了高管团队内部薪酬差距和高管团队与员工间的薪酬差距，发现都对未来绩效有负向的影响。

对于薪酬差距的衡量主要是绝对值和相对值两种，Milgnm and Roberts（1988）、Lanbert 等（1993）的研究主要基于薪酬差距的绝对值。Lazear and Rosen（1981）、Diamond（1981）、Rosen（1986）、Burdett and Mortensen（1998）、Mortensen（2003）的研究基于薪酬差距的相对值。Yasuhiro（2003）用薪酬的 log 值的方差代替薪酬的不公平程度。

3. 额外薪酬

Core，Holthausen and Larcker（1999）分析管理层薪酬决定模型，并对该模型分年度分行业进行回归并计算残差，即额外薪酬，并以此替代高管薪酬的不公平程度。吴联生等（2010）采用 Core 等（1999）的方法对我国 2005~2006 年上市公司总经理的薪酬公平性进行了研究，把额外薪酬分为正向额外薪酬和负向额外薪酬，从而衡量高管薪酬的外部公平性程度。

（三）文献评述

高管薪酬公平性的理论研究，基于理论的逻辑性分析了薪酬差距较大或者较小都有可能损害员工对薪酬公平性的认知。这无法具体量化说明高管薪酬的公平性程度大小对员工的公平性认知的影响，也不能为横向比较各个公司的高管薪酬提供依据。

通过问卷调查衡量员工对高管薪酬的满意度来衡量高管薪酬的公平性程度，第一次提出了衡量高管薪酬公平性的方法，然而这种衡量方法的主观性较强，完全依赖予主观的被试对象，并会随着问卷调查发放对象的变化而变化，不具有横向的可比性。

直接用高管与普通员工的薪酬差距衡量高管薪酬的公平性虽然有利于各个公司的横向比较，但忽略了高管薪酬比普通员工高的合理决定因素，而且已有文献的实证检验也发现，并非薪酬差距越大，企业绩效就越小。因而，薪酬差距并不是衡量高管薪酬公平性的合理变量。

用额外薪酬作为高管薪酬的不公平程度，这种方法一方面避免了问卷调查的主观性结果，另一方面也考虑了薪酬差距的合理因素。然而，由于额外薪酬的计算主要依赖于高管薪酬决定模型的设计，基于不同国家有着不同的环境和制度背景，每个学者在设计高管薪酬决定模型时会考虑不同的决定因素，如果都按照自己的思路设计高管薪酬决定模型，那额外薪酬的代表性也会受到影响。

三、高管薪酬公平性的理论分析

基于对已有文献的梳理和总结，我们选择高管薪酬公平性的相关理论对前期文献的高管薪酬公平性评价方法进行修正，以期得到更加直接、客观、具有可比性的高管薪酬公平性量化的统一方法。

1. 行为学理论

公平理论注重研究同类员工薪酬差距的公平性问题（Adams，1965；Hcmans，1974；Walster，Walster and Berscheid 1978）；相对剥削理论更集中于低层级员工与高层级员上薪酬差距的研究（Martin，1981；Crosby，1984；Abeles，1976；Isaac Mrtran and Stryker，1980）。我们融合公平理论和相对剥削理论的主要思想，既考虑了公平理论侧重的外部公平问题，又考虑了相对剥削理论的内部公平问题。我们把这两个理论有机结合，为量化高管薪酬的公平性建立理论基础。

2. 经济学角度

经济学家假设在信息完全对称的情况下，有效工资应该是只基于员工的能力而不是公司的特征，即同样工作类型的员工应该享有相同的工资待遇，从而带来相等的效用。然而，在信息不对称的环境下，有四个方面会影响有效工资的设计（Stiglitz，1984；Katz，1986）。第一，员工离职的成本（Tumover Cost）；第二，员工的努力程度（Worker's Effort Level）；第三，员工的忠诚度（Loyalty）（Akerlof，1984）；第四，员工的质量。另外，各行业各地区的薪酬还有着较大的差异（Krueger and Summers，1988）。有效工资理论为量化高管薪酬公平性的模型设计提供了理论基础。

效用函数理论是 20 世纪 50 年代，Von Neumann and Morgenstem 在公理化假设的基础上，运用逻辑和数学工具，建立的不确定条件下对理性人（Rational Actor）选择进行分析的框架。基于效用函数理论，我们认为不同的薪酬激励方式会带来不同的管理层风险，从而带来不同的管理层效用。因而，我们计算薪酬总额时，考虑了薪酬激励的结构。

3. 最优薪酬分配机制理论

以 Jensen and Meckling（1976）、Demsetz and Lehn（1985）的研究为代表，学者们认为企业的特征会影响最优的薪酬分配机制的设计。Yermack（1995）、Ofek and Yermack（1997）等从实证检验的角度分析了股权激励方式和最优合同的关系，却没有得到一致的结果。Core and Guay（1999）在 Damsetz and Lehn（1985）和 Smith and Watts（1992）的基础上建立了最优股权激励合同的截面模型，发现最优薪酬分配机制的影响因素有公司规模（Firm Size）、成长机会（Opportunities）以及监督成本（Monitorring Costs）。另外，他们还发现薪酬分配的结构也会影响最优薪酬分配机制的设计。基于公司特征对最优薪酬分配机制的影响，我们从公司特征入手，分析高管薪酬的公平性问题。

四、高管薪酬公平性的量化方法思考

基于对前期文献的梳理和相关理论的总结，我们对前期文献中的高管薪酬评价方法进行修正，以期得到统一的高管薪酬公平性的量化方法。第一，我们综合相对剥削理论、公平理论和有效工资理论的主要思想，对员工满意度进行客观化，并剔除高管的个人特征；

第二，基于中国的制度背景，对高管薪酬决定模型进行修订，从公司特征的角度分析高管薪酬公平性的程度；第三，综合前两个模型，计算高管薪酬公平性的综合量化指标（见图 1）。

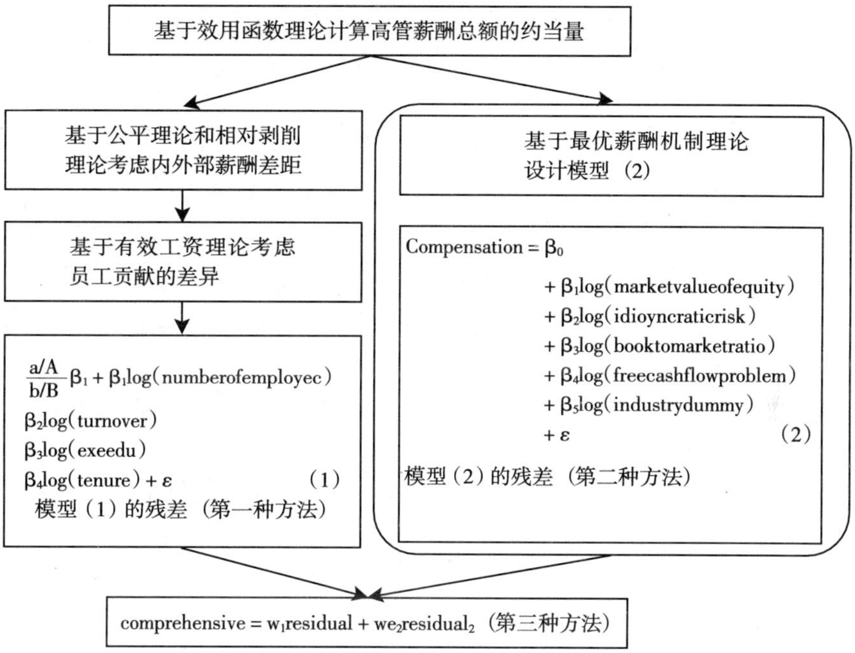

图 1　衡量高管薪酬公平性的具体思路

对于高管薪酬的衡量，已有的文献往往是直接加总各种高管激励方式（Felthan and Wu，2001；Hall and Murphy，2002）。然而，按照效用函数理论，不同的高管激励方式会带来不同的管理层风险，因而不同的薪酬方式的效用会不同。我们也得到一些文献的经验支持。Holmstrom and Milgrom（1987）发现与业绩线性关系（Linear Compensation Contracts）的薪酬激励方式是次优方式。另外，大量的研究发现复杂的薪酬激励结构，比如期权激励在薪酬分配中的比例，可以协调管理层和股东的利益，解决代理问题（Hemmer 等，2000；Felthan and Wu，2001；Hall and Murphy，2002；Cadenillas 等，2003；Dittnann and Maug，2007）。我们认为在对高管薪酬进行研究时，不但应考虑高管薪酬的总额，还应考虑高管薪酬的结构，也就是说既考虑高管的工资和津贴，还考虑股权激励、期权激励、限制性股票等，以及高管的职务消费，并根据效用函数理论计算薪酬总额的约当量。具体思路如下：根据效用函数理论分析各种高管激励方式的效用大小，按照排序的顺序设计权重，然后计算员工角度的高管薪酬总额的约当量。例如，假设管理层对高管薪酬方式的认可程度从小到大依次为：期权激励、限制性股票、职务消费、货币性收入。管理层越认可的薪酬方式，我们赋予更大的约当权重（步丹璐等，2009）。假设我们设计的权重依次为 0.3，0.5，0.8 和 1。例如，按照 Black-Schole 的方法计算的期权价值为 100 万元，那么其薪酬约当量为 30 万元（100 万元×0.3）；按照 Core and Guay（1999）的方法计算出股权激励的价值为 200 万元，则其薪酬约当量为 100 万元（200 万元×0.5）；按照罗宏等（2008）的方法计算管理层的在职消费为 50 万元，则其薪酬约当量为 40 万元（50 万元×0.8）；在 CSMAR 公司治理数据库直接下载高管薪酬的货币性收入为 20 万元，其薪酬约当量为 20 万元（20 万元×1）。基于效用函数理论，我们得到高管薪酬约当量 190 万元。如果不考虑高管薪酬结构的影响，我们得到高管薪酬分配的总额为 370 万元。

（一）基于高管特征量化高管薪酬的公平性

基于公平理论和相对剥削理论的融合（见图 1），较低层级员工通过比较自身的贡献和回报比率与较高层级员工的贡献和回报比率来评估企业薪酬分配的公平程度。也就是说，内部薪酬差距和外部薪酬差距都会影响员工对高管薪酬分配公平性的认知程度，同时，根据有效工资理论，高管贡献的差异程度能在一定程度上解释内外部薪酬差距。

1. 考虑外部薪酬差距

确定公司高管的相对薪酬分位数和普通员工的相对薪酬的分位数，相对薪酬的分位数代表该公司的薪酬支付水平。假设我们得到 A 公司支付给管理团队的薪酬为 a，支付给普通职工的薪酬为 b，同行业同地区的公司中支付给高管团队的薪酬范围为 0~A，支付给普通员工的薪酬范围为 0~B；则 A 公司高管团队的相对薪酬分位数为 $\frac{a}{A}$，普通员工的相对薪酬分位数为 $\frac{b}{B}$。

2. 考虑内部薪酬差距

计算管理团队相对薪酬分位数和普通员工相对薪酬分位数的比率，即 $\frac{a/A}{b/B}$。这个计算过程实质上是反映管理团队和员工的薪酬差距在同行业同地区中的差距水平。如果比率为 1，说明管理团队与普通员工的薪酬差距较正常；比率大于 1，表示同行业同地区其他公司而言，该公司对管理团队的支付水平相对高于普通员工，也就是说，该公司的员工会觉得不公平，该企业的薪酬分配的公平程度较低。

3. 考虑高管特征的差异

按照有效工资理论的观点，高管特征能在一定程度上合理解释薪酬差距，因而，以薪酬差距比率 $\frac{a/A}{b/B}$ 为被解释变量，以高管特征（如高管所管辖的员工人数、高管离职情况、高管文化背景和高管的任期）为解释变量，得到模型（1）：

$$\frac{a/A}{b/B} = \beta_0 + \beta_1 \log(\text{Number of on ployee}) + \beta_2 \text{bg}(\text{tumower}) + \beta_3 \log(\text{exeedu}) + \beta_4 \log(\text{tenure}) + \varepsilon \quad (1)$$

模型（1）回归结果的残差作为高管薪酬公平程度的替代变量，残差表示薪酬差距中不受个人努力程度影响的部分，因而我们认为残差越大，高管薪酬的公平程度越差。

(二) 基于公司特征衡量高管薪酬分配的公平性

第一种方法主要是从普通员工角度来评估的，同时剔除了高管个人特征对薪酬差距的影响。Jensen and Meckling (1976) 认为高管薪酬分配主要受公司特征的影响。Core 等 (1999) 和吴联生等 (2010) 根据公司特征建立了高管薪酬决定模型，然而我们认为不同的高管薪酬决定模型会得到不同的公平性程度的结果，因而，我们在总结已有相关文献的基础上，对高管薪酬决定模型进行修正，以期得到统一的高管薪酬决定模型，从而提供衡量高管薪酬分配公平性的统一方法。

Damsetz and Lehn (1985) 认为高管的薪酬分配受两个主要因素影响：公司规模和监督困难程度。大规模公司对高管的要求相对更高，因而倾向于支付相对较高的薪酬 (Smith and Watts，1992)。仿照 Demsetz and Lehn (1985) 和 Baker and Hall (1998)，可以用权益的市场价格的 log 值作为公司规模 (Fimsize) 的替代变量。Demsetz and Lehn (1985) 认为噪音越大的公司监督成本越高，监督成本高的公司倾向于支付更高的薪酬。按照 Demsetz and Lehn (1985) 的思路，可以采用风险的异常性 (Irliosyncratic Risk) 作为能增加监督成本的公司噪音。具体来讲，可以选择 36 个月的市场模型 (36-month Market Model) 的回归结果的残差的标准差的 log 值作为具体计算方法。Smith and Watts (1992) 发现高管的薪酬分配与公司的成长机会相关，可以选择资产的账面价值和市场价值的比值 (Book-to-market Ratios) 作为公司成长机会的替代变量。Jensen (1986) 发现低成长机会和高现金流量会产生代理问题，从而影响高管薪酬的激励水平。Palia (1998) 和 Hinmelberg 等 (1999) 发现经营性利润与管理层激励有关。另外，由于行业间的高管薪酬差距较大，还应控制行业指标。基于以上的分析，我们设计模型 (2) 如下：

$$\begin{aligned} \text{Compensotion} &= \beta_0 + \beta_1 \log(\text{marketva lueofequity}) + \beta_2 \log(\text{idiosy nerticrisk}) \\ &+ \beta_3 \text{book tam ark etratio} + \beta_4 \text{freecash flawproblem} + \beta_5 \text{industrydummy} + \varepsilon \end{aligned} \quad (2)$$

其中：log (marketva lueofequity) 表示公司规模；log (idiosyneraticrisk) 表示公司的监督成本；book tamarketratio 代表公司的成长机会；freecash flawproblem 表示公司的现金流量，控制代理问题；industrydummy 表示行业控制变量。模型 (2) 的回归结果的残差表示高管薪酬的不公平程度。

(三) 高管薪酬公平程度的综合指标

从以上两种角度可以得到高管薪酬的不公平性程度：第一个角度是基于行为学理论和有效工资理论，从员工的视角和高管的特征来分析高管薪酬分配的公平程度；第二个角度是基于公司的特征分析高管薪酬的不合理性。如果该公司的高管特征更加明显，那么我们认为采用第一种方法更合适；如果该公司的环境特征和公司自身特征较明显，我们认为采用第二种方法更合适。

如果该公司的个人特征或者公司特征都比较重要，那可以同时考虑两种方法的结论，计算高管薪酬公平程度的综合指标，即分别给予两个模型的残差一定的权重，得到综合残差。由于两个模型的残差不能直接相加，因而我们首先计算两个残差的分位数 $residual_1$ 和 $residual_2$，并根据公司的具体情况给予两个残差分位数一定的权重 w_1 和 w_2，计算高管薪酬公平性的综合量化指标 comprehensive，即模型（3）：

$$comprehensive = w_1^* \ residual_1 + w_2^* residual_2 \tag{3}$$

假设 A 公司第一种方法的回归残差是 300，第二种方法的回归残差为 500，假设我们给定的权重为 50%，第一种方法回归残差的最大值为 2000，第二种方法回归残差的最大值为 1000，那么首先计算两个残差的分位数分别为 0.15 和 0.5，考虑权重后的综合残差分位数为 0.325。假设 B 公司计算后的综合残差分位数为 0.56，那么比较 A 公司和 B 公司，我们认为 A 公司高管薪酬中的不公平程度少于 B 公司。因而，第三种方法衡量的综合残差是一个相对公平指标。

五、小结

改革开放 30 年来，我们的方针逐步从“效率优先、兼顾公平”过渡到“注重社会公平”阶段。同时，金融危机背景下，国内外政府开始对高管高薪进行管制。学术界关于高管薪酬的文献较丰富，然而从公平视角的研究并不多。本文在公平理论、相对剥削理论、有效工资理论、效用函数理论以及最优薪酬机制理论的基础上，分别从三个角度设计了三种不同的衡量思路，对前期研究结论进行修正，提供了直接量化高管薪酬公平性的方法，以期对高管薪酬的相关研究和政策制定提供了一定的基础。

参考文献

[1] 步丹璐，叶建明. 量化企业薪酬分配的公平程度的设计思路. 北京大学光华管理学院会计系，中国青年会计学者学术研讨会论文集，2009.

[2] 林浚清，黄祖辉，孙永翔. 高管团队内薪酬差距、公司绩教和治理结构. 经济研究，2003（4）.

[3] 刘宁，张正堂. 企业内部薪酬差距的效应：研究述评. 管理学报，2007（11）.

[4] 赵增. 内部劳动市场的经济理性及其在我国的适用性. 经济研究，2002（3）.

[5] 刘亚，龙立荣，李晔. 组织公平感对组织效果变量的影响. 管理世界，2003（3）.

[6] 谌新民，刘善敏. 上市公司经营者报酬结构性差异的实证研究. 经济研究，2003（8）.

[7] 吴联生，林景艺，王亚平. 薪酬外部公平性、股权性质与公司业绩. 管理世界，2010（3）.

[8] 张正堂. 企业内部薪酬差距对组织未来绩效影响的实证研究. 会计研究，2008（9）.

[9] Adams，S. J.，and Sara F. Equity Theory Revisited：Comments and Annotated Bibliography in Leonard Berkowitz and Elaine Walster（eds），Advances in Experimental Social Psychology，9：43~90，New York：Academic Press，1976.

[10] Cowherd，D. M.，and Levine D. I. Produce Qualilty and Pay Equity between lower2 Level Employees and top management：An investigation of distributive justice theory. Administrative Science Quarterly，VoL.

37, 1992.

[11] DeConthek, J. B., and Stilwell C. D. Incorperating Organizational Justice, Role States, Pay Satisfaction and Supervisor Satisfaction in a Model of Turnover Intentions. Journal of Business Research. Vol, 57, 2004, 225~231.

[12] Greenberg, J., A Taxonomy of Organizational Justice Theories. Academy of Management Review, 1987, 12: 9~22.

[13] Hall, B., Knox, T. Underwater Options and the Dynamiues of Executive Pay-to-performance Sensitivities. Journal of Accenting Research, 2004, 42: 365~412.

[14] Henderson, A. D., and Fredrickson J. W. Information Processing Demands as a Determinant of CEO compensation. Academy of Management Journal, 1996, 39: 575~606.

[15] Lazear, E. P., and Rosen S. Rank Order Toumaments as Optimum Labor Contracts. Joumal of Political Economy, 1981, 89: 841-864.

[16] Martin, J ., Relative deprivation : A Theory of Distributive Injustice for an Era of Shrinking Resources. Research in Organizational Behavior, 1981, 3: 53-107.

[17] McFarlin, D. B., and Sweeney. Distribtive and Procedural Justice as Predietors of Satisfaction with Personal and Organizational Outcommes. Academy of Management Journal, 1992, 8, 35 (3): 626-637.

[18] Mehran. H., Yermack, D. Compensation and Top Management Turnover. Working Paper, New York University, 1999.

[19] Milgrom, P. and Roberls J. An Economic Approach to Influence Aetivities in Organizations. American Journal of Seiology, 1988, 94 (supplement): 154~179.

[20] Oldham, G. R.. Relations between Job Facet Comparisons and Employee Reactions. Organizational Behavior and Human Decision Processes, 1986, 38 (1): 28 ~47.

[21] Rosen, S., Prizes and Incentives in Elinination Tournaments. American Economic Review, 1986, 76: 701-715.

[22] Sweeney, McFarlin.. Workers Evaluation of the End and the Means: An Examination of four Models of Distributive and procedural Justice. Organizational Behavior and Human Decision Processes, 1993, 4: 23~40.

[23] Tek leab, A. G.. Is it Pay Levels or Pay Raises that Matter to Fairness and Turnover? Journal of Organizational Behavior, 2005, 26 (8).

The Research of Fairness of Executive Pay-Based on Comprehensive Theoretical Analysis of Quantitative Thinking

Bu Danlu, Cai Chun and Ye Jianming

(Accounting Research No.5, 2010)

Abstract: Currently, in the context of the financial crisis, domestic and foreign governments regulate executives' high salaries one after one, and the fairness of executive compensation has become the focus of attention in society. According to the relevant literature, there is no direct ways about how to measure the fairness of executive pay. Usually, there are three main ways in the literature about telling the fairness of the evaluation of executive pay. The first way is the questionnaire survey method. We use the general staff satisfaction with the degree of executive pay to measure the fairness of executive compensation. The second way is to use pay gap between executives and ordinary employees to measure pay distribution inequities. The third way is using a reasonable factor analysis of executive compensation and the calculation of the additional remuneration of executive pay to measure the fairness of executive compensation. We have to admit that the existing evaluation methods have a certain degree of subjectivity. Based on comprehensive analysis of the theory and results of the early literature, this paper designs three methods to measure the fairness of executive compensation. The first method is to make use of equity theory, relative exploitation theory and effective wage theory from the perspective of executives' characteristics to measure the fairness of executive compensation. The second method is to use the optimal remuneration mechanism theory from the perspective of the firm characteristics to measure the fairness of executive compensation. The third method is to combine executive characteristics with firm characteristics, using the first two methods, to measure the fairness of executive compensation. From a perspective of fair, this paper teases the early literature of executive compensation and amends the pre-study method according to theories of behavioral science, economics, management and other areas. Also, this paper provides the idea of directly quantify the fairness of executive pay in order to provide a theoretical basis for executive compensation and related research and policy-making.

Key Words: Executives' salaries; Fairness; Quantify Methods

金融稳定及其变迁的新政治经济学分析*

段小茜①
（中国社会科学院金融研究所，北京 100732）

【摘 要】金融稳定是现代社会中政治经济的决定过程，实质上反映了金融利益的不一致性与政治经济均衡的演化过程。这种政治—经济均衡的维持或破裂，主要取决于金融稳定实现过程中政治体制及其决策结构与经济机制的作用关系及其力度的大小。中国金融体系的稳定深受政治—经济体制和决策结构的影响和制约，成为采用新政治经济学理论研究金融稳定的现实基础。影响中国金融稳定的关键在于经济转轨进程中现行体制或格局下政治—经济主体之间的不对称影响及其利益联结和共生态势下的脆弱性制度结构和制度安排。

【关键词】金融稳定；政治经济过程；新政治经济学

一、引言

金融稳定及其变迁是现代社会中经济过程与政治过程的统一，实质上反映了金融利益的不一致性与政治经济均衡的演化过程。上述政治—经济均衡的维持或破裂，取决于金融稳定实现过程中政治体制及其决策结构与经济机制的作用关系及其力度的大小。本文旨在用新政治经济学的理论视角对金融稳定及其变迁进行分析和阐释，并力求对转轨过程中中国金融稳定的有关问题加以分析和提出政策建议。

---

* 原文发表于《金融研究》2010 年第 9 期。

①段小茜（1975–），湖南耒阳人，副研究员，金融学博士，中国社会科学院金融研究所应用经济学博士后。供职于中国人民银行大连市中心支行。本文要感谢徐忠研究员及匿名审稿人的宝贵意见，文责自负。

二、金融稳定的新政治经济学理论

综观经济学说史上，金融稳定理论的核心是寻求对金融不稳定的根源和形成机理的解释，主要表现为各种各样的金融脆弱性（Financial Fragility）理论学说。从理论分析的脉络看，不同学说基本上遵循了从宏观经济基础的角度探讨金融不稳定向基于信息经济学的微观角度探讨金融不稳定，实现二者的相互影响、融合和发展，并逐步将政府行为纳入分析框架以回归真实世界，增强对经济现实的解释。

从金融稳定的理论发展历程看，不同理论观点的彼此碰撞和交锋，除了同一研究范式下不同分析视角的分歧和是否符合现实的严格假定等争议外，主要反映了经济学的长期发展演革中，一直存在的两种研究范式的争论：一种是以经济人逻辑演绎为基础的主流经济学；另一种是以历史主义—制度主义—演进主义为基础的非主流经济学，亦即建构理性和演进理性的理论区别。事实上，我们应以一种全新、综合的视角来看待二者的得失和分歧，求同存异，力求更好地解释不断变动的经济金融现实。

历史主义—制度主义—演进主义的研究范式即“演化视角”理论分析框架的引入，尤其是其强调制度、政治、文化和历史等因素在社会经济发展中发挥重要作用等观点，对于解决经济金融问题具有一定的学术价值。在此基础上经过创造性综合的“新政治经济学的最大任务是找到把制度主义解释和理性选择解释重新结合起来的各种方法”①，他超越了现有的多学科之间的方法论分歧和思维定式。

新政治经济学的“兴起并兴盛是经济学和政治学相互关联、互动发展的产物，不仅体现了经济学研究范围和领域从经济福利扩展到经济权利，还体现了经济学研究主题从资源配置到权利配置的转变”，促使人们开始从另一个全新的角度理解政治—经济过程。新政治经济学的“新”主要体现在三个方面：一是用经济学的分析工具把政治过程纳入了分析对象；二是通过分析决策背后的政治约束，打开经济政策形成的“黑箱”；三是整合政治学和经济学的研究，将政治学和经济学的研究对象纳入研究视野。

学者们进一步的研究表明，金融脆弱性的根源在于脆弱的制度基础（Demirguc-Kunt 和 Detragiache，1998）。新政治经济学在此研究基础上继续往前推进了一步，即不仅将制度视为内生的，还试图分析制度是怎样以及如何依照相关路径演化等，从而为研究金融稳定问题提供了一个新颖的理论分析思路和框架。

金融稳定的新政治经济学理论在分析框架中引入了政府，以及政府决策和行为对经济主体的影响，试图找出金融不稳定的政治和制度根源，其分析方法和研究结论可能更加具有根本性和一般性的意义。对体制转轨国家和新兴市场国家而言，新政治经济学理论的分

① Andrew Gamble，1995 The New Political Economy; Political Studies，XIIL.

析视角和独特观点，具备较强的适应性与政策意义。

三、金融稳定变迁的政治经济决定过程

（一）金融稳定及其变迁是现代社会中政治经济的决定过程

“政治和经济市场的演化结构是解释经济绩效的关键”[①]：金融稳定及其变迁，是政治决策和经济金融活动相互依赖、相互制约和协同演进的产物。离开了政治及其决策机制和结构的影响与制约，经济金融的稳定和发展便难以有序、持续进行。毕竟，“政治决策的本质影响政策选择从而最终影响经济结果”。

1. 金融稳定政治—经济分析的理论要核

金融稳定政治—经济分析的核心要旨在于利益的不一致性，主要体现为基于维护金融稳定格局下的政治利益和经济利益、长期利益和短期利益、局部利益和整体利益之间的分歧和冲突。政治学主要研究权力、决策程序和社会利益，经济学主要研究资源配置、收入以及个人利益。个人利益和社会利益之间的关系是对立统一的关系，二者既有一致性，又有矛盾性。新政治经济学一般将这种矛盾性称做社会和个人之间的紧张关系或冲突，而这种不一致性和利益冲突是政治经济学的实质。只有当存在利益的不一致性和矛盾的时候，才会产生所谓政治上的权利和授权的问题。

在一个政治性的经济体中，政治经济利益集团等利益主体为了得到授权而斗争，出现了游说团体，出现了为了得到对自己有利的金融制度安排而去俘获决策者的行为。这样，就会出现尽管按照新古典经济学的技术分析得到了经济的最优解，但是最终政策不会被予以实施，甚至实施的政策偏离了经济最优解。这说明了新古典经济学的技术分析获得的结果与政治性的经济体中金融决策决定过程的结果是不尽相同的。例如，当今世界国家的金融制度常常存在瑕疵，阻碍了而非按照应有的方式去促进金融市场的稳定和发展，使得许多国家的金融改革最终是一场“可怜的设计”[②]。新政治经济学认为，在金融稳定存在着政治约束（即因为利益冲突以及面对利益冲突所要做出的集体决策所受到的约束）的条件下，可以解释实际的金融决策为什么与最优金融政策不同，以及实际金融决策的含义。

2. 金融稳定政治—经济决定过程中的相互作用

在金融稳定的政治经济分析中，解决金融稳定问题相关利益冲突的机制所产生的结果是政治对经济发生重要的影响，这反映了新政治经济学阐释和解决利益和矛盾冲突的机制

---

① 道格拉斯·诺斯. 理解经济变迁过程. 中国人民大学出版社 2008 年 1 月版，第 2 页.

② Pagano M., and P.Volpin, 2001, The Political Economy of Finance [J]. Oxford Review of Economic Policy, 17 (4): 112~114.

不同于单独依靠市场的解决机制。事实上，对于新政治经济学的目标函数而言，对经济金融产生影响的政治因素，已不再是外生的，而是属于内生的，这些因素由政治体制及其决策结构等来决定，反过来影响经济金融的稳定和发展。艾泽曼（Aizenman，2003）和诺伊（Noy，2003）在研究金融开放程度的过程中，认为政治经济因素是内生性的决定因素，他们的模型中关于政治的变量集间接采用了民主与机制程度、腐败、政治竞争性和政府联盟松散程度（或党派数量）等作为政治因素，检验结果显著性地表明民主化指数、腐败、政治竞争性和政府联盟的松散程度与实际金融开放呈现负相关。

进一步地，政治经济过程作用于金融稳定的运行机理，实质上是金融利益的不一致性与政治经济均衡的演化过程。金融稳定是一国维护经济金融安全的重要基础。维护金融稳定的视野范围和涉及领域，大到国家的宏观经济金融形势和环境，小到个别金融机构的公司治理结构，其所具有的共同点在于不同的经济利益集团在特定的经济金融环境中，当其面临经济利益不一致的时候，会采取倾向性的利己行为来影响决策者的政策制定。

决策者在确定金融稳定的目标函数时，将可能考虑政治经济背景的综合性因素，结合特定的现实需要和政策目标，在其颁布的政策措施中适当体现出政治经济利益集团的要求，致使政治决策的结果符合政治经济利益集团的利益。随着经济社会的迅速发展，不同利益及其格局的逐渐分化、重组引致的不一致性使得政治经济利益集团之间不断产生重复博弈的过程，加之政治—经济背景考量下经济金融政策和制度的相继制定与实施，导致旧有的政治—经济均衡被打破或被维持，因而出现了金融稳定或者不稳定的情形。

需要指出的是，政治—经济均衡的维持或破裂在很大程度上取决于金融稳定实现过程中政治体制及其决策结构与经济机制的作用关系及其力度的大小。从长远、宏观或一般意义上看，生产力决定生产关系、经济基础决定上层建筑，生产力、经济基础具有强烈的构建和塑造政治制度和运行机制的作用，政治不可能脱离生产力和经济基础去独立运行和发展。

然而，就具体的经济和社会发展阶段而言，政治往往会脱离经济运行或者在一定程度上决定着经济运行。经济运行并非是天生地愿意服从政治的控制和干预的，经济运行的利益格局倾向和分配方式与政治的方式属于两类不同的变量，这在市场经济的条件下表现得尤其明显[①]。但从总体而言，政治在整个社会制度体系中的核心位置使得居于支配地位的政府利益集团的力量过于强大和坚固，当与政治利益集团博弈的其他力量过于弱小或者难以制衡政治利益集团时，政治相对经济处于优势地位，甚至决定经济和其他方面就成为难以避免的现象了。事实上，金融稳定的政治—经济决定过程也服从于这一政治—经济作用过程的内在规定性。

3. 金融功能的稳定与金融制度的联结

金融稳定作为金融体系核心功能有效发挥的状态，始终离不开金融制度的影响和约束，而金融制度的供给则取决于政治经济决策过程中政府的意愿和能力。金融体系向社会提供风险配置、资源配置、信息处理和监控激励等功能，不仅仅是金融交易技术或手段、

① 伍装：《中国经济转轨分析导论》，上海财经大学出版社 2005 年 5 月版，第 171 页。

方式的改进，主要在于与之相关的一系列金融制度安排的确立和施行，为金融功能的充分发挥提供了制度依托和保障机制，并伴随着外部制度环境的变化而发生适应性的调整，及时校正与其功能运行不相适应的制度安排等。如中央银行的最后贷款人制度、存款保险制度和支付清算等相关制度的构建和完善，是对金融体系风险的外部性的一种制度性规制，大幅提高了金融体系的抵御、分摊和处置金融风险的能力。

金融功能的扩展和提升，在很大程度上是依据金融系统外在的功能需求和其自身体制的功能供给的均衡而实现的。在外部制度环境不够完善或制度安排受到强力制约的情况下，金融功能的扩展和提升不仅难以实现，甚至还会导致异化、扭曲或畸形的表现形态。如转轨经济时期的我国银行体系的动员储蓄、资源配置等功能受到政府、社会利益集团的强力干预和影响，外部金融生态环境不容乐观，使得一段时间内银行业代行了部分财政的功能，导致金融功能的部分内容发生了异化，并可能在极端情况下扭曲为替个人牟取私利或非法利益的手段或方式。

据此，金融制度的设计和施行较为健全、完善，金融体系的主要功能得以正常发挥，社会资源得到合理配置，金融机构、金融市场和金融基础设施顺利运转，金融体系将会保持总体稳定的状态。反之，金融制度欠缺不足，金融功能逐步失调，经济机制运转失灵，资源欠缺优化配置，金融体系则会处于紊乱动荡的状态。

4. 金融政治—经济均衡与金融稳定的维持或破裂

金融危机或动荡的发生和蔓延，势必打破原来的政治—经济均衡，原有的金融制度或者规则开始动摇，逐渐不适应政治经济体的运行，直到最终被淘汰或崩溃，已经酝酿其中的利益集团之间的利益冲突表现得愈发激烈和难以调和，各个利益集团作为金融制度的需求者，按照他们各自的偏好和禀赋联合起来，共同反对旧的金融体制和他们的反对者，甚至那些没有共同利益的集团为了获取更多的支持者，他们互相投赞成票，其游说行为进而俘获了决策者，使得作为制度供给的决策者制定出对游说团体有利的金融制度安排或金融运行规则，形成新的金融政治—经济均衡。

据此，原有的金融制度或规则代表的旧的政治—经济均衡常常由于经济或金融危机、动荡而受到破坏，因为在金融危机的爆发过程中，激烈竞争的政治经济利益集团的相对实力发生了变化，导致原有的强大的利益集团内部出现了利益不一致，这种不一致破坏了利益联盟的凝聚力，使其难以管理和控制政治经济秩序的平稳运转，损害了金融体系功能的有效发挥，进而危及到金融体系的稳定。

与此同时，金融危机的爆发通常会使得原有的制度结构下政治经济利益集团的成本—收益及其相应的预期发生变化，滋生出促进金融改革的机会主义行为，作用于金融体系的稳定和发展。世界各国的重要金融改革法律不少是在金融危机或动荡后由金融利益集团主动提出并获得立法机构政治支持后通过的。可见，金融危机之后的政府干预行为，往往是经济利益集团和政治家们联合在金融市场上采取的一种特殊的政治干预行为。

不仅如此，大量的金融危机或动荡成本使得社会公众在汲取教训中明白，危机过后政府要加大金融改革力度、增加税收和发行债券等来救助金融危机中的金融机构，可能导致新一轮的政治经济利益集团之间的动态博弈，并在不同情形下取得相应的博弈均衡解，从而对金融体系的稳定产生重要影响。

上述有关金融稳定及其变迁的政治经济过程大致可用图1来表示。

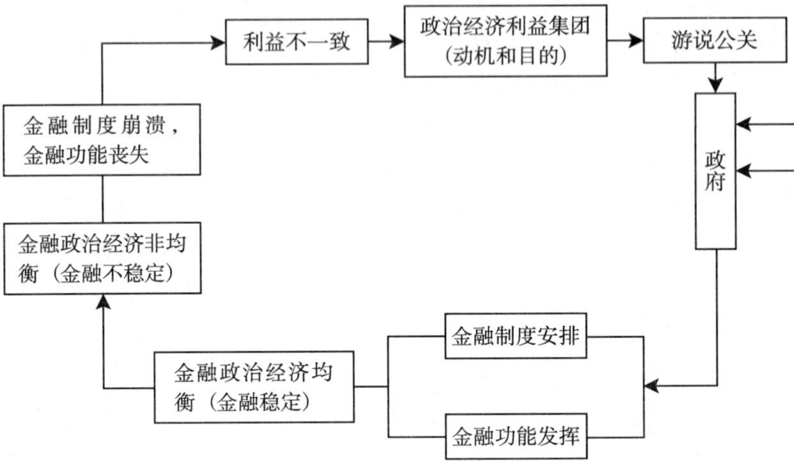

图1　金融稳定及其变迁的政治经济过程

5. 政治经济利益格局对金融体系的独特影响

随着金融在现代经济社会中的地位和作用日益凸显，金融体系逐渐成为一国政治经济利益主体关注和角逐的中心领域，国家政治经济的利益格局对金融体系的建立及其稳定性发挥着重大和独特的影响。一是金融体系的发展模式和功能定位受制于该国政治经济利益格局下的主流思潮、政治经济主体的利益分布和实力博弈等因素；二是金融体系的制度设计和政策取向反映了该国占主导性的政治经济利益集团与其他主体动态调适的均衡或妥协；三是金融危机或金融巨幅动荡下政治经济利益格局的变动，往往导致金融体系相关政策的大幅调整甚至矫枉过正，并随着经济金融的发展逐渐收敛至政治经济利益主体博弈均衡的路径上来。

（二）美国金融危机政治经济过程的解构和剖析

美国金融危机的爆发具有深刻的政治经济根源和利益权衡考量。20世纪纪80年代以来，美国社会的政治风向总体右转，新自由主义思潮渐居主流，政府制定的一系列政策和制度安排逐渐倾向于垄断资本的政治经济利益集团，变得不利于广大中低收入阶层，并经过较长时期的制度结构化和政策精密化过程后，固化为一种权力极其不对等的政治格局，导致垄断资本集团和中低收入集团利益的严重分化。美国所谓的自由市场和民主政治，继而为垄断资本集团所“俘获”，中低收入集团则日益被边缘化。

在上述政治经济体制和格局的背景下，放松管制的金融政策、分业经营体制的终结、金融衍生品的过度创新和监管缺失、长期的低利率政策等被视为政治上正确、经济上获益而大行其道，而诸如扩张性的财政政策、具有再分配性质的社会政策等，皆潜在地被视为政治上不可行而“束之高阁”，导致不同阶层的收入和利益分配严重失衡。正如阿瑟·奥肯所言，美国社会呈现出双重交错的制度结构：一方面是信奉和追求平等的政治与社会系统，另一方面而却在经济福利上造成不断加大的差距。

在持续的经济景气和社会繁荣中，美国的政治与经济制度总体上是运行平稳的，金融政治经济的均衡处于大体维持的状态。然而，一旦经济社会的增长不可维系。2007 年繁荣的房地产泡沫转瞬刺破，中低收入阶层的消费幻觉消失，个人资产负债进而入不敷出，金融体系遭受沉重打击，原本脆弱的金融政治经济均衡被打破，引起系统性的风险传递和冲击，导致金融体系部分功能的丧失，金融体系的稳定濒临崩溃的边缘。

美国金融危机的应对和处置折射出不同的政治经济利益集团之间既斗争又妥协的重复博弈。金融危机的爆发和蔓延，既严重冲击了现行的美国金融体系和制度结构、损害了金融体系功能的正常运转，迫使美国朝野弥合分歧加速促成了《金融救援法》、《一揽子经济刺激法》、《美国复兴与再投资法》、《抵押贷款债务减免的税收豁免法》等重要法案的顺利通过，也微妙地影响到了美国两党制选举政治的实力对比和竞争态势，民主党人奥巴马的胜选无疑得益于“应时而来”的金融危机相助。因此，如何应对和处置金融危机成为美国民主党与共和党两大政治经济利益集团较量角逐的“竞技场”。金融危机导致的金融立法、金融制度和金融政策的大幅度调整和转变将是基于美国两大政治经济利益集团主导下的政治经济利益权衡及其决策体制和结构制约下的充分博弈和反复较量。

从金融危机爆发后布什政府和奥巴马政府推出的政策措施来看，双方在反危机的政府干预力度、系统性政策和制度安排与金融监管体制改革等重要方面呈现出不同的政治取向。布什政府的政策主要限于对金融机构和金融市场的支持，避免政府过多的干预，而奥巴马政府则直接采用宏观财政支出政策、宏观财政收入政策等对实体经济进行干顶，以预防经济陷入大幅度衰退。

值得注意的是，危机应对方案中的减税政策因两党争议较少而得以迅速通过，其主要缘由在于共和党认为减税既符合其政治理念，也不触动其背后的垄断资本利益集团利益，民主党人则认为减税可以舒缓金融危机，提高弱势阶层的实际收入水平。大规模的财政支出、调节收入分配、金融监管体系改革等反危机政策措施由于共和党人和民主党人基于政治权力分配格局、经济利益趋向和归属、选举政治策略的考量以及不同政治经济利益集团公关游说等复杂因素不易凝聚共识[①]或者难以在实践中得到有效执行，从而削弱了反危机政策和制度安排的效力。

四、体制转轨国家金融稳定的政治经济决定过程

经济转型是计划经济体制运行到一定阶段、弊端充分暴露、政治经济危机压力加深、

① 奥巴马政府的一揽子危机救援方案在众议院和参议院的通过困难重重，甚至一度被参议院否决。

在国内与国际政治经济发展演变情况下的经济制度变迁的自然历史过程，同时也受到各种政治力量和利益集团的影响和控制，政治干预和控制直接影响到经济转型的策略选择、空间分布、时间路径和绩效①。经济转型过程既是一个自然的历史演进过程，又是一个在各种政治因素影响下的社会经济变迁过程。

金融稳定是经济转型进程中的重要组成部分，从属于一个国家经济转型的全过程。转型国家金融稳定的实现，离不开宏观经济政策的选择和搭配、金融开放次序和程度的安排、金融监管体制与政策的协调配套、外汇储备的管理和运用等，也不可避免地受到政治的干预和控制。在某些阶段和条件下，政治干预、影响和控制金融的现象尤其突出和复杂，甚至可能成为经济转型中金融稳定的决定性因素。

1. 经济转型过程中政治体制或格局的改变、政治权力的分配以及政治利益集团之间的重复博弈导致了政治利益集团力量对比的变化与政府在社会经济变迁过程中角色和职能的不同转换，并由此对金融体系的稳定产生重要影响

经济转型是一个资源配置决策权由政府集权向社会分权的转变过程，必然涉及政治权力的分配与结构调整，而政治权力的分布和结构性调整将会直接影响到经济转型中金融稳定的策略空间和模式选择以及金融体系的短期与中长期的绩效。

在经济转轨进程中，政治权力的分配与调整主要存在以下两种情形：一是在政治利益集团内部的不同个体之间进行调整，不同政治利益集团之间的权力分配相对不变；二是主要在不同的政治利益集团之间进行政治权力的再分配和调整。前一种情形下的经济转型，国家在总体上可以保持宪政体制的相对稳定，推进经济转型的政治阻力较小，但经济转型中金融稳定的策略选择空间相对缩小；后一种情形下的经济转型，国家的宪政体体制和相关重要政治制度发生较大的变化和调整，推进经济转型的政治阻力较大，金融体系保持稳定的压力很大，但如果一旦突破则会给经济转型和金融稳定的策略选择空间带来较多的机会。

事实上，经济转轨国家在实际变迁中采取的上述两种情况的任一形式，在很大程度上是由其体制转轨的初始条件和约束所决定的。在计划经济体制下，经济资源配置决策权的政府集权化程度与经济社会的政治集权化程度密切相关。政治集权化程度越高，政府拥有的经济资源配置权越多，经济社会的计划程度越高，而且由拥有该项权力的社会成员构成的既得利益集团愈加巩固。

在政治和经济体制双重改革的起始阶段，政治事件发挥着决定性作用，因为它为经济制度与政治制度的连续性变革铺平了道路②。显然，期望由既得政治利益集团来发动政治事件、推进经济转型很不现实，因此由多数社会成员构成的利益受损政治集团和利益相关政治集团将成为经济转型的主要推动力量。随着体制转轨的不断前进，政治权力会在不同

① 保建云. 经济转型的自然过程和政治控制. 载黄少安主编，（制度经济学研究）（第十一辑），经济科学出版社2006年3月版，第15–16页。

② ［丹］奥勒·诺格德. 经济制度与民主改革——原苏东国家的转型比较分析，上海人民出版社2007年1月版，第153页。

的政治利益集团之间重新划分，政治权力结构的调整反过来影响到经济转型中金融稳定的策略空间和模式选择，整个社会出现激烈的政治经济利益调整成为经济转型的主要特征，政府的有效管理和控制难以持续。在这里，金融稳定的策略选择明显受制于政治格局的变化和政治权力的再分配和结构调整，难以有其独立的表现，甚至为政治权力的调整提供服务。对此，波兰前财政部长格泽戈尔兹·W.科勒德克尖锐地指出："20世纪90年代初的激进改革在很大程度上是心理和政治的因素在起作用，而不是经济和财政的因素在起决定作用"①。

在另一种情况下，如果计划经济体制下的政治集权化程度相对较低，经济资源配置的决策权尚未完全"管死"，多数社会成员属于既得利益政治集团，既得利益政治集团内部在一定的条件下出现利益分化，往往构成经济转型的直接推动力量，并影响到政府的决策制定。既得利益集团内部的政治权力和决策结构伴随着经济转型不断调整，并直接制约了金融稳定的策略空间和模式选择。

在此初始条件下，金融稳定的策略选择会优先考虑在维护、稳定或增进既得利益集团利益的前提条件下进行，具有一定的独立表现空间和实施效果，但金融发展的速度、方向和模式选择的可能空间必然受到现行体制框架的约束，尽量在不损害集团利益的领域和部门逐步推进，甚至在某些条件下可能损及或牺牲部分金融功能的发挥，因而可能阻滞了进一步的金融改革和发展。

由上述分析可知，两种不同情形下的经济社会变迁过程，在很大程度上定义和塑造了政府在维护金融稳定中的角色和职能，即政府在经济社会中的强势、稳定和有为与政府的弱势、动荡和少为，给金融体系的稳定和后续发展带来了截然不同的影响和后果。

2. 激进型转轨国家的政府放松对金融的管理和调控，严重损害了金融体系的稳定，危及经济金融平稳发展，并直接影响后续金融稳定运行的轨迹

激进型转轨国家发生了宪政体制的转变，相关重要政治制度相继崩溃，也遭遇到了原先既得利益政治集团的激烈反对，政治经济利益的格局处于激烈的动荡中。推动变革的政治利益集团面临着紧迫的政治经济形势，政权的主导权之争需要经济金融的着力支持和辅助，并切断原先既得利益集团的经济命脉和所有制基础的支撑，使得经济转轨断无"走回头路"的可能性。如俄罗斯的叶利钦政权出于对政权基础不稳的忧虑，将快速培育新生的资产阶级作为首要政治任务，防止原有的政治利益集团卷土重来，采取了极端的快速私有化和自由化措施，剥夺原有政治利益集团的经济依托和所有制基础，导致经济金融秩序的极度混乱。

如此，必然放松对现有经济金融的管理和调控，对原先经济金融体制和结构实行颠覆性的变革，而新近引入的政治经济制度架构短时间内难以与本国的制度环境有效契合起来，进而导致了经济金融秩序的混乱、无序，金融体系处于稳定、失控的状态。不仅如此，体制转轨中新兴崛起的政治经济利益集团掌握了大量资源，实施"监管俘获"，影响

① [波] 格泽戈尔兹·W.科勒德克：《从休克到治疗——后社会主义转轨的政治经济》，中文版，上海远东出版社2000年版。

政策意图，大肆掠夺财富，力图掌握国家的经济金融垄断权力，致使市场机制和金融体系的功能受到严重压抑，从而大幅损害了金融体系的稳定①。除非后续的政治经济力量和制度环境或格局发生新的变化，足以扭转混乱的政治—经济非均衡，并依靠新的经济金融体制逐渐发挥作用，否则经济转型国家长时期内将难以从转轨的经济金融灾难中恢复过来。

3. 渐进型转轨国家持续保持对金融的强力控制和实质性影响，确保了金融体系的平稳过渡，支持了经济的长期快速发展，但也带来一系列的问题和困难

渐进型转轨国家在保持现有宪政体制和政府稳定的前提下，对金融体制保持了强有力的控制和施加巨大影响，金融业仍然在其中具有良好的表现。经济社会和金融业自身均得到了快速的发展，金融体系为政治体制的总体稳定和经济的快速增长做出了较大贡献，自身也基本保持了稳定的态势，但同时也为之付出了高昂的代价。一些问题和困难在金融实践中不断累积起来，其中许多涉及体制性、结构性的问题不利于金融体系的稳定，需要在下一步的经济金融改革中引起足够的重视和妥善解决。

中国属于渐进型转轨国家，金融改革和发展在政权控制、经济增长与金融稳定的目标权衡中持续进行，取得了显著成绩。但是，目前存在着金融管制较严厉、金融机构的自身能力和公司治理有待提高、不良贷款形成的根本性机制未能解决、金融生态环境尚未得到根本性改善等问题，都在一定程度上损害了金融体系的稳定。

4. 转轨国家维护金融稳定的政治经济利益格局及其模式的进一步分析

（1）实现政治稳定、经济增长和金融稳定的三重目标，在转轨过程中需要精心权衡和统筹协调。政府在转轨过程中面临不同阶段的政治经济约束条件，导致其决策函数中关于政治稳定、经济增长和金融稳定的权衡和次序存在不同的组合效应。在激进型转轨国家的初期阶段，主导性政治利益集团的中心目标是控制政权，排除对抗性政治利益集团的竞争压力，其他的一切目标是为其提供服务和保障，同时要考虑经济社会的发展阶段和承受力及特定制度装置的设计来缓冲；一旦政权稳定的目标达到以后，经济增长和金融稳定的目标一并被纳入决策函数中。当然，经济增长和金融稳定的目标组合效应在不同时期可能也会产生差异。对于渐进型转轨国家而言，在宪政体制得到保障和巩固后，经济增长和金融稳定目标之间的权衡和协调是决策者需要考虑的重要问题，关键要保持二者之间的适度平衡，防止畸轻畸重。

（2）在法治化的制度背景下，实行政治权力与经济利益的适当分离，合理阻隔政治对经济金融运行的过度或不当干预，促使经济金融健康发展。从经济社会发展的长远、根本和全局性来讲，政治是经济的集中表现，经济是政治的基础，没有离开经济的政治，也没有离开政治的经济；从经济运行层面看，改革行政管理体制和转变政府职能，将政治干预适度远离经济，依法建立和完善现代经济的市场主体制度、市场交易制度、市场秩序制度

① 20世纪90年代中期，作为俄罗斯特色的经济私有化的产物，金融资本与工业资本融合形成的金融工业集团迅速扩张了实力，并延伸到政治领域，一度成为主宰俄罗斯社会发展的主导力量。当时，在俄罗斯社会政治经济生活中最有影响力的是七大金融工业集团——西伯利亚石油集团、阿涅科西姆—诺利尔斯克镍业—辛丹卡集团、梅纳捷鲁—尤科斯集团、桥银行集团、阿尔法集团、首都储蓄银行和农工银行集团、卢科伊尔石油集团。

和社会保障制度等，给经济金融的发展创造良好的制度环境和制度安排，是转轨国家维护金融稳定过程中难以回避的重要议题。

（3）渐进型转轨国家需要把握时机和方向，克服政治经济利益集团的阻力，加大推进政治和经济金融制度变革的力度，避免“后发劣势”效应的发生。渐进型转轨国家采取稳妥的方式推进经济转型，避免了大的政治经济震动和社会秩序的紊乱，金融体系总体上保持了稳定态势，经济社会也有了快速的发展。但是，在现有政治经济格局没有大的变化的条件下，原有的制度剩余几乎用尽，其内在的阻碍现代经济金融发展的一些制度性结构障碍（如国有金融的非效率垄断、过度金融管制和强势的政治经济利益共生结构等）对经济金融的负面效应不断显现，可能导致经济“后发劣势”效应的发生。

事实上，在经济转型前期通过较多的“技术模仿”获得金融的短期稳定和发展，实际上可能削弱“制度模仿”和政经格局改进的动力，而制度模仿和政经格局改进的推迟，将必然增加未来的经济金融改革成本，为长期的经济增长和金融稳定埋下了隐患。

此时，如果政府不准确把握时机和条件，难以排除政治经济利益集团的干扰和阻碍，积极推动经济金融制度的变革，改变现有部分非均衡的制度结构对市场主体潜在经济收益的桎梏，将金融的稳定、发展推至新的水平。否则，极有可能出现后发性的制度劣势效应，导致金融在低水平徘徊，最终陷入“制度锁定”的态势，其代价可能会远高于在消除既得利益方面所获得的短期收益，给经济金融带来严重的损害。

五、中国金融稳定与新政治经济学的分析和思考

中国的改革是渐进式转轨的改革，经济金融的稳定发展深受政治—经济体制和决策结构的影响和制约，成为采用新政治经济学的方法研究金融稳定现状的基础。改革开放以来，我国的经济金融取得了举世瞩目的发展和进步。但是，我国的经济金融的稳定发展和制度演进深受国内政治和行政体制的影响和制约，如基于地方 GDP 增长的政治性考核体系和嵌入经济竞争中的政治晋升博弈①，导致政府官员主导型投资的重复建设怪圈，形成粗放型的经济增长方式和不合理的经济结构等，这些情形无论是在传统的计划经济体制下，还是在市场经济体制下都没有发生根本性的变化。

另外，经济体制的变革极大地促进经济金融的发展，金融的稳定和发展是从属并反作用于经济体制的改革和发展。这其中，金融稳定是在政治—经济机制相互作用的进程中不断实现和发展的，并为关注政治过程和经济过程紧密联系的新政治经济学理论的运用提供了用武之地。

① 周黎安：《晋升博弈中政府官员的激励和合作——兼论我国地方保护主义和重复建设问题长期存在的原因》，《经济研究》2004 年第 6 期。

上述事关金融稳定的重要挑战深刻折射出经济转轨和经济金融全球化背景下我国政治—经济（金融）体制因素相互作用中的不适性和变异性。影响中国金融稳定的重要挑战，涉及金融的制度、政策、技术和国际影响等不同的层面，角度互异，各有侧重，但其主旨和核心还是较为明晰的，反映了我国的金融体系在经济转轨和经济全球化背景下政治—经济（金融）格局和机制相互作用的若干重要特性。

从不适性看，经济和金融全球化的溢出效应、国际货币体系的改革、汇率制度国际收支与资本流动等问题涉及国际金融的主导权之争、大国政治经济利益的博弈等方面，与国内经济金融的稳定和发展密切相关，给我国的金融体系提出了严峻的挑战，使得我们在融入国际经济金融体系的过程中增加了诸多政治、经济的不确定性，国内的金融体系和制度尚需要充分准备，全力适应，着力在增强金融体系的稳健性、灵活性等方面下好工夫。比如，交叉性金融业务的风险具有跨市场、跨行业和跨国境的特性，也是我们管理较为薄弱的环节和部位，需要高度重视其内在的规律性，以便最大限度地消除隐患和降低风险。

从变异性看，在现有政治—经济体制的制约和影响下，地方政府、国有企业和国有控股商业银行三类主体存在特殊的效用函数，形成了“国有企业资金陷阱和地方政府政绩工程、重复建设资金陷阱—国有金融体系系统性不良贷款——中央财政最终出资化解”的逻辑链条①，地方政府和商业银行在投资项目和资产处置的收益和风险上存在严重的不匹配和道德风险，且其相互之间存在利益输送和交换的渠道和路径，难以形成硬性的预算约束机制，使得上述三类主体的重复博弈异化为地方政府、国有商业银行和国有企业以“隐契约”形式共谋信贷扩张的软预算约束竞争，进而导致财政风险向金融风险的转嫁、金融机构风险向中央银行的转移、金融机构公司治理的“形似神不似”、风险处置中的道德风险防范失效等问题。与之相适应的是，金融结构总体上不甚合理，间接融资畸形发展，承担了较多的风险，社会信用体系较为脆弱甚至局部失范。

影响中国金融稳定的关键在于经济转轨进程中现行体制或格局下政治—经济主体之间的不对称影响及其利益联结和共生态势下的脆弱性制度结构和制度安排。中国金融稳定的影响因素十分复杂，既包括内部政治—经济体制和结构的因素，也包括外部经济冲击的因素；既包括宏观经济形势和环境的因素，也包括微观经济主体和金融市场运行的因素；既包括经济基本面的因素，也包括政治体制及其决策结构、社会利益集团之间博弈等因素，需要我们紧密结合中国体制转型的实际情况，并将其置于经济金融全球化的背景和范围内，准确理解和把握影响中国金融稳定的关键所在。

金融稳定是金融体系功能有效发挥、整体运行状态的稳定，并不追求金融机构的“零倒闭”。系统性金融风险的滋生和传染及其给金融体系造成的巨大损害，才是金融稳定的主要关注对象。在经济转轨背景下的中国，系统性金融风险主要表现为政府主导经济金融发展在经济转型期出现的一种特殊的制度性风险，这是商业银行难以管理和金融监管部门无法掌控的系统性风险，也是巴塞尔委员会倡导的风险管理和监管规则所难以企及的系统性风险。

---

① 江曙霞、罗杰、张小博、黄君慈：《中国金融制度供给》，中国金融出版社 2007 年 7 月版，第 355 页。

鉴于系统性金融风险的整体性与复杂性，其防范和化解过程更加复杂和困难，往往需要有合理的制度结构和制度安排才能取得较好的成效。合理的金融制度结构和制度安排必须在与国际国内相应的政治—经济体制或格局的契合下才能发挥效能。此外，精准、有效的金融政策也属于其中的重要内容，不可偏废。

事实上，对处于经济转轨过程中的国家而言，政治及其决策结构的影响对经济金融的稳定和发展起到了重要的作用，主要表现在以下三个方面：一是国家的政治体制、选举制度和政治局势的稳定性对金融稳定和发展的影响；二是政府的经济干预对金融稳定和发展的重要影响，其效果有时可能在一定程度上替代了金融市场的作用，导致政府干预力度与金融稳定性的水平呈现负相关性；三是政治经济既得利益集团与政府之间、政治经济既得利益集团与既得利益集团之间的重复博弈对金融稳定和发展产生直接的影响。

从中国目前的实际情况看，现有政治—经济体制或格局下影响金融稳定的制度结构或制度安排存在较多的表现，较集中地可能属于后面的两种情形，即政府对国有企业的"父爱主义"倾向、政府官员基于政治晋升的激励与国有商业银行、国有企业等利益集团之间的利益联结和共生态势，使得强势政治经济利益集团占有社会中更大的权重和"话语权"，可能左右经济社会合力的方向，弱势群体则难以寻求补偿、救济的渠道，容易导致市场交易的小公平和金融体系功能的萎缩乃至丧失，形成所谓的"权力市场经济"，致使金融体系的脆弱性日渐累积①。

在上述情形下，一旦遭遇国内外经济、金融变量的强烈冲击（如宏观经济形势严重恶化、外国短期投机资本流向的急剧波动等），作用于现行的金融制度结构和制度安排，使其发生程度不同的不适性和变异性，波及到实体经济和金融体系的运行，导致不同阶段的政治—经济均衡与非均衡之间的波动和熨平，由此对金融体系的稳定带来较大的影响。

根据上述分析，结合目前中国的现实经济金融情况，提出以下政策建议：深化行政体制改革，加快推进政府职能转变，合理划分中央政府和地方政府的公共事务管理职能；逐步改革以经济总量指标（如 GDP、税收等）为导向的政绩考核制度，增加金融稳定性的重要指标进入政绩考核指标体系，构建合理的政府官员选拔、任用、考核和激励制度体系；健全完善银行信贷监测分析系统，实时监控银行信贷资金的流量和流向，为中央政府及时、准确获取和评估地方经济金融状况提供支持；继续推行贸易自由化和金融开放战略，增强市场在资源配置中的基础性作用，加快政治权力与商业利益的分离，促使各种合法的利益集团公平竞争，合理表达利益诉求；推进金融体制改革，建立健全科学、规范的地方政府融资渠道，构建多层次、区域化的资本市场，进一步消除金融抑制和国有控股商业银行的垄断；厉行金融法治，完善金融业发展的法律和制度环境，推进社会信用体系建设，

①目前，部分省市正在掀起整合地方金融资源为初衷的金融控股公司热潮。地方政府通常热衷于对稀缺资源尤其是货币资本的集中控制，唯此才能保证地方政府的行政目标变成现实。从实际情况看，我国组建地方金融控股公司的典型模式为：对地方控制的大型企业集团实施重组，以"换股"等方式对分散在各地方金融机构的地方财政性质股份进行整合，最后通过该企业集团实施对地方金融资源的集中控制。

不断改善金融生态环境。

参考文献

[1] 保建云:《经济转型的自然过程和政治控制》, 载黄少安主编,《制度经济学研究》(第十一辑), 经济科学出版社 2006 年 3 月版, 第 10-22 页。

[2] 道格拉斯·诺斯:《理解经济变迁过程》, 中国人民大学出版社 2008 年 1月版, 第 2 页。

[3] 王延惠:《制度功能、演化与有效制度标准: 市场过程理论的理解》, 载黄少安主编,《制度经济学研究》(第十辑), 经济科学出版社 2005 年 12 月版, 第 23-32 页。

[4] 郑鸣、赫风杰:《金融脆弱性理沦的融合和发展》,《经济学动态》2007年第 1 期, 第 97-102 页。

[5] Allen F., and D. Gale, 2002, "Financial Fragility", University of Pennsylvania, Working Paper.

[6] Kronzner R S., and P. E. Strahan. 1999. "What Drives Deregulation? Economies and Polities of the Relaration of Bank Branching Reatrictions" Quaantorly Journal of Economics, Nov: 1437-1467.

[7] Pagano M. and P. Volpin. 2001. The Political Economy of Finance Oxford Review of Economic Poliey, 17 (4): 112-114.

[8] Litan R. E., 1997. "Institutions and Policies for Maintaining Financial Stability", Federal Reserve Bank of Kanses City, Journal Proceedinges, Aug, pp.257-297.

[9] Schinasi G. J., 2005, "Preserving Financial Stability." IMF Economic Issues, No.36.

New Political Economics Analysis of Financial Stability and Its Change

Duan Xiaoqian
(Finance Research Institute, CASS, Beijing, 100732)

Abstract: Financial Stability is the process determined by polities and economy in modern society, which reflects inconsistency of financial interest and evolution process of equilibrium in politics and economy in essence. Maintenance and rupture of financial equilibrium in politics and economy, mainly depend on interaction relation and strength of political system, decision-making structure and economic mechanism while realizing financial stability. The key affecting financial stability in China is the fragile systemic structure and institutional arrangement that mainly includes asymmetric influence among political entities and economic entities.its combination of interest and co-existence situations in current system or situation during the process of economic transition.

Key Words: institutional change; financial stability; new political economy

第二节

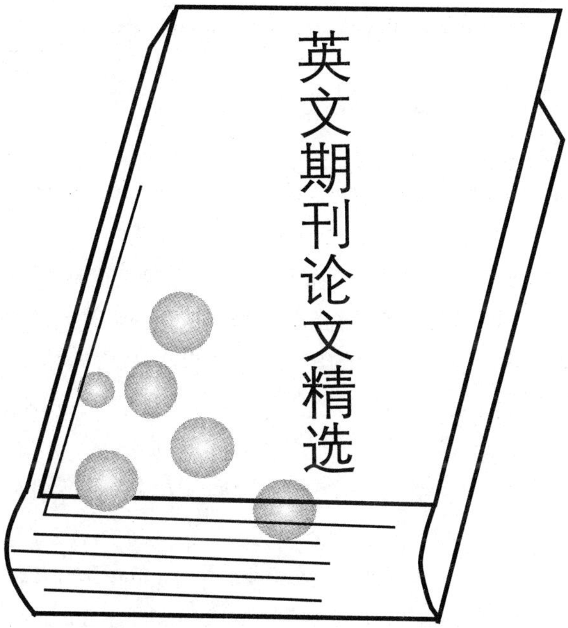

文章名称： On Correlation and Default Clustering in Credit Markets

期刊名称： The Review of Financial Studies

作者： Antje Berndt　Peter Ritchken　Zhiqiang Sun

出版时间： July 2010

内容摘要： We establish Markovian Models in the Heath, Jarrow, and Morton (1992) paradigm that permit an exponential affine representation of riskless and risky bond prices while offering significant flexibility in the choice of volatility structures. Estimating models in our family is typically no more difficult than in the workhorse affine family. Besides diffusive and jump-induced default correlations, defaults can impact the credit spreads of surviving firms, allowing for a greater clustering of defaults. Numerical implementations highlight the importance of incorporating interest rate-credit spread correlations, credit spread impact factors, and the full credit spread curve when building a unified framework for pricing credit derivatives.

文章名称：《信贷市场中的相关性和默认聚类》

期刊名称：《金融研究评论》

作者： 安特耶·伯恩特　彼得·瑞肯　孙志强

出版时间： 2010 年 7 月

内容摘要： 本文建立了马尔可夫模型，该模型是以希斯、贾罗和莫顿（1992）范式为基础的，允许无风险债券和高风险债券价格指数的仿射表示，并且在波动结构的选择上提供了很大的灵活性。一般而言，估计我们的家庭模型不会比估计主力仿射家庭模型困难。除了扩散和诱发性跳跃的违约相关性，违约还能够影响幸存公司的信用利差，引起更大聚类的违约。数值结果强调了包含利率信用利差相关性的重要性，信用价差的影响因素的重要性以及当为信用衍生品定价时建议一个统一的框架的完整信用利差曲线的重要性。

文章名称： The Determinants of Capital Structure: Evidence from the GCC Countries

期刊名称： International Research Journal of Finance and Economics

作者： Wafaa Sbeiti

出版时间： September 2010

内容摘要： This paper investigates the determinants of capital structure in the context of three GCC countries and the impact of their stock markets' development on the financing choices of firms operating in these markets. This study has adopted the approach of combining the dynamism of capital structure and the impact of stock market development on firms financing choices. The GCC countries are non-tax paying entities which make them an interesting case to investigate whether the determinants of the capital structure of firms operating in these markets are similar to those operating in the developed and industrial countries. Also, there is no single published study which examines and compares the capital structure of firms listed in the GCC stock markets or the stock markets development and firms financing choice in these countries. Our results reveal that: 1) corporate capital structure in these countries can be explained by the determinants suggested in corporate finance models; 2) stock markets in the these countries have become more developed and considered an important tool for corporate financing decisions.

关键词： Capital Structure; GCC countries; Stock Market Development; Static and Dynamic Models

文章名称：《资本结构的决定因素：来自海湾合作委员会国家的实证研究》

期刊名称：《国际财经研究杂志》

作者： 瓦发·斯贝蒂

出版时间： 2010 年 9 月

内容摘要： 本文以三个海湾合作委员会国家中股票市场的发展对企业的融资选择的影响为前提，探讨了资本结构由哪些因素决定。文章采用了将资本结构的推动力与股票市场发展对企业融资选择的影响这两者相结合的方法来研究问题。海湾合作委员会国家是非纳税实体，因此无论在这些市场中经营的企业资本结构的决定因素是否与那些在发达工业化国家中企业的资本结构决定因素类似，这个原因都让它们成为一个有趣的调查案例。同时，没有任何单独的研究报告来探讨与分析比较在海湾合作委员会的国家的股票市场上市的公司的资本结构，股市的发展历程以及这些国家中的企业的融资选择。我们的研究表明：①企业融资模式中的决定因素能够解释这些国家中企业的资本结构；②这些国家中的股票市场正变得越来越发达，并且被认为是企业融资决策的重要工具。

关键词： 资本结构；海湾合作委员会国家；股票市场的发展历程；静态和动态模型

文章名称： The Influence of Financial Development on R&D Activity: Cross-Country Evidence

期刊名称： Review of Pacific Basin Financial Markets and Policies

作者： Young-Soon Hwang　Hong-Ghi Min　Seung-Hun Han

出版时间： March 2010

内容摘要： The financial environment affects the level of R&D activity of a country. Using the proxy measures of macroeconomic financial environment variables, we show that cross-country differences in R&D activity, including expenditures, researchers, and patents etc., are correlated with the stock market turnover ratio. In particular, we found that the relationship was in direct relation to R&D expenditures or the number of researchers but indirect in relation to R&D outputs such as patents. These results imply that finance structure of an economy could enhance R&D activity through providing efficient resource allocation function. Other proxy measures of the financial environment such as banking sector size or stock market capitalization are not found to be significant. The size of the finance industry does not seem to change the national portfolio toward more high-risk innovative sectors. Financial quality, not size, determines the level of R&D intensity.

关键词：R&D；Financial Development；Stock Turnover Ratio

文章名称：《金融发展对研发活动的影响：多个国家取得的证据》

期刊名称：《太平洋地区金融市场和政策评论》

作者：杨素旺　宏科明　辛洪汉

出版时间：2010 年 3 月

内容摘要：金融环境，影响一个国家的研发活动的水平。我们通过使用模拟宏观金融变量的方法，发现研发活动中支出，研究人员和专利等都存在着跨国性差异，这些都与股市周转率相关。特别是，我们发现这与研发支出的大小或者研究人员的数量有直接关系，而与研究成果只有间接关系。这个结果表明一个经济中的金融结构能通过提供有效的资源配置功能来提高研发活动的水平。金融环境中的其他模拟方法，比如银行业的大小和股票市值却并不具有重要意义。金融业的规模似乎不能够把一国的投资方向改向高风险的创新部门。金融业的质量是由研发活动的强度决定的，而不是规模。

关键词：研究与发展；金融发展；股市周转率

文章名称：The Financial Architecture of the Postcrisis World Efficiency and/or Justice?

期刊名称：Problems of Economic Transition

作者：Iu. Danilov，V. Sednev，and E. Shipova

出版时间：October 2010

内容摘要：The research comprises both an expert survey and in-depth analysis of the official documents concerning the decisions and discussions of the G20 process. The authors apply their own approaches to solving problems that strongly influence the interests of the postcrisis world. The origin and consequences of the global crisis as well as the problems of future global currency system are considered.

文章名称：《后危机时代的世界金融体系——效率还是公平?》

期刊名称：《经济转型问题研究》

作者：杨素旺　宏科明　辛洪汉

出版时间：2010 年 8 月

内容摘要：这项研究包含了专业性调查和深入分析 G20 会议通过的正式文件。作者正在用自己的方法来解决强烈影响着后危机时代世界利益的难题。文章同样考虑了全球危机的起因和结果以及未来的全球货币体系。

文章名称： Behavioral Anatomy of the Financial Crisis

期刊名称： Journal of CENTRUM Cathedra

作者： Adam Szyszka

出版时间： February 2010

内容摘要： In view of the challenges facing the neoclassical paradigm of economy, behavioral finance which offers an alternative way of looking at the processes taking place in capital markets is growing in importance. By referring to psychology and pointing out the imperfections of a human mind, it reveals mistakes committed by both individual and professional investors. In the 2008 financial crisis, behavioral inclinations affected not only the investors but also market-supporting entities and regulatory institutions. This article presents a brief macroeconomic background and then focuses on the behavioral aspects of the recent market turbulence. The findings of the paper may help avoid psychological traps associated with investing and are important for both investors and regulatory institutions responsible for securing the stability of financial systems.

关键词： Behavioral Finance; Psychology of Capital Markets; Financial Crisis; Inclinations of Investors

文章名称：《金融危机的行为视角分析》

期刊名称：《核心讲座期刊》

作者： 亚当·斯齐斯卡

出版时间： 2010 年 2 月

内容摘要： 在新古典主义经济学面临着前所未有挑战的同时，行为金融为我们提供了一种认识资本市场现象的新方法，因而其重要性与日俱增。通过对心理学知识的借鉴，指出人们思想的非完善，行为金融理论解释了个人投资者和专业投资者易犯的种种错误。在 2008 年金融危机中，行为的倾向性不仅影响了投资者和市场型实体，也影响了监管机构。本文首先对宏观经济背景做了简要介绍，进而着力对近期的市场动荡给出行为金融解释。本文的结论将有助于避免投资过程中的心理学陷阱，对投资者及金融监管机构都具有重要意义。

关键词： 行为金融；资本市场心理学；金融危机；投资者倾向

文章名称： Behavioral Anatomy of the Financial Crisis

期刊名称： Effects of Financial Sector's Development and Financial Sector's Efficiency on Economic Growth: Empirical Evidence from Developing and Developed Countries

作者： Abdul Waheed　Najia Younus

出版时间： February 2010

内容摘要： This paper analyses the effects of financial sector's development and financial sector's efficiency on economic growth of a group of selected developing and developed countries using a cross-country data averaged over the period 2001~2005. The results show that the effect of financial sector's development and financial sector's efficiency on economic growth is significantly positive for a full sample of 98 developing and developed countries. For a sample of 64 developing countries the effect of financial sector's development and financial sector's efficiency is also positive and highly significant, however, for a sample of 26 developed countries the effect of financial sector's development is significantly positive but the effect of financial sector's efficiency is positive but statistically insignificant. The sensitivity analysis also shows that the relationship remain positive and significant no matter what combination of the omitted variables are used in the basic model. Thus, our findings support the core idea that financial sector's development and financial sector's efficiency stimulates economic growth.

关键词： Financial Development; Financial Efficiency; Economic Growth

文章名称：《金融部门的发展和效率对经济增长的影响：兼顾发达国家和发展中国家的实证研究》

期刊名称：《国际经济展望杂志》

作者： 阿卜杜勒·瓦希德　娜加·尤努斯

出版时间： 2010 年 2 月

内容摘要： 本文通过对一组发展中国家和发达国家 2001~2005 年平均经济数据的研究，分析了金融部门的发展和效率对经济增长的影响。结果表明，样本中全部 98 个国家（包含发达国家和发展中国家）的金融部门发展和效率都对经济增长有显著的正向影响。其中，64 个发展中国家中金融部门发展与效率对经济增长的影响更加显著；而在 26 个发达国家的样本中，虽然这种影响依然为正，统计显示却并不显著。敏感性分析也表明，无论模型中的省略变量采取什么样的组合形式，解释变量与被解释变量之间都保持正相关。因此，本文的核心思想是金融部门的发展与效率会刺激经济增长。

关键词： 金融发展；金融效率；经济增长

文章名称： Financial Innovation and the Global Crisis

期刊名称： International Joumal of Business and Management

作者： Manuel Sánchez

出版时间： November 2010

内容摘要： This essay focuses on the nature and prospects of financial innovation in light of the recent global economic crisis. The central point is that although financial innovation has lately fallen out of favor because some of its products acted as vehicles in the credit boom that led to the crisis, criticism should be taken with caution. Innovation has been with us for a long time, and its overall contribution to finance and welfare has been positive. Provided that we strengthen prudential regulation to discourage excessive risk taking in the future, innovation can continue to benefit our societies.

关键词： Financial Innovation；Financial Crisis

文章名称：《金融创新和全球金融危机》

期刊名称：《国际商业与管理杂志》

作者： 曼努埃尔·桑切斯

出版时间： 2010 年 11 月

内容摘要： 本文重点介绍了金融创新的本质和前景。在最近的全球金融危机中，金融创新的一些产品成为了信贷激增的推手，最终引发了金融危机。自此，金融创新的进程暂缓。尽管如此，金融创新的好处仍不可忽视。自人类开始创新进程以来，其对金融的发展和福利的增进做出了重大贡献。所以，只要我们未来采取谨慎监管的态度、防范过度冒险，创新还会继续促进社会的发展。

关键词： 金融创新；金融危机

文章名称： Financial Integration，Investment，and Economic Growth：Evidence from Two Eras of Financial Globalization

期刊名称： The Review of Economics and Statistics

作者： Moritz Schularick and Thomas M. Steger

出版时间： November 2010

内容摘要： Does international financial integration boost economic growth? The empirical literature has not yet established a robust link between openness to the international capital market and economic growth. In this paper，we turn to the economic history of the first era of financial globalization （1880~1914） for new insights. Using identical empirical models and techniques as contemporary studies，we find a significant growth effect in the historical period. A key difference between now and then is that opening up to the international market led to net capital movements and higher investment in the historical period，but it no longer does so today.

关键词： Financial Innovation；Financial Crisis

文章名称：《金融一体化、投资和经济增长：基于金融全球化两个时期的实证分析》

期刊名称：《经济和统计评论》

作者： 莫里兹·苏拉里克　托马斯·斯蒂格

出版时间： 2010 年 11 月

内容摘要： 国际金融一体化是否促进了经济的增长？实证分析的文献中，尚未在他们之间建立一个确凿的联系。本文开拓了一个全新的视角——研究金融全球化第一阶段（1880~1914 年）的经济史。运用与同时期的其他学术研究相同的实证模型和技巧，我们发现在这一历史时期的国际金融一体化存在显著的增长效应。而其与当代的一个最主要不同在于：过去的“面向国际市场开放”带来的是网络化的资本运动和更高额的投资，这在现今已不复存在。

关键词： 金融一体化；投资；经济增长

文章名称： Financial intermediation and macroeconomic efficiency

期刊名称： Applied Financial Economics

作者： Yves Kuhry and Laurent Weill

出版时间： November 2010

内容摘要： This article evaluates whether financial intermediary development explains cross-country differences in macroeconomic efficiency. Stochastic frontier approach is applied at the aggregate level to estimate efficiency on a panel of 41 countries for the period 1991 to 1995. Generalized Method of Moments（GMM）dynamic panel techniques are then adopted to control for potential endogeneity of the regressors. We find evidence of a positive role of financial intermediary development on efficiency，with differences in terms of robustness according to the measure of financial intermediary development.

关键词： Financial Intermediary；Macroeconomic Efficiency

文章名称：《金融中介和宏观经济效率》

期刊名称：《应用金融经济学》

作者： 伊夫·卡瑞　洛朗·韦尔

出版时间： 2010 年 11 月

内容摘要： 本文的目的在于探究国家间金融中介发展的差异性能否解释它们宏观经济效率的差异。通过对 41 个国家在 1991~1995 年的面板数据采用随机前沿方法，我们可以估计它们的经济效率。然后，采用广义矩方法（GMM）的动态面板技术，控制回归量的潜在内生性。结果表明，金融中介的发展会推动宏观经济效率的提高，但各国宏观经济效率提高幅度的不同取决于其金融中介发展所采取的方式。

关键词： 金融中介；宏观经济效率

文章名称： The Determinants of Banking Sector Development：Malaysian Experience

期刊名称： International Research Journal of Finance and Economics

作者： Han Yu and Pei-Tha Gan

出版时间： March 2010

内容摘要： This study examines the determinants of banking sector development from the perspectives of real income，real interest rates，trade openness and financial liberalization. Three models of banking sector development indicators are employed in this study，namely liquid liability，private sector credit and domestic credit. Using data from Malaysia，the empirical results suggest that: (1) higher GDP will strengthen the banking sector development, however, financial liberalization appears to destabilize the banking sector development, (2) the real interest rates and trade openness are not statistically significant determinants of the banking sector development, and (3) the financial reforms in Malaysia require financial liberalization to come in a later stage, when adequate institutions and sound macroeconomic policies are already in place.

关键词: Banking System; Financial Development

文章名称:《银行业发展的决定因素：马来西亚的经验》

期刊名称:《国际财经研究杂志》

作者: 韩玉　甘培泰

出版时间: 2010 年 3 月

内容摘要: 本文从真实收入、真实利率、贸易开放度和金融自由化的视角探讨了银行业发展的决定因素。研究中运用了三个银行业发展指标模型，即流动负债、私人部门信贷和国内信贷。运用马来西亚的数据得到的实证研究结果表明：①较高的国内生产总值会促进银行业的发展；然而，金融自由化往往加剧了金融部门发展的不稳定性；②真实利率和贸易开放度并不是银行业发展的显著决定因素，至少从数据的角度是这样的；③推进马来西亚的金融改革需要金融自由化进入一个新的时期—— 一个有着足够多金融机构和健全的宏观经济政策的时期。

关键词: 银行体系；金融发展

文章名称: The Link between International Supervision and Banking Crises

期刊名称: PANOECONOMICUS

作者: Houssem Rachdi

出版时间: March 2010

内容摘要: Theoretical and empirical contributions of some economists have shown that a financial liberalization policy implemented in a less developed institutional environment enhances the proliferation of banking crises. This leads to the conclusion that failure at the level of banking governance plays a significant role in the emergence of crises. By using multivariate logit, our empirical study samples of 12 emerging countries to study the relationship between banking supervision and banking crises during the period 1980~2003. Our results show a negative and insignificant association between banking regulation and the probability of occurrence of banking crises. We find the likelihood of banking crises is greater in countries with poor banking supervision. In short, the condition required for a sound banking system is to reinforce banking supervision during financial liberalization phases.

关键词: Financial Liberalization; Banking Crises; Prudential Supervision; Multivariate Logit

文章名称：《论国际监管和银行业危机间的关系》

期刊名称：《PANOECONOMICUS》

作者：胡瑟·拉齐

出版时间：2010 年 3 月

内容摘要：一些经济学家的理论和实证成果表明，在欠发达的体制环境下实施的金融自由化政策加剧了银行业危机的扩散。由此可以推知，银行治理的失败在危机发生中扮演着重要角色。运用多变量 logit 模型，我们对 12 个新兴市场国家 1980~2003 年的样本进行实证分析，以研究银行监管和银行业危机之间的关系。结果表明，银行监管和银行业危机发生的可能性之间存在负相关，但这种负相关并不显著。我们发现，银行监管薄弱的国家发生银行业危机的可能性较银行监管健全的国家更大。简言之，要想在金融自由化的时期形成一个健全的银行业体系，前提条件是加强银行监管。

关键词：金融自由化；银行业危机；审慎监管；多变量 logit 模型

文章名称：The Role and Prospects of International Law in Financial Regulation and Supervision

期刊名称：Journal of International Economic Law

作者：Christian Tietje and Matthias Lehmann

出版时间：March 2010

内容摘要：The financial crisis of 2007~2009 resulted in, inter alia, challenges for governments to modify financial regulation and supervision so as to ensure stability of financial markets without unduly hindering dynamic market developments. Moreover, the inherent transnational character of any financial market instrument nowadays has to be taken into account. This article discusses the proper allocation of powers in terms of harmonization and decentralization. It addresses conceptual challenges for contemporary financial regulation and supervision based on the idea of regulatory competition. While harmonization should be further pursued, regulatory competition based on a sound international framework of cooperation and coordination is central for successful financial regulation and supervision. There is no one-size-fits-all approach.

关键词：Financial Regulation and Supervision; Regulatory Competition

文章名称：《国际法在金融调控和监管中的作用和前景》

期刊名称：《国际经济法杂志》

作者：克里斯丁·铁杰　马蒂亚斯·莱曼

出版时间：2010 年 3 月

内容摘要：2007~2009 年金融危机给各国政府带来了挑战——政府必须改善现有的金融调控和监管，以确保金融市场的稳定性而不至于妨碍动态金融市场的发展。而且，目前每种金融市场工具内在的跨国性特征也应被纳入考虑。本文从协调和分散的角度探讨了权力的恰当分配。基于监管竞争的理念，本文对当代的金融调控和监管带来了概念性的挑战。虽然权力进一步协调仍然是我们追求的目标，但建立在良好的全球合作和协调框架基础之上的监管竞争才是成功的金融调控和监管的中心。但这里并没有一个放之四海而皆准的方法。

关键词：金融调控和监管；监管竞争

文章名称：Global Securities Regulation after the Financial Crisis

期刊名称：Journal of International Economic Law

作者：Donald C. Langevoort

出版时间：January 2010

内容摘要：The global financial crisis requires a coordinated international response, but political obstacles stand in the way of a comprehensive solution. This article suggests that international cooperation in securities regulation is most feasible–though still politically difficult–if the subject of securities regulation is divided into pieces, and global regulators concentrate solely on the portion that involves interaction among sophisticated institutional investors. Even though the crisis originated in this sector, it is the domain in which there is the most global commonality of interests. By contrast, regulation of the retail segments of investment is plagued by particularly deep differences in history and institutional context, making it wise to move this subject of regulation off the near–term reform agenda. The article suggests a number of directions such convergence might take, including creating a dispute resolution system accessible to the transnational institutional investor community.

文章名称：《金融危机后的全球证券监管》

期刊名称：《国际经济法杂志》

作者：唐纳德·朗杰渥

出版时间：2010 年 1 月

内容摘要：全球金融危机需要各国协调一致，得出全面解决问题的方案，但是这在政治上还存在着障碍。本文认为，尽管要把证券监管主体分成几块并对大型的机构投资者实行全球监管在政治上有点困难，但是在证券监管中实行国际合作仍是最可行的方案。即使金融危机始于这个区域，这也是最具全球性共同利益的地方。相比之下，小型投资的监管特别受到历史和体制背景分歧的困扰，明智的做法就是在近期的改革议程中，将这项监管主体移出。文章提出了多个方向，比如建立一个让跨国机构投资者都能接受的争端解决系统。

文章名称：Loan Growth and Riskiness of Banks

期刊名称：Journal of Banking & Finance

作者： Daniel Foos，Lars Norden and Martin Weber

出版时间： January 2010

内容摘要： This article investigates whether loan growth affects the riskiness of individual banks in 16 major countries. Using BankScope data from more than 16000 individual banks during 1997~2007，the authors test three hypotheses on the relation between abnormal loan growth and asset risk，bank profitability，and bank solvency. They find that loan growth leads to an increase in loan loss provisions during the subsequent three years，to a decrease in relative interest income，and to lower capital ratios. Further analyses show that loan growth also has a negative impact on the risk-adjusted interest income. These results suggest that loan growth represents an important driver of the riskiness of banks.

关键词： Bank Lending；Credit Risk；Loan Losses；Bank Profitability；Bank Solvency

文章名称： 论银行贷款增长与其风险的关系

期刊名称： 银行财经期刊

作者： 丹尼尔·福斯　拉尔斯·诺顿　马丁·韦伯

出版时间： 2010 年 1 月

内容摘要： 本文基于 16 个主要国家的数据，分析了贷款增长是否会影响单个银行的风险。运用全球银行与金融机构分析库中超过 16000 家单个银行从 1997~2007 年的数据，作者对贷款异常增长、资产风险、银行盈利能力和银行偿付能力之间关系的三种假说进行了检测。检测结果显示，贷款增长导致了随后三年贷款损失准备金的增加、相对利息收入的减少和资本充足率的降低。进一步的分析显示，贷款增长也对风险调整利息收入带来了负面冲击。这些结果都表明贷款增长是银行风险增加的一个重要原因。

关键词： 银行贷款；信用风险；银行盈利能力；银行偿付能力

文章名称： Markets as A Counterparty:an Introduction to Conic Finance

期刊名称： International Journal of Theoretical and Applied Finance

作者： Dilip B. Madan and Alexander Cherny

出版时间： December 2010

内容摘要： Markets are modeled as a counterparty accepting at zero cost a set of cash flows that are closed under addition，scaling and contain the nonnegative cash flows. Formulas are then provided for bid and ask prices in terms of this marketed cone. Additionally closed forms are obtained when parametric concave distortions introduced in Cherny and Madan (2009) define the marketed claims. Finally explicit expressions price call and put options at bid and ask. Three applications illustrate. The first estimates the movement of the cone through the financial crisis using data on bid and ask prices for S&P 500 index options. It is observed that the cone contracted significantly in 2008 and slowly opened up thereafter. The second application documents the improvements possible in terms of reduced ask prices by hedging at a flat Black–Scholes volatility even when the underlying assumptions for replication are violated. The third application considers a number of structured products written on daily returns to an underlying asset price and illustrates the use of our closed form expressions for the ask price as an objective function in designing hedges.

关键词： Risk Measures; Concave Distortions; Acceptability Index; Variance Gamma Model; Delta Hedging; Structured Products

文章名称：《作为对手的市场：锥金融介绍》

期刊名称：《国际金融理论与应用期刊》

作者： 迪利普·马丹　亚历山大·切尔尼

出版时间： 2010 年 12 月

内容摘要： 市场是模仿对手以零成本接受一组现金流，并且是封闭的、可缩放的，包含非负现金流。依据销售锥，公式是被用来确认买入价和卖出价的。另外，当切尔尼和马丹引进参数凹扭曲，定义了销售债权，我们得到了封闭形式。最终，显示表达式为买入和卖出期权进行买卖价格的定价。我们将用三项应用来说明这个问题。第一项为利用标准普尔 500 指数期权买卖价格的数据来估计金融危机中的锥运动。据观察，锥在 2008 年显著收缩，之后就慢慢打开了。第二项应用表明即使违反了复制的基本假设，通过在平坦的布莱克–斯科尔斯波动中进行对冲以降低的卖价为条件的改进是有可能的。第三项应用考虑了以标的资产价格的每日回报为基础的一些结构性产品，同时阐述了封闭形式表达式作为设计对冲的目标函数的卖价的作用。

关键词： 风险衡量；凹扭曲；可接受指标；方差 Gamma 模型；增量对冲；结构性产品

文章名称： Formal versus Informal Finance: Evidence from China

期刊名称： The Review of Financial Studies

作者： Meghana Ayyagari Asli Demirgüc, –Kunt

出版时间： March 2010

内容摘要： The fast growth of Chinese private sector firms is taken as evidence that informal finance can facilitate firm growth better than formal banks in developing countries. We examine firm financing patterns and growth using a database of twenty–four hundred Chinese firms. While a relatively small percentage of firms utilize bank loans, bank financing is associated with faster growth whereas informal financing is not. Controlling for selection, we find that firms with bank financing grow faster than similar firms without bank financing and that our results are not driven by bank corruption or the selection of firms that have accessed the formal financial system. Our findings question whether reputation and relationship–based financing are responsible for the performance of the fastest–growing firms in developing countries.

文章名称：《正规与非正规金融：来自中国的证据》

期刊名称：《金融研究评述》

作者：麦侃纳·埃亚干瑞　阿斯利·德麦肯康特

出版时间：2010 年 3 月

内容摘要：中国私营企业的快速增长可以表明在发展中国家非正规金融比正规银行更能够促进企业的发展。我们运用 2400 家中国公司的数据来检验公司融资模式和增长情况。虽然只要小部分公司运用银行贷款，但是银行融资与企业的快速增长有着联系，相比而言非正规融资就没有这方面的关联。而且我们发现，利用银行融资的公司增长速度要比没有用银行融资的同类公司增长速度快得多。最后我们主要研究的问题是在发展中国家公司声誉和关系型融资的方式是否是导致公司快速增长的原因。

文章名称：Financial Markets Efficiency：Empirical Evidence from some Middle East & North Africa Countries（MENA）

期刊名称：International Research Journal of Finance and Economics

作者：Khaled Al-Zaubia and Marwan Al-Nahlehb

出版时间：April 2010

内容摘要：Many empirical studies examine financial market efficiency; the concept of market efficiency had been anticipated at the beginning of the 20th century by Bachlier（1900）in his PhD in mathematics from the Sorbonne. In his opening paragraph，Bachlier recognized that "past，present and even discounted future events are reflected in market price，but often show no apparent relation to price changes". Bachlier contribution in this field was overlooked until it was circulated to economists by Paul Samuelson in the late 1950s. In the early 1950s，researchers were，for the first time，able to use electronic computers to study the behavior of price series in order to extract from it a long-term movement，or trend，and then use the residual portion for short-term movements and random fluctuations.

By applying RWH（Random Walk Hypothesis）on the time series that consist of the major index calculated by stock exchange authority for（Morocco，Tunisia，Egypt，Jordan，and Turkey）financial markets，the time series starts from 1 January 2004 to 31 December 2006 which if it works（RWH）then the expected returns of speculative strategies should be zero. Some other statistical tests will be performed such as testing the normality of returns.

文章名称：《金融市场的效率：来自中东和北非国家的实证分析》

期刊名称：《国际财经研究杂志》

作者：哈立德·阿尔·冉比亚　马尔万·阿尔·奈罕奈德

出版时间：2010 年 4 月

内容摘要：许多实证分析都研究金融市场的效率，20 世纪初，来自索邦大学的巴舍利耶（1900）在攻读数学博士期间提出了市场效率的概念。在开始部分，巴舍利耶提出"过去，现在甚至未来事件的贴现都反映在市场价格中，但是却与价格变动没有明显的联系"。巴舍利耶在这一领域的贡献一直被忽略，直到20世纪50年代末保罗·萨缪尔森才把它传播到经济学家中。20世纪50年代初，研究人员能够第一次用电脑研究价格序列行为并期望从中提取一个长期的运动或趋势，将残余部分用于短期走势和随机波动研究。通过应用由证券交易所为金融市场（包括摩洛哥，突尼斯，埃及，约旦和土耳其）计算的主要指标组成的时间序列的随机漫步假说，对于从2004年1月1日至2006年12月31日的时间序列，如果随机漫步假说有效，投机策略的预期回报率应该是零。

文章名称： Housing Finance Reform in the Making: The Case of the Netherlands

期刊名称： Housing Studies

作者： Hugo Priemus

出版时间： September 2010

内容摘要： Current housing finance systems are mostly a poor reflection of the government's policy priorities. This paper explains how the current Dutch housing finance system works, and analyses its weaknesses against the backdrop of a well-functioning housing market and national policy goals. It specifically looks at recent proposals and some building blocks for future housing finance reform in the Netherlands. The paper ends with conclusions on the potential relevance of the analysis for other European countries.

关键词： Housing Finance; Tenure-neutrality; Housing Policy; Mortgage Interest Relief; Housing Voucher; the Netherlands

文章名称：《住房金融改革的决策：以荷兰为例》

期刊名称：《住房研究》

作者： 雨果·佩莫斯

出版时间： 2010年9月

内容摘要： 目前的住房金融体系大多是政府政策重心的模糊反映。本文介绍了目前荷兰的住房金融体系是如何运作的，并在运作良好的住房市场和国家政策目标的背景下分析了它的缺陷。本文特别着眼于最近的政策建议以及荷兰未来住房融资改革的基石问题，最后得出了欧洲其他国家的潜在相关性的分析结论。

关键词： 住房金融；土地使用权中立；房屋政策；抵押贷款利息减免；住房券；荷兰

文章名称： Stapled Finance

期刊名称： The Journal of Finance

作者： Paul Povel and Rajdeep Singh

出版时间： January 2010

内容摘要：“Stapled finance” is a loan commitment arranged by a seller in an M&A setting. Whoever wins the bidding contest has the option（not the obligation）to accept this loan commitment. We show that stapled finance increases bidding competition by subsidizing weak bidders，who raise their bids and thereby the price that strong bidders（who are more likely to win）must pay. The lender expects not to break even and must be compensated for offering the loan. This reduces but does not eliminate the seller's benefit. It also implies that stapled finance loans will show poorer performance than other buyout loans.

文章名称：《订书钉融资》
期刊名称：《金融杂志》
作者：保罗·泊范　乔治·辛格
出版时间：2010 年 1 月
内容摘要：“订书钉融资”是并购案中卖方提供的贷款承诺。无论谁赢得了招标竞争，都有权利（不是义务）接受这项贷款承诺。我们证明了订书钉融资通过补贴弱投标者加强了招标竞争，它提高了弱投标者的价格进而使得实力强大的投标者（这些投标者更可能中标）出更高的价格。贷款人并不期望打破平衡，他们必须要因为提供贷款而得到补偿。这减少但并不消除卖方的利益。本文也表明订书钉融资贷款相对其他收购贷款表现更差一些。

第三章　金融学科 2010 年出版图书精选

本报告通过对 2010 年国内外与金融理论相关的出版图书进行梳理，借鉴亚马逊、京东商城等网站的图书信息，从亚马逊等网站检索到的 2010 年与金融理论相关的图书。经过编者们的反复讨论，最终评选出 15 本优秀中文图书和 20 本优秀英文图书。

第一节

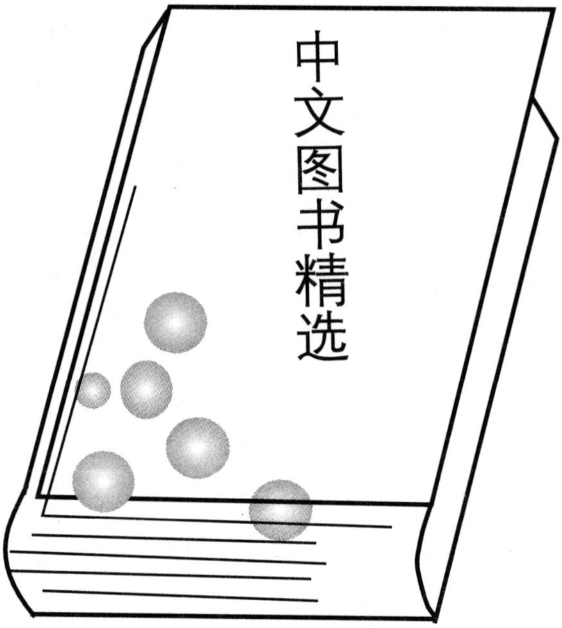

书名：《2010 年全球金融衍生品市场发展报告》
作者： 巴曙松　牛播坤
出版时间： 2010 年 6 月
出版社： 北京大学出版社

内容提要： 自 2008 年爆发金融危机以来，绝大部分人都将金融衍生产品当成罪魁祸首，但如果仅仅片面解读金融危机时期部分场外衍生品市场所带来的巨大冲击，而不能全面把握全球金融衍生品市场发展的趋势，不仅难以从此次金融危机中吸取有价值的经验教训，还可能会对中国的金融衍生品市场发展形成一定程度的误导。作者写作本书的目的正在于全面解析和客观评价金融危机中金融衍生品的作用、风险和表现，总结后金融危机时期金融衍生品市场和监管发展的重要走向，增强全社会对金融衍生品市场的理解与认识。

全书共分为三篇：第一篇为“全球金融衍生品市场”，包含三章内容。第一章是对当前全球金融衍生品市场进行综合论述，主要分析了交易所市场（ETD）和场外交易市场（OTC）的差别，金融衍生品市场的发展概况及其结构。第二章则从价值链的视角出发来分析机构投资者在金融衍生品市场中所处的地位。作者认为以银行（包括投资银行和商业银行等）为代表的交易商在衍生品交易的价值链中处于核心地位，基金特别是对冲基金是全球衍生品市场的主要参与者，保险公司也越来越多地参与到衍生品市场的交易中。在第三章中作者提出了 EPIGS 分析框架，从环境（Environment）、产品（Product）、整合（Integration）、治理（Governance）和系统（System）五个层面对金融衍生品交易所竞争格局进行阐述，认为交易所群雄逐鹿的时代已经来临。

第二篇为“金融风暴中的全球金融衍生品市场”，包含三章内容。第四章主要讲述金融危机发生时，基础金融资产和金融衍生品市场的表现：基础金融资产整体表现疲软，金融衍生品中 CDS 虽然表现颓废不止，但利率衍生品合约、外汇衍生品合约以及权益衍生品合约却表现良好。第五章主要讲述了以 CDS 为代表的场外衍生品在金融危机前，金融危机发生时所扮演的角色。在金融危机发生前，随着金融市场混业经营浪潮以及影子银行体系的不断发展，CDS 等场外衍生品市场得到了超规模的发展，风险不断累积，并最终成为了本次金融危机的导火索，但金融危机也使监管部门意识到监管诸多金融衍生品的重要性，逐步将 CDS 等金融衍生品纳入到监管体系。第六章主要讲述金融危机后金融衍生品发展与监管趋势的展望。作者认为由资产证券化推动的金融衍生品创新使得金融体系的稳定性下降，降低了金融衍生品监管的有效性，各国之前的金融监管体系不能很好地监管金融衍生产品，各国应加强针对衍生品的金融监管措施。总的监管变革的趋势有透明度加强、提高对资本金的要求、衍生品的标准化、监管一体化以及危机处理等。

第三篇为“中国金融衍生品市场”，包括三章内容。第七章主要讲述了现阶段中国金融衍生品市场的交易情况：利率衍生品、汇率衍生品、权证和可转换债券市场的交易均比较活跃，但资产支持证券的发展却较为缓慢。第八章主要论述了中国金融衍生品市场的监管状况。我国实行多头分业的监管模式，对金融衍生品的监管还存在不少问题，如监管与创新间的矛盾、监管的低效率等，对此，作者提出了相应的政策建议。第九章主要讲述了中国的机构投资者（主要是银行、证券公司、基金公司、保险公司等）参与金融衍生品交易的情况。总体来看，由于我国金融衍生品市场不甚发达，金融衍生品的种类也较少，机构投资者参与的程度有限，风险也较小。

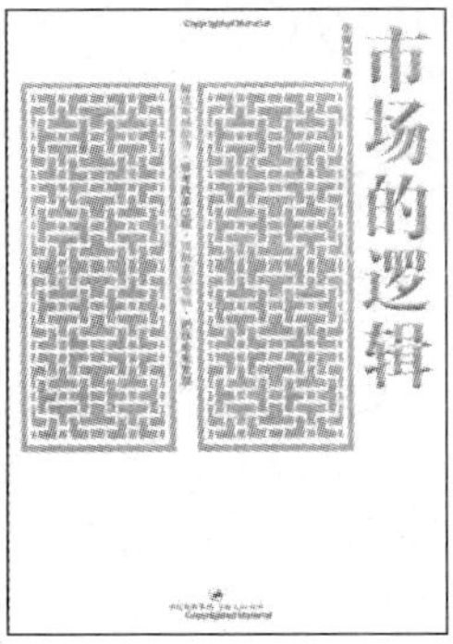

书名：《市场的逻辑》
作者：张维迎
出版时间：2010 年 7 月
出版社：上海人民出版社

内容提要：经济学中一个重要的假设前提就是“理性人”假设，人们普遍认为该假设就是指人都是极端自私的，只顾追求自身利益最大化。但我们往往忽视了“理性人”假设另一个重要的性质，即张维迎教授在本书中着重强调的市场经济的基本逻辑：如果一个人想得到幸福，他（或她）必须首先使别人幸福，更通俗地讲，利己先利人。比如说，生产者要获得利润，就必须提供消费者满意的产品或服务，为消费者创造价值；企业家想要有雇员追随，就必须给雇员提供足够好的工资待遇和工作条件，并对后者的行为承担连带责任。正是市场的这一逻辑把个人对财富和幸福的追求转化为创造社会财富和推动社会进步的动力。并且作者将市场经济归纳为一个公式：市场=价格+企业家。围绕这一公式，全书共分为四编来阐述。

第一编为“解读市场经济”，包括五篇文章，主要讨论市场经济的基本逻辑，特别是市场如何通过企业、企业家、利润这些制度构造使得个人对自己的行为负责，成为一个陌生人之间合作的责任体制。其中作者试图澄清一些普遍存在的对市场经济的误解，特别是厘清了利润与企业社会责任的概念。作者还讨论了国有制与市场经济的矛盾。

第二编为“思考中国改革”，包括六篇正文和一篇附录，主要分析中国改革是如何进行的。这些文章证明，市场经济不是任何人都有能力设计的，中国经济改革是一个不断调整和持续演进的过程，善于利用自发的力量并将自发的力量变为自觉的政策是中国改革成功的重要经验。同时，从基于职位的权利到基于财产的权利的转变和企业家队伍的兴起是理解中国经济高速增长的关键。

第三编为“理解金融危机”，包括三篇文章，讨论了金融危机是如何发生的，以及什么是正确的政策选择。作者认为奥地利学派经济学是最具说服力的市场经济理论，根据奥地利学派经济学的商业周期理论，金融危机是政府政策的失误所致，解决危机的办法是让市场自发调节，政府采取凯恩斯主义的刺激政策即使有一时的功效，也将会带来长期严重的负面后果。

第四编为“把脉未来发展”，包括一篇文章，讨论了未来中国经济增长的潜力和体制改革的前景。作者认为中国从世界人口大国回归世界经济强国的关键是利用企业家精神开发国内市场的潜力。为此，中国必须继续减少国有经济的比重，减少政府对经济的控制，并在未来 30 年将重点放在政治体制改革上，完成宪政民主制度的建设。作者预测，中国始于 1840 年的历史性转轨或许能在 2040 年完成，到那时，中国将成为真正的市场经济和法治国家。

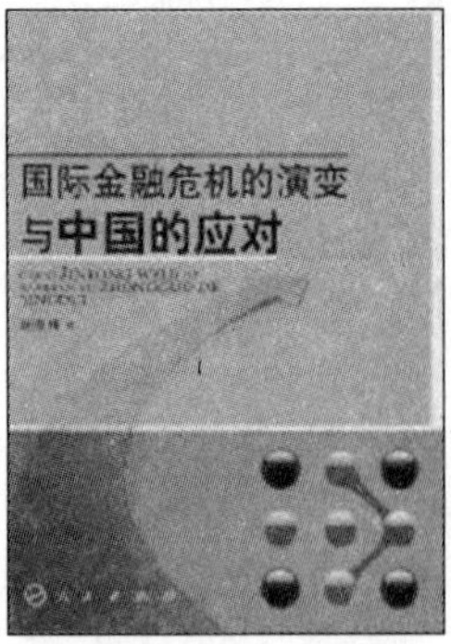

书名：《国际金融危机的演变与中国的应对》
作者：姚淑梅
出版时间：2010 年 12 月
出版社：人民出版社

内容提要：20 世纪 90 年代至今，全球爆发了数次大的金融危机，2008 年爆发的美国次贷危机更是席卷全球，波及甚广。短短 20 年的时间，国际金融危机以不同的形态冲击着不同的地区和国家，使得大批金融机构倒闭，企业破产，甚至引起社会动乱。前事不忘，后事之师。虽然因为中国对资本账户施行管制措施，从而幸运地避开了亚洲金融危机和美国次贷危机的风暴中心，但随着中国经济不断融入世界经济，放松资本管制，直面国际竞争成为了无法回避的选择。中国必须从金融危机中吸取教训，增强竞争力，防范金融危机。

本书共十五章。第一章为总论，主要从国际金融危机的特点、金融危机发生的现实原因、金融危机识别及应对的国际经验、金融危机的教训及应对措施的启示、中国金融脆弱性分析和化解金融风险、促进经济可持续发展的政策应对这六个方面进行了概括性论述，是其余章节的逻辑框架。第二章阐述了国际金融危机的概念，并详细描述了有关国际金融危机的基本理论。第三章讲述了引发国际金融危机的现实原因，并从国际政治因素、制度因素以及宏观经济政策因素这三个方面进行了探讨。第四章到第八章分别论述欧洲货币体系危机、日本金融危机、亚洲金融危机、拉美金融危机与俄罗斯金融危机，系统地剖析了危机爆发的原因、危机造成的后果、各国针对危机的应对措施以及危机带给人们的启示等。第九章着重论述了此次美国次贷危机爆发的前因后果，分析了美国次贷危机是如何逐步演变为国际金融危机的过程，并阐述了金融危机对全球的影响。第十章描述了国际货币体系的发展历程，论述了金本位制、金汇兑本位制、布雷顿森林体系以及至今仍在实行的牙买加体系的主要特征，并分析了现行货币体系内在固有的缺陷。第十一章首先阐述了资本项目的相关概念及理论，之后分析了资本项目可兑换的国际经验，并对应如何逐步实现我国资本项目开放提出了政策性建议。第十二章主要分析了我国内外需失衡的问题。我国现阶段处于外需过大、经济增长的贸易依存度过高、消费需求相对不足的状态，导致内外需失衡的根本原因在于国民收入分配格局不合理。这种内外需失衡会对经济发展带来不利影响，并造成国民经济福利的损失。因此我们必须坚持扩大内需，促进形成内外需协调增长机制的思路。第十三章首先从微观、宏观以及国际经验方面论述了支持中小企业实施“走出去”战略的必要性，并从国家层面、具体操作层面和企业层面提出了具体的政策建议。

第十四章以多哈贸易谈判为例阐述了中国推动多边贸易体制的战略对策，指出中国应通过多边贸易协议寻求贸易利益。第十五章主要论述了国内、国外专家学者对中国国际收支失衡问题的看法和建议。

书名：《金融危机中的巴塞尔新资本协议： 挑战与改进》

作者：巴曙松 邢毓静 朱元倩

出版时间：2010 年 4 月

出版社：中国金融出版社

内容提要：全球金融系统刚刚开始从百年一遇的金融危机中逐步恢复，对于监管体系和风险管理体系的反思和完善，成为不同金融机构讨论交流时关注的共同话题。银行业是此次危机中受到冲击最为显著的领域之一，对于银行业的监管和风险管理如何改善自然是其中的重点。在全球的金融监管框架中，巴塞尔银行监管委员会一直积极推动的巴塞尔资本协议是最受关注的准则之一。

本书试图从巴塞尔新资本协议在危机中的修订出发，透视全球银行业风险管理框架的演变趋势。这不仅有助于银行业更为全面地了解巴塞尔新资本协议的一些新的内容和框架，同时也有利于银行业风险监管研究的深入。特别是从 2009 年开始，中国正式加入巴塞尔银行监管委员会，这使得中国银行业对于巴塞尔新资本协议的研究不能仅仅停留在执行层面，还应当更多地深入到反思和改进的层面。

本书从考察危机中金融监管的宏观趋势与动态出发，结合巴塞尔新资本协议的整体框架和危机后修订的侧重点，按照资本约束与资本计提、风险测度模型的演进与创新、监督审查与市场约束三个部分，研究新资本协议三大支柱下各项内容的现实不足与实质改进，最终对新资本协议的实施影响作出评估，并在考察中国实施新资本协议的现状和问题的基础上提出相应的政策建议。本书有助于读者全面、深刻地了解和把握巴塞尔新资本协议的内涵、动态及发展趋势，为银行经营管理层、监管者在制定风险管理的相关政策时提供一些借鉴，同时也有助于促进金融研究界加强和深化对巴塞尔新资本协议的研究。

目前，金融危机仍在演进之中，还可能出现新情况和新问题，巴塞尔新资本协议必然也会面临新的挑战，从这个角度来说，本书可能只是抛砖引玉，希望能够借此促使更多关心国际金融监管发展以及提高中国金融监管发展水平的研究者共同关注巴塞尔新资本协议的研究，推进中国金融业风险管理研究的不断发展。

书名：《中国农村金融论纲》
作者：陈雨露　马勇
出版时间：2010 年 6 月
出版社：中国金融出版社

内容提要：对于迈入中等收入国家行列的中国而言，在转型过程中，随着国家对“三农”问题的日益关注，深处其中的农村金融问题也不断成为学界和管理层关注的焦点。农村金融问题不仅是全国金融体系改革的一部分，同时还关乎农民增收和农业发展中的金融支持问题，因此，对中国农村金融问题的研究与改革愈显紧迫。

本书从中国农村金融赖以存在的现实基础出发，以一种动态和发展的方法论为指导，通过构建农户、国家、社会、制度和文化的结构性视角，对中国农村金融的现实问题和发展路径进行了系统的经济学分析。这一分析恢复了经济理性在农户经济行为中的基础性作用，同时纳入了中国长期沿袭的历史积淀因子和农村社会转型的当代背景，在此基础上构建的基本框架对全面理解中国的农村金融问题提供了诸多有益的洞见。

本书以一系列现场调研所获得的实践材料为基础，强调从动态和发展的视角来观察和理解中国的农村金融问题。基于这一视角，作者深入分析和确定了中国农户作为一般市场经济主体所具有的基本特征，同时又将资金需求和资金供给等相关主体的行为置于国家、社会、制度和文化的结构框架下来加以审视，从而使其对农村金融改革和发展的总结和政策建议，深深扎根于中国“三农”的沃壤之中。

从当前中国农户的实际状况出发，本书分“中国农村金融困境的形成：历史与现实”、“中国农村金融中的农户行为”、“中国农村金融中的农贷市场”、“中国农村金融中的政府与金融机构”和“破题中国农村金融：农户转型与金融布局”五个部分，深入考察了农户经济行为中的微观机制和局限条件，并对农村金融的发展问题进行了客观的解读和评价，有助于农村金融研究的深入和农村金融政策的准确制定。

在农户转型、农业和农村发展的过程中，金融的作用毫无疑问是重要的——扭曲的农村金融会阻碍农户、农业和农村的发展，而设计良好的农村金融制度和体系却能发挥积极的杠杆功能，撬动更多的社会资源服务于农户增收、农业发展和农村建设。农业本身的复杂性决定了任何单一工具都无法彻底解决问题，金融工具也不例外。即便是设计良好的金融制度和金融体系，也需要构建制度运行和体系运转的基础环境和外部条件。同时，金融机制从来都不是孤立运转的，只有真正把农村金融“嵌入”到整个农村经济社会发展的网络系统中，才能最大限度地发挥金融机制的积极作用，这也需要考虑农村社会的方方面面。也就是说，农村金融是重要的，但也不是唯一重要的。

书名：《基于行为金融的资产选择模型研究》
作者：彭飞
出版时间：2010 年 7 月
出版社：经济科学出版社

内容提要：行为金融是近 30 年来在国外迅速崛起的研究领域。从人类真实的心理和行为模式出发，行为金融理论重视被传统金融理论所忽视的决策黑箱，这无疑是符合金融学的发展趋势的。相比现代金融理论，行为金融的基本假设更加“贴近”现实，基于有限理性和有限套利两大基石，行为金融有效地解释了许多现代金融理论难以解释的现象，并从许多方面开始构建与现代金融理论相对的金融理论，对现代金融理论提出了有力挑战。

本书认为，行为金融理论并没有排斥现代金融理论中合理的经济学概念和原理，只是更注重运用心理学和行为科学的成果来研究实际的金融决策过程。因而，进行金融研究工作的一个合理方向就是：基于有限理性和有限套利的行为金融理论基础，弥补现代金融理论在个体行为分析和研究方法上的不足和缺陷，建立起类似现代金融理论体系的更加完善的理论体系和更具普适性的理论模型，促进金融学理论研究朝更现实的方向发展。

改变现代资产选择理论的假设基础，在符合人们决策心理和行为的基础上，研究适合的资产选择模型以满足实际投资应用的需要，成为了一个既有理论意义又有现实意义的重要研究课题，谢夫林、斯塔特曼（Shefrin and Statman）在此方向上已做出了有价值的探索，提出了行为投资组合理论（BPT）。本书假定投资者能够对未来做出正确的预测判断，但对风险的判断和选择却违背预期效用理论这一前提下，应用行为金融理论已有的研究成果，诸如损失厌恶、框架效应、心理账户以及行为展望理论，把这些个体决策心理和行为特征结合现代资产选择理论，建立起了若干基于不同风险测度，能够对实际投资决策提供更强指导意义的行为资产选择模型。

本书支持金融理论发展应走行为金融研究与现代金融理论研究相结合之路的观点，在系统分析不确定条件下人们的实际判断与决策行为的基础上，将行为金融有关风险心理的研究成果纳入现代资产选择理论，深入探讨了行为资产选择的基本理论、应用及前沿发展，构建了一个行为资产选择的基本框架。因此，书中的观点和方法，对于选择有效的投资组合与策略具有重要的参考价值。

书名：《中国金融业监管制度改革研究——基于金融混业经营视角的重新思索》

作者：巫文勇

出版时间：2010年9月

出版社：西南交通大学出版社

内容提要：2007年初，始于美国次贷、发端于华尔街的全球性金融危机对实体经济和虚拟经济所产生的影响是以往任何一次金融危机都无法比拟的。伴随着金融危机的爆发，很多学者都对金融危机的原因进行了深入的研究。很大一部分人认为金融危机产生的重要原因是缺少有效的金融业监管制度，而我国的金融业发展还很初级，相对于发达国家而言还很落后，在金融业监管方面更是存在着非常多的缺陷，为了改善我国金融监管制度，提高我国的金融运行效率，本书从一个全新的角度——金融混业经营角度来探讨我国金融业监管制度的改革问题。

在研究我国金融业监管制度改革问题时，本书共分为七章，综合运用经济学、金融学和法学等多学科理论，采用历史纵向概括和国别横向比较相结合，理论分析与实践归纳相结合，实证研究和规范研究相结合的方法来进行分析。

第一章主要阐述选题的背景、目的和意义并简单介绍了国内外这方面的研究成果。

第二章阐释金融混业经营的含义、分类、金融混业经营的产生原因、金融混业经营的优缺点以及金融混业经营应具备的生态环境。

第三章粗略介绍了美国、英国、日本和德国实行混业经营的发展历程和组织模式。

第四章阐明金融混业经营的风险及特征，分析了金融混业经营的风险成因和主要金融大国对混业经营的监管。

第五章回顾了中国金融混业经营的发展，介绍了中国推行混业经营的原因并探讨中国金融运行组织模式的选择。

第六章系统研究中国金融监管制度改革的价值取向、中国金融监管制度改革的主要内容、中国金融监管机构的权力配置以及中国金融监管和国际监管合作。

第七章对本书进行了总结，介绍了本书的创新点，并对一些不足之处提出未来的设想。

我们可以看出，本书是在介绍了国外金融混业经营以及监管制度的基础上，从中国实际的情况出发，来深入研究我国金融监管问题，基于金融混业经营的视角，本书认为我国金融监管应从以下三个方面进行：

（1）中国的金融监管改革应以“安全和效率的统一”为目标，实行金融业的开放保护与国家控制相结合，审慎地处理金融创新与混业经营的关系，实行从规则监管向原则监管转变，树立国内独立监管与国际合作的观念。

（2）中国应吸取这次金融危机的教训，加强对实行混业经营的金融机构的经营范围和金融创新活动的监管，强化金融产品的上市审核制度，划分金融机构的经营边界，以防范金融风险。

（3）中国应建立一个适应金融混业经营的监管机构，将中央银行的银行监管职能彻底剥离出来，在对银监会、证监会、保监会和外汇管理局进行整合的基础上，设立一个金融监督管理委员会，负责对中国金融业的全面监督。

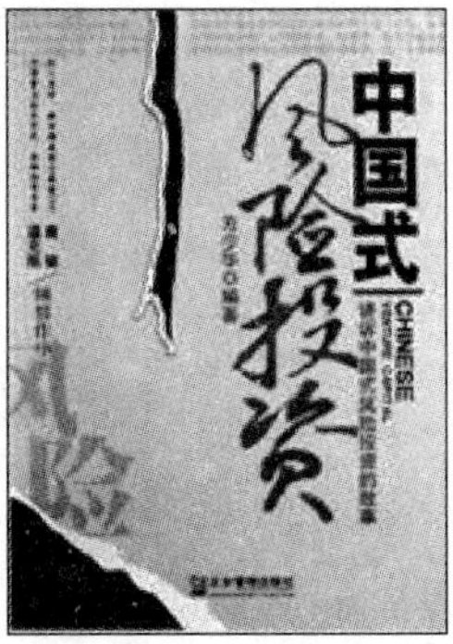

书名：《中国式风险投资》
作者：方少华
出版时间：2010 年 10 月
出版社：企业管理出版社

内容提要：风险投资是把资本投向蕴藏着失败风险的高新技术及其产品的研究开发领域，旨在促使高新技术成果尽快商品化、产业化，以取得高资本收益的一种投资过程，风险投资不是传统意义上的以资金为载体的投资行为，而是一种崭新的投资理念和投资方式，是集技术、资金、管理于一体的运作过程。在本书中，我们可以看到风险投资在西方国家已经经历了几十年的发展，各方面已经比较成熟，而在我国，中国风险投资的现状就是发展仍然非常缓慢，与国外相比，与国内高科技发展和科技成果转化的形势及要求相比，中国的风险投资业只能说尚处于探索起步阶段。

本书大体上分为四个部分对风险投资进行剖析，在详细介绍风险投资相关知识的基础上，阐述了中国式风险投资的内涵，并引入了大量中国式风险投资的案例，对每个案例进行深入研究，在研究的基础上提出了作者对中国式风险投资的行业展望以及相关建议，具体如下：

第一章是全书的开篇部分，先介绍了风险投资的起源，然后从特征、要素、功能、作用和运营渠道等方面对风险投资进行详细的论述，最后将风险投资与我们熟悉的私募股权基金进行比较，得出两者的异同点。

第二章是本书的主要部分，首先从现状、投资融资渠道以及市场环境三个方面来分析我国风险投资，并指出中国式风险投资发展缓慢的现状及其原因，非常狭窄而有限的投融资渠道及其解决方法；其次介绍了我国的创业者与风险投资经理人，并详细叙述中国风险投资管理模式、运行程序；最后，重点分析中国风险投资的风险管理以及退出机制。

第三章列举了大量的中国式风险投资案例，从实际角度出发来研究我国风险投资。为了便于理解，作者将案例分为中国式风险投资成功案例、中国式风险投资失败案例、中国式风险投资增值服务及其案例三大类。

第四章主要内容为行业展望，在这里，作者先阐述了美国、英国以及日本的风险投资运作模式和展望，然后重点表达了自己对中国风险投资的期望。

在本书的最后，作者根据本书的研究结果对中国风险投资的发展提出了“三步走”的战略性意见：第一步，建立风险投资公司进行运作，并可为国内外投资者提供咨询和管理服务；第二步，建立风险投资基金并制定相应的法规和管理办法，从国内外吸收资金；第三步，建立包括第二板块证券市场在内的风险投资体系，健全风险投资投入、运营和撤出机制，并且规范政府对风险投资的支持政策。

书名：《中国金融与资本市场》
作者：吴晓求
出版时间：2010 年 3 月
出版社：中国人民大学出版社

内容提要：中国现今已是经济大国，大国经济需要大国金融，大国金融的重要标志是全球金融中心的形成。中国具备了建设新的全球金融中心的绝大多数基础条件，本书对 2010 年度中国金融领域做了非常全面的研究，通过对中国货币市场、资本市场、衍生品市场以及商业银行体系等多个方面的深入阐述，让我们对中国金融的现状有了深刻的了解，为中国金融之崛起，建立大国金融找寻了道路。全书分为四个部分，具体如下：

导论是本书开篇部分，旨在构建一个基于大国经济的中国金融崛起战略及其实现路线图，并指出人民币国际化和金融市场发展是两个最为关键的因素。

分论是全书的重点，总共分为十个分论。分论一介绍了金融危机以来的全球经济政策调整及经济格局变化，并导出此次全球性金融危机爆发的根本原因是“美元本位制”下的世界经济结构失衡。分论二重点阐述全球货币体系与金融结构的变革，强调未来全球金融体系将朝着多元、透明、监管合作的方向发展。分论三向我们讲解了国际金融组织的改革与功能的重新定位，先总结了 IMF 和 WB 的主要缺陷，在此基础上提出国际金融组织改革的四项基本原则，即公平性原则、决策独立性原则、主动性原则和协调与互补原则。分论四介绍了人民币的国际化，认为人民币国际化是中国迈向金融大国的首要条件。分论五重点阐述了我国资本市场发展与全球金融中心的建设两者之间的关系，表明要想成为全球金融中心，必须具备发达的资本市场。分论六、分论七和分论八分别从货币市场、衍生品市场和商业银行体系三个方面来阐述中国金融崛起之路。分论九论述了全球金融变革与未来中国金融模式，认为未来的中国金融市场将更加市场化和国际化，同时也要实现政府与市场、创新与监管之间的平衡，金融机构将会走“有限综合经营”之路，金融监管重点和目标也会出现较大的变化。分论十论述了全球金融变革与中国金融崛起，依据历史经验，运用现代经济、金融理论的研究成果，梳理出影响金融发展的关键变量，从理论上揭示这些变量对于大国金融崛起的作用以及大国金融崛起的内在机理。

市场研究主要对我国 2009~2010 年股票市场做了分析，从基本分析和技术分析两个方面来进行研究，并提出了对 2010 年行市的粗略预测。

政策分析简要介绍了 2009 年我国证券市场上的相关政策，并对其进行了评价，同时对 2010 年我国货币政策做了展望。

书名：《碳金融与碳市场——方法与实证》
作者：魏一鸣
出版时间：2010 年 10 月
出版社：科学出版社

内容提要：二氧化碳排放权市场是应对气候变化成本的有效手段。随着全世界应对气候变化行动的不断深入，国际碳市场的交易额快速增长。欧洲许多高排放行业的发展，均受到二氧化碳排放权价格的制约与影响。以欧盟排放交易体（EU ETS）为代表的国际碳市场，是经济学中排放权交易理论在应对气候变化行动中的有效实践，其中包含了大量可供研究的管理科学问题。碳市场与碳金融问题已经成为当前国际学术界能源与气候变化领域的研究热点。

《碳金融与碳市场——方法与实证》围绕国际学术界的前沿领域，系统分析了碳市场的配额分配机制、碳市场外部与内部影响因素、排放权价格的波动规律以及碳市场的风险等问题。希望通过本书的研究，能够进一步科学地认清碳市场的内在特征规律和外部影响因素，加深对碳市场相关问题的认识，为中国应对气候变化的行动提供了碳市场与碳金融方面的理论知识。

《碳金融与碳市场——方法与实证》适合能源经济与管理、气候政策领域的政府公务人员、企业管理人员、高等院校师生、科研人员及相关的工作者阅读。

书名：《中国证券市场发展前沿问题研究（2009）》
作者：中国证券业协会
出版时间：2010年5月
出版社：中国财政经济出版社

内容提要：《中国证券市场发展前沿问题研究（2009）》汇编了2009年度中国证券业协会年度科研课题研究成果中一、二等奖成果的全文和三等奖成果摘要。这些优秀研究成果经历了中国证券业协会科研课题的参考选题发布、课题申报和立项、研究成果提交、评审、公示等一系列工作环节后，从106家证券公司、61家基金管理公司、95家证券投资咨询机构、3家金融资产管理公司、5家资信评级机构、18家基金托管（代销）银行、36家地方证券业协会和部分科研单位提交的205项研究成果中评选出来的。《中国证券市场发展前沿问题研究（2009）》的部分优秀成果还将向有关监管部门、全体会员、主要证券媒体推介。

书名：《中国货币政策传导微观机制研究》
作者： 白鹤祥
出版时间： 2010 年 8 月
出版社： 中国金融出版社

内容提要：《中国货币政策传导微观机制研究》从微观角度对我国货币政策传导机制进行了有益的探索。首先，《中国货币政策传导微观机制研究》从绩效考核体系和利率定价行为两方面分析了商业银行信贷行为对货币政策传导的影响，厘清了商业银行的信贷决策和资金定价机制，从而梳理出商业银行环节对货币政策传导的影响因素；其次，作者把分析的视角转向信贷的两大需求主体——企业和居民，研究两大主体资产负债表的动态反应对货币政策传导的影响；再次，作者将视角投向金融监管与货币政策传导的相关关系，在重点强调银行绩效考核、银行利率定价、企业资产负债表和金融监管是现行我国货币政策的四大微观传导机制后，提出了一个四大机制互相结合、互相影响的框架；最后，针对相关问题，作者还给出了翔实、具体和有针对性的政策建议。

《中国货币政策传导微观机制研究》结构严谨、论证充分，为货币政策传导机制的研究提供了新的方向。

书名：《全球金融何处寻求再平衡》
作者：廖岷
出版时间：2010 年 10 月
出版社：中信出版社

内容提要：2008 年金融危机爆发以来，不断有学者对金融危机爆发的原因进行反思，要求对现有的金融体系和金融监管框架进行改革的呼声此起彼伏。事实上，各国也在陆续变革各自的金融体系与监管框架。作者根据三年多的跟踪研究，从微观到宏观，系统地展示了针对此次金融危机的研究成果，其对金融的理解让人叹服。

全书分为四篇，共十八章内容。第一篇为“危机概述”，包括三章内容。第一章主要讲述金融危机爆发的背景以及各金融衍生产品在危机中所起的作用。第二章讲述了美国次贷危机是怎样通过资产证券化蔓延至全球，进而转变为全球性金融危机。金融危机又是怎样影响实体经济，转变为经济危机。第三章主要讲述了金融危机发生后美国和欧洲的救市行动以及国际社会为解决金融危机问题所召开的三次重要的金融峰会。第二篇为“金融危机缘何而起”，包含三章内容。第四章主要从银行的发展历史和政府当局应对危机的方式来分析银行内外部宽松的制度环境与金融危机爆发的关系。第五章从微观主体的角度考察产生危机的原因，微观主体诸如投资银行、评级机构等在各个环节都存在缺陷和不审慎的行为。第六章讲述了金融创新的泛滥和监管的缺失是金融危机爆发的重要原因。第三篇为“金融监管大变革”，包含十章内容。第七章主要讲述了金融监管的理论基础、金融监管的主要内容以及金融监管的形式等，强调了金融监管的重要性。第八章主要讲述了美国、英国和欧盟在金融危机后的监管改革措施。第九章讲述了宏观审慎监管的含义以及加强宏观审慎监管的重要性。第十章讲述了加强资本监管，保证资本充足率的重要性。第十一章主要讲述了公司治理和薪酬激励的相关理论，并对这两者的改革措施进行了说明。第十二章讲述了应怎样对大型金融机构进行监管，并对如何避免该类机构“大而不能倒”的现象进行了阐述。第十三章主要介绍了银行流动性危机的成因以及监管的进程。第十四章介绍了金融创新的基本原则以及全球对金融衍生品监管改革的进展。第十五章则对其他监管措施进行了简要的说明。第十六章是作者对当前金融监管改革的思考。虽说监管改革的方向已基本清楚了，但具体到解决方案的细节问题以及一些棘手的技术问题都还没有得到解决。未来金融监管改革注定不是坦途，必将面临更多挑战。第四篇为“我国的银行业监管”，包含两章内容。第十七章首先讲述了我国银行业监管的实践经验并得出了一些重要的监管原则，然后讲述了现阶段金融监管存在的挑战，最后就如何构建有效的银行监管体系提出了一些建议。第十八章讲述了金融市场治理与经济可持续发展的关系。作者指出金融和经济实体应平衡发展，绝不能“一头重一头轻”，中国必须注重金融创新的发展和培育问题。

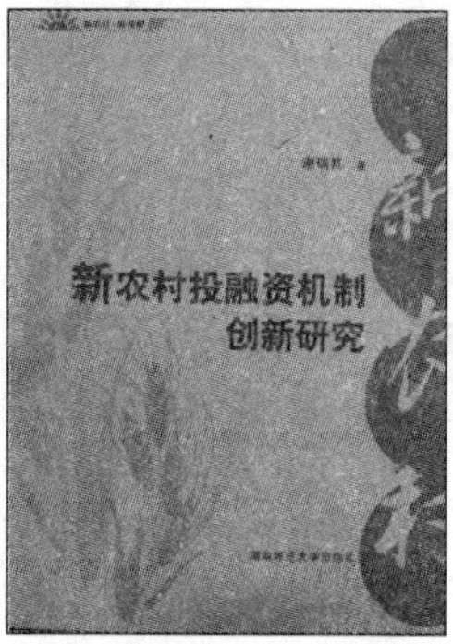

书名：《新农村投融资机制创新研究》
作者：谢瑞其
出版时间：2010 年 4 月
出版社：湖南师范大学出版社

内容提要：本书主要探讨新农村建设中的投融资困境，对建设新农村的投融资机制问题进行研究；以新农村建设的内涵与投融资需求为现实出发点，以投融资机制创新与财政金融协调发展为理论出发点，对新农村建设的投融资问题进行研究，以期为新农村建设建构一个理想框架，从而为新农村建设提供资金支持与保障，推进“三农”问题有效解决。

本书共分为九个部分：

第一部分是导论，主要从 WTO 后过渡期、无农业税时代和农村金融与公共财政短缺时代等角度，阐述社会主义新农村建设投融资问题的研究背景。从公共财政、金融创新、新农村建设困境等理论和实践两个层面来探讨意义，介绍了国内外的研究动态、论文的研究内容与方法以及主要创新点和不足之处。

第二部分介绍社会主义新农村的内涵、特征及标准。从制度变迁理论和国家理论、系统理论、资本与经济增长理论以及现代金融理论等理论，寻找新农村建设投融资及其创新的理论依据。

第三部分主要从投融资主体、投融资资金、投融资渠道和投融资方式等方面，来展示新农村建设投融资机制的现状，分析投融资机制存在的问题以及背后的深层次原因。“生产发展、生活宽裕、乡风文明、村容整洁、管理民主”是新农村建设和农村经济发展的整体目标。投融资最重要的两条渠道为政府财政与农村金融，前者主要解决公共产品供给问题，后者主要帮助农村微观经营主体融通资金进而解决要素投入不足的问题。

第四部分采用定量研究方法，分析投融资对农业发展和新农村建设项目的绩效。本书认为我国的财政资金与农村建设相关性显著，金融资金与新农村建设关系显著，农民投入与新农村建设相关性显著，但是农村投融资与新农村建设不显著，这说明三者之间的协调性很差。

第五部分考察国际上有代表性的韩国、日本和欧美一些国家在现代化进程中的农村建设经验。国外的经验表明，新农村建设将主要依赖于三方面力量：一是政府的扶持；二是社会力量的广泛参与；三是“三农”自身的发展。同时，还强调了法律制度建设在农村投融资体制改革中的重要性，根据本国农业和农村经济的发展水平选择相适应的投融资运行的实践模式。

第六部分深入分析社会主义新农村建设中的投融资机制，从投融资的机理方面进行探讨。从宏观层面，例如体制嬗变、投融资流向、投融资陷阱、金融与投融资、投融资的效应等角度来构建一个模型，分析投融资运行机理。

第七部分构建了一个多渠道筹资建设社会主义新农村的理想框架，以指导投融资机制的创新。设想的新农村建设的投融资机制创新框架，主要包括宏观和微观两个层面。宏观层面包括财政金融协调机制、引导机制和法律、信用保障机制三个主要机制。微观层面包括资金回流机制、报酬回报机制、准入机制和价格规制机制四个机制。本书重点研究财政金融的协调机制和财政金融引导机制。

第八部分提出社会主义新农村建设中投融资机制创新的政策建议，提出从宏观、微观两个层次来创新社会主义新农村建设中的投融资机制。

第九部分为本书的研究结论和研究展望，本书得出的主要观点如下：

（1）社会主义新农村建设需要“真金白银”的支持，需要创新投融资机制。在农村公共财政建设背景下，优化和创新社会主义新农村建设中的投融资机制，有利于保障新农村建设的有序、高质、和谐、可持续发展。

（2）新农村建设对农村投融资服务提出了新的要求。目前农村投融资机制改革还远没有到位，难以适应和支持社会主义新农村建设。

（3）我们需要借鉴国外新农村建设中的投融资机制，来解决我国新农村建设中的资金短缺问题和资金使用效率问题。

（4）建立财政资金和金融资金的协调机制，是加快新农村建设进程迫切需要解决的问题之一。从宏观层面上，要构建我国新农村建设中投融资运行机理模型；从微观角度，要构建投融资协调机制框架。

书名：《20世纪西方货币金融理论研究：进展与述评（修订版）》

作者：王广谦

出版时间：2010年10月

出版社：经济科学出版社

内容提要：20世纪货币金融理论取得了巨大进展，正像1900年的世界经济远无法与2000年的世界经济相比一样，现在的货币金融理论也远不是1900年所能想象的。认真回顾20世纪西方货币金融理论的发展，对于我们把握21世纪货币金融理论发展的趋势，并通过这种分析探索金融发展乃至经济发展的内在规律，无疑是极为重要的。《20世纪西方货币金融理论研究：进展与述评（修订版）》将对货币与经济的关系、货币供求与均衡、利息与利率、储蓄与投资、通货膨胀与通货紧缩、货币政策、金融市场、金融中介、汇率与国际收支、国际货币体系、金融发展与创新、金融风险与金融监管、行为金融以及该领域新的发展趋势等方面予以较为细致的考察。

第二节

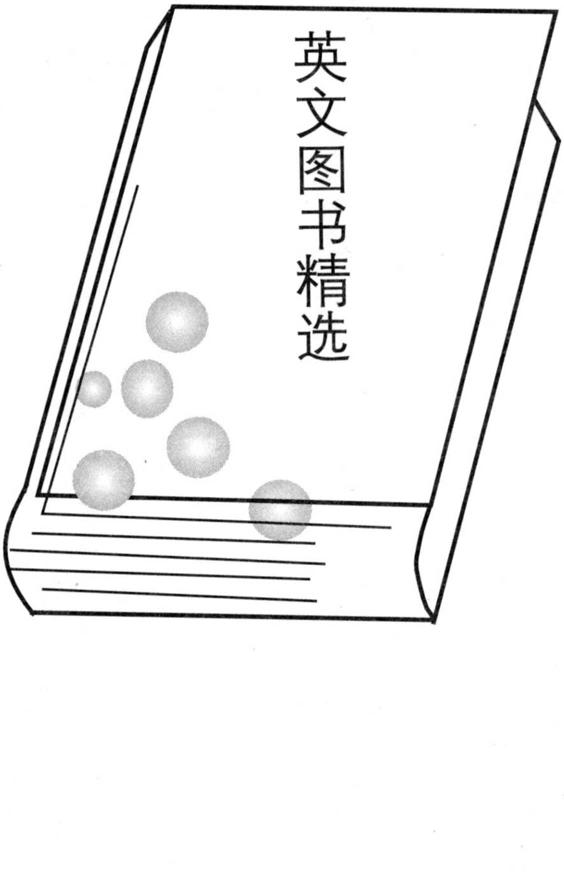

书名：《替代资产：后危机时代的投资》

《Alternative assets：Investments for a Post-Crisis World》

作者： Guy Fraser-Sampson

出版时间： 2010 年 10 月 22 日

出版社： John Wiley Sons

内容提要： 最近的金融危机给即便是最顽固的投资者也上了一课："把所有的鸡蛋都放在一个篮子里"的理论如它听起来一般愚蠢，因而给不同类型的资产进行投资组合的必要性也不能再被忽略。随着这些理论的缺陷变得益发明显，许多投资者和投资经理都遭受重创。那些危机后的幸存者，正在寻找新的途径，重新部署其资产，并将新的兴趣转向了所谓的替代资产。但是正如古老的谚语所说，你绝不应该投资那些你并不了解的事物。这本书讲述了一些有关替代资产的知识。每章围绕一个特定类型的资产展开相关的背景知识，包括是否存在一个令人满意的测试回报水平，如果存在，在不同的方式中它是多少。

本书包括十一章内容。第一章介绍"什么是替代资产"。事实上，"替代资产"没有普遍公认的定义，甚至也没有何种类型的个别资产可以这样描述的共识。作者采用了这样的观点，即投资于除了股票与债券之外的任意资产，都将被投资者认为是可替代的。这与北美以外的主流投资者的理念相吻合。根据这本书的主旨，可视为替代资产的有房地产、能源、私募股权、对冲基金、基础设施、商品、黄金、"活跃的"货币等。

第二章主要介绍"替代资产的投资"。在传统投资者看来，任何投资风险可通过其历史回报的波动来表现，习惯上用标准差表示。从潜在意义上来说，任何资产或资产类别的"风险调整后的"回报可以由夏普比率得来，它表示超额收益与超额收益的标准差的关系。传统的投资观点往往忽略相关的程度，这两项资产将同样或不同地表现在同一时间给对方。这是一个严重的错误，因为没有低的相关性，真正的多元化是不可能实现的。

第三章介绍了"房地产"。房地产属于长期非流动资产——也许是除了黄金之外最古老的储备资产。房地产所具有的一些特性使之区别于其他资产种类，包括给予法律费用的能力、创建下属的租赁权益的能力、在许多司法管辖区的法律与公平的所有权的分离，以及与房地产的相互关系，在这些特性下，义务的执行不仅仅与个人的土地相关。

第四章介绍了"能源"。活跃的全球煤炭市场成立于 19 世纪。煤炭期货至今仍然存在，而大量的能源交易今天主要存在于石油和天然气。天然气和石油是不相关的资产，而似乎他们提供收益递增和减少波动的可能性都在一起。大多数投资者接受交易所交易基金，视为一个投资者之间提供理想的要求和实际特定市场现实的可接受的折中的结果。

第五章介绍了"私募股权"。私募股权涵盖了一系列的投资活动，其中收购是唯一的链条，大型收购（许多投资者认为构成了"私募股权"）仅仅是附属的链条。其他链条包括发展资本、成长资本、风险资本、夹层和二次投资。私募股权基金的结构通常是有限的，例如合伙制企业。因此，投资者被称为有限合伙人和经理，通常称为普通合伙人。在20世纪90年代，私募股权带来了很高的回报，持续高于其他任何资产类别。

第六章介绍了“对冲基金”。对冲基金几乎完全投资于衍生工具，或者创建衍生的品种通过卖空来暴露。对冲基金利用衍生工具没有潜在的责任，纯粹是出于投机目的。对冲基金交易通常以匹配的组或对来执行，并可能寻求利用感知异常或者是预期的经济或公司活动来定价。

第七章介绍了“基础设施”。基础设施与公共部门资产的规划、融资、建设和运营相关，例如道路、桥梁和医院的建设。基础设施项目可以分为社会的和经济的。社会性的基础设施项目可以分为教育、卫生和安全，而经济性的基础设施项目可以分为运输、通信和公用事业。基础设施投资现已分成主要的和次要的基础设施。主要的包括规划和建设阶段，次要的则与运营时期的资产相关。

第八章介绍了“商品”。商品可分为“软”和“硬”，每一种都可以进一步划分而设定在上面的表格里。请注意，这里面有一些遗漏，特别是钢铁，又被划分为一个单独的市场。测试回报提供的各项指数是由交易所交易基金投资得到的。评估时必须要小心仔细，因为不同的指数提供者都采用了不同的构成类型和方法。

第九章介绍了“黄金”。在很长的时期内，黄金可以很好地对冲通货膨胀，但是在较短的时间内，如25年左右，实际上黄金表现出了负相关的通货膨胀。虽然数据不甚确切，但各种报告显示，黄金对美元和美国股市提供下行保护。有许多不同的方式，例如黄金份额、物理所有权（其本身也可以分解）、合成所有权、间接持有，你可以任选其一进行黄金投资。

第十章介绍了“活跃的货币”。随着布雷顿森林体系下固定汇率制度的崩溃，从活跃的货币交易中赚钱的可能性也随之提高了。一些人认为，积极的货币是一个零和游戏，但这是错误的，由于至少有一半的市场参与者是商业用户，对于他们而言，赚钱并不是首要目标。有三个主要的积极的货币策略：融资套利交易势头，趋势投资以及价值投资。

第十一章介绍了“其他替代资产”。精确的定义“替代资产”本质上就是宽松的和主观的。可以认为，每一个在本章中介绍的资产类型都会被描述到。作者主要介绍其他的一些替代资产，诸如林业、宝石、艺术品、乐器、古董、葡萄酒和经典的汽车。

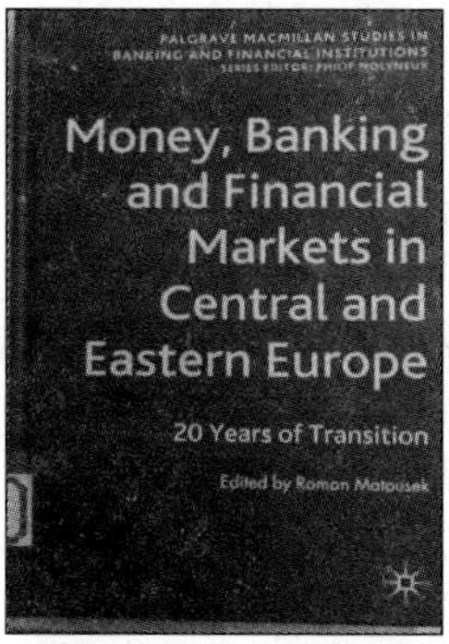

书名：《中欧和东欧的货币、银行和金融市场：20 年的转变》
《Money，Banking and Financial Markets in Central and Eastern Europe：20 Years of Transition》
作者：Roman Matousek
出版时间：2010 年
出版社：Palgrave Macmillan

内容提要：本书是在中欧与东欧 20 年的过渡之际由伦敦都市商业协会组织的一次调研的会议结果。调研主题集中于转型经济体的货币、银行和金融市场。由调研的参与者与学者撰写了本书的十一个章节。第一章为全书的导论。

第二章分析了全球金融危机在中欧与东欧以及该地区的跨国银行中的蔓延。文中指出，尽管危机前夕有着明显的漏洞，但是中东欧国家的跨国银行并没有流动性突然中断的经历。本章指出，本次中东欧国家的危机与之前新兴市场危机中观察到的某些方面颇为相似。

第三章分析了转型期国家的银行业与产品市场结构之间的关系。文中试图证实不同地理与时间域中存在这种关系。这一章表明，在转型国家，扩张的银行业对产品市场结构并无显著的作用，而在发达国家，他们之间却呈现负相关的关系。由此，文中总结了相关的政策建议。

第四章重点关注欧洲东南部。阐述了融资约束、信贷配给、融资障碍方面的问题。本章强调，融资约束是在这一地区开展业务的主要障碍。书中提供了许多国家的公司里有关融资约束、信贷配给和融资障碍的新案例。基于这些发现，派生出了许多旨在减少小企业的融资约束的政策。

第五章与第六章侧重介绍中欧与东欧的股票市场。第五章分析了一个非常有趣的课题，即捷克共和国、匈牙利、波兰和斯洛伐克的股票市场的效率、持久性与可预测性。

第六章研究了这些国家与中东欧国家的股票市场的融合，它们新近加入了拥有伦敦和法兰克福这样发达的股票市场的欧盟。文中表明线性协整检验可能得出误导性的结论。

第七章讨论了国家内融合对决欧盟内区域融合。结果表明，在过去的 20 年里，高速增长的中欧与东欧经济有助于实现他们与欧盟内部发达国家的生活水平温和但持续的靠拢。此外，通过测量标准差表明人均收入分化在下降，因此本章认为，在这段时间内欧盟内部国家之间也进行了融合。最后论述了在欧盟大多数的转型经济体中，国家内部的地区差异始终存在的问题。

第八章探讨了新欧盟国家与欧元区的金融整合问题。它阐述了与欧元区相比，新的五个欧盟成员国（捷克共和国、匈牙利、波兰、斯洛伐克、斯洛文尼亚）与选定的老成员国（德国、奥地利、葡萄牙、瑞典）的金融市场（货币、外汇、债券和股票市场）一体化进程。结果表明，在欧元区经济体，新欧盟成员国与旧欧盟成员国的金融市场一体化都在增加。此外，这批新的欧盟成员国远未达到均衡的一体化。

第九章考察了东欧国家的出口增长贡献。使用梅泽尔斯模型，认为出口是经济增长的引擎，并考虑了四个可选择的模式；再将数据结合起来，利用面板数据进行分析。尽管将出口作为增长引擎在理论上是可行的，但尚不清楚出口的扩张将如何影响一个国家的整体经济增长。本章所提到的四个可选择的模型，首先为巴拉萨模型（1985）。此模型中的导出变量缺乏统计学意义。所有的后续模型都承认梅泽尔斯假说。

第十章考察了中欧与东欧经济体的通货膨胀率的趋同性。各种各样的规范欧洲通货膨胀的措施是由一系列的技术进行评估。这些技术包括基于数据面板的根测试和非线性收敛的测试。结果表明：很多情况下可以出现收敛的结果，尤其是当使用时间序列分析或是面板分析的方法时，被测试的结构中会呈现一定程度的敏感性相关。此外，通过开展一系列的线性度的测试发现，非线性通货膨胀趋同是普遍存在的，包括加入欧盟的中欧与东欧的经济转型体在融入欧盟前的那段时间。

第十一章从不同的视角探讨中东欧国家的通货膨胀。在这一章，通过分析斯洛文尼亚加入欧元区前、后的菲利普斯曲线来研究通货膨胀的进程。本文作者采用了这样的假设：基本的宏观经济模型并不能反映出一个国家加入欧元区的变化。这个假说源自于：一旦一个国家采用了欧元，那么他的通货膨胀进程就会发生变化。这一章认为，由于考虑到短期因素，源于经验的证据并不强劲有力。然而，根据分析进一步认为，菲利普斯曲线将不得不被修改。由于汇率政策不再有效，为调整非对称冲击的机制也必须变动。

书名：《结构性信贷产品：信贷衍生品与合成证券》
《Structured Credit Products：Credit Derivatives and Synthetic Securitisation》
作者： Moorad Choudhry
出版时间： 2010 年 3 月 14 日
出版社： John Wiley & Sons

内容提要： 结构性信贷产品是今天增长最快的投资和风险管理机制，也是资本市场创新的焦点。这些产品的构建块是信贷衍生品，亦是金融业中广泛使用的产品。本书简明扼要地描述了主要的信贷衍生工具以及更为复杂的产品如合成债务抵押债券。

本书由三部分组成。第一部分介绍“信贷风险和信贷衍生工具”。第二部分介绍“结构性信贷产品与合成证券”。第三部分介绍“描述的文件附带光盘”。

序言讨论了 2007~2008 年发生的事件及其对结构性金融市场的冲击。

信贷风险是由于借款人不能获利而无力偿还贷款造成损失的风险。无论谁将资金借给不能视作默认无风险的借款人，都将承受一定程度的信贷风险。尽管随着资本市场的发展，信贷风险已被投资者作为一个因素而考虑，但是从 20 世纪 90 年代开始，它受到了越来越多的市场参与者的重视。这种关注使之获得了益加成熟的方法衡量与管理。信贷风险管理是本书中讨论的工具的大背景。对信贷风险衡量的理解也是必要的，所以一开始，本书将讨论信贷风险与信贷风险的度量。信贷衍生品是非常重要的工具，它可以用于管理和对冲信贷风险、贸易以及投资信贷。事实上，所有的信贷衍生品工具、金融合同，都使信贷风险处在一个特定的名义或借款实体，参考实体，并使之从一个转移到另一个。本质上，一方为参考实体购买信贷保护，而交易的另一方则出售信贷保护。在信贷衍生品合约存续期间，买房对卖方支付保费以换取信贷保护。某种条件的违约发生或是遇到重组事件，卖方同意给买方支付一定数量的预先设定种类的保护金。在第一部分，本书介绍了信贷风险和风险的度量。介绍完信贷风险的概念之后，本书详细地介绍了各种重要的信贷衍生工具的定义、种类及定价。主要的信贷衍生工具包括信用违约互换、总回报互换和信贷挂钩票据。在保护购买者和保护售卖者之间转移信贷风险敞口方面，尽管所有这些衍生工具都可以实现最终目标，但是它们之间仍然存在细微的差异。信贷挂钩票据与其他两种是完全不同的类型，就如资金支持的信贷衍生工具与非资金支持的一样。本书简要介绍了这部分内容。资产互换这类开发很早的产品，如今也被认为是信贷衍生工具，在这本书中也会介绍。

“结构性产品”用于描述各种各样的资本市场工具通用的术语。他们包括发行的债券证券化的一部分，诸如资产支持证券（ABS）和抵押贷款支持证券（MBS），这些产品初始于 20 世纪 70 年代，现已非常成熟。更近一些的产品是债务抵押债券（CDO），于 1988 年第一次交易，现在也已经发展成熟。结构性产品包括各种类型的工具，又被称为混合产品，组合了两个或两个以上的基础工具，如香草债券和利率掉期合约，或香草债券与外部应用或基准。

在第二部分，本书介绍了结构性信贷产品。这些产品结合了证券化技术与信贷衍生工具。这样，他们也是合成证券化的例子：合成因为他们复制的经济影响证券化实际上没有“真实出售”的事件，这是传统证券化的构建块。根据背景资料，本书介绍了传统的证券化，然后再深入地了解主要的合成证券产品，即合成债务抵押债券与抵押贷款支持证券的交易。这本书也考察了合成导管与分业者结构。在合成债务抵押债券的章节中，本书探讨了 2007~2008 年信贷和流动性危机对这些产品的影响。

本书的最后一部分介绍并描述了文件附带光盘。这些文件涵盖了三组数据：微软的 PowerPoint 幻灯片的教具（PDF 格式），其覆盖了信贷衍生品与合成结构性信贷产品的课程，例如惠誉对债务抵押债券交易评级的报道，一种许可的惠誉国际评级，以及有关信用违约互换和债务抵押债券定价的各种微软 Excel 文件和债务抵押债券多样化模型。

书名：《后危机时代的风险管理：为下次危机做好准备》
《Post-Crisis Risk Management：Bracing for the Next Perfect Storm》
作者： Tsuyoshi Oyama
出版时间： 2010 年 2 月 7 日
出版社： John Wiley & Sons

内容提要： 从金融危机爆发至今已经有几年的时间了。一些人称这场危机是第二次世界大战以来最糟糕的事情，而很快他们就改口称其是过去 100 年来最糟糕的事情。这场危机为人们提供了各种政策需要克服的挑战。挑战并不局限于宏观审慎政策领域，或是如何应对金融泡沫，其中也包括对于私人银行的风险管理。同时，此次危机也迫使我们重新思考如何设计一个监管体系，使之对包括非银行金融机构在内的所有金融机构都能进行有效的监管。这本书着眼于介绍单个金融机构在管理方面所面临的挑战，监管机构如何设计金融系统的挑战以及实现宏观审慎监管。

本书共分为七个章节。第一章综述了当下金融危机的发展，即他是如何由一个局部的、非银行市场的金融事件演变为全球性的金融危机。本章还指出了当前的金融危机与 20 世纪 90 年代日本银行危机之间的共性，即二者的起因皆是长期作为经济增长引擎的宏观经济系统出现了问题。

第二章从以下几个方面提出了当下金融危机的一幅整体图景：①金融泡沫产生与破裂的原因；②金融泡沫长期扩张的原因；③泡沫破裂的影响如何被放大。

第三章介绍了国际组织、监管机构、银行在金融危机的余波中的建议与政策。本章指出，然而大多数的建议实际上是早已熟知的、金融机构的基本风险管理要解决的问题。

第四章讨论了为什么在过去的危机中早已重复多次的相同建议，仍然无济于事。本章提出了四个原因，其中前三个围绕金融机构在达成风险共识方面的困难，最后一个围绕激励兼容的问题，即金融机构没有充足的动力去防御这些风险。这四个原因如下：①金融机构风险管理的核心部分更类似一种“艺术”，很难用一种精确的方式表达。这种方法也确实有其局限，不恰当地使用风险管理技术，如风险价值（VAR）和压力测试，将导致银行的主要利益相关者未能准确捕捉金融机构所面临的核心风险。②监管当局并没有明确地传达出金融机构资本充足率的压力程度。而有关银行与监管者之间在极端的压力下如何分摊损失未能达成共识，使情况进一步恶化。③在危机中，金融机构与监管当局往往不深入分析危机产生的深层次原因。他们引入的应对措施仅试图避免相同事件的再次发生，而非学习各种危机背后的共同机制以此避免下一次危机的发生。④当前的金融系统缺乏有效的激励机制来阻止金融泡沫的产生，只要一些金融机构有巨大的外部效应，它们就可能引发系统风险。因此，当前金融系统的设计应该发生重大的变化，来阻止金融泡沫的产生与随之而来的金融危机。

基于第四章与第五章的结论将制定一些政策建议，包括试图终止当前恶性循环的宏观审慎政策，紧随监管套利进行监管改进和在多变的外部环境下进行风险识别与管理的微观监管政策。这些微观监管政策实际上构成了银行与监管者据宏观政策达成一致所需要的基础。宏观审慎政策由以下因素组成：①对于压力的程度使用客观的标准，以此明确银行与监管机构在极端压力下各自分担的负担，从而最小化银行与监管机构的道德风险。②引入具有前瞻性的宏观审慎政策来平缓周期性的影响。同时，微观监管政策由以下因素组成：①建立压力评价技术以支持实施微观监管政策，比如引入新的尺度来衡量压力的程度，采取措施增强对特定场景进行压力测试的稳健度，或引入技术使风险量化。②引入银行高级经理的报酬体系，以此鼓励他们实施一个长期的战略。

第六章主要探讨亚洲的监管机构与银行应该如何积极地从当前的金融危机中吸取教训，并且增强他们在世界舞台上的活跃度。本章首先探讨了在应对本次危机中亚洲政党发挥次要作用的原因，这是因为本次金融危机是由于美国与欧洲的金融机构缺乏良好规划的战略而引发的。接下来这一章对于区域监管部门的政策协调做出了建议，以便亚洲各国在建立一个新的全球银行业监管标准中能获得先机。

第七章对之前各章节讨论的问题作了一个简要的总结。对于监管机构与金融机构建立一个新的风险管理框架的问题，作者也提出了一个通常的思路，例如与二氧化碳定价的案例一样，压力定价中也需要引入公共元素。

书名：《金融业的未来：私募股权和风险投资将如何影响全球经济》

《The Future of Finance：How Private Equity and Venture Capital Will Shape the Global Economy》

作者：Dan Schwartz

出版时间：2010 年 2 月 4 日

出版社：John Wiley & Sons

内容提要：本书介绍了私募股权和风险投资在全球金融领域中发挥的作用。它反映了来自世界各地超过 90 个行业的领袖的观点。书中探讨了一些触发全球经济低迷的大事件：从没有规则到没有信用，没有交易，最终不复存在。书中也强调了未来的关键问题，包括提出政府监管、继承和全球化。作者对于未来的机遇有着深刻的洞察力：不良和二次发行的私募股权，数字媒体和替代能源类的风险投资以及提议的新企业标准。作者的本意并非吹捧而是要仔细解释并审视该行业的过去和未来。如果未来与当下截然不同，那么做生意的方法也该重新检验。

本书分为八个章节：第一章表明这个世界的一切都在变化，明天将与今天不同。

第二章是关于私募股权与风险资本的一个引言。它提出了一个问题，“私募股权的目的是什么？”

第三章探讨了影响私募股权与风险投资运作方式的宏观/经济力量。经济学家、普通合伙人和有限合伙人表达了他们的观点。这一章还讨论了中央银行、主权财富基金与有限合伙人。经济危机发生后，市场可能会更加关注一些有关一般合伙人及其客户之间的协议的根本变化。本章还探讨了风险投资的机遇与挑战。企业的焦点大多集中于硅谷和中国，尽管重要的市场在澳大利亚、印度与欧洲。

第四章通过查看排行榜的方式调查当今私募股权与风险投资的情况。尽管他们只抓住了一个小的市场细分，但这也许是最好的方式。

第五章通过世界市场的环境来了解私募股权与风险投资，它涵盖了美国、欧洲、亚洲国家（包括澳大利亚），并且探讨了合资企业的机遇与挑战。其重点放在硅谷与中国，还附带了解了欧洲的情况。如果私募股权需要重新调整与重新思考其内部机制，那么风险投资将看到一个完全不同的组织模型。

第六章涵盖了工业问题，诸如税收、监管和内部问题。国际问题涉及公众持股的合伙制公司、继承、公开的私募股权、业务模型以及风险投资与私募股权之间的分歧，然后介绍了风险投资公司必须解决的问题。

第七章介绍有关私募股权与风险投资模型的新发展。本章还讨论了私募股权的投资机遇以及他的合作伙伴——养老基金、捐赠基金和富豪。他还着眼于二级市场的机遇与新兴市场的风险资本投资。本书作者也有清醒的认识：无论私募股权与风险资本怎样投资，在现有的条件下，他们采用的新技术与节能设备不可能产自美国与欧洲。如果美国与欧洲投入更多的资金进行开发与研究，这种状况或许会好转。但是这种潜在的趋势很难改变：亚洲的成本、人口和金融投资将会使之日益成为全球制造业与消费中心。美国与欧洲将坚持自己的立场，但是未来的经济增长将缩小到某些特定的部门，政府将面临如何处理结构性失业的问题。

第八章提出了一个新的公司治理模式。如果私募股权与风险投资提供的路径优于目前的大公司，那将对西方企业文化产生什么样的影响呢？对于更加传统的亚洲与欧洲的公司又将如何？难道我们需要激励推动机制和员工持股机制，而非传统的企业金字塔结构——一个全能的 CEO、被动的董事会与分散的股东？答案无疑是肯定的。但无人知晓这一切是否会发生以及何时发生。

这并非一本堆砌案例的书，抑或教条地宣扬“如何”或“怎样”。他也不是单纯的社会评论。本书凸显了金融领域的一个重要的组成。作者意图在全球范围内思考世界经济与金融环境，提出未来可能发生什么，并在未来可能发生的诸多变化下勾勒出一幅私募股权与风险资本的蓝图。

书名：《金融的未来：银行和投资的新模式》
《The Future of Finance：A New Model for Banking and Investment》
作者： Moorad Choudhry　Gino Landuyt
出版时间： 2010 年 11 月 19 日
出版社： John Wiley & Sons

内容提要： 金融市场的衰退、繁荣总是周而复始地进行。但是，在过去十年中，金融市场结构和行为本身为经济的崩溃和大量投资者信心丧失创造了条件。而最近发生的事件再次呼吁需要一种范式改变投资行为和银行模式。另外，从危机中得到的教训还有："了解自己的风险"在资本市场中进行资金运作时极为重要。这本书超越了头条新闻和媒体的炒作，提出了导致 2007 年的大崩溃和 2008 年银行业危机的详尽的原因以及这些因素之间的相互作用。

这本书包含两个部分。第一部分包括六个章节，主要介绍了针对金融业崩盘的回顾。第二部分包括三个章节，主要介绍了银行以及投资的新模式。第一章是关于"全球化，新兴市场和储蓄过剩"。本章简要介绍了全球化的概念、一系列新兴市场危机，以及人为的低汇率。最后，对全球经济失衡问题提出了一些建议和解决方案。

第二章是有关"衍生工具和系统性风险的崛起"。随着全球化的发展，使用金融衍生工具合约的指数也随之增长。然而，衍生金融工具的使用并不局限于公司及其商业目的。使用衍生工具的指数增加已经导致整个体系的系统性风险，例如最近银行业的崩溃。本章还提供有关如何防止使用衍生工具所导致系统性风险的建议，以及如何确保更大的透明度。

第三章是"大而不倒的银行、道德风险和宏观审慎监管"。文中描述了与银行系统相关的风险问题，以及救助濒临破产的银行时所产生的道德风险。它还讨论了这种风险怎样可以得到减少和控制，并为从事宏观审慎监管的监管机构提出了政策建议。作者认为，最佳实践思维是采取以下措施：①要降低系统重要性银行的市场风险，应要求他们大部分的交易通过集中化结算系统进行。②需要所有银行的交易部门比零售部门持有更多的资本。③对大型银行要求较高的资本充足率和强制执行的杠杆比率。④建立稳定的跨界安排。

第四章是关于"银行业的公司治理和薪酬"。在 2007~2009 年金融危机之后，银行业的公司治理受到了严厉的批评。争论的焦点集中在银行业的薪酬，尽管失败的公司治理并不仅仅限于奖金文化。还应该考察其他相关因素，包括董事会代表的类型、董事会成员的专业知识以及投资银行的合作关系。本章不仅回顾危机形成过程中银行公司治理的过失，而且还提出了该模型的改进建议。

第五章是关于"银行资本金保障：额外的资本缓冲和反向可转换债券"。从 2007~2009 年的金融崩溃中吸取的教训之一是有足够的资本在银行的资产负债表中建立缓冲区是非常重要的，以便以完全的准备来应对经济衰退。本章将讨论如何改善银行资本管理和审查工具，反向可转换债券可以在这一过程中起到作用。

第六章是“经济理论受到攻击”，一些经济理论，如哈里·马科维茨的投资组合多样化理论和尤金·法玛的有效市场假说（EMH），是2007~2009年金融危机期间和之后的主要批评对象。本章回顾了这些批评，为本书的第二部分给管理者的建议做序幕。

第七章是关于“长期可持续投资指南”。鉴于金融崩溃似乎是经济体系的一个固有部分，银行与投资者就有必要采取措施以减轻下一次危机的影响。在第二部分（从第6章到第9章），这本书提供了关于这些步骤的建议。第七章主要介绍了关于投资组合策略的建议。文中主要讲述了政府债务和人口统计、一个新的经济环境、货币和地缘政治格局的变化以及交易所买卖基金。

第八章是关于“银行资产负债和流动性风险管理”。本章讨论了新强调的监管机构与国际清算银行的管理对银行的影响。此外，本章着眼于资产负债和流动性风险管理的基本因素，以及他的基本原则在新的监管中应如何变化。

第九章是关于“可持续银行业务模型：资本、流动性、杠杆比率”。从银行从业者的角度来看，最重要的任务是解决资金问题并让他们达成一个连贯的战略，其目的是为了在商业周期中产生可持续的回报。本章将讨论这些议题并考虑如何制定银行的战略使之可以处理后危机时代发生变化的要求。布局的内容如下：①银行商业模式。②公司治理。③流动性风险管理。④流动性资产缓冲。此外，本章为新的银行业务方式提出了相关建议。

书名：《大而不倒：华尔街和华盛顿拯救金融体系和自身的故事》

《Too Big to Fail：The Inside Story of How Wall Street and Washington Fought to Save the Financial System——And Themselves》

作者： Andrew Ross Sorkin

出版时间： 2010 年 9 月 1 日

出版社： Penguin Group

内容提要： 本书是对超过 200 个直接参与金融危机相关事件的个人进行超过 500 小时采访的结果。这些人中，有华尔街的首席执行官、董事会成员、管理层、现任和前任的美国政府官员、外国政府官员，也有银行家、律师、会计师和顾问。他们分享了金融危机中珍贵的书面文件，包括当时的笔记、电子邮件、录音带、内部简报、草案、脚本、日历、通话记录、计费时间表以及费用报告，这些文件构成了本书的基础。此外，他们还花费数小时回忆机密会议的细节。

在经济泡沫达到顶峰的 2007 年，金融部门已成为创造财富的机器，美国企业的利润率一度膨胀到 40%以上。金融产品——包括一系列复杂到许多 CEO 和董事会成员都不甚理解的新型证券——前所未有地推动了整个国家的经济发展。抵押贷款业是这一体系中尤为重要的组成部分，他们提供贷款，这些贷款又成为华尔街创造金融资产、打包和在全球范围内再出售这些资产的原材料。

华尔街创造了巨大的利润，打造了自 20 世纪 80 年代以来的财富神话。在 2007 年全部利润中，金融行业取得了令人震惊的 530 亿美元。其中，华尔街五大经纪商之首的高盛取得了 200 亿美元，这意味着当年其每一个员工的收入为 661000 美元。公司的首席执行官劳埃德·布兰克费恩更是将 6800 万美元收入囊中。

然而，金融巨头们认为，他们创造的不仅仅是利润而已，他们充满自信地认为发明了一种可以出口到全球的新型金融模式。正如花旗集团的建筑师桑迪·韦尔 2007 年所说："整个世界都开始向美国式的自由化企业和资本市场趋近。没有美国模式的金融机构以便向自由企业体系转换仿佛成为了一件羞耻的事情。"

但是，正当这些大经纪商忙于向世界宣扬他们的价值，创造令人炫目的财富的时候，却渐渐用巨额的债务支撑起自己的赌注。当时，华尔街企业的资本负债率甚至达到了32∶1。

华尔街的模型看似良好地运行着，并成倍地复制收益。但是，当他们轰然倒塌时，结果是灾难性的。

2007 年，经济的裂缝开始显现。但是，很多人还执着地认为次级贷款对几家抵押贷款公司之外的人们威胁甚小，甚至美联储主席伯南克在 2007 年 3 月之前也曾表示次贷市场的问题对于宏观经济和金融市场的影响似乎是可控的。然而，2007 年 8 月，2 万亿美元的次级抵押贷款市场崩溃，危机开始向全世界蔓延。

本书并非侧重理论，而是侧重于事件背后真实的个人——在 2008 年 3 月 17 日之后风云突变的几个月，当 JP 摩根同意收购贝尔斯登，美国政府最终决定有必要进行民族经济史上最大规模的宏观干预之时的表现，这些人遍及纽约、华盛顿以及海外，包括办公室里、家中以及少数掌握着经济命脉的领导者。

本书是对美国金融模式失败的记述——这次失败使整个世界都屈服，也促使我们开始思考资本主义的本质。归根结底，危机是一场由人上演的舞台剧，他告诉我们，当人们自信自己大而不倒时，事实往往并非如此。

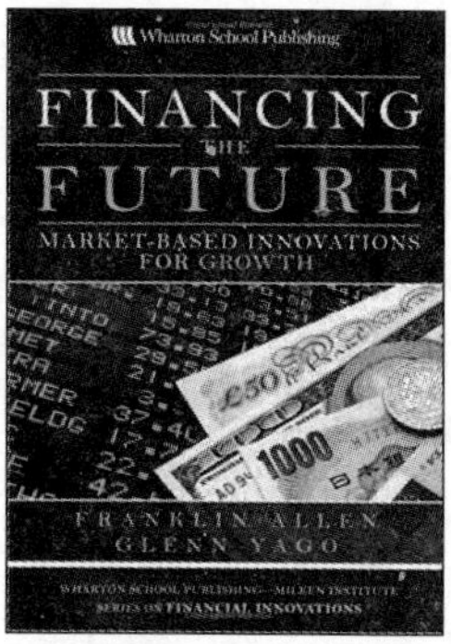

书名：《融资未来：以市场为基础、以增长为目的的创新》
《Financing the Future: Market-Based Innovations for Growth》

作者：Franklin Allen，Glenn Yago

出版时间：2010 年 4 月 8 日

出版社：Pearson Prentice Hall

内容提要：“我们需要学会透过噪声，重新定义金融创新的概念。”

这是一场彻底的金融风暴——2007 年，一系列极端事件撼动了世界金融体系，带来了远远超过各国央行、金融专家和政策制定者想象的危机。在短短一年的时间内，国际股市的下跌造成了数万亿美元的财富损失。在房地产市场崩溃和随之而来的“大萧条”初期，养老金体系脆弱，家庭资产负债表恶化。

对华尔街的恐惧和厌恶再次扩散开来。在危机中，分析真正有用的创新难能可贵，但这种分析少之又少。

金融创新是创造增加定价透明度、提升生产企业资本构成的新型金融工具的动力。在经济泡沫的时期，这种创新的传统却被用来编制了一场场阴谋，以增加资产定价的不透明度。

本书的目的在于透过市场噪声重新定义金融创新的概念。纵观历史，金融进步扩大了机会，增进了民主，但是其潜在的能量在今天仍然有待发掘。如果利用恰当的金融工具，金融创新将帮助我们构建一个可持续的、繁荣的未来。

为了全面把握现代金融的存在基础，有必要对金融发展进程中每一个关键萌芽进行研究——不管是 3000 多年前初次运用信贷的亚述、巴比伦河、埃及还是 14 世纪汇票的引入。

金融创新不仅推开了土地、房屋和商业产权扩张的大门，通过前人难以想象的方式促进了繁荣，更找到了计量无形资产的方式。这种将思想转变为新产业的能力加快了改变的进程。

金融的目的在于创造一种可以统一企业（无论是私有企业、公有企业、政府还是非营利团体）内各方利益的资本结构。通过设计资本结构，企业筹措资产，并通过杠杆将它们变为更大的生产力。资本结构是公司、家庭、企业和项目通过债券、股权或混合金融工具配置负债的方式。这些运营和投资决定影响一切产品和服务的价值。现金流之于企业，就像氧气之于人一样重要。他需要在债权人、股东和职工等相关利益主体之间恰当分配。资本结构意味着如何分配现金流蛋糕，以及能否使其得到增长。

当然，金融不仅仅是一种配置资本的方式。如果使用恰当，它会将思想变成技术、产业和工作，从而具有推动社会、经济和环境变革的力量。

对我们而言克服市场中现存的缺陷以达到健全既是挑战，更是机遇。如果我们通过金融的透镜仔细分析一系列全球性问题——金融危机、环境恶化、全球性饥荒、冲突后的重建、房屋和疾病——我们将能理解和解决这些问题。

1997 年诺贝尔经济学奖得主迈伦·S.斯科尔斯曾评价本书："阿伦和亚戈在解释金融创新的发展演进中，清楚地表明了理论和实践相互作用的重要性。"斯坦福大学商学院金融学荣誉教授弗兰克·E.巴克说道："尽管在近期经济危机中金融创新的作用更多地显示为负面，但是，运用恰当的金融创新将在解决一些全世界最棘手问题方面发挥极其重要的作用——尤其是通过带来可持续的增长和经济发展。阿伦和亚戈极具说服力的分析拨开了当前金融业的黑暗，揭示出创造力将怎样带来巨大的正面效应。"

书名：《余震：美国未来的经济》

《Aftershock: The Next Economy and America's Future》

作者： Robert B. Reich

出版时间： 2010 年 9 月 21 日

出版社： Alfred A. Knopf

内容提要：“私人利益滋生矛盾的时代……以不满、批评、抗议等暗流涌动为特征。部分人在贪婪的种族中落在后面……曾被忽视的问题日益突出，威胁变得无力……一个危险的问题产生了——有些问题在规模和威胁中放大，并超出市场的无形之手——最后通向一个新的政治时代。”（阿瑟·M.施莱辛格，《美国历史上的周期》）

美国 2008 年的经济危机几乎遍布华尔街的每个角落。本书作者罗伯特·莱奇曾就职于美国三个行政机关，最近的一个职位是克林顿总统时期的劳工局局长。在本书中，他将此次经济危机命名为“余震”。与其他研究不同的是，他认为，真正的问题是结构性的：有越来越多的财富集中于顶端，中产阶级美国人却在挣扎着维持体面的生活标准。

美国现代资本主义的三个阶段证实了莱奇的预言。第一阶段（1870~1929 年）是收入持续增长和财富逐渐集中的阶段。第二阶段（1947~1975 年）是以共同富裕为特征的阶段。第三阶段（1980~2010 年）是一个财富加速集中的阶段。莱奇认为，在即将到来的第四阶段，美国将实现全面繁荣。但我们现在知道，他关于国家快速复苏的假设被证明是错误的。

本书中，莱奇着重刻画了马瑞利·埃克斯——这位大萧条期间的商界大亨。埃克斯在 1934~1948 年掌管美联储，华盛顿宪法大道上的恩科斯大厦就是对他的悼念。

在大繁荣时期（1947~1975 年），几乎所有想要找工作的人都能找到工作，并且这些工作不是有着高工资就是至少有上涨趋势的工资。美国政府为中产阶级创造条件，以充分分享国家的繁荣。

莱奇说道，美国人开发了三个应对机制，以打击越来越多的财富集中，但在今天这是无效的。他们分别是：

（1）女人转向赚钱的工作。在 20 世纪 70 年代后期开始，妇女开始工作，以补充家庭收入，来弥补男性挣来的停滞或下降的工资。在今天，当聘请外界的帮助或托儿所的费用超过了额外收入的明显的好处时，也出现了收益递减的苗头。

（2）所有人工作更长的时间。越来越多的人有两份或三份工作，每一个都需较长时间。现在，即使他们可以找到更多的工作，但他们也没有更多的时间。

（3）把存款全部花光并且借款借到极致。在大繁荣时期，美国中产阶级储蓄了自己大约 9%的税后收入。在 2008 年下滑至 2.6%。到 2008 年，一般的美国家庭都会拖欠其税后收入的 138%。中产阶级消费者将举借巨额债务作为最后手段。平均工资已经停止增长，中产阶级在总收入中的比例也已萎缩。

“大萧条”从 2007 年 12 月正式开始，促使政府出台建立经济新秩序的政策。社会保险、改善国家的基础设施、学校、公立大学和其他措施创造了一个更加安全、繁荣和富有生产力的美国。大的经济衰退已经没有新的经济秩序。

莱奇指出，“从技术上讲，大的经济衰退已经结束，但他的余震才刚刚开始。工作随着时间的推移将回复原有水平，但他们只能提供比美国人过去所习惯的较低的工资。”

海外美国人就业机会的全球化和外包往往被要求为国家的高失业率负责。但是，这些因素并不能描述整个故事的全貌。自动化也是关键，因为许多服务性工作，包括银行柜员和电话运营商现在已经消失。

如果美国的经济系统显现出倾向于富人的情况，美国人民将变得更加愤怒。在他们所关注的事务中，有华尔街的金融救市，还有富人为了他们的利益而提供的巨额的政治竞选捐款，以及为特权阶级的儿童提供的精英教育的机会。

作者提出了九种主要的解决方案，以帮助恢复美国中产阶级的基本利益。

他认为，当我们适应了日益增长的全球化的痛楚，我们的国家将确实进入充满挑战的时代。尽管住房止赎、持续的高失业率、低收益、更差的经济安全、日益扩大的不平等和华尔街的薪酬飙升，但作者最后还是持一个乐观的态度。

他强调，“我相信我们将选择改革，因为我们是一个明智的国家，改革是我们唯一明智的选择”。

书名：《膨胀：钱和债如何建立美国梦》
《Inflated: How Money and Debt Built the American Dream》
作者：R. Christopher Whalen
出版时间：2010 年 12 月 8 日
出版社：John Wiley & Sons，Inc

内容提要：总体来说，美国人在谈及钱的话题时，往往认为自己是审慎和清醒的，这反映出最早的欧洲殖民者的清教徒本性。然而，我们也似乎相信我们有以超越目前收入的方式生活的权利。

这种倾向最早可追溯至美国建国之初，尤其是从 19 世纪 40 年代的"淘金热"到 21 世纪初期的房地产泡沫之间快速致富的经历。

本书研究了美国超过 200 年的政治和货币政策，并试图探讨两者之间的冲突。它提出，想要美国人心甘情愿地过"紧缩"的生活是不现实的。本书简略和直接地将美国的通货膨胀和公共债务描述成历史悠久的甚至是乐于接受的生存方式，而并非政策制定者时常承诺的"一天就能克服的缺陷"。

本书的主要内容包括：

（1）淘金热和及时行乐之梦怎样取代辛勤工作和储蓄成为民族的理想？

（2）国会的赤字支出多大程度上是亚伯拉罕·林肯在任时第一版货币法（赋予联邦政府控制货币发行的权利）的直接产物？

（3）1893 年金融危机如何导致了联邦储备体系的建立，并最终证实了托马斯·杰斐逊和安德鲁·杰克逊的观点——中央银行将与民主和人权背道而驰？

（4）19 世纪 90 年代投资信托基金的兴起及其如何成为对冲基金和复杂的金融衍生品的前身？

（5）"二战"后美元的世界货币地位如何鼓励国民即时满足自身需求的趋势？

（6）为什么 1900 年的金本位法案是美国健全货币的标志？

（7）为什么理查德·尼克松 1971 年终止美元—黄金兑换的决定导致了后来几十年的高通胀和高债务？

不管是 19 世纪初期的征服边疆、大萧条时期的与贫困抗争，还是在 21 世纪救助"大而不倒"的私人公司，预支未来已经成为美国社会的核心趋势。本书试图在市场崩溃的危机之后，研究美国人"入不敷出"的漫长历史，并自问：当世界其他国家拒绝对他国借贷时，美国这个自力更生的民族是否能接受财政紧缩？

本书通过对话当今世界顶级金融业领导者和内幕者，试图预测美联储未来的角色，以及分析美元币值走势和未来美国国民的真实收入变迁。

从目前的形势我们已经逐渐看出，通货膨胀已然开始，美元也正经历着贬值。本书分析了其原因及应对方法。

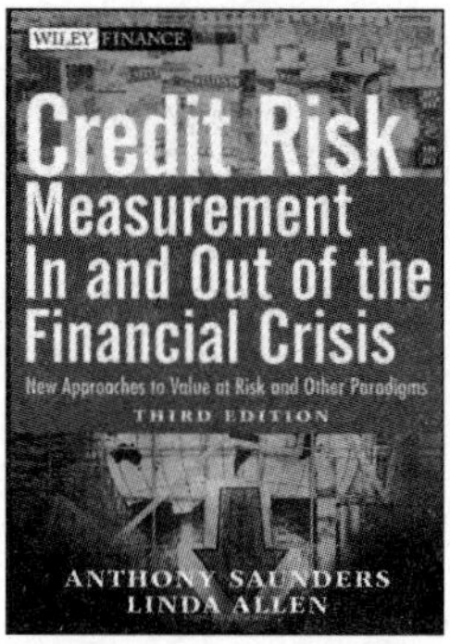

书名：《金融危机内外的信用风险度量：度量风险价值的新途径和其他范式》

《Credit Risk Measurement in and out of the Financial Crisis：New Approaches to Value at Risk and Other Paradigms》

作者：Anthony Saunders and Linda Allen

出版时间：2010 年 3 月 3 日

出版社：John Wiley & Sons，Inc

内容提要：本书意在建立衡量信贷风险的定量模型。2007 年信贷危机的阴影仍然挥之不去，在这个时候，本书的出版显得尤为重要。信用风险度量模型一直以来确实有待改进，但我们不能把金融危机归咎于模型没有检测到风险，或是没有准确评估信用的工具。模型的结果与假设相伴而生，而假设又是由市场条件和激励机制驱动的。

本书的前三章对 2007~2009 年全球金融危机之前、期间以及之后等各个环节进行了详尽的分析。在这一版中（本书是第三版），作者将模型建立在前两版对经济基础背后的数学模型解释的基础之上，以便于银行家、金融专家以及学生理解其概念。作者也比较了各种模型的优点和缺点，并指出其各自的适用范围。

在第一部分（第 1~3 章）中，为了更好地了解 2007~2009 年的全球金融危机，我们介绍了泡沫和危机的概念。

第二部分提出了一些定量模型，用来估计违约概率（PD）。两个主要的建模方法是期权理论的结构模型（第 4 章）和简化模型（第 5 章）。期权理论依据公司资产市价与负债的对比，从结构方面分析了违约。简化模型从统计上将观察到的风险债券价格分解成违约风险保费。这种违约风险保费不必审查内在的因果关系就可以为信用风险事件定价。在第 6 章中，作者对上述模型以及更加传统的模型（例如，Altman 的 Z 评分和死亡率模型）进行了类比和对比，以评估它们预测的准确性。

预期违约概率的估计虽然很重要，但也仅是计算信用风险敞口所需的一个参数。第 7 章讨论了另一个关键参数的估计方法：损失补偿违约——The Loss Given Default（LGD）。第 8 章描述了投资组合的信贷风险是如何确定的。在随后的三个章节，为了说明这些参数在信贷风险评估中的作用，作者将这一系列参数结合起来。

第 9 章对风险价值（VAR）模型进行了讨论。第 10 章中介绍了压力测试（包括 2009 年 3 月美国政府对 19 家系统性金融机构进行的压力测试）。第 11 章介绍了风险调整后的资本回报率（RAROC）模型，该模型可用于公司内部的资本分配，甚至薪酬水平的确定。

第三部分涉及的是信贷风险的转移机制。在第 12 章中，作者描述和分析了信用违约互换（CDS）和资产抵押证券（ABS）。第 13 章介绍了资本监管，着重阐述巴塞尔新资本协议的风险资本要求和改革建议。

书名：《公司治理：理论、研究与实践》
《Corporate Governance：A Synthesis of Theory，Research，and Practice》
作者：H. Kent Baker and Ronald Anderson
出版时间：2010 年 10 月 4 日
出版社：John Wiley & Sons，Inc

内容提要：本书详细阐述了公司治理在当今商业世界中的重要性。

21 世纪初，当一系列公司由于管理上的欺诈、失当或疏忽行为蒙受股东财富的巨大损失时，公司治理的重要性大大地显现出来。

本书全方位审视了当今公司治理中存在的问题，着重探讨管理层和股东之间的关系。比较有趣和富有创意的章节之一是亚历克斯·托德对于最佳做法的阐述。像许多人一样，托德指出，公司治理正由于问题和环境的复杂性而不堪重负。

我们都知道，一种模式不会适合所有问题，但如何能考虑到所有的变量？本书介绍了“理想公司治理”的概念，构建一个综合考虑了必要的组织、必要的可变性和适应能力参数的框架，将有助于诊断现行做法、设计最佳方案。一般来说，每一个层次的管理人员都需要比他们的下属看得更长远。同样地，董事会的集体认知能力应该超越首席执行官，看到之后的 25 年，而不是仅仅 5 年。

必要的可变性旨在将需要消除不稳定性的选择数量降至最低。应用网络化治理的自治系统是一个可行的方案，需要纳入的内容可能包括咨询顾问、雇员集、客户和能快速反馈股东利益的供应商集。

适应能力即可以在动态非平衡状态中平衡这些系统，这可能涉及赋予股东一系列的投票权。

托德还讨论了一个事实，即不同的治理措施最好应用于不同阶段。寻求高估值的战略需要在投资者之中建立信任，而幼稚期公司更偏好扩大收入，因而通常有更多的管理控制。接着，他将 AGG 的框架与经合组织和 NACD 原则进行了比较。

作为金融的罗伯特·科尔布书系的一部分，本书全面地阐述了股东和经理人的关系，并探讨了当前的公司治理机制在缓和委托代理冲突方面的作用。本书还就公司治理的未来发展方向提出了颇有价值的建议及预测。

书名：《银行和保险公司资本管理》

《Bank and insurance capital management》

作者： Frans De Weert

出版时间： 2010 年

出版社： John Wiley & Sons，Inc

内容提要： 本书旨在为银行和保险公司的资本管理提供一个系统的视角。我们选择了一种系统的方法，因为这种方法对于从各个角度理解资本管理而言是必需的。在思考如何管理资本之前，我们首先要熟悉金融机构的账目和资产负债表。其次，我们也需要知道操作的界限，这些界限是由监管、会计和内部风险度量综合决定的。再次，我们需要知道如何匹配风险和资本管理。最后，理解企业财务的资本管理也是十分重要的。因此，本书将从四个不同的角度介绍金融机构的资本管理，而这也是本书的四个部分。

第一部分：会计角度。会计被视为资本管理的精髓。几乎所有资本的管理理念和活动都以某种方式涉及会计。

第二部分：监管角度。在金融部门中监管被视为资本管理的一个至关重要的组成部分。由于资本监管有明确的企业理念，所以了解监管有利于更好地了解企业融资方面的资本管理。

第三部分：风险和资本管理角度。如果资本结构一定，在优化资本回报率时，风险和资本管理就显得尤为重要。

第四部分：企业融资角度。在确定债务资本的最佳水平时，企业融资是优化资本结构进而实现最低资本成本的核心。除此之外，还有其他角度，如评级机构的角度，但这些已经超出了本书的内容。通过掌握这四个方面，读者能够理解资本管理如何能够实现其两个主要目标：①优化资本结构以达到最佳的资本成本；②如果给予一定的资本结构，他能优化绩效使金融机构达到最佳的资本回报率。

我们只有理解资本管理的不同角度才能真正实现这些目标。此外，我们也要能够将技术具体地应用到不同的资本管理角度。但是，粗略了解不同的资本管理角度是不够的。本书总结了如何实现资本管理的两个主要目标。虽然这本书提供了必要的资本管理的战略和战术，但实际执行只能在实践中掌握。然而，任何想要了解资本管理和想通过资本管理创造价值的人应该都熟悉本书的内容。

对于金融机构而言，资本管理比简单的优化加权平均资本成本更为重要。这经常被忽略和误解，因此，高级管理人员、股东和不熟悉金融机构资本管理的监事往往面临着意想不到的惊喜。

本书集中讨论银行和保险公司资本管理的原因是二者有着明显的相似之处，并且能够相互借鉴。此外，银行和保险公司相互联系，他们的商业模式和出售的产品相继收敛。最后，银行和保险公司的投资者基础是相似的。

本书是为资本管理从业者、银行的高级管理人员、经济学家以及商学院的学生编写的。他为读者提供了一个资本管理的概观。尽管调控通常有一个明确的企业理念，但是，第二部分中的调控绝不应被视为枯燥的，实际上他完整地解释了资本管理的核心。

书名：《交易对手信用风险：全球金融市场面临的新挑战》
《Counterparty Credit Risk：The New Challenge for Global Financial Markets》
作者： Jon Gregory
出版时间： 2010 年
出版社： John Wiley & Sons，Inc

内容提要： 本书全面介绍了交易对手风险各相关领域，以作为从业人员应对相关话题的指导。近年来金融风险管理趋向于量化研究，我们也必须认识到过分依赖于模型和量化方法的危险性。在本书中将量化研究的相关内容作为附录供读者参考，为此我们致力于寻求可读性和研究方法之间的平衡。对于没有任何量化研究背景的读者，本书的主体部分也是可读性很强，如果读者希望通过理解相关基础性的数理方法并更加深入细节，则可以参阅附件内容。本书还配备了一些案例供读者下载。

本书前面两章作为铺垫：第 1 章引入背景话题并通过对比其他金融风险和概念如 VAR（风险价值）来描述交易对手信用风险。第 2 章引入交易对手风险并对其作出明确定义，解释其产品覆盖范围，构成重要的专业术语，同时也概括地讨论了很多在后面章节会详述的关键话题。

净扣和抵押可以将公司的实际风险敞口削减至总敞口的一小部分，从而大幅度降低交易对手的风险。在第 3 章我们讨论这些风险缓释工具以及终止事件，并描述风险缓释工具在助长场外衍生品市场爆发式增长时所扮演的重要角色。同时我们会提醒过分夸大风险缓释工具作用所产生的潜在风险。第 4 章专注于讨论如何量化信用风险，并描述相关的方法、模型和系统要求。第 5 章紧接着讨论抵押品协议对量化信用风险敞口的影响。随着抵押越来越重要和普遍，充分理解抵押品协议对未来的信用风险敞口影响程度也显得至关重要。

第 6 章针对那些对信用风险和信用衍生品较为陌生的读者做一些相关的介绍，接着讨论信用衍生品市场更加复杂的领域作为后面章节的铺垫。

近来银行和其他金融机构一直颇为热衷于动态地对其交易对手风险进行定价，从而在产品发起时就可以公允地计提所有未来的交易对手风险损失。第 7 章讨论在计算 CVA（信用估值调整）时所遇到的难题，CVA 是用来对交易对手信用风险进行定价的一种方法，并且在定价时将所有风险缓释都纳入到模型中。尽管第 7 章是最复杂的一章，但在附录的数学公式的辅助下，即使不是技术导向型的读者也应该可以理解。

第 8 章继续讨论 CVA，但会引入更多的复杂因子如错向风险。错向风险会引起 CVA 大幅度上升，同时我们具体分析一些相关案例，比如利率风险、外汇风险和大宗商品合约。

不仅因为金融机构需要对交易对手风险进行合理的估值，会计监管的准则也推动 CVA 的应用。这些会计准则要求对衍生品敞口的交易对手风险进行公允价值估值。既然 CVA 是由市场隐含参数推理而得出，那么对于大多数公司来说通过对冲或至少限制部分参数敏感性显得尤为重要，比如信用风险价差（Credit Spreads）。如果不能做这样的对冲，会导致 CVA 的数字大幅波动并可能因交易对手风险带来巨大的逐日盯市损失。第 9 章介绍一些对冲的话题，并侧重于一些大银行惯用的实战策略，而非那些无法付诸实施的理论。

资产组合信用风险和相关经济资本概念在过去 10 年一直是非常重要的话题。在第 10 章我们引入交易对手风险组合的概念，并从两种资产组合案例（或有信用风险呼唤 CCDS）扩展至多资产组合案例（非预期损失和经济资本相关）。我们接着在一个信用风险组合框架下讨论对随机风险暴露的处理。第 11 章讨论组合交易对手风险的监管方面（主要与巴塞尔Ⅱ相关），主要涉及一些概念如处理对冲交易对手风险时的双违约规则和巴塞尔Ⅱ内部评级法（IRB）下衍生品风险敞口的处理。

第 12 章谈到在金融机构如何管理交易对手风险的问题，尤其是考虑到责任分工、组织结构、公司内部定价机制和相关的公司全面风险管理。

第 13 章在一个历史背景下阐述违约隔离 3A 级交易对手的概念，这些概念是基于很多假设性前提，并带有重大缺陷，因此事实上不过是交易对手风险的黑洞而已。第 14 章讨论了中央交易对手为降低金融市场交易对手风险并使得未来系统性风险和重大市场紊乱最小化的最终方案。

人们对交易对手风险和相关领域比如抵押品管理、风险估值调整、错向风险、信用违约互换和中央清算一直以来饶有兴趣。因而我们在第 15 章简单介绍在未来哪些仍然适用，并将目前的一些致力于控制交易对手风险的举措融入进来，同时也探讨全球金融市场新的挑战。

书名：《金融市场泡沫和崩盘》

《Financial Market Bubbles and Crashes》

作者： Harold L. Vogel

出版时间： 2010 年

出版社： Cambridge University Press

内容提要： 人们可能会认为在金融泡沫如何形成、如何测量和比较这方面，经济学家们已经发展出了一个坚实的理论。但这并不是真实的情况，尽管已有几千篇专业文献，并且在商业出版中“泡沫”一词已经被使用了几百万次，但是，似乎仍然没有一个有凝聚力的理论或者有说服力的实证方法来研究“泡沫”和“崩盘”的条件。本书将介绍一种可行、方便的描述性理论和实证方法来分析这些金融市场状况。他通过应用一些标准计量方法来对其中心思想提出这样一个框架：金融泡沫反映紧急短边配给需求。从这个基本思想出发，我们提出了方差弹性的概念。我们支持宽松的信贷政策为泡沫提供燃料的观点，这进一步表明一种行为性的风险溢价能够被测量，并且一种和传统理论一致的方式与标准的股权风险溢价模型相关。全书共分十一章。

第一章回顾历史事件和已有理论来解释和描述泡沫和崩盘。因此，他必然触及十分广泛的题材，从审查的随机行走和效率市场假说到理性预期、行为金融、交易量的技术分析、熵、混沌理论的元素、信贷与货币，甚至是心理与货币。建立一个关于这个领域方面的知识框架，所有这些都是必需的。这样在第二章才能更容易地解释这种新开发的方法，并将其与之前的方法比较。

第二章主要告诉我们历史上的一些泡沫，如“郁金香泡沫”、“南海泡沫”、1989 年的日本泡沫等。我们可以看到，这些泡沫事件有许多共同的元素，其中，货币供应量迅速增加和储蓄率下降是最主要的相关因素。

第三章介绍随机游走理论。本章回顾并解释在过去 50 年里发展出并被广泛讨论的随机游走理论、效率市场假说理论和资本资产定价理论为何不能轻易容纳泡沫和崩盘的概念。但目的并不在于和这些理论的支持者战斗，也不是要揭穿、否认或不尊重这些理论本身，毕竟他们都极大地促进了人们对于风险和收益之间的关系的理解。

第四章介绍泡沫理论。这一章分为四个部分：理性预期、行为金融、资产泡沫和崩盘分析、权利法律和混乱的概念。

第五章主要告诉我们什么是泡沫和关于泡沫的一些新理论。

第六章以这样一种观念开始：在一个上升的市场中，股权风险溢价反向运动，但通常与股票价格的方差协整。通过计数在每个相同的 ERP 和方差的一系列数据点的变化表明至少可能知道什么时候一个泡沫是不可持续的。相反，则有可能确定泡沫成熟的条件。

第七章探讨方差弹性的变化与股权风险溢价变化之间的关系，最终的目的是通过这样的弹性特征来定义泡沫事件。

第八章的工作表明货币和信贷条件的确与泡沫的产生和发展有关系。问题是，这种关系的参数是难以实证检验的。

最后三章表明除了标准的股权风险溢价，泡沫和崩溃事件的概念还包括另外一个方面，他应该被称为行为风险溢价（BRP）。正是行为风险溢价提供了迄今未知的股权风险溢价的组成部分，这也是真实的世界贸易环境正在经历的。

书名：《全球银行监管：规则和政策》
《Global Bank Regulation：Principles and Policies》
作者： Heidi M. Schooner，Michael Taylor
出版时间： 2010 年
出版社： Academic Press

内容提要： 这本书是为了探究与国际银行制度有关的规则、政策和法律，共分为 16 个部分。

第一章主要讲述的是银行本质的变化。我们在世界范围内寻找各种各样合理的体制以试图对银行定义，然后考虑什么能够让银行屈从于这一层制度从而达到能够适应大部分的经济活动。对银行的传统定义是以存款为核心的，银行的本质包括对长期贷款的扩展，同时承诺对储蓄客户资金自由流动性的需求。当然，我们同时也要介绍超越了传统银行演变的存款方式，例如从其他银行来的贷款，或者来自资本市场的商业票据。

第二章讲述了基于银行承诺偿还存款人存款这种脆弱性的基础上所建立的银行监管标准。只有在所有的存款者不要求在同一时间履行承诺的情况下银行才能满足存款者的要求。这种内在的脆弱性为存款者热衷于挤兑创造了动力而由此形成了传统的银行监管公正体制。

第三章讨论的是银行的另一大特色。他们形成了一个内部的交互的金融义务体系，这种内在的相互体系会提高风险，就如一个银行类型的多米诺。

第四章讲述的是金融安全网，这是社会所创造出来的一个机构用来阻止第二章和第三章所说的风险的发生。金融安全网的中心是由中央银行所扮演的资本借贷的最后保卫线。此外，存款保险也起到了重要的作用，以减少存款者热衷银行挤兑的动力。

第五章是为了说明着重点的变化以及为前四章和书中的其他部分提供一个连接的桥梁。在这一章中详尽地介绍了主要的网络政策和标准设置机构，它们主要负责开发银行规章的国际标准。我们同时也可以了解到欧盟在为其成员国设置银行的主要标准所扮演的角色。

第六章是我们开始转向具体的监管要求的第一章，这一章形成了本书其他大部分章节的载体。在这一章中我们介绍了关于银行注册要求的相关国际标准以及一些主要司法管辖区如何将这些标准应用于实践中，以及观察在公司治理中如何将这些标准应用于实践和公司的治理问题在特定银行中的应用。

第七章讲述了谁拥有银行。我们将会探讨对于一家商业公司是否应当隶属于某个银行分支或被银行所拥有又或是由其他金融机构如保险公司或证券公司所拥有这类问题。

第八、第九、第十章讨论了对银行资本的规定，这是国际银行监管中最重要的部分之一。对资本的规定是一种高技术领域，而且在金融文化中是很受欢迎的主题。本书是针对非专业的人来介绍资本规定的，所以，本书着重于总体政策原则而不是试图来说明和解释复杂的金融原则。第八章回顾了银行资本的本质，讲述了以巴塞尔协议Ⅰ资本标准为基础的全球资本规定。第九章讲述的是巴塞尔协议Ⅱ中就巴塞尔协议Ⅰ中处理借贷风险的缺陷所提出的解决办法。第十章讨论了巴塞尔协议Ⅱ对其他风险的解决办法，尤其是市场运作风险。

虽然资本规定可以间接地限制银行的运作风险，在第十一章中我们将介绍这规定是如何直接影响到的。在这一章中我们将介绍关于借贷集中风险和流动性风险的相关规定，本章将详细地列出在美国和英国的相关规定，从而希望能够以此深入地了解特殊的法律规定。

第十二章讲述有关合并监管的实践。合并监管讲述了银行的跨国运作以及银行同大型集团从事非银行活动监管的挑战性。

第十三章关注的是国际上对于打击洗钱和恐怖主义融资的努力，以及这些对银行运作的影响，了解对于银行管理者来说这些问题为什么这么重要。

全球金融危机生动地展示了尽管有更严格的规定和监管，但是银行还是走向失败。在第十四章中，我们将介绍用来解决失败机构的机制以及这些机制是如何用来解决金融危机的。当然，我们也要介绍由于跨境破产所带来的特殊的挑战。

第十五章展现了关于在金融机构规定结构方面的国际争论。我们将介绍全球所采用的模型和当前在结构改革方面的趋势。

第十六章用一场对全球金融危机的讨论作为本书的总结。本章从讨论危机的起因为开头，然后更深入地了解哪个规定是罪魁祸首，接下来，本章概述了当前的改革建议。虽然了解哪些提议将会得到实施还为时尚早，但我们相信改革将致力于本书中所强调的几个方面，同时希望形成新一代的国际金融机构管理标准。

书名：《21 世纪的欧元：经济危机和金融动荡》

《The Euro in the 21st century：economic crisis and financial uproar》

作者： María Lorca-Susino

出版时间： 2010 年

出版社： Ashgate Publishing Limited

内容提要： 本书主要给我们介绍了有关欧元的一些知识，共分为九章。

第一章用新区域主义的方法来研究介绍 21 世纪已经被所谓的“世界新秩序”影响到的欧元，以及在目前形势下经济危机和金融喧嚣对新秩序的影响。另外，本章对书的其他部分内容作了总体介绍，并且介绍了本书的研究设计和方法途径。

第二章的主旨为“欧元作为一种公共货币”，具体有三个方面。首先，本章总结了最优货币区的主要原则，并阐述了这一理论的演进过程。其次，本章简明扼要地概述了引入经济货币联盟最重要的尝试，从而其评论了自 1865 年拉丁货币联盟直到德洛尔报告以及引入经济货币联盟以来所采取的各种努力。最后，分析了非洲一体化的尝试，并且与欧盟所作的尝试进行了比较。

第三章分析了欧元是否已经真正成为了一种公共货币。为了确切地总结出欧元是一种公共货币，并总结出一种影响欧元区的稳定因素，本章着重于欧元作为一个稳定因素而进行彻底、创新地定量分析，同时在外汇市场、股票市场、货币市场这三个市场中使用了大量指标。

第四章主要分析欧元是否已经成为全球性的国际货币。本章表明，欧洲货币联盟的创立引发了一个激烈的争论：自从第二次世界大战以来欧元是否对美元及其同系的货币构成威胁。欧元不得不巩固其公共货币的地位，获得国际化货币的认可，进而最终真正成为一种全球货币。

第五章阐释了在目前形势下，全球化、规模经济和协同效应推动改革现行的国际货币秩序。当前全球货币体系已锚定美元，这要归于全球化的力量。

第六章介绍了欧元区成员国的经济和货币，并且阐释了他们目前的状况。本章强调，在引入欧元之前，葡萄牙、意大利、爱尔兰和西班牙等国家在持续的金融和经济动荡的情况下，因欧元发行而逐渐恢复了经济繁荣。

第七章指出尽管欧元在其存在的第一个十年中获得了成功，但欧元区各国政府仍必须承担责任且加强努力，以协调和改革所需的经济、货币和社会政策，维持固有的经济货币联盟和欧元的强劲。本章表明，欧元区和欧盟正处在经济和财政改革的过程中，而且是最重要的结构性改革的十字路口，因此必须努力改革以避免不好的结果。

第八章证明，欧元已经成为一种固有的公共货币，因为其在一些经济领域已经成为了一种稳定因素。最重要的是，欧元有助于控制通货膨胀，稳定金融市场，并且为投资者评估市场降低一定的成本。本章的目的有两个方面：首先，本章将欧元作为一种公共货币向前迈进了一步，并提出建立一个创新的类似于美元指数的欧元指数。第二，本章试图证明这个指数是否可被视为一个强有力的引领指数。

第九章的主旨有三个方面：首先，本章总结了本书的主要结论。其次，本章阐述了本书的局限性。最后，提出了若干建议。第九章总结了本书的主要实证结果，即欧元已经成为一种成功的公共货币和国际货币。

书名：《金融兴衰：2007~2009 年全球金融危机启示录》
《Financial boom and gloom：the credit and banking crisis of 2007–2009 and beyond》
作者：Dimitris N. Chorafas
出版时间：2010 年
出版社：Palgrave Macmillan

内容提要：2007 年的次贷危机是“二战”后最大的一次金融危机。高杠杆率、新产品和越来越多的风险导致了市场超级泡沫的产生。这个泡沫在膨胀了四分之一个世纪后，现在终于破裂了。如果接受适当的监管，机构投资者是能够很好地应对这场危机的，然而，美国、英国、德国和法国的大银行在最近的 20 年里为减少监管者的渗入而不断斗争，最终置他们自己和整个经济体陷入第二次大萧条的风险之中。房屋贷款和其他抵押贷款组合在一起，这些组合起来的资产被分成了股份，在全世界银行、养老基金机构、保险公司、对冲基金机构和其他投资者中以债券的方式进行出售。没有人知道这其中蕴涵了多大的风险，也没有人关心假若事态恶化将如何处理，监管当局对此也不做任何反应。当一项有问题的抵押贷款被重新组合打包达 20~30 次并出售时，他们甚至视若无睹。美联储、美国证券交易委员会、英国金融服务监管局和其他监管机构都眼睁睁地看着这一切发生，他们错误地相信市场会自动修正这些过度行为，事实上却没有，最终引发了一场席卷全球的金融危机。本书主要研究此次金融危机产生的根本性原因，并详细论述危机中人们所获得的种种启示，全书总共分为两篇：

第一篇是信贷领域的混换与阵痛。这一部分分为三个章节对危机前的信贷领域进行了讲述，分别从信贷风险管理不善、信贷风险全球化以及美联储政策失误三个角度给读者讲解美国当时信贷方面的种种弊端，让我们对危机前的状况有一个比较深刻的认识。

第二篇是次贷危机。这是本书的核心篇幅，分为七个章节，对次贷危机做了全面而深刻的分析。这部分主要从次级抵押贷款市场和金融监管两方面来讲解危机产生的过程以及一些连锁反应。同时，还对信贷风险是如何逃脱以及为什么会逃脱风险管理控制和监管提供了一个全面而深刻的视角，对担保债务凭证（CDOs）、信用违约互换（CDSs）均做了实际而又全面的定义，对他们的商业机会、风险、清偿能力和流动性的区别也给出了清晰的解释。在资产支持商业票据、结构性投资工具、套息交易、拍卖利率证券和北岩银行案例研究等章节中，作者为了论述更具有说服力，列举了大量的案例，通过实际案例让读者对次贷危机爆发的背景、原因、过程和结果有个比较深入的了解。

最后，本书还简单介绍了次贷危机的前后政府所做的一系列补救措施，并对其效果加以评述。此外，作者也提出了自己的一些看法。

书名：《硬通货》
《Hard Money》
作者：Shayne McGuire
出版时间：2010 年 12 月 1 日
出版社：John Wiley & Sons

内容提要：当今的世界经济依然面临一系列的挑战，如高失业率、经济增长缓慢、政府财政赤字以及不稳定的市场。这些挑战在过去几十年中都未出现过，促使人们想要将个人财富转移到金融系统以外。黄金无疑是最佳的短期投资工具。

在美国、欧洲和日本，政府被迫采取强有力的措施来应对财政赤字和国家债务的增长。比如削减支出或提高税率，这将导致新一轮的衰退和金融危机。而为了摆脱这种困境，中央银行（特别是美联储）会增加货币发行量。

学习金融史的学生知道，以上提到的这种情况很有可能会导致未预期的通货膨胀发生。但经济仍需运行，所以在当下的金融环境中选择一个包含黄金的投资组合是很明智的。Shayne McGuire 是全球最大养老基金之一的研究总监，持有 5 亿美元的黄金和白银基金。在《硬通货》这本书中，McGuire 认为，对投资者来讲，最佳选择是使用一系列不同的投资工具或风险分散化的黄金投资组合。

影响黄金的五大因素包括世界主要经济体的财政危机、投资风险中的通胀风险以及黄金重新成为世界货币体系中主导金融资产的可能性。

作为一种金属，白银比黄金升值更快。关于白银、白金和钯的研究将在不同的章节中涉及。

本书研究了抑制黄金价格上升的投资工具（金银、股票、衍生物及稀有硬币）和策略（激进的、保守的、消极的及多变的），以及当金属价格下降时如何保护投资组合；探究了人们手中持有财富的重要性，这些财富也可以以传统的方式进行投资（比如硬币）；详细描述了在投资黄金和白银时怎样防止受骗，以及为什么稀有金币投资对基金经理来说有吸引力却难以操作。这本书并不是来研究金融崩溃、文明的终结或者如何在一个漫长的金融寒冬中储存食物或财产。在当前这种金融形势下，黄金和白金价格可能大幅上涨，本书便为如何应对这种金融形势提供投资策略。

书名：《国富论——经济学的经典》
《The Wealth Of Nations-The Economics Classic-A Selected Edition For The Contemporary Reader》
作者： Adam Smith
出版时间： 2010 年 9 月 1 日
出版社： Wiley

内容提要：《国富论》出版于资本主义发展初期，在英国工业革命以前，书中总结了近代初期各国资本主义发展的经验，批判吸收了当时重要的经济理论，对整个国民经济的运动过程做了系统的描述，被誉为“第一部系统的伟大的经济学著作”。该书作者亚当·斯密因此获得了政治经济学古典学派“创立者”的称号。从大约 1790 年起，亚当·斯密就成了专业人员特别是教授们的导师。

18 世纪结束以前，《国富论》就已出了九个英文版本。人们以“一鸣惊人”来形容《国富论》的出版，并一致公认亚当·斯密是一门新学科——政治经济学的创始者。亚当·斯密因此而声名显赫，被誉为“知识渊博的苏格兰才子”。据说当时英国政府的许多要人都以当“斯密的弟子”为荣。国会进行辩论或讨论法律草案时，议员们常常征引《国富论》的文句，而且一经引证，反对者大多不再反驳。《国富论》发表之后，被译为多国文字，传到国外，一些国家制定政策时都将《国富论》的基本观点作为依据。这本书不仅流传于学术界和政界，而且一度成为不少国家社交场合的热门话题。

第四章　金融学科2010年大事记

本报告对2010年国内外重要的会议以及重大的金融事项进行了梳理和汇总，分为国内和国际两部分进行阐述。

国内部分

1. 2010年1月1日，中国—东盟自由贸易区正式启动。这是世界上人口最多的自由贸易区，是全球第三大自由贸易区，也是由发展中国家组成的最大自由贸易区。中国—东盟自由贸易区由中国和东盟10国共同组成，拥有19亿消费者、近6万亿美元国内生产总值和4.5万亿美元贸易总额。自由贸易区启动后，中国和东盟6个老成员国文莱、菲律宾、印度尼西亚、马来西亚、泰国、新加坡之间，超过90%的产品将实行零关税。中国对东盟平均关税将从9.8%降到0.1%，东盟6个老成员国对中国的平均关税将从12.8%降至0.6%。东盟4个新成员国越南、老挝、柬埔寨、缅甸，也将在2015年实现90%的产品零关税。关税壁垒的逐渐消除，为中国与东盟企业创建了更加便利的发展平台。

2. 2010年1月8日，中国证监会宣布，国务院已原则同意开展证券公司融资融券业务试点和推出股指期货品种。1月22日，中国证监会发布《关于开展证券公司融资融券业务试点工作的指导意见》，要求证券公司开展融资融券业务，按照"试点先行、逐步推开"的步骤有序进行，并于3月19日宣布了首批融资融券业务试点证券公司名单，共有国泰君安、国信、中信、光大、海通和广发6家。

3. 2010年1月10日，国务院发布了《关于促进房地产市场平稳健康发展的通知》，明确规定增加保障性住房和普通商品住房的有效供给，执行差别化信贷政策，对已利用贷款购买住房又申请第二套及以上住房贷款的首付比例不得低于40%。4月17日又发布了更为严厉的《关于坚决遏制部分城市房价过快上涨的通知》，加大抑制不合理购房需求的力度，规定首套自住房建筑面积90平方米以上的贷款首付比例不得低于30%，二套房的贷款首付比例提高到50%，且贷款利率不低于基准利率的1.1倍。要求商业银行可根据风险状况暂停发放第三套及以上住房贷款，对不能提供一年以上当地纳税证明或社会保险缴纳证明的非本地居民暂停发放购房贷款。2010年9月，有关部委出台了对房地产的"二次调控"政策，在强调对此前政策贯彻执行的基础上，明确要求住房贷款首付比例一律不得低于30%，各商业银行一律暂停发放第三套及以上住房的购房贷款。此后，陆续有16个城市出台了"限购政策"。10月20日中国人民银行调高存贷款利率，5年期以上住房贷款利率上调了0.2个百分点。11月4日住建部和外管局又出台了境外机构和个人的"限购政策”。2010年一系列房地产调控政策的实施初步遏制了房价的过快上涨，房地产调控政策初显成效。本轮房地产市场宏观调控，一改以往只注重运用土地、税收政策的历史，而是更加强调了金融手段的作用，通过信贷政策、利率政策、外资政策多管齐下，引导市场，自此奠定了金融政策作为房地产调控核心手段的地位。

4. 2010年2月11日，中国人民银行发布《2009年四季度货币政策执行报告》称，继续实施适度宽松的货币政策，保持政策的连续性和稳定性，根据新形势新情况着力提高政策的针对性和灵活性。报告指出，中国人民银行将加强流动性管理，综合运用多种货币政策工具引导货币信贷总量合理增长，2010年中国广义货币供应量（M2）增长17%左右。中国人民银行将处理好保持经济平稳较快发展、调整经济结构和管理通胀预期的关系；严格控制对“两高”（高耗能、高污染和资源性）行业、产能过剩行业以及新开工项目的贷款。同时报告指出，未来价格走势尚有不确定性，总体看价格稳定的潜在风险有所加大；未来应在充分考虑社会各方面承受能力的情况下，积极稳妥地推进资源价格改革。全球贸易摩擦加剧及刺激政策退出等会对中国外部发展环境产生重要影响。

5. 中国人民银行2月12日宣布决定，从2010年2月25日起，上调存款类金融机构人民币存款准备金率0.5个百分点。为加大对“三农”和县域经济的支持力度，农村信用社等小型金融机构暂不上调。这是自今年1月18日之后，中国人民银行第二次上调存款准备金率，至此大型金融机构存款准备金率将升至16.5%。

6. 2010年2月20日，中国银监会发布《流动资金贷款管理暂行办法》、《个人贷款管理暂行办法》。这两个办法与之前施行的《固定资产贷款管理暂行办法》和《项目融资业务指引》（并称“三个办法一个指引”，统称“贷款新规”），初步构建和完善了我国银行业金融机构的贷款业务法规框架，将作为我国银行业贷款风险监管的长期制度安排，标志着我国银行业信贷管理进入新的科学发展阶段。“三个办法一个指引”的出台，对于加强贷款业务管理、防范金融风险、规范借贷行业、明确法律责任、保护金融消费者权益都具有十分重要的意义，有助于确保银行信贷资金进入实体经济，以信贷结构优化促进经济结构调整，更好地支持经济平稳较快发展。

7. 股指期货启动仪式于4月8日在上海举行，中共中央政治局委员、上海市委书记俞正声和中国证监会主席尚福林共同启动了股指期货。中共中央政治局委员、国务院副总理王岐山发来贺词。4月16日，股指期货正式上市交易，股指期货交易的正式推出，标志着中国A股市场结束了单边市，迎来“做空”时代。股指期货是国际上成熟的金融衍生产品，流动性强、透明度高，具备价格发现、风险对冲、稳定市场等重要功能，在近30年的发展历程中，经受了历次金融危机的考验，没有出现大的系统性风险。目前，它已发展成为全球交易量最大的期货品种。

8. 博鳌亚洲论坛2010年年会于4月10日上午在海南博鳌开幕。国家副主席习近平出席开幕式并发表主旨演讲。经过3天的高层对话与讨论之后，博鳌亚洲论坛2010年年会完成了全部既定议程。本届年会主题为“绿色复苏：亚洲可持续发展的现实选择”。论坛探讨了绿色增长时代的企业经营战略与实践、经济转型中的资本市场定位、亚洲领先世界的机遇、亚洲区域金融合作的创新思路等热点话题。

9. 2010 年 4 月 22 日，银监会下发了《关于加快发展农村金融机构有关事宜的通知》。在该文件的第七条探索新型农村金融管理模式中，出现了一个引人注目的重要表述：为提高主发起人发起设立新型农村金融机构的积极性，鼓励支持主发起人推进新的管理模式规模化的推进机构重建。一是对设立 10 家（含 10 家）以上新型农村金融机构的主发起人，为减少管理成本，提高管理效益，允许其设立新型农村金融机构管理总部。二是对设立 30 家（含 30 家）以上新型农村金融机构的主发起人，允许其探索组建新型农村金融机构控股公司。三是允许西部除省会城市外的其他地区和中部老、少、边、穷等经济欠发达地区以地（市）为单位组建总分制的村镇银行总部。本办法的出台使得未来的小额信贷监管框架和法规有利于小额信贷机构的升级和转型，在金融监管和制度创新方面迈出了可喜的一步。

10. 2010 年 6 月 10 日，国务院发布《国务院关于加强地方政府融资平台公司管理有关问题的通知》，要求地方政府和相关部门在年内清查地方融资平台债务，并对融资平台公司进行清理规范。于 8 月 19 日，财政部、国家发改委、人民银行和银监会四部委又联合发布《关于贯彻〈国务院关于加强地方政府融资平台公司管理有关问题的通知〉相关事项的通知》，进一步加强地方政府融资平台公司管理。地方政府融资平台是地方政府探索投融资体制改革的产物，在统筹地方政府资源、促进当地经济较快发展过程中曾发挥了重要的作用，但也暴露出运作不规范、债务风险和潜在偿债压力过大等问题。为此，国务院及相关部委及时将加强对地方政府融资平台管理作为重要任务，对有效防范财政金融风险，保持经济持续健康发展和社会稳定有着极其重要的意义。

11. 2010 年 6 月 17 日，中国人民银行、财政部、商务部、海关总署、国家税务总局、银监会联合签署《关于扩大跨境贸易人民币结算试点有关问题的通知》，通知显示，经国务院批准，跨境贸易人民币结算的试点地区将扩大到 20 个省份，而且不再限制境外地域，以进一步发挥人民币结算对贸易和投资便利化的促进作用。8 月，中国人民银行进一步推出了跨境贸易人民币结算试点的两项配套政策：一是发布《关于境外人民币清算行等三类机构运用人民币投资银行间债券市场试点有关事宜的通知》，允许境外中央银行或货币当局、港澳人民币业务清算行和境外参加银行使用依法获得的人民币资金投资银行间债券市场；二是发布《境外机构人民币银行结算账户管理办法》，明确境外机构可申请在境内银行开立人民币银行结算账户，用于依法开展的各项跨境人民币业务。自允许境外银行参与中国银行间市场债券交易，打开了人民币投资回流的渠道后，9 月底，中国人民银行修订了《国家开发机构人民币债券发行管理暂行办法》，规定国家开发机构发行人民币债券所筹集资金可以直接购汇汇出境外使用。至此，人民币流出、境外离岸流通、使用、回流的循环路径建成。

12. 2010 年 7 月 20 日，银监会主席刘明康在第三次经济金融形势通报电视电话会议上指出“要高度重视行业信贷风险”。更为具体的要求是，严控“高耗能、高排放”、过剩产能、落后产能三类行业项目的授信，严格进行贷款风险分类，相应提足拨备，加大核销和处置工作力度，并运用差别定价、经济资本占用、提取专项拨备等工具，有效抑制对此三类行业的贷款冲动。对因违背国家政策，尽责调查不到位、违反合规、风险、信审等管理要求而形成贷款损失的，要严厉追究相关人员的责任。

13. 2010 年 7 月 27 日，中国人民银行党委书记、行长周小川就青海金融支持西部大开发及青海经济、金融发展等情况赴青海调研。周小川在座谈会上表示，国家实施西部大开发战略以来，中国人民银行为西部地区金融发展做了不少工作，针对西部省区各自不同的优势，把金融服务、金融市场发展、资本市场、保险市场与当地的特色项目结合起来，努力为西部省份提供优质的金融服务。根据青海省政府反映的关于产业政策实施及有关项目的金融服务问题，中国人民银行将进一步研究和细化相关政策，努力提供更好的服务。

14. 2010 年 8 月 5 日，中国保监会正式颁布《保险资金运用管理暂行办法》。该办法是《保险法》修订实施后，中国保监会发布的关于保险资金运用的重要基础性规章，主要内容包括深化保险资金运用改革，细化保险资金投资渠道，确立保险资金运用托管制度以及规范运用风险管理工具等。8 月 11 日，中国保监会根据《保险资金运用管理暂行办法》，拟定并发布《关于调整保险资金投资政策有关问题的通知》，从投资市场、品种和比例等方面对现行保险资金运用政策进行了系统性调整。9 月 3 日，中国保监会发布《保险资金投资股权暂行办法》和《保险资金投资不动产暂行办法》，允许保险资金投资未上市企业股权和不动产。这些关于保险资金运用的基础性规章，在规范保险资金运用、改善保险资产负债匹配、优化资产配置、缓解投资压力、分散投资风险、保障保险资金运用安全、维护广大投保人和被保险人权益、防范保险业风险等方面产生了重要的积极影响。

15. 2010 年 9 月 12 日《海峡两岸经济合作框架协议》（ECFA）正式生效，两岸间的经济金融合作更加紧密。根据协议，台资银行在中国大陆设立办事处一年后即可升格为分行，且只要设立的分行或子行期满一年并实现盈利，便可承办台资企业的人民币业务，这为台资银行拓展大陆业务提供了充分的空间。早在 2009 年 11 月 16 日，两岸签署的《海峡两岸银行业监督管理合作谅解备忘录》、《海峡两岸证券及期货监督管理合作谅解备忘录》和《海峡两岸保险业监督管理合作谅解备忘录》等金融监管合作备忘录便已成为两岸金融合作在机构设置方面提供了政策引导。ECFA 的生效奠定了两岸经贸合作的基本规则，为两岸经贸合作提供了制度化的框架规范，两岸经贸关系必将朝全面实现机制化、制度化的方向稳步发展。

16. 世界经济论坛 2010 年新领军者年会（第四届夏季达沃斯论坛）9 月 13 日下午在天津梅江会展中心开幕，国务院总理温家宝出席开幕式并致辞。他强调，我们将把短期调控政策和长期发展政策有机结合起来，把深化改革开放和推动科学发展有机结合起来，切实解决深层次、结构性问题，促进中国经济更大、更持久地发展。为期 3 天的论坛以“推动可持续增长”为主题，密集安排了 80 多场讨论会，与会者将围绕从商业模式中为未来市场创造价值，通过科学技术提升竞争力，推动经济和社会变革，制定有效的全球、行业和地区解决方案四大议题展开讨论。

国际部分

1. 2010 年 1 月 27 日，为期 5 天的 2010 年世界经济论坛年会在瑞士山城达沃斯开幕，全球 90 多个国家的 2500 多位来自商业、政治、教育、文化等各界人士齐聚一堂，着重探讨金融危机之后的全球治理问题，力求提出解决问题的行动方案。上届年会的主题是重塑后危机世界，旨在从金融危机中吸取教训，帮助理解风险之间的内在联系，引发长期思考，为采取行动打下基础。本届年会的主题则重在行动："改进世界：重新思考，重新设计，重新建设。"

2. 2010 年 2 月 3 日，欧盟向希腊提出削减财政赤字的建议，并宣布将从 3 月份开始首次建立监督机制以确保希腊政府执行这些建议。2 月 11 日，欧盟经济问题特别峰会上，欧洲各国领导人就救助希腊以解决其主权债务危机达成一致。

3. 2010 年 3 月 24 日，以解决区域内国际收支和短期流动性困难、对现有国际融资安排加以补充为核心目标的清迈倡议多边化协议宣布正式生效。清迈倡议多边化协议融资总规模为 1200 亿美元，各参与方有权根据协议规定的程序和条件，在其出资份额与特定借款乘数相乘所得的额度内，用其本币与美元实施互换。清迈倡议多边化是在现有清迈倡议双边货币互换机制基础上建立的由"10+3"（东盟与中、日、韩）全体成员共同参与的多边货币互换机制，旨在通过单一协议下的共同决策机制，采取迅速、一致的行动实施货币互换交易。作为长期以来的"世界经济发动机"，亚洲地区与经济实力极不相符的国际货币地位一直是其心头之痛。在国际货币体系中的弱势地位使得亚洲国家不仅面临货币错配导致的金融风险，还经常由于其不得不持有的高额外汇储备在全球经济失衡问题上受到发达国家的责难。以清迈协议为基石的亚洲区域货币合作则是摆脱上述困境的一条重要路径，此次多边货币互换机制的建立，则在这一道路上又向前迈出了一大步。

4. 2010 年 3 月 22 日，美国国会参议院银行委员会以 13:10 的投票通过了金融监管改革法案，使美国金融监管改革再向前推进一步，但这项改革仍面临巨大争议。6 月 30 日，众议院通过了两院统一的版本。7 月 15 日，参议院通过了最终版本的金融监管改革法案，为该法案最终成为法律清除了最后障碍。根据该法案，美国金融监管体系将全面重塑，原先金融企业"大而不倒"的状况将得到有效改变，金融机构的过度投机行为将得到有效遏制。7 月 21 日，美国总统奥巴马正式在金融监管改革法案上签字，结束了长达一年的金融改革立法之争。这项名为《多德—弗兰克华尔街改革与消费者保护法》的法案正式生效，美国自 20 世纪 30 年代以来最重大的金融改革就此全面展开。新金融监管法案可以看做是对此次国际金融危机所暴露出的美国诸多监管问题一次较为全面的清算和纠正。

5. 2010 年 4 月 8 日，第 16 届东盟峰会开幕，东盟领导人就展开《东盟宪章》和建设东盟共同体、合作应对全球性的挑战、东盟与外部伙伴国的关系以及东盟在本区域中的角色等问题进行了探讨。东盟领导人将区域经济复苏和可持续发展问题进行深入探讨，并一致通过《东盟经济复苏和可持续发展联合声明》，提出东盟合作的方向和措施，尤其是通过有效地落实现有的协议，重视经济发展与环保和社会民生保障相结合，加大力度推动东盟经济一体化，着重加强各成员国之间在教育和人力资源发展等领域的合作，同时加强东亚的经济财政合作，为全球经济复苏及可持续发展做出贡献。

6.“金砖四国”领导人第二次正式会晤于4月15日在巴西首都巴西利亚举行，中国国家主席胡锦涛、俄罗斯总统梅德韦杰夫、巴西总统卢拉、印度总理辛格出席。巴西总统卢拉主持会议。与会领导人重点就世界经济金融形势、国际金融机构改革、气候变化、“金砖四国”对话与合作等问题交换了看法。

7. 第九届亚欧财长会议4月18日在西班牙首都马德里闭幕，与会代表就全球以及亚洲和欧洲的宏观经济与金融形势交换了意见，一致同意在后危机时代应当加强全球合作，尤其是亚洲和欧洲国家间的合作。在会后举行的新闻发布会上，亚洲开发银行行长黑田东彦表示，全球经济复苏大约75%是来自亚洲的中国、印度、越南、印度尼西亚等国。亚洲是目前带动全球经济复苏的火车头。他说，根据亚行所做的经济预测，亚洲国家的发展前景非常好，今年和明年的经济增长可望达到7.5%，且通胀将维持在较低水平，可以说亚洲的复苏是相当强劲的。

8. 2010年4月25日，世界银行发展委员会春季会议通过了发达国家向发展中国家转移投票权的改革方案，发展中国家在世界银行的投票权从44.06%增加到47.19%，中国占了新增的一半，从2.77%提高到4.42%，成为世界银行第三大股东国，仅次于美国和日本。这表明国际社会充分肯定中国不断增强的经济实力和影响力。

9. 第十三届东盟与中日韩（10+3）财长会于5月2日在乌兹别克斯坦首都塔什干举行。中国财政部部长谢旭人率中国代表团与会，并作为本年度“10+3”财金合作联合主席与越南财长武文宁共同主持了会议。会议集中讨论了东亚区域宏观经济形势和加强东亚财金合作等议题。财长们认为，东亚经济率先实现企稳回升，为促进世界经济复苏发挥了重要引擎作用，但同时也面临经济结构调整等重大挑战。

10. 欧盟27国财长在5月10日凌晨达成协议，决定与国际货币基金组织（IMF）共同设立一项总金额高达7500亿欧元的“稳定机制”一揽子救援方案，帮助可能陷入债务危机的欧元区成员国，力保欧元稳定。

11. 阿拉伯联合酋长国迪拜世界集团于5月20日宣布，该集团已就其235亿美元债务重组事宜与债权银行和迪拜政府原则上达成共识。迪拜政府去年11月宣布，作为迪拜世界债务重组计划的第一步，他将要求所有债权人同意该集团延期偿还其所欠下的巨额债务。消息一经传出，国际金融市场和媒体等方面反应激烈。近几个月，由汇丰等几家主要债权银行组成的委员会一直在与迪拜政府就迪拜世界集团延期还款和债务重组问题进行谈判。

12. 2010年5月21日，欧盟理事会主席范龙佩主持召开了欧盟经济治理专门小组首次会议，核心议题是加强对欧盟成员国的财政监管，并从根本上建立制度，遏制欧洲债务危机继续蔓延。该会议就严格成员国财政预算纪律、缩小成员国间经济实力差距、建立永久性危机管理机制、强化欧盟经济治理四大目标达成一致意见。

13. 2010年6月14日，国际评级机构穆迪将希腊主权债务评级连降4级，由“A3”

降至"Ba1"的垃圾评级。穆迪称，本次评级的下调反映了希腊政府实施紧缩政策和改革措施的不确定性。至此，三大评级机构已经有两家将希腊评级归入"垃圾级"。希腊中央银行认为穆迪的评级有失公正，并称这种做法将加剧国际投机者对希腊危机的投机炒作。希腊财政部也表示，穆迪针对希腊债务评级的下调忽略了该国在过去几个月取得的进展、财政整顿前景以及竞争力改善这些事实。欧盟经济专员雷恩表示，穆迪下调希腊评级令人惊讶，并质疑国际评级机构在金融系统中的角色。欧元集团主席容克则称，穆迪的做法非常"不理性"。评级机构惠誉也表示，暂时还不会继续下调希腊的评级。

14. 欧盟夏季峰会 6 月 17 日在布鲁塞尔举行，与会领导人就征收银行税达成一致，并希望本月底在加拿大多伦多举行的二十国集团峰会推动签署全球性银行税协议。欧盟峰会还通过了此前由欧盟委员会制定的未来 10 年经济发展战略，即"欧洲 2020 战略"，旨在为欧盟推进结构性改革、实现可持续增长明确目标。此外，峰会还同意启动冰岛入盟谈判，同时决定从 2011 年 1 月 1 日起吸收爱沙尼亚为第十七个欧元区成员国。

15. 2010 年 6 月 26 日，八国集团首脑会议在加拿大的亨茨维尔小镇闭幕，会议宣言称，G8 是在世界开始脆弱复苏的情况下召开的，八国集团领导人重申自由和开放市场是保持全球经济复苏的途径。在经济问题上，美国与欧洲出现分歧。美国要求持续执行经济刺激政策，而欧洲因面临严重的主权债务压力，一些国家已经开始削减政府预算，实施退出战略。中国外交部国际司司长陈旭阐明了中国的五项立场：一是加强 G20 各方宏观经济政策的协调，巩固世界经济复苏势头；二是在 G20 首尔峰会前，为国际货币基金组织（IMF）完成新一轮的份额改革注入政治动力，兑现匹兹堡峰会的承诺；三是继续推进金融监管改革，尤其是加强对评级机构的监管；四是继续反对各种形式的保护主义，推动多哈回合谈判进程；五是更多关注发展问题，为将于 9 月举行的联合国千年发展目标高级别会议提供政治支持。

16. 2010 年 6 月 26 日 G20 领导人峰会在多伦多召开，在世界经济缓慢复苏但仍面临不确定性的背景下，G20 多伦多峰会重点讨论了如何确保全球经济复苏不受中断的议题。峰会强调，各国将采取进一步行动，以推动世界经济强劲、可持续和平衡增长。峰会同时在缩减各国财政赤字、推进国际金融机构改革以及反对贸易保护主义等方面达成共识。

17. 9 月 12 日，巴塞尔银行监管委员会管理层会议在瑞士巴塞尔举行，会议就旨在加强银行业监管的《巴塞尔协议Ⅲ》达成一致。根据《巴塞尔协议Ⅲ》，商业银行须上调资本金比率，以加强抵御金融风险的能力。协议规定，截至 2015 年 1 月，全球各商业银行的一级资本充足率下限将从现行的 4%上调至 6%，由普通股构成的"核心"一级资本占银行风险资产的下限将从现行的 2%提高至 4.5%。另外，各家银行应设立"资本防护缓冲资金"，总额不得低于银行风险资产的 2.5%。该规定将在 2016 年 1 月至 2019 年 1 月之间分阶段执行，未来全球商业银行将面临更加严格的资本充足率要求。

18. 2010 年 9 月 29 日，美国会众议院以 348：79 的投票结果通过《汇率改革促进公平贸易法案》，旨在对所谓低估本币汇率的国家征收特别关税，使中美人民币汇率之争再度升级。而美国这种通过施压其他货币升值以实现本币贬值的做法，也使得各国间的汇率战争一触即发。一方面，美国、欧盟、日本等发达经济体为刺激疲弱的国内经济，纷纷启动了新一轮的量化宽松政策；另一方面，出于对出口下滑以及热钱流入的担忧，很多新兴市场国家央行以及日本央行开始大规模干预本国的外汇市场，力图遏制本币对发达国家货币的显著升值。发达国家想让本国货币汇率贬值以提振出口，新兴市场国家不愿意让本币升值以稳定出口。汇率竞争性贬值的风险骤然放大，全球汇率风险凸显。在国际金融危机的重压之下，国际经济摩擦的加剧几乎是一个自然现象，因此最近全球汇率争端的升级趋势并不值得奇怪。不过从此次的汇率争端中我们可以看到两点：第一，国际社会在经济政策的协调机制上并没有根本性的改进；第二，主导货币国家在国际经济体系中的权利与义务依然不相称。对于全球经济的长期发展而言，这是值得担忧的两个大问题。

19. 2010 年 11 月 4 日，美联储宣布推出第二轮量化宽松的货币政策，决定到 2011 年 6 月底前购买 6000 亿美元的美国长期国债，以进一步刺激美国经济复苏。美联储同时还宣布，将联邦基金利率维持在 0~0.25%的水平不变。为应对危机，2009 年 3 月美国公布了规模最高额为 2.8 万亿美元的量化宽松政策，但第一轮大规模的货币放松并没有有效拉动美国经济持续复苏，进行第二轮量化宽松成为美国的无奈选择。该政策一经公布，便遭到美国国内及国际社会的讨伐与指责。作为全球主导性货币的发行国，美国在货币政策的考量中将自身利益放在首位几乎是一个惯例。因此，虽然国际社会对于美联储的第二轮量化宽松政策做出了强烈反应，但是对于阻止其实施却没有什么实际作用。从根本上来看，要避免主导货币发行国自私决策对世界经济的祸害，其最终解决方案仍然是国际货币体系的改革。

20. 2010 年 11 月 11~12 日，二十国集团第五次峰会在韩国首尔举行。本次峰会的主题是“超越危机，共享增长”，主要讨论当前的世界经济形势，强劲、可持续、平衡增长框架，国际金融机构改革，国际金融监管，全球金融安全网，发展和贸易等问题。峰会通过了《首尔宣言》，达成了以下主要共识：一是承诺加强 20 国集团的作用，携手推动世界经济强劲、可持续和平衡增长；二是承诺提高汇率弹性，克制竞争性货币贬值；三是承诺继续推动国际金融机构改革，尽快落实将国际货币基金组织（IMF）份额向新兴市场和发展中国家以及低估国转移 6%以上；四是首次将发展问题作为会议主题之一，通过“首尔发展共识”和跨年度行动计划，同意将发展问题列入 20 国集团峰会的长期议题。这标志着 G20 集团对发展问题的认识和投入上升到一个新层次，有利于凝聚各方共识，缩小南北发展差距，从根本上缓解世界经济不平衡问题。

21. 亚太经合组织第十八次领导人非正式会议（APEC）11 月 13 日在日本横滨举行。与会成员领导人重点就增长战略和人类安全问题交换意见，中国国家主席胡锦涛在会上作了重要讲话。会后发表的 《领导人宣言》强调：①APEC 将致力于实施本次会议上提出的《领导人增长战略》，即推动亚太经济实现平衡、包容、可持续、创新、安全增长，以应对 21 世纪的机遇与挑战。②亚太地区经济正从国际金融危机中复苏，但是复苏仍面临诸多不确定因素。与此同时，亚太地区也是全球经济最富活力的地区，并扮演日益重要的角色。③APEC 欢迎二十国集团首尔峰会的成果，将继续推动建设更为强大、弹性的全球金融体系，反对贸易保护主义。

第五章　金融学科 2010 年文献索引

本报告的文献索引包括中文期刊和英文期刊两个部分。中文期刊收录了包括金融研究、经济研究等重要刊物，共 612 篇。英文期刊收录了 Journal of Financial & Quantitatve Analysis 等刊物，共 398 篇。

第一节　中文期刊索引

[1] 林伯强：《危机下的能源需求和能源价格走势以及对宏观经济的影响》，《金融研究》，2010 年第 1 期。

[2] 杨青、黄彤：《中国上市公司 CEO 薪酬存在激励后效吗?》，《金融研究》，2010 年第 1 期。

[3] 张延：《中国财政政策的“挤出效应”——基于 1952~2008 年中国年度数据的实证分析》，《金融研究》，2010 年第 1 期。

[4] 王毅、石春华：《中美储蓄率比较：从核算口径到经济含义》，《金融研究》，2010 年第 1 期。

[5] 赵建、章月明：《转轨经济中的货币扩张与经济增长》，《金融研究》，2010 年第 1 期。

[6] 殷孟波、邱宇：《基于最大化铸币税原则的宏观金融风险分析》，《金融研究》，2010 年第 1 期。

[7] 周春生、梅建平：《行为型操纵》，《金融研究》，2010 年第 1 期。

[8] 刘贵生、孙天琦、张晓东：《美国金融消费者保护的经验教训》，《金融研究》，2010 年第 1 期。

[9] 邹至庄、牛霖琳：《中国城镇居民住房的需求与供给》，《金融研究》，2010 年第 1 期。

[10] 雷晓燕、周月刚：《中国家庭的资产组合选择：健康状况与风险偏好》，《金融研究》，2010 年第 1 期。

[11] 毛泽盛、吴洁、刘敏楼：《外资银行对中国信贷供给影响的实证研究》，《金融研究》，2010 年第 1 期。

[12] 施丽芳、廖飞、丁德明、茅宁：《商业银行信贷决策与内部信用评级：一个授权

激励视角的研究》，《金融研究》，2010 年第 1 期。

[13] 蒋贤锋、田亮、陈磊：《企业年金如何选择基金公司作为投资管理人》，《金融研究》，2010 年第 1 期。

[14] 张翠微：《从公开市场操作的发展变化分析主要国家央行非常规货币政策的退出机制》，《金融研究》，2010 年第 1 期。

[15] 孔行、刘治国、于渤：《使用者成本、住房按揭贷款与房地产市场有效需求》，《金融研究》，2010 年第 1 期。

[16] 金洪飞、金荦：《国际石油价格对中国股票市场的影响——基于行业数据的经验分析》，《金融研究》，2010 年第 2 期。

[17] 谢平、邹传伟：《金融危机后有关金融监管改革的理论综述》，《金融研究》，2010 年第 2 期。

[18] 李稻葵、尹兴中：《国际货币体系新架构：后金融危机时代的研究》，《金融研究》，2010 年第 2 期。

[19] 黄范章：《G20 集团与国际货币体系改革》，《金融研究》，2010 年第 2 期。

[20] 杨长江、皇甫秉超：《人民币实际汇率和人口年龄结构》，《金融研究》，2010 年第 2 期。

[21] 张荔、张庆君：《人民币实际汇率波动与货币替代的实证研究》，《金融研究》，2010 年第 2 期。

[22] 郭杰、黄保东：《储蓄、公司治理、金融结构与对外直接投资：基于跨国比较的实证研究》，《金融研究》，2010 年第 2 期。

[23] 胡明：《中国银行业监管与国家的理性选择》，《金融研究》，2010 年第 2 期。

[24] 李文泓、罗猛：《关于我国商业银行资本充足率顺周期性的实证研究》，《金融研究》，2010 年第 2 期。

[25] 周晖：《货币政策、股票资产价格与经济增长》，《金融研究》，2010 年第 2 期。

[26] 徐昕、沈红波：《银行贷款的监督效应与盈余稳健性——来自中国上市公司的经验证据》，《金融研究》，2010 年第 2 期。

[27] 郑振龙、刘杨树：《衍生品定价：模型风险及其影响》，《金融研究》，2010 年第 2 期。

[28] 邹玲：《风险管理模式下确定外汇做市商报价点差的策略分析》，《金融研究》，2010 年第 2 期。

[29] 周宗安：《农户信贷需求的调查与评析：以山东省为例》，《金融研究》，2010 年第 2 期。

[30] 陈凌、李宏彬、熊艳艳、周黎安：《企业规模对职工工资的影响：来自中国竞争性劳动力市场的证据》，《金融研究》，2010 年第 2 期。

[31] 孙祁祥、郑伟、锁凌燕、何小伟：《市场经济对保险业发展的影响：理论分析与经验证据》，《金融研究》，2010 年第 2 期。

［32］黄亭亭、杨伟：《衰退时期的财政政策效应：政府投资转向与民间投资成长》，《金融研究》，2010 年第 3 期。

［33］李青原、赵奇伟、李江冰、江春：《外商直接投资、金融发展与地区资本配置效率——来自省级工业行业数据的证据》，《金融研究》，2010 年第 3 期。

［34］陈雨露、马勇、李濛：《金融危机中的信息机制：一个新的视角》，《金融研究》，2010 年第 3 期。

［35］张学勇、贾琛：《居民金融资产结构的影响因素——基于河北省的调查研究》，《金融研究》，2010 年第 3 期。

［36］刘澜飚、王博：《门槛效应、管制放松与银行效率的改进——理论假说及其来自中国的经验研究》，《金融研究》，2010 年第 3 期。

［37］王爱俭、林楠：《虚拟经济与实体经济视角下的人民币汇率研究》，《金融研究》，2010 年第 3 期。

［38］任兆璋、刘云生：《广东金融成熟度综合指数研究》，《金融研究》，2010 年第 3 期。

［39］赵峦、孙文凯：《农信社改革对改善金融支农的政策效应评估——基于全国农户调查面板数据的倍差法分析》，《金融研究》，2010 年第 3 期。

［40］孔丹凤、吉野直行：《中国家庭部门流量金融资产配置行为分析》，《金融研究》，2010 年第 3 期。

［41］王晓明：《银行信贷与资产价格的顺周期关系研究》，《金融研究》，2010 年第 3 期。

［42］张永力、盛伟华：《我国可转换公司债券赎回公告效应研究》，《金融研究》，2010 年第 3 期。

［43］付雷鸣、万迪昉、张雅慧：《中国上市公司公司债发行公告效应的实证研究》，《金融研究》，2010 年第 3 期。

［44］侯宇、王玉涛：《控制权转移、投资者保护和股权集中度——基于控制权转移的新证据》，《金融研究》，2010 年第 3 期。

［45］刘珺、丁椶、马岩：《从股票市场指数高波动性观察虚拟经济发展对新经济周期理论的悖离》，《金融研究》，2010 年第 3 期。

［46］王茵田、文志瑛：《股票市场和债券市场的流动性溢出效应研究》，《金融研究》，2010 年第 3 期。

［47］张荔、张庆君：《人民币实际汇率波动与货币替代的实证研究》，《金融研究》，2010 年第 3 期。

［48］李斌：《从流动性过剩（不足）到结构性通胀（通缩）》，《金融研究》，2010 年第 4 期。

［49］姚昕、孔庆宝：《中国能源综合运输体系及其宏观影响》，《金融研究》，2010 年第 4 期。

［50］束景虹：《机会窗口、逆向选择成本与股权融资偏好》，《金融研究》，2010 年第 4 期。

[51] 游家兴、徐盼盼、陈淑敏：《政治关联、职位壕沟与高管变更——来自中国财务困境上市公司的经验证据》，《金融研究》，2010 年第 4 期。

[52] 石水平：《控制权转移、超控制权与大股东利益侵占——来自上市公司高管变更的经验证据》，《金融研究》，2010 年第 4 期。

[53] 黄聪、贾彦东：《金融网络视角下的宏观审慎管理——基于银行间支付结算数据的实证分析》，《金融研究》，2010 年第 4 期。

[54] 李福祥、何红霞：《我国货币需求的短期非线性动态调整特征研究——基于 MS-VECM 方法》，《金融研究》，2010 年第 4 期。

[55] 万良勇：《银行道德风险、利益侵占与信贷资金配置效率——基于中国上市公司的经验证据》，《金融研究》，2010 年第 4 期。

[56] 沈丽、于华阳：《中国信用卡竞争的理论与实证分析——基于有效差异化竞争的品牌经济模型》，《金融研究》，2010 年第 4 期。

[57] 李建军：《中国未观测信贷规模的变化：1978~2008 年》，《金融研究》，2010 年第 4 期。

[58] 田利辉：《金融管制、投资风险和新股发行的超额抑价》，《金融研究》，2010 年第 4 期。

[59] 封思贤、张兵、李心丹、汪慧：《从中国股指期货境外的联动看我国股市定价权》，《金融研究》，2010 年第 4 期。

[60] 赵自兵、陈金明、卫新江：《中国 A 股股票需求弹性——基于全流通 IPO 锁定期解除效应的实证分析》，《金融研究》，2010 年第 4 期。

[61] 江伟：《行业薪酬基准与管理者薪酬增长——基于中国上市公司的实证分析》，《金融研究》，2010 年第 4 期。

[62] 何平、金梦：《信用评级在中国债券市场的影响力》，《金融研究》，2010 年第 4 期。

[63] 司政、龚六堂：《财政分权与非国有制经济部门的发展》，《金融研究》，2010 年第 5 期。

[64] 吴剑飞、方勇：《中国的通货膨胀：一个新开放宏观模型及其检验》，《金融研究》，2010 年第 5 期。

[65] 易宪容、王国刚：《美国次贷危机的流动性传导机制的金融分析》，《金融研究》，2010 年第 5 期。

[66] 张亦春、胡晓：《宏观审慎视角下的最优货币政策框架》，《金融研究》，2010 年第 5 期。

[67] 秦庆丰、宋友勇：《超常规发展的机构投资者能稳定市场吗?》，《经济研究》，2010 年第 1 期。

[68] 石晓军、张顺明：《商业信用、融资约束及效率影响》，《经济研究》，2010 年第 1 期。

[69] 邓超、敖宏、胡威、王翔：《基于关系型贷款的大银行对小企业的贷款定价研

究》，《经济研究》，2010 年第 2 期。

[70] 李常青、魏志华、吴世农：《半强制分红的市场反应研究》，《经济研究》，2010 年第 3 期。

[71] 蒋海、朱滔、李东辉：《监管、多重代理与商业银行治理的最优激励契约设计》，《经济研究》，2010 年第 4 期。

[72] 陈浪南、孙坚强：《股票市场资产收益的跳跃行为研究》，《经济研究》，2010 年第 4 期。

[73] 陈元：《开发性金融与中国城市化发展》，《经济研究》，2010 年第 7 期。

[74] 李涛、王志芳、王海港、谭松涛：《中国城市居民的金融受排斥状况研究》，《经济研究》，2010 年第 7 期。

[75] 张健华、王鹏：《中国银行业广义 Malmquist 生产率指数研究》，《经济研究》，2010 年第 8 期。

[76] 郑伟、刘永东、邓一婷：《保险业增长水平、结构与影响要素：一个国际比较的视角》，《经济研究》，2010 年第 8 期。

[77] 王跃堂、王亮亮、彭洋：《产权性质、债务税盾与资本结构》，《经济研究》，2010 年第 9 期。

[78] 罗炜、朱春艳：《代理成本与公司自愿性披露》，《经济研究》，2010 年第 10 期。

[79] 张兵、范致镇、李心丹：《中美股票市场的联动性研究》，《经济研究》，2010 年第 11 期。

[80] 赵勇、雷达：《金融发展与经济增长：生产率促进抑或资本形成》，《世界研究》，2010 年第 2 期。

[81] 蒋贤锋、史永东：《国债交易市场统一、风险度量及影响因素分析》，《世界经济》，2010 年第 2 期。

[82] 刘博研、韩立岩：《公司治理、不确定性与流动性管理》，《世界经济》，2010 年第 2 期。

[83] 徐建炜、姚洋：《国际分工新形态、金融市场发展与全球失衡》，《世界经济》，2010 年第 3 期。

[84] 吴吉林、张二华：《次贷危机、市场风险与股市间相依性》，《世界经济》，2010 年第 3 期。

[85] 雷震、彭欢：《银行业市场结构与中小企业的生产》，《世界经济》，2010 年第 3 期。

[86] 况伟大：《利率对房价的影响》，《世界经济》，2010 年第 4 期。

[87] 龚红、李燕萍、吴绍棠：《业绩排序对基金经理投资组合风险选择的影响》，《世界经济》，2010 年第 4 期。

[88] 施建淮、傅雄广：《汇率传递理论文献综述》，《世界经济》，2010 年第 5 期。

[89] 陈建奇、张原：《美国赤字政策演化路径及债务货币化风险研究》，《世界经济》2010 年第 5 期。

[90] 郑振龙、邓弋威:《外汇风险溢酬与宏观经济波动》,《世界经济》,2010年第5期。

[91] 孙文凯、肖耿、杨秀科:《资本回报率与投资率的影响:中美日对比分析》,《世界经济》,2010年第6期。

[92] 胡冬梅、郑尊信、潘世明:《汇率传递与出口商品价格决定》,《世界经济》,2010年第6期。

[93] 秦朵、何新华:《人民币失衡的测度:指标定义、计算方法及经验分析》,《世界经济》,2010年第7期。

[94] 陈国进、陈创练:《人民币升值背景下进口商品消费与国内商品消费关系研究》,《世界经济》,2010年第7期。

[95] 康书隆、王志强:《中国国债利率期限结构的风险特征及其内含信息研究》,《世界经济》,2010年第7期。

[96] 林斌:《中央银行最优干预下人民币汇率的决定》,《世界经济》,2010年第8期。

[97] 周开国、李涛、何兴强:《香港本地股与中资企业股的流动性差异研究》,《世界经济》,2010年第8期。

[98] 徐永林、张志超:《外汇储备币种结构管理:国际研究综述》,《世界经济》,2010年第9期。

[99] 陈平、李凯:《人民币汇率与宏观基本面:来自汇改后的证据》,《世界经济》,2010年第9期。

[100] 周必磊:《美国债券市场热效应与公司资本结构》,《世界经济》,2010年第9期。

[101] 张磊:《后起经济体为什么选择政府主导型金融体制》,《世界经济》,2010年第9期。

[102] 孙华妹、潘红宇:《操纵人民币汇率的可能与现实》,《世界经济》,2010年第10期。

[103] 黄薇、任若恩:《基于分层K-means聚类的事实汇率制度分类研究》,《世界经济》,2010年第10期。

[104] 李婧:《评李晓、丁一兵等〈人民币区域化问题研究〉》,《世界经济》,2010年第12期。

[105] 赵春明:《评张彬〈国际区域经济一体化比较研究〉》,《世界经济》,2010年第12期。

[106] 薛熠、何茵:《次贷危机对中国经济的影响——基于创新的金融危机测度指标的实证分析》,《金融研究》,2010年第5期。

[107] 武志:《金融发展与经济增长:来自中国的经验分析》,《金融研究》,2010年第5期。

[108] 张宗新、朱伟骅:《通胀幻觉、预期偏差和股市估值》,《金融研究》,2010年第5期。

[109] 李泽广、王群勇、巴劲松、李津:《分省投资与信贷关系中的“门槛效应”:审

视投资增长的新视角》,《金融研究》,2010 年第 5 期。

[110] 高雷、戴勇、张杰:《审计实务影响银行贷款政策吗?——基于上市公司面板数据的经验研究》,《金融研究》,2010 年第 5 期。

[111] 朱凯、万华林、陈信元:《控股权性质、IPO 与银行信贷资源配置——基于金融发展环境的分析》,《金融研究》,2010 年第 5 期。

[112] 赵振华、刘淳、廖理:《是谁获得了更高的基金投资收益?——对个人投资者问卷调查的实证分析》,《金融研究》,2010 年第 5 期。

[113] 陈胜蓝:《财务会计信息与 IPO 抑价》,《金融研究》,2010 年第 5 期。

[114] 翟进步、贾宁、李丹:《中国上市公司收购兼并的市场预期绩效实现了吗?》,《金融研究》,2010 年第 5 期。

[115] 孔爱国、卢嘉圆:《市场约束、商业银行治理与风险的实证研究》,《金融研究》,2010 年第 5 期。

[116] 孙传旺、刘希颖、林静:《碳强度约束下中国全要素生产率测算与收敛性研究》,《金融研究》,2010 年第 6 期。

[117] 黄桂田、赵留彦:《供给冲击、需求冲击与经济周期效应——基于中国数据的实证分析》,《金融研究》,2010 年第 6 期。

[118] 陆正飞、王春飞、王鹏:《激进股利政策的影响因素及其经济后果》,《金融研究》,2010 年第 6 期。

[119] 黄俊、张天舒:《制度环境、企业集团与经济增长》,《金融研究》,2010 年第 6 期。

[120] 洪正、王万峰、周轶海:《道德风险、监督结构与农村融资机制设计——兼论我国农村金融体系改革》,《金融研究》,2010 年第 6 期。

[121] 黄昌利:《人民币实际有效汇率的长期决定:1994~2009》,《金融研究》,2010 年第 6 期。

[122] 黄益平、王勋、华秀萍:《中国通货膨胀的决定因素》,《金融研究》,2010 年第 6 期。

[123] 张金清、吴有红:《外资银行进入水平影响商业银行效率的"阈值效应"分析——来自中国商业银行的经验证据》,《金融研究》,2010 年第 6 期。

[124] 黄隽、章艳红:《商业银行的风险:规模和非利息收入——以美国为例》,《金融研究》,2010 年第 6 期。

[125] 覃家琦:《战略委员会与上市公司过度投资行为》,《金融研究》,2010 年第 6 期。

[126] 宋乐、张然:《上市公司高管证券背景影响分析师预测吗?》,《金融研究》,2010 年第 6 期。

[127] 边江泽、宿铁:《"T+1"交易制度和中国权证市场溢价》,《金融研究》,2010 年第 6 期。

[128] 赵桂芹、吴洪:《汽车保险市场中存在道德风险吗?——来自动态续保数据的分

析》，《金融研究》，2010 年第 6 期。

[129] 江涛：《基于 GARCH 与半参数法 VaR 模型的证券市场风险的度量和分析：来自中国上海股票市场的经验证据》，《金融研究》，2010 年第 6 期。

[130] 李钢、赵武、曾勇：《去周期影响的存款保险费率定价研究》，《金融研究》，2010 年第 7 期。

[131] 李红岗、黄昊、叶欢：《实际有效汇率：衡量方法与实践运用》，《金融研究》，2010 年第 7 期。

[132] 邢予青：《人民币汇率及其对日本美国进口价格的传递效应》，《金融研究》，2010 年第 7 期。

[133] 黄静：《影响转轨国家银行业 FDI 流入的因素分析——基于 DEA 及面板协整的研究》，《金融研究》，2010 年第 7 期。

[134] 陈建奇、张原：《国库现金转存商业银行对货币供给政策的影响——基于商业银行资产负债框架的扩展分析》，《金融研究》，2010 年第 7 期。

[135] 李超：《中国的贸易基础支持人民币区域化吗?》，《金融研究》，2010 年第 7 期。

[136] 昌忠泽：《流动性冲击、货币政策失误与金融危机——对美国金融危机的反思》，《金融研究》，2010 年第 7 期。

[137] 王培辉：《货币冲击与资产价格波动：基于中国股市的实证分析》，《金融研究》，2010 年第 7 期。

[138] 高强、邹恒甫：《企业债券与公司债券的信息有效性实证研究》，《金融研究》，2010 年第 7 期。

[139] 邹亚生、粟坤全：《封闭式基金折价的结构突变特征及其启示》，《金融研究》，2010 年第 7 期。

[140] 陆瑶：《激活公司控制权市场对中国上市公司价值的影响研究》，《金融研究》，2010 年第 7 期。

[141] 沈坤荣、魏锋：《中国保险市场发展的非线性增长效应研究》，《金融研究》，2010 年第 7 期。

[142] 乔海曙、龙靓：《我国资本市场对 SRI 反应的实证研究》，《金融研究》，2010 年第 7 期。

[143] 谢平、段兵：《气候变化风险溢价研究》，《金融研究》，2010 年第 8 期。

[144] 唐雪松、周晓苏、马如静：《政府干预、GDP 增长与地方国企过度投资》，《金融研究》，2010 年第 8 期。

[145] 张俊生、曾亚敏：《独立董事辞职行为的信息含量》，《金融研究》，2010 年第 8 期。

[146] 郑志刚：《对公司治理内涵的重新认识》，《金融研究》，2010 年第 8 期。

[147] 李晓峰、陈华：《交易者预期异质性、央行干预效力与人民币汇率变动——汇改后人民币汇率的形成机理研究》，《金融研究》，2010 年第 8 期。

[148] 李自然、成思危、祖垒、张锦、汪寿阳:《人民币升值真的能够减小美国的失业率么》,《金融研究》,2010 年第 8 期。

[149] 徐忠、邹传伟:《硬信息和软信息框架下银行内部贷款审批权分配和激励机制设计——对中小企业融资问题的启示》,《金融研究》,2010 年第 8 期。

[150] 徐建国:《中国 A 股指数的过度波动》,《金融研究》,2010 年第 8 期。

[151] 于李胜、王艳艳:《信息竞争性披露、投资者注意力与信息传播效率》,《金融研究》,2010 年第 8 期。

[152] 陈蓉、吕恺:《隐含波动率曲面:建模与实证》,《金融研究》,2010 年第 8 期。

[153] 叶康涛、张然、徐浩萍:《声誉、制度环境与债务融资——基于中国民营上市公司的证据》,《金融研究》,2010 年第 8 期。

[154] 吴晓求:《中国构建国际金融中心的路径探讨》,《金融研究》,2010 年第 8 期。

[155] 牛慕鸿:《银行卡支付系统的信息成本、兼容使用及交换费——基于同一双边市场平台的借记卡与信用卡竞争研究》,《金融研究》,2010 年第 8 期。

[156] 张文朗、罗得恩:《中国食品价格上涨因素及其对总体通货膨胀的影响》,《金融研究》,2010 年第 9 期。

[157] 徐亚平:《通货膨胀预期形成的模型刻画及其与货币政策的关联性》,《金融研究》,2010 年第 9 期。

[158] 卞志村、杨全年:《中国货币政策效应的区域性配给均衡分析》,《金融研究》,2010 年第 9 期。

[159] 邵挺:《金融错配、所有制结构与资本回报率:来自 1999~2007 年我国工业企业的研究》,《金融研究》,2010 年第 9 期。

[160] 段小茜:《金融稳定及其变迁的新政治经济学分析》,《金融研究》,2010 年第 9 期。

[161] 彭建刚、钟海、李关政:《对巴塞尔新资本协议亲周期效应缓释机制的改进》,《金融研究》,2010 年第 9 期。

[162] 李妍:《金融监管制度、金融机构行为与金融稳定》,《金融研究》,2010 年第 9 期。

[163] 张海洋、平新乔:《农村民间借贷中的分类相聚性质研究》,《金融研究》,2010 年第 9 期。

[164] 王擎、吴玮、蔡栋梁:《基金评级与资金流动:基于中国开放式基金的经验研究》,《金融研究》,2010 年第 9 期。

[165] 黄张凯、赵龙凯、祖国鹏:《限售股解禁的价格效应研究》,《金融研究》,2010 年第 9 期。

[166] 姜子叶、范从来:《中国返程投资的影响因素研究》,《金融研究》,2010 年第 9 期。

[167] 曲保智、任力行、吴效宇、陈凌:《H 股对 A 股的价格折让及其影响因素研究》,

《金融研究》，2010 年第 9 期。

[168] 梁琪、张孝岩、过新伟：《中国金融市场基准利率的培育——基于构建完整基准收益率曲线的实证分析》，《金融研究》，2010 年第 9 期。

[169] 郑超愚、赵旸：《中国经济波动的需求驱动力与国际耦合性》，《金融研究》，2010 年第 10 期。

[170] 张雪春：《我国通货膨胀的城乡差异分析》，《金融研究》，2010 年第 10 期。

[171] 李洁、张天顶：《全球流动性扩张及其对资本市场的影响》，《金融研究》，2010 年第 10 期。

[172] 许少强、甘小芳：《消费行为与经济冲击对中国经常项目的影响——基于跨期最优消费理论的实证分析》，《金融研究》，2010 年第 10 期。

[173] 许海平、王岳龙：《我国城乡收入差距与全要素生产率——基于省域数据的空间计量分析》，《金融研究》，2010 年第 10 期。

[174] 方先明、孙爱军、曹源芳：《基于空间模型的金融支持与经济增长研究——来自中国省域 1998~2008 年的证据》，《金融研究》，2010 年第 10 期。

[175] 潘红波、余明桂：《集团化、银行贷款与资金配置效率》，《金融研究》，2010 年第 10 期。

[176] 杜兴强、陈韫慧、杜颖洁：《寻租、政治联系与“真实”业绩——基于民营上市公司的经验证据》，《金融研究》，2010 年第 10 期。

[177] 王良成、陈汉文、向锐：《我国上市公司配股业绩下滑之谜：盈余管理还是掏空?》，《金融研究》，2010 年第 10 期。

[178] 肖珉：《现金股利、内部现金流与投资效率》，《金融研究》，2010 年第 10 期。

[179] 连玉君、彭方平、苏治：《融资约束与流动性管理行为》，《金融研究》，2010 年第 10 期。

[180] 宋逢明、姜琪、高峰：《现金分红对股票收益率波动和基本面信息相关性的影响》，《金融研究》，2010 年第 10 期。

[181] 崔巍：《信任水平的提高会增加个人投资者的收益吗？—— 一项基于 STZ 方法的实验考察》，《金融研究》，2010 年第 10 期。

[182] 苏东海、李西文：《金融危机与公允价值会计的关联影响研究》，《金融研究》，2010 年第 10 期。

[183] 周逢民、张会元、周海、孙佰清：《基于两阶段关联 DEA 模型的我国商业银行效率评价》，《金融研究》，2010 年第 11 期。

[184] 黄剑：《历史模拟法诸模型的比较研究》，《金融研究》，2010 年第 11 期。

[185] 张苏、杨筠：《金融与创业意愿：来自中国大学生调查数据的经验发现》，《金融研究》，2010 年第 11 期。

[186] 邱兆祥、刘远亮：《宏观经济不确定性与银行资产组合行为：1995~2009》，《金融研究》，2010 年第 11 期。

[187] 陈国进、张贻军、刘淳：《机构投资者是股市暴涨暴跌的助推器吗？——来自上海 A 股市场的经验证据》，《金融研究》，2010 年第 11 期。

[188] 余泳泽、武鹏：《FDI、技术势能与技术外溢——来自我国高技术产业的实证研究》，《金融研究》，2010 年第 11 期。

[189] 权小锋、吴世农：《投资者关注、盈余公告效应与管理层公告择机》，《金融研究》，2010 年第 11 期。

[190] 贾春新、赵宇、孙萌、汪博：《投资者有限关注与限售股解禁》，《金融研究》，2010 年第 11 期。

[191] 邵新建、巫和懋、覃家琦、王道平：《中国 IPO 市场周期：基于投资者情绪与政府择时发行的分析》，《金融研究》，2010 年第 11 期。

[192] 谭兴民、宋增基、杨天赋：《中国上市银行股权结构与经营绩效的实证分析》，《金融研究》，2010 年第 11 期。

[193] 李卫东、翟立宏、罗智琼：《我国商业银行声誉指标体系构建研究》，《金融研究》，2010 年第 11 期。

[194] 盛丹、王永进：《地方政府周期性财政收支、融资依赖与地区出口结构》，《金融研究》，2010 年第 11 期。

[195] 李志文、余佩琨、杨靖：《机构投资者与个人投资者羊群行为的差异》，《金融研究》，2010 年第 11 期。

[196] 钟春平、孙焕民、徐长生：《信贷约束、信贷需求与农户借贷行为：安徽的经验证据》，《金融研究》，2010 年第 11 期。

[197] 林伯强、李爱军：《碳关税对发展中国家的影响》，《金融研究》，2010 年第 12 期。

[198] 李颖、林景润、高铁梅：《我国通货膨胀、通货膨胀预期与货币政策的非对称分析》，《金融研究》，2010 年第 12 期。

[199] 陈斌开、万晓莉、傅雄广：《人民币汇率、出口品价格与中国出口竞争力——基于产业层面数据的研究》，《金融研究》，2010 年第 12 期。

[200] 张若雪、袁志刚：《技术创新能力、金融市场效率与外部经济失衡》，《金融研究》，2010 年第 12 期。

[201] 朱铭来、吕岩、奎潮：《我国企业财产保险需求影响因素分析——基于地区面板数据的实证研究》，《金融研究》，2010 年第 12 期。

[202] 谢德仁、陈运森：《业绩型股权激励、行权业绩条件与股东财富增长》，《金融研究》，2010 年第 12 期。

[203] 杨阳、万迪昉：《股指期货真的能稳定市场吗?》，《金融研究》，2010 年第 12 期。

[204] 沈洪涛、游家兴、刘江宏：《再融资环保核查、环境信息披露与权益资本成本》，《金融研究》，2010 年第 12 期。

[205] 徐欣、唐清泉：《财务分析师跟踪与企业 R&D 活动——来自中国证券市场的研究》，《金融研究》，2010 年第 12 期。

［206］李维安、钱先航：《终极控制人的两权分离、所有制与经理层治理》，《金融研究》，2010 年第 12 期。

［207］张敏、吴联生、王亚平：《国有股权、公司业绩与投资行为》，《金融研究》，2010 年第 12 期。

［208］汪昌云、孙艳梅、郑志刚、罗凯：《股权分置改革是否改善了上市公司治理机制的有效性》，《金融研究》，2010 年第 12 期。

［209］陶川：《我国热钱流入的边际成本、热钱的影子价格和托宾 q—— 一个理论分析框架及实证》，《金融研究》，2010 年第 12 期。

［210］程恩江、刘西川：《小额信贷缓解农户正规信贷配给了吗？——来自三个非政府小额信贷项目区的经验证据》，《金融研究》，2010 年第 12 期。

［211］史晓琳：《碳排放配额价格理论研究述评》，《国际金融研究》，2010 年第 12 期。

［212］邢天才、田蕊：《开放经济条件下我国资产价格与货币政策目标关系的实证分析》，《国际金融研究》，2010 年第 12 期。

［213］潘锡泉、项后军：《人民币升值能够有效抑制通货膨胀吗？——基于内生结构突变协整方法的汇率传递视角》，《国际金融研究》，2010 年第 12 期。

［214］马君潞、王博、杨新铭：《人民币汇率变动对我国出口贸易结构的影响研究——基于 SITC 标准产业数据的实证分析》，《国际金融研究》，2010 年第 12 期。

［215］唐亚晖、陈守东：《基于 BEER 模型的人民币均衡汇率与汇率失调的测算：1994Q1~2009Q4》，《国际金融研究》，2010 年第 12 期。

［216］孙海霞、谢露露：《国际货币的选择：基于外汇储备职能的分析》，《国际金融研究》，2010 年第 12 期。

［217］杨晔、何焱：《我国商业银行操作风险计量方法实证分析》，《国际金融研究》，2010 年第 12 期。

［218］李石凯：《金融危机对美国银行产业的冲击：回顾与前瞻》，《国际金融研究》，2010 年第 12 期。

［219］巫和懋、张帆：《抵押贷款违约率对房价变化的分段响应：理论、证据和含义》，《国际金融研究》，2010 年第 12 期。

［220］尹应凯、崔茂中：《国际碳金融体系构建中的“中国方案”研究》，《国际金融研究》，2010 年第 12 期。

［221］唐淑晖：《国际会计制度的变化对中国银行业的影响》，《国际金融研究》，2010 年第 12 期。

［222］陈四清：《资本监管制度变化趋势对中国银行业的影响分析》，《国际金融研究》，2010 年第 3 期。

［223］王兆星：《国际银行监管改革对我国银行业的影响》，《国际金融研究》，2010 年第 3 期。

［224］程均丽：《异质预期下的货币政策：相机还是承诺》，《国际金融研究》，2010 年

第 3 期。

[225] 张亦春、胡晓：《非常规货币政策探讨及金融危机下的实践》，《国际金融研究》，2010 年第 3 期。

[226] 孙浩、柴跃廷、刘义：《电子货币运营模式的影响及监管指标分析》，《国际金融研究》，2010 年第 3 期。

[227] 王国刚、余维彬：《"国际热钱大量流入中国"论评析》，《国际金融研究》，2010 年第 3 期。

[228] 何光辉、杨咸月、孙倩：《从美元指数变动反思中国应对金融危机的策略》，《国际金融研究》，2010 年第 3 期。

[229] 孔立平：《全球金融危机下中国外汇储备币种构成的选择》，《国际金融研究》，2010 年第 3 期。

[230] 中国银行国际金融研究所课题组：《金融危机监测指标体系研究》，《国际金融研究》，2010 年第 3 期。

[231] 黄薇、任若恩：《主流汇率制度分类方法及相关争论》，《国际金融研究》，2010 年第 3 期。

[232] 陆晓明：《中央银行在控制资产价格膨胀中的作用—— 一个系统性解决方案》，《国际金融研究》，2010 年第 2 期。

[233] 中国人民银行沈阳分行课题组，史长俊、李文丰、丁德圣、尹久：《中央银行如何关注资产价格？—— 一个基于"流动性螺旋"识别的宏观调控优化思路》，《国际金融研究》，2010 年第 2 期。

[234] 谭小芬：《美联储量化宽松货币政策的退出及其对中国的影响》，《国际金融研究》，2010 年第 2 期。

[235] 刘胜会：《中美两国宽松货币政策的比较研究——兼论退出之路》，《国际金融研究》，2010 年第 2 期。

[236] 苗永旺、王亮亮：《全球金融危机经济刺激方案的退出策略：历史经验与现实选择》，《国际金融研究》，2010 年第 2 期。

[237] 崔燕：《试议国内流程银行的构建原则》，《国际金融研究》，2010 年第 2 期。

[238] 韩廷春、喻伟：《金融生态系统与生物生态系统的内相似性研究》，《国际金融研究》，2010 年第 2 期。

[239] 项卫星、王达：《新兴市场国家金融部门 FDI 增长中的"传染效应"研究》，《国际金融研究》，2010 年第 2 期。

[240] 冯玉梅、于嘉：《金融危机下国际资本市场竞争新格局与我国的对策》，《国际金融研究》，2010 年第 2 期。

[241] 白洋：《全球金融危机后中国 PE 市场投资特征分析》，《国际金融研究》，2010 年第 2 期。

[242] 夏林：《实物期权理论及其在投资项目评估中的应用》，《国际金融研究》，2010

年第 4 期。

[243] 董彦岭、陈琳、孙晓丹、王菲菲：《超主权货币：理论演进与实践发展》，《国际金融研究》，2010 年第 4 期。

[244] 曹协和、吴竞择、何志强：《货币政策、货币缺口与通货膨胀：基于中国的实证分析》，《国际金融研究》，2010 年第 4 期。

[245] 石巧荣：《中国债权国地位与国际投资调控策略》，《国际金融研究》，2010 年第 4 期。

[246] 鲍静海、吴丽华：《德、法、美、日合作金融组织制度比较及借鉴》，《国际金融研究》，2010 年第 4 期。

[247] 周宏、潘沁：《流动性风险压力测试的管理和实施现状比较》，《国际金融研究》，2010 年第 4 期。

[248] 潘再见、陈振：《商业银行操作风险管理：亚太经验及其对中国的启示》，《国际金融研究》，2010 年第 4 期。

[249] 李兴智、王延明：《私人银行的盈利模式研究：手续费型与管理费型》，《国际金融研究》，2010 年第 4 期。

[250] 张文、龙超：《准备金付息制度改革与信贷政策引导》，《国际金融研究》，2010 年第 4 期。

[251] 郭伟：《资产价格波动与银行信贷：基于资本约束视角的理论与经验分析》，《国际金融研究》，2010 年第 4 期。

[252] 熊军、高谦：《金融危机对全球养老基金的影响》，《国际金融研究》，2010 年第 4 期。

[253] 郭树华、王华、高祖博、王俐娴：《金属期货市场价格联动及其波动关系研究——以 SHFE 和 LME 的铜铝为例》，《国际金融研究》，2010 年第 4 期。

[254] 巴曙松、王璟怡、杜婧：《从微观审慎到宏观审慎：危机下的银行监管启示》，《国际金融研究》，2010 年第 5 期。

[255] 龚明华、宋彤：《关于系统性风险识别方法的研究》，《国际金融研究》，2010 年第 5 期。

[256] 钱宗鑫：《通胀内在持续性与通胀目标制在中国的适用性》，《国际金融研究》，2010 年第 5 期。

[257] 高士成：《通货膨胀目标制理论的微观基础概述》，《国际金融研究》，2010 年第 5 期。

[258] 黄静波、曾昭志：《人民币汇率波动对我国 FDI 流入的影响》，《国际金融研究》，2010 年第 5 期。

[259] 王中昭：《汇率与货币错配协动性关系及机理探析》，《国际金融研究》，2010 年第 5 期。

[260] 姜凌、冯晓菲：《美国投资银行业的无清偿能力风险分析》，《国际金融研究》，

2010 年第 5 期。

［261］孙章伟:《美国消费金融及其在金融危机中的表现分析》,《国际金融研究》，2010 年第 5 期。

［262］廖岷:《国际金融危机中银行公司治理的主要问题及启示》,《国际金融研究》，2010 年第 5 期。

［263］胡海峰、孙飞:《美国两次银行业危机的成本比较》,《国际金融研究》，2010 年第 5 期。

［264］白当伟:《全球化的新进展与货币政策国际协调》,《国际金融研究》，2010 年第 5 期。

［265］傅巧灵:《国际零售银行业交叉销售策略研究》,《国际金融研究》，2010 年第 5 期。

［266］吴立广:《国际分散化证券投资的潜在利益及对 QDII 投资的启示——基于 1994~2008 年世界主要股市历史数据的实证研究》,《国际金融研究》，2010 年第 5 期。

［267］白晓燕:《“危机后的国际金融与中国经济”论坛综述》,《国际金融研究》，2010 年第 6 期。

［268］陈卫东、李建军:《日元国际化过程中值得关注的若干问题——兼论一国货币国际化的基本条件与模式》,《国际金融研究》，2010 年第 6 期。

［269］欧明刚、张坤:《东亚双层货币篮子结构研究》,《国际金融研究》，2010 年第 6 期。

［270］朱德忠、董新辉:《基于 Cournot 模型的东亚货币合作研究》,《国际金融研究》，2010 年第 6 期。

［271］杨权:《全球金融动荡背景下东亚地区双边货币互换的发展——东亚金融合作走向及人民币角色调整》,《国际金融研究》，2010 年第 6 期。

［272］刘勤:《美国存款保险制度在本轮金融危机中的发展创新》,《国际金融研究》，2010 年第 6 期。

［273］许文彬、王希平:《消费金融公司的发展、模式及对我国的启示》,《国际金融研究》，2010 年第 6 期。

［274］王聪、张海云:《中美家庭金融资产选择行为的差异及其原因分析》,《国际金融研究》，2010 年第 6 期。

［275］王西民:《日本家庭金融资产的选择行为：风险与对策》,《国际金融研究》，2010 年第 6 期。

［276］李佩珈:《动机扭曲、动态不一致性与金融监管改革——兼论新资本协议的最新修改及对我国银行业启示》,《国际金融研究》，2010 年第 6 期。

［277］董青马、卢满生:《金融开放度与发展程度差异对银行危机生成机制影响的实证分析》,《国际金融研究》，2010 年第 6 期。

［278］肖洋、段进:《商业银行深度介入养老金金融的动力及路径研究》,《国际金融研

究》，2010 年第 6 期。

[279] 袁增霆：《全球化下的初级商品价格与实际汇率》，《国际金融研究》，2010 年第 7 期。

[280] 陈敏强：《2009 年美、欧、英、日央行非常规货币政策及其效应比较分析》，《国际金融研究》，2010 年第 7 期。

[281] 陆荣、王曦：《应对国际金融危机的货币政策效果》，《国际金融研究》，2010 年第 7 期。

[282] 李永宁、郑润祥、黄明皓：《超主权货币、多元货币体系、人民币国际化和中国核心利益》，《国际金融研究》，2010 年第 7 期。

[283] 张向军：《后危机时代国际货币体系改革的前景：欧元的经验和启示》，《国际金融研究》，2010 年第 7 期。

[284] 张晓朴：《系统性金融风险研究：演进、成因与监管》，《国际金融研究》，2010 年第 7 期。

[285] 韩龙、许明朝：《风险模型之殇与对金融风险监管的审视——根植于这场金融危机的考察》，《国际金融研究》，2010 年第 7 期。

[286] 詹向阳、邹新、程实：《希腊杠杆撬动全球经济——希腊主权债务危机的演变、影响和未来发展》，《国际金融研究》，2010 年第 7 期。

[287] 黄隽、李慧、徐俊杰：《美国银行业市场结构分析》，《国际金融研究》，2010 年第 7 期。

[288] 陆静：《后京都时代碳金融发展的法律路径》，《国际金融研究》，2010 年第 7 期。

[289] 方毅、王雄威、桂鹏：《中美经济“脱钩”还是“挂钩”》，《国际金融研究》，2010 年第 7 期。

[290] 黄武俊、陈漓高：《外汇资产、基础货币供应与货币内生性——基于央行资产负债表的分析》，《财经研究》，2010 年第 1 期。

[291] 邹辉文、黄明星：《基于股价异常波动的中国股市监管效率实证分析》，《财经研究》，2010 年第 1 期。

[292] 丁剑平、谌卫学：《汇率非线性因素在部分亚洲货币汇率中的特征——检验购买力平价论的新方法》，《财经研究》，2010 年第 2 期。

[293] 严敏、巴曙松：《人民币即期汇率与境内外远期汇率动态关联——NDF 监管政策出台之后》，《财经研究》，2010 年第 2 期。

[294] 奚君羊、贺云松：《中国货币政策的福利损失及中介目标的选择——基于新凯恩斯 DSGE 模型的分析》，《财经研究》，2010 年第 2 期。

[295] 刘奕均、胡奕明：《机构投资者、公允价值与市场波动——基于我国 A 股市场面板数据的实证研究》，《财经研究》，2010 年第 2 期。

[296] 孙翊、王铮：《“后危机”时代中国财政政策的选择——部门投资政策影响建模与分析》，《财经研究》，2010 年第 3 期。

[297] 黄飞鸣:《金融亲周期性与准备金政策新框架——兼论对资产价格的调控》,《财经研究》,2010 年第 3 期。

[298] 陆前进:《参考一篮子货币的人民币汇率形成机制研究——基于人民币有效汇率目标的分析》,《财经研究》,2010 年第 4 期。

[299] 苏梽芳、胡日东:《货币增长不确定性与通货膨胀不确定性——"波动溢出"假说与实证检验》,《财经研究》,2010 年第 4 期。

[300] 姜华东、乔晓楠:《内幕交易监管、投资者交易策略与市场利益分配》,《财经研究》,2010 年第 5 期。

[301] 李双金、郑育家:《控制权收益、道德风险与软预算约束》,《财经研究》,2010 年第 5 期。

[302] 刘少波、贺庆春:《货币错配下的央行行为选择:一个多重均衡模型》,《财经研究》,2010 年第 6 期。

[303] 魏玮、王洪卫:《房地产价格对货币政策动态响应的区域异质性——基于省际面板数据的实证分析》,《财经研究》,2010 年第 6 期。

[304] 盛丹、王永:《内资企业准入管制、融资依赖与 FDI 流入——基于分地区分行业的实证研究》,《财经研究》,2010 年第 7 期。

[305] 邵全权:《经济结构、制度变迁与中国寿险市场结构形成机制》,《财经研究》,2010 年第 7 期。

[306] 陈鹄飞、陈鸿飞、郑琦:《货币冲击、房地产收益波动与最优货币政策选择》,《财经研究》,2010 年第 8 期。

[307] 权小锋、滕明慧、吴世农:《行业特征与现金股利政策——基于 2004~2008 年中国上市公司的实证研究》,《财经研究》,2010 年第 8 期。

[308] 娄贺统、郑慧莲、张海平、吕长江:《上市公司高管股权激励所得税规定与激励效用冲突分析》,《财经研究》,2010 年第 9 期。

[309] 黄梅波、范修礼:《金融监管模式的权衡:官方监管与市场监管》,《财经研究》,2010 年第 9 期。

[310] 张文彬:《中国货币政策的区域经济稳定效应分析——基于 2000–2008 年省份月度数据的实证研究》,《财经研究》,2010 年第 10 期。

[311] 田霖:《区域金融的协调发展与短板效应探析》,《财经研究》,2010 年第 10 期。

[312] 项后军、王清国:《通货膨胀环境视角下的人民币汇率传递——理论模型和实证研究》,《财经研究》,2010 年第 11 期。

[313] 宋旺、钟正生:《基于 MS–AR 模型的中国金融脱媒趋势分析》,《财经研究》,2010 年第 11 期。

[314] 巴曙松、张阿斌、朱元倩:《中国银行业市场约束状况研究——基于巴塞尔新资本协议第三支柱视角》,《财经研究》,2010 年第 12 期。

[315] 张曦、周方召:《资产剥离的合意性:基于消费者福利标准的分析》,《财经研

究》，2010 年第 12 期。

[316] 朱凯、俞伟峰：《控股权性质、债务税盾与上市公司股权融资偏好》，《财经研究》，2010 年第 12 期。

[317] 任碧云：《改革开放后中国历次 M2 和 M1 增速剪刀差逆向扩大现象分析》，《财贸经济》，2010 年第 1 期。

[318] 刘东民、毛文博：《行为金融学视角下的对冲基金投资理念研究》，《财贸经济》，2010 年第 1 期。

[319] 朱柏铭：《建构前向纠错与后向纠偏的预算控制系统》，《财贸经济》，2010 年第 1 期。

[320] 吴斌、张永任：《基金投资交易的股价效应研究》，《财贸经济》，2010 年第 2 期。

[321] 严武、金涛：《我国股价和汇率的关联：基于 VAR-MGARCH 模型的研究》，《财贸经济》，2010 年第 2 期。

[322] 王晓东、谢莉娟：《论流通产业结构调整与就业增长——基于中部地区流通业对就业吸纳的贡献分》，《财贸经济》，2010 年第 2 期。

[323] 李成 、王彬、马文涛：《我国金融形势指数的构建及其与宏观经济的关联性研究》，《财贸经济》，2010 年第 3 期。

[324] 余华义：《经济基本面还是房地产政策在影响中国的房价》，《财贸经济》，2010 年第 3 期。

[325] 李宏瑾、项卫星：《中央银行基准利率、公开市场操作与间接货币调控——对央票操作及其基准利率作用的实证分析》，《财贸经济》，2010 年第 4 期。

[326] 徐茂魁、陈丰、吴应宁：《后金融危机时代中国货币政策的两难选择——抑制通货膨胀还是保持经济增长》，《财贸经济》，2010 年第 4 期。

[327] 韩世君：《美国投资银行业危机的深层原因剖析与借鉴》，《财贸经济》，2010 年第 5 期。

[328] 杨灿明、郭慧芳、赵颖：《论经济发展方式与收入分配秩序》，《财贸经济》，2010 年第 5 期。

[329] 杨圣明：《如何减缓人民币汇率“内高外低”双重压力》，《财贸经济》，2010 年第 6 期。

[330] 张雪兰、杨丹：《我国货币政策的有效性问题：基于 1996~2009 年季度数据的分析》，《财贸经济》，2010 年第 6 期。

[331] 王保安：《中国经济结构失衡：基本特征、深层原因与对策建议》，《财贸经济》，2010 年第 7 期。

[332] 周建松、陶永诚、王丹：《构建宏观、微观审慎监管有机结合的新型金融监管体制——“完善金融监管、维护金融稳定理论研讨会综述》，《财贸经济》，2010 年第 7 期。

[333] 白钦先、王伟：《科学认识政策性金融制度》，《财贸经济》，2010 年第 8 期。

[334] 胡海峰、宋李：《证券投资基金是否稳定股价——基于中国股票市场的经验证

据》，《财贸经济》，2010 年第 8 期。

[335] 裴长洪、郑文:《就业、出口退税对人民币汇率影响的分析》,《财贸经济》，2010 年第 9 期。

[336] 钱水土、周永涛:《区域技术进步与产业升级的金融支持——基于分位数回归方法的经验研究》,《财贸经济》，2010 年第 9 期。

[337] 陈炳才:《关于推动国际金融（货币）体系改革及推进人民币国际化的探讨》，《财贸经济》，2010 年第 10 期。

[338] 徐蔼婷、李金昌:《中国货币流通速度及变化规律—— 一个新的分析视角》,《财贸经济》，2010 年第 10 期。

[339] 张纯威、石巧荣:《金融债权大国崛起动因与效应分析》，《财贸经济》，2010 年第 11 期。

[340] 董裕平:《政策性金融转型动态与我国的改革路径评析》，《财贸经济》，2010 年第 11 期。

[341] 陈元:《开发性金融与逆经济周期调节》，《财贸经济》，2010 年第 12 期。

[342] 毛文博、李仪:《金融统一监管设想下的监管当局内部组织结构研究》，《财贸经济》，2010 年第 12 期。

[343] 蔡跃洲、王玉霞:《投资消费结构影响因素及合意投资消费区间——基于跨国数据的国际比较和实证分析》，《经济理论和经济管理》，2010 年第 1 期。

[344] 徐加根、王辉、宋之文:《基于期权思想的融券费率定价方法研究》,《经济理论和经济管理》，2010 年第 1 期。

[345] 焦瑾璞、刘向耘:《货币信贷运行特点与货币政策操作取向》,《经济理论和经济管理》，2010 年第 2 期。

[346] 谢富胜、秦韬:《效率分析与经济增长方式转变》,《经济理论和经济管理》，2010 年第 2 期。

[347] 李成、马文涛、王彬:《通货膨胀不确定性：模型测度与经济解读》,《经济理论和经济管理》，2010 年第 3 期。

[348] 何平、殷小斌:《中国国有银行改革的比较制度分析》,《经济理论和经济管理》，2010 年第 3 期。

[349] 徐丹丹、孟潇:《我国适度宽松货币政策走向分析——基于货币政策对货币供给量、GDP 以及物价水平影响的判断》,《经济理论和经济管理》，2010 年第 4 期。

[350] 王元京、高振华、何寅子:《地方政府融资面临的挑战与模式再造——以城市建设为例》，《经济理论和经济管理》，2010 年第 4 期。

[351] 孟昌:《规模经济不需要行政性进入壁垒的保护》,《经济理论和经济管理》，2010 年第 5 期。

[352] 曹平:《中美日三国经济增长质量比较：基于技术进步的角度》,《经济理论和经济管理》，2010 年第 6 期。

[353] 徐经长、王胜海:《核心高管特征与公司成长性关系研究——基于中国沪深两市上市公司数据的经验研究》,《经济理论和经济管理》,2010 年第 6 期。

[354] 苏剑、王廷惠:《论中国转轨模式的普适性——关于经济转轨过程的一个人力资本理论》,《经济理论和经济管理》,2010 年第 7 期。

[355] 胡海峰、孙飞:《论金融危机中财政救助的成本与收益》,《经济理论和经济管理》,2010 年第 7 期。

[356] 况伟大、赵宇华:《中国房市与股市关联度研究》,《经济理论和经济管理》,2010 年第 8 期。

[357] 邓旭、陈燕:《中央企业 A 股+H 股整体上市及其对中国资本市场的影响》,《经济理论和经济管理》,2010 年第 8 期。

[358] 黄国良、董飞、范珂:《管理防御对公司业绩影响实证分析——来自中国上市公司的证据》,《经济理论和经济管理》,2010 年第 8 期。

[359] 陈玲、林泽梁、薛澜:《双重激励下地方政府发展新兴产业的动机与策略研究》,《经济理论和经济管理》,2010 年第 9 期。

[360] 皮建才:《中国转型期地方政府行为取向及调控策略研究》,《经济理论和经济管理》,2010 年第 10 期。

[361] 董志勇、黄迈、周铭山:《我国货币政策区域效应的度量与成因分析》,《经济理论和经济管理》,2010 年第 10 期。

[362] 彭刚、苗永旺:《宏观审慎监管框架构建的国际借鉴与中国的选择》,《经济理论和经济管理》,2010 年第 11 期。

[363] 张璟、沈坤荣:《转型期中国经济增长方式转变的金融支持——基于经济学文献的探讨》,《经济理论和经济管理》,2010 年第 11 期。

[364] 杨俊龙、孙韦:《短期国际资本流动对我国经济潜在冲击的实证分析》,《经济理论和经济管理》,2010 年第 12 期。

[365] 秦凤鸣、王旭:《欧元区主权债务期限结构的实证分析》,《经济理论和经济管理》,2010 年第 12 期。

[366] 董有德、王开:《国际贸易结算币种内生选择机制研究——兼论人民币国际结算前景》,《经济理论和经济管理》,2010 年第 12 期。

[367] 周杰琦、汪同三:《人民币实际汇率波动对我国贸易收支的影响——基于非对称协整的实证分析》,《经济问题》,2010 年第 1 期。

[368] 崔治文、袁野:《我国国债发行规模的预测分析》,《经济问题》,2010 年第 1 期。

[369] 徐挺、董永祥:《货币流动性过剩、噪声交易与资产价格波动》,《经济问题》,2010 年第 2 期。

[370] 任碧云、高鸿:《关于我国货币政策促进经济增长的研究》,《经济问题》,2010 年第 2 期。

[371] 徐军、周彤:《我国银行同业拆借市场利率波动特征分析》,《经济问题》,2010

年第 2 期。

［372］万容：《构建中国房地产业的新型融资方式——房地产投资信托基金探析》，《经济问题》，2010 年第 3 期。

［373］仝自力：《基于 ABS 资产证券化方式的项目融资风险管理》，《经济问题》，2010 年第 3 期。

［374］陈安平：《中国经济增长与收入差距关系的经验研究》，《经济问题》，2010 年第 4 期。

［375］王志斌、靳军会：《基于边限检验理论关于我国 R&D 投入和经济增长关系的实证研究——从分解视角的考虑》，《经济问题》，2010 年第 4 期。

［376］刘瀑：《中国经济增长、产业发展与劳动就业的耦合机理分析——基于 VAR 模型的动态实证分析》，《经济问题》，2010 年第 4 期。

［377］余力、张勇、李国勇：《基于门限分位点回归的条件 VaR 风险度量》，《经济问题》，2010 年第 4 期。

［378］冯科：《关于我国现金投放量的研究》，《经济问题》，2010 年第 5 期。

［379］万瑶华：《后危机阶段中国经济发展的途径和模式》，《经济问题》，2010 年第 5 期。

［380］秦海林：《金融风险财政化与经济增长——模型分析与实证检验》，《经济问题》，2010 年第 5 期。

［381］张玮、苏珺：《中国货币供应量的产出、通货膨胀效应实证分析》，《经济问题》，2010 年第 5 期。

［382］黄安仲、黄哲：《基于信贷渠道的货币政策区域效应研究》，《经济问题》，2010 年第 6 期。

［383］徐梅：《略论汇率冲击下我国银行业的货币错配和期限错配——基于银行资产负债表的分析》，《经济问题》，2010 年第 6 期。

［384］薛昊旸：《关于美国次贷危机研究的理论评述》，《经济问题》，2010 年第 7 期。

［385］谢敏、李冬：《经济危机下国有经济应对信贷紧缩的机理——基于博弈论的分析》，《经济问题》，2010 年第 7 期。

［386］乔飞鸽：《博弈模型分析：处罚监管者优于对违规者的处罚》，《经济问题》，2010 年第 7 期。

［387］陈文强：《规模信贷配给条件下的内生性货币供给》，《经济问题》，2010 年第 7 期。

［388］戴钰：《基于多元 Logit 模型对我国银行体系脆弱性的实证研究》，《经济问题》，2010 年第 7 期。

［389］王巍、陶长高：《中国资本市场发展与经济增长：理论与实证分析》，《经济问题》，2010 年第 8 期。

［390］黄蓓：《金融资源产出弹性的地区差异研究——基于 1994~2007 年中国省际面板

数据》，《经济问题》，2010 年第 8 期。

[391] 杨小勇、龚晓莺：《货币政策效果与货币需求构成的关系》，《经济问题》，2010 年第 8 期。

[392] 李春吉：《投资冲击、全要素生产率冲击与中国经济波动——基于 RBC 模型估计结果的分析》，《经济问题》，2010 年第 9 期。

[393] 寇明婷、卢新生：《货币政策调整的金融市场效果检验——推广型 T-GARCH 模型的应用》，《经济问题》，2010 年第 9 期。

[394] 刘伟：《人民币升值与中美贸易失衡的关系探讨》，《经济问题》，2010 年第 9 期。

[395] 邢天才、田蕊：《货币政策应否关注资产价格和汇率的波动—— 一个基于 VAR 模型的实证分析》，《经济问题》，2010 年第 10 期。

[396] 苏庆义：《全球金融危机对中国工业经济的冲击：机制、影响与启示》，《经济问题》，2010 年第 10 期。

[397] 王婷：《区域发展的非均衡性与金融资源配置差异研究——基于 2000~2008 年中国省际面板数据》，《经济问题》，2010 年第 10 期。

[398] 曹海军、金丹燕：《汇率变动、工资收入与经济增长》，《经济问题》，2010 年第 11 期。

[399] 郭洪伟：《最优通货膨胀与经济增长——1980~2008 年实证分析》，《经济问题》，2010 年第 11 期。

[400] 唐可欣：《基于 BP 算法的金融经济周期预警机制实证研究》，《经济问题》，2010 年第 11 期。

[401] 彭芸：《金融危机背景下非常规性货币政策的实施与退出》，《经济问题》，2010 年第 12 期。

[402] 程瑜、王玉玲：《转型经济下货币政策的有效性：一个二元经济的解释》，《经济问题》，2010 年第 12 期。

[403] 刘凤元：《宏观因素、制度特征与资本市场竞争力——基于全球证券交易所的经验证据》，《经济问题》，2010 年第 12 期。

[404] 刘扬、赵春雨、邹伟：《我国城镇低收入群体问题研究——基于北京市城镇住户调查数据的思考》，《经济学动态》，2010 年第 1 期。

[405] 尹庆双、奉莹：《金融危机背景下我国政府投资的就业效应分析》，《经济学动态》，2010 年第 1 期。

[406] 刘文、罗润东：《人力资本投资风险理论研究新进展》，《经济学动态》，2010 年第 1 期。

[407] 李云燕、郭建鸾：《促进循环经济发展的经济政策体系构建途径研究》，《经济学动态》，2010 年第 1 期。

[408] 刘天宇、姜彦福：《关于我国城乡经济社会一体化发展中若干问题的思考》，《经济学动态》，2010 年第 1 期。

［409］毛健、潘鸿：《自然资源：合理开发与经济增长相关分析》，《经济学动态》，2010年第1期。

［410］白丽健：《中国需要反垄断经济学——〈反托拉斯革命—经济学、竞争与政策〉第四版中译本简评》，《经济学动态》，2010年第1期。

［411］宋小川：《萧条经济学与萧条时期的经济学》，《经济学动态》，2010年第1期。

［412］王磊、彭兴韵：《中国危机管理货币政策的退出研究》，《经济学动态》，2010年第1期。

［413］王凤彬、杨阳：《对外直接投资顺逆向区位选择研究评述》，《经济学动态》，2010年第1期。

［414］周铭山、张格、刘玉珍：《证券价格中的信息含量问题研究评述》，《经济学动态》，2010年第1期。

［415］张芬、邹薇：《健康、经济增长与收入不平等研究新进展》，《经济学动态》，2010年第3期。

［416］周学：《经济大循环理论——破解中等收入陷阱和内需不足的对策》，《经济学动态》，2010年第3期。

［417］马萱、郑世林：《中国区域文化产业效率研究综述与展望》，《经济学动态》，2010年第3期。

［418］程贵孙：《买方势力理论研究评述》，《经济学动态》，2010年第3期。

［419］吴易风：《当前金融危机和经济危机背景下西方经济思潮的新动向》，《经济学动态》，2010年第3期。

［420］靳涛、丁飞：《消费与房价关系研究新进展》，《经济学动态》，2010年第3期。

［421］彭江波、郭琪：《金融促进节能减排市场化工具运行的机制研究》，《经济学动态》，2010年第3期。

［422］叶德珠、王聪、李东辉；《行为经济学时间偏好理论研究进展》，《经济学动态》，2010年第4期。

［423］于金富、安帅领：《“重建个人所有制”是共产主义社会所有制关系的本质特征——兼论公众股份制是我国现阶段“重建个人所有制”的重要形式》，《经济学动态》，2010年第4期。

［424］葛成、刘震：《我国城镇居民收入结构变化与刺激消费的政策选择》，《经济学动态》，2010年第4期。

［425］卢荣善、张远秀：《开发农村地产经营促进农民增收可行性研究——以经济发达地区江苏为例》，《经济学动态》，2010年第4期。

［426］刘银国：《国有企业员工参与公司治理与公司绩效相关性研究》，《经济学动态》，2010年第4期。

［427］庄亚明、李晏墅、李金生、孙华：《供应链协同研究综述》，《经济学动态》，2010年第4期。

[428] 刘诗白：《论过度金融化与美国的金融危机》，《经济学动态》，2010 年第 4 期。
[429] 李欣：《技术进步与工资差距关系研究新进展》，《经济学动态》，2010 年第 5 期。
[430] 马艳、郭白滢：《开源经济学的形成与发展》，《经济学动态》，2010 年第 5 期。
[431] 韦倩：《强互惠理论研究评述》，《经济学动态》，2010 年第 5 期。
[432] 唐松林：《多委托人框架下政府规制问题研究评述》，《经济学动态》，2010 年第 5 期。
[433] 朱国玮、左阿琼：《行为公共经济学的研究范畴与进展》，《经济学动态》，2010 年第 5 期。
[434] 刘文革、朱兴龙：《后转轨时期俄罗斯经济改革战略调整与“北京共识”》，《经济学动态》，2010 年第 5 期。
[435] 曾国安、洪丽：《收入不平等与经济增长关联机制研究进展》，《经济学动态》，2010 年第 5 期。
[436] 李继峰、张亚雄、潘文卿：《人民币升值的宏观经济影响测算分析》，《经济学动态》，2010 年第 5 期。
[437] 陈丰：《金融危机下中国货币政策是否陷入流动性陷阱——基于货币政策非对称性的实证研究》，《经济学动态》，2010 年第 5 期。
[438] 孙国锋：《基于“短边规则”的房地产市场非均衡研究》，《经济学动态》，2010 年第 5 期。
[439] 胡海峰、罗惠良：《我国现阶段多层次资本市场的竞争与协作机制研究》，《经济学动态》，2010 年第 5 期。
[440] 沈全芳、范汉熙：《文化经济学研究新进展》，《经济学动态》，2010 年第 6 期。
[441] 柳欣：《滞胀与我国当前宏观经济政策的两难选择》，《经济学动态》，2010 年第 6 期。
[442] 骆桢：《对“置盐定理”的批判性考察》，《经济学动态》，2010 年第 6 期。
[443] 谢庆红、黄莹：《区域创新体系模式综述与展望》，《经济学动态》，2010 年第 6 期。
[444] 荆林波、冯永晟：《信息通讯技术、生产率悖论与各国经济增长》，《经济学动态》，2010 年第 6 期。
[445] 张亚斌、艾洪山：《国际垂直专业化与工薪差距：理论研究与经验分析》，《经济学动态》，2010 年第 6 期。
[446] 欧明刚、高宾：《全球财政干预政策退出战略分析》，《经济学动态》，2010 年第 6 期。
[447] 汪进、尹兴中：《流动性过剩、全球经济再平衡——后危机时代国际经济金融新格局分析》，《经济学动态》，2010 年第 6 期。
[448] 杨大光、陈美宏：《农村金融风险分担及补偿机制研究》，《经济学动态》，2010 年第 6 期。

[449] 左大培：《附加预期的动态调整刚性名义工资模型》，《经济学动态》，2010 年第 7 期。

[450] 冯俏彬、贾康：《权益—伦理型公共产品：关于扩展的公共产品定义及其阐释》，《经济学动态》，2010 年第 7 期。

[451] 钟若愚：《中国资源生产率和全要素生产率研究》，《经济学动态》，2010 年第 7 期。

[452] 李一文：《后危机时代中国企业海外投资面临的机遇、风险与对策》，《经济学动态》，2010 年第 7 期。

[453] 王文甫：《动态随机一般均衡框架下的财政政策研究述评》，《经济学动态》，2010 年第 7 期。

[454] 李稻葵、张双长：《欧洲债务危机：预判与对策》，《经济学动态》，2010 年第 7 期。

[455] 渠慎宁、江贤武：《中国的经济增长与通货膨胀：基于产出缺口的实证解释》，《经济学动态》，2010 年第 7 期。

[456] 胡凯、唐文进、屠卫：《货币政策传导的“成本渠道”理论研究新进展》，《经济学动态》，2010 年第 7 期。

[457] 丁晓钦：《资本主义危机与出路：21 世纪社会主义——世界政治经济学学会第 5 届论坛综述》，《经济学动态》，2010 年第 8 期。

[458] 杨新铭：《城镇居民财产性收入的影响因素——兼论金融危机对城镇居民财产性收入的冲击》，《经济学动态》，2010 年第 8 期。

[459] 吕炜：《美国产业结构演变的动因与机制——基于面板数据的实证分析》，《经济学动态》，2010 年第 8 期。

[460] 张复明：《矿业寻租的租金源及其治理研究》，《经济学动态》，2010 年第 8 期。

[461] 解树江、李雪、栗侨：《中国能源经济理论研究的最新进展与评述》，《经济学动态》，2010 年第 8 期。

[462] 李春顶、石晓军、邢春冰：《“出口—生产率悖论”：对中国经验的进一步考察》，《经济学动态》，2010 年第 8 期。

[463] 靳玉英、张志栋：《“零利率下限”情形下如何应对经济衰退?》，《经济学动态》，2010 年第 8 期。

[464] 潘从文、潘希宏、张志海：《私募股权基金治理研究综述》，《经济学动态》，2010 年第 8 期。

[465] 刘扬、刘泽琴、赵春雨：《民生感知的测度：理论模型与实证分析》，《经济学动态》，2010 年第 9 期。

[466] 张江雪、宋涛、王溪薇：《国外绿色指数相关研究述评》，《经济学动态》，2010 年第 9 期。

[467] 杨春学：《“社会主义经济核算争论”及其理论遗产》，《经济学动态》，2010 年第

9 期。

[468] 陈昌兵：《城市化与投资率和消费率间的关系研究》，《经济学动态》，2010 年第 9 期。

[469] 林木西、曾祥炎：《扩大内需的产权制度分析》，《经济学动态》，2010 年第 9 期。

[470] 苏剑：《产能过剩背景下的中国宏观调控》，《经济学动态》，2010 年第 10 期。

[471] 张云：《经济虚拟化条件下的经济增长理论研究——以美国为案例的研究》，《经济学动态》，2010 年第 10 期。

[472] 吴垠：《刘易斯拐点——基于马克思产业后备军模型的解析与现实意义》，《经济学动态》，2010 年第 10 期。

[473] 王仪祥：《国有企业不宜完全退出竞争性领域》，《经济学动态》，2010 年第 10 期。

[474] 孟扬、孟捷：《默会知识和企业理论：一个演化经济学的视角》，《经济学动态》，2010 年第 10 期。

[475] 杨权：《东亚经济体持有大规模外汇储备的迷思》，《经济学动态》，2010 年第 10 期。

[476] 王阳：《劳动力市场灵活安全性研究述评》，《经济学动态》，2010 年第 11 期。

[477] 庄子罐：《经济周期波动的福利成本研究：分歧与进展》，《经济学动态》，2010 年第 11 期。

[478] 唐保庆、杨继军、陈志和：《服务贸易对经济增长的影响研究综述》，《经济学动态》，2010 年第 11 期。

[479] 方福前、孙永君：《奥肯定律在我国的适用性检验》，《经济学动态》，2010 年第 12 期。

[480] 袁志刚、绍挺：《土地制度与中国城市结构、产业结构选择》，《经济学动态》，2010 年第 12 期。

[481] 赵向琴、陈国进：《搜寻摩擦、货币和资产定价研究前沿》，《经济学动态》，2010 年第 12 期。

[482] 厉以平、厉帆：《逆势而动：21 世纪韩国金融的创新举措》，《经济学动态》，2010 年第 12 期。

[483] 周兴、王芳：《中国城市与农村基尼系数变动的分解研究》，《经济科学》，2010 年第 1 期。

[484] 雷明、孙曙光：《一种新的全要素生产率变动的分解模式》，《经济科学》，2010 年第 1 期。

[485] 陈建勋：《不同维度下高层变革型领导行为影响效果的实证研究》，《经济科学》，2010 年第 1 期。

[486] 严敏、巴曙松：《境内外人民币远期市场间联动与定价权归属：实证检验与政策启示》，《经济科学》，2010 年第 1 期。

[487] 赵翔：《银行分支机构效率测度及影响因素分析——基于超效率 DEA 与 Tobit 模

型的实证研究》，《经济科学》，2010 年第 1 期。

［488］宋思根：《消费者的零售商店信号组合偏好及对购买意向的影响》，《经济科学》，2010 年第 1 期。

［489］刘伟、蔡志洲：《我国宏观经济调控新特征的考察》，《经济科学》，2010 年第 2 期。

［490］王文甫、朱保华：《政府支出的外部性和中国政府支出的宏观效应：动态随机一般均衡视角》，《经济科学》，2010 年第 2 期。

［491］杜传忠、曹艳乔：《中国经济增长方式的实证分析——基于 28 个省市 1990~2007 年的面板数据》，《经济科学》，2010 年第 2 期。

［492］严成樑、龚六堂：《我国税收的经济增长效应与社会福利损失分析》，《经济科学》，2010 年第 2 期。

［493］李运达、马草原：《金融深化与 FDI：理论、证据和中国实效》，《经济科学》，2010 年第 2 期。

［494］许友传、杨继光：《商业银行贷款损失准备与盈余管理动机》，《经济科学》，2010 年第 2 期。

［495］肖松：《中小投资者法律保护与公司价值——来自中国上市公司的经验研究》，《经济科学》，2010 年第 2 期。

［496］耿嘉川、王杰：《劳动制度对部门工资差异的影响——基于新劳动法实施后七省微观数据的分析》，《经济科学》，2010 年第 3 期。

［497］文建东、何立华：《中国“信任之谜”及其解释》，《经济科学》，2010 年第 3 期。

［498］钱海燕、张骁、杨忠：《横向、纵向社会资本与中小企业国际化绩效：组织创新的调节作用》，《经济科学》，2010 年第 3 期。

［499］黄辉：《企业资本结构调整速度影响因素的实证研究》，《经济科学》，2010 年第 3 期。

［500］林双林：《中国财政赤字和政府债务分析》，《经济科学》，2010 年第 3 期。

［501］聂海峰、刘怡：《增值税的负担分布和累进性演变研究》，《经济科学》，2010 年第 3 期。

［502］李增福、徐媛：《税率调整对我国上市公司实际税收负担的影响》，《经济科学》，2010 年第 3 期。

［503］吴洪、赵桂芹：《保险发展、金融协同和经济增长——基于省级面板数据的研究》，《经济科学》，2010 年第 3 期。

［504］周金燕、钟宇平：《经济转轨中教育收益率变动的产权制度解释》，《经济科学》，2010 年第 4 期。

［505］李村璞、赵守国、何静：《我国的政府规模与经济增长：1979~2008——基于非线性 STR 模型的实证分析》，《经济科学》，2010 年第 4 期。

［506］刘霖、唐莲、秦宛顺：《县域经济发展不均等的影响因素：东、西部比较》，

《经济科学》，2010 年第 4 期。

[507] 杨友才：《包含产权制度溢出性的经济增长空间面板模型的实证研究》，《经济科学》，2010 年第 4 期。

[508] 辛清泉、王兵：《交叉上市、国际四大与会计盈余质量》，《经济科学》，2010 年第 4 期。

[509] 唐翔：《一个关于地区间与国际间价格水平差异的一般理论》，《经济科学》，2010 年第 4 期。

[510] 刘东皇、沈坤荣：《公共支出与经济发展方式转变：中国的经验分析》，《经济科学》，2010 年第 4 期。

[511] 王培辉、袁薇：《人民币汇率的价格传递效应——基于时变参数模型的分析》，《经济科学》，2010 年第 4 期。

[512] 项后军、于洋：《区制视角的货币政策规则以及宏观经济波动的非对称性研究》，《经济科学》，2010 年第 4 期。

[513] 李颖、栾培强：《人民币汇率传导效果的动态趋势及影响因素分析》，《经济科学》，2010 年第 4 期。

[514] 武鹏、金相郁、马丽：《数值分布、空间分布视角下的中国区域经济发展差距(1952-2008)》，《经济科学》，2010 年第 5 期。

[515] 刘金全、刘汉、印重：《中国宏观经济混频数据模型应用——基于 MIDAS 模型的实证研究》，《经济科学》，2010 年第 5 期。

[516] 林卫斌、苏剑、施发启：《经济增长、能耗强度与电力消费——用电量与 GDP 增长率背离的原因探析》，《经济科学》，2010 年第 5 期。

[517] 李自杰、李毅、曾巍、陈达：《管理控制与合资企业绩效：信任与沟通的调节作用》，《经济科学》，2010 年第 5 期。

[518] 王晰：《对华反倾销申诉的国别制度差异》，《经济科学》，2010 年第 5 期。

[519] 赵留彦：《持久盈利、暂时盈利与股价波动》，《经济科学》，2010 年第 5 期。

[520] 邹海峰、辛清泉、张金若：《公允价值计量与高管薪酬契约》，《经济科学》，2010 年第 5 期。

[521] 邵挺、李井奎：《资本市场扭曲、资本收益率与所有制差异》，《经济科学》，2010 年第 5 期。

[522] 汤向俊、任保平：《投资消费结构转变与经济增长方式转型》，《经济科学》，2010 年第 6 期。

[523] 魏下海、黄乾：《技术劳动力短缺的影响因素及其对生产率的影响——来自 15 省 1533 家制造业企业微观数据的发现》，《经济科学》，2010 年第 6 期。

[524] 蒋春燕、赵曙明：《公司企业家精神制度环境的地区差异——15 个国家高新技术产业开发区企业的实证研究》，《经济科学》，2010 年第 6 期。

[525] 梁爽：《中国货币政策与资产价格之间的关系研究》，《经济科学》，2010 年第

6 期。

[526] 贺炎林、吕随启：《中国 IPO 询价过程解析：基于公共信息的视角》，《经济科学》，2010 年第 6 期。

[527] 彭宝玉、李小建：《金融与区域发展国际研究进展及启示》，《经济地理》，2010 年第 1 期。

[528] 程开明、段存章：《FDI 与中国城市化关联机理及动态分析》，《经济地理》，2010 年第 1 期。

[529] 张战仁、杜德斌、黄力韵：《国际研发投资与我国城市经济发展的空间规律和关联分析》，《经济地理》，2010 年第 2 期。

[530] 张伟丽、覃成林：《中国区域经济增长关联性与协调发展研究》，《经济地理》，2010 年第 4 期。

[531] 徐维祥、朱恒福：《外商群体投资（FGI）、外向配套与地方经济发展——以浙江省为例》，《经济地理》，2010 年第 4 期。

[532] 范文祥：《国际产业转移对我国产业结构升级的阶段性影响分析》，《经济地理》，2010 年第 4 期。

[533] 顾海峰：《区域性产业结构演进中的金融支持政策——以苏州市为例》，《经济地理》，2010 年第 5 期。

[534] 倪外、曾刚：《国外低碳经济研究动向分析》，《经济地理》，2010 年第 8 期。

[535] 吕拉昌、黄茹、韩丽、藤丽：《新经济背景下的城市地理学研究的新趋势》，《经济地理》，2010 年第 8 期。

[536] 金戈：《产业结构变迁与产业政策选择——以东亚经济体为例》，《经济地理》，2010 年第 9 期。

[537] 刘力、白渭淋：《区域经济一体化与行政区经济的空间效应研究——基于“泛珠三角”区域合作与广东“双转移”的政策协同效应》，《经济地理》，2010 年第 11 期。

[538] 刘瑞明：《哈耶克诘难、权威转变与经济成长：中国分权式改革的逻辑》，《经济学家》，2010 年第 1 期。

[539] 杨龙、胡晓珍：《基于 DEA 的中国绿色经济效率地区差异与收敛分析》，《经济学家》，2010 年第 1 期。

[540] 徐忠爱：《基于契约规制的农村经济组织模式研究》，《经济学家》，2010 年第 1 期。

[541] 巴曙松、朱元倩：《压力测试在银行风险管理中的应用》，《经济学家》，2010 年第 1 期。

[542] 宋旺、钟正生：《我国金融脱媒对货币政策传导机制的影响：1978–2007》，《经济学家》，2010 年第 1 期。

[543] 陈其安、张媛、刘星：《宏观经济环境、政府调控政策与股票市场波动性——来自中国股票市场的经验证据》，《经济学家》，2010 年第 1 期。

[544] 孙敬水、章迪平:《中国流通业所有制结构变迁绩效实证分析》,《经济学家》,2010 年第 1 期。

[545] 李楠迪、任新立:《次贷危机的源与流:基于马克思视角的分析》,《经济学家》,2010 年第 1 期。

[546] 鲁品越、桂徽:《创新型劳动的价值创造模型——对庞巴维克挑战的当代回应》,《经济学家》,2010 年第 3 期。

[547] 张延:《动态无效率产生的原因解析——对 David Romer〈高级宏观经济学〉教科书观点的修正》,《经济学家》,2010 年第 3 期。

[548] 陈英武、郑江淮、高彦彦:《信息不对称、城市声誉与生产者服务的区位选择》,《经济学家》,2010 年第 3 期。

[549] 翁媛媛、高汝熹、饶文军:《中国高储蓄率部门特征、成因及对策》,《经济学家》,2010 年第 3 期。

[550] 靳涛、张建辉:《大规模政府支出真的会挤出 FDI 吗——基于两者因果关系的实证研究与结构检验》,《经济学家》,2010 年第 3 期。

[551] 杨玲、郭羽诞:《中国生产者服务业与国际贸易关联度的理论与实证研究》,《经济学家》,2010 年第 4 期。

[552] 袁申国、陈平:《资产负债表、金融加速器与企业投资》,《经济学家》,2010 年第 4 期。

[553] 唐浩、王鹏、唐静:《金融危机背景下中国的投资乘数效应与防通胀分析》,《经济学家》,2010 年第 4 期。

[554] 刘书祥、曾国彪:《技术进步对中国就业影响的实证分析:1978-2006》,《经济学家》,2010 年第 4 期。

[555] 姜莉:《文化向度与空间经济增长》,《经济学家》,2010 年第 5 期。

[556] 赵显洲:《关于“刘易斯转折点”的几个理论问题》,《经济学家》,2010 年第 5 期。

[557] 陈飞翔、俞兆云、居励:《锁定效应与我国工业结构演变:1992-2006》,《经济学家》,2010 年第 5 期。

[558] 郭晔、赖章福:《货币政策与财政政策的区域产业结构调整效应比较》,《经济学家》,2010 年第 5 期。

[559] 丁任重:《中国房地产业的调控效应与走势分析》,《经济学家》,2010 年第 5 期。

[560] 张勇:《中国资本存量、公共与私人资本存量的再估算和对比分析》,《经济学家》,2010 年第 6 期。

[561] 赵峰:《当代资本主义经济是否发生了金融化转型》,《经济学家》,2010 年第 6 期。

[562] 梁东黎:《基于投资收益的技术进步结构及测度新方法研究》,《经济学家》,2010 年第 6 期。

[563] 袁欣:《中国对外贸易结构与产业结构:"镜像"与"原像"的背离》,《经济学家》,2010年第6期。

[564] 李永友:《中国地方财政资金配置效率核算与分析》,《经济学家》,2010年第6期。

[565] 刘诗白:《论过度金融化与美国的金融危机》,《经济学家》,2010年第6期。

[566] 初昌雄:《我国碳金融发展现状与发展策略》,《经济学家》,2010年第6期。

[567] 唐根年:《房地产价格上涨的基础支撑面及其市场风险预警研究——基于Granger检验与突变模型的视角》,《经济学家》,2010年第6期。

[568] 赖丹馨、费方域:《公私合作制(PPP)的效率:一个综述》,《经济学家》,2010年第7期。

[569] 邓可斌、丁重:《中国创造性破坏缺乏的理论成因及实证检验》,《经济学家》,2010年第7期。

[570] 安苑、王珺:《财政分权与支出偏向的动态演进——基于非参数逐点估计的分析》,《经济学家》,2010年第7期。

[571] 杨宏力:《寻租理论的发展流变及其方向瞻望——兼论隐匿权威寻租的源起与治理》,《经济学家》,2010年第8期。

[572] 白永秀:《后改革时代的关键:城乡经济社会一体化》,《经济学家》,2010年第8期。

[573] 孙早、张敏、刘文璨:《后危机时代的大国产业战略与新兴战略产业的发展》,《经济学家》,2010年第9期。

[574] 郭东杰:《中国高技术产业内贸易与竞争力分析——"里昂惕夫之谜"的综合解释》,《经济学家》,2010年第9期。

[575] 钱书法、周绍东:《产品内分工陷阱:马克思分工理论与产品建构理论的解释及其比较》,《经济学家》,2010年第10期。

[576] 杨少华、李再扬:《中国电信业生产率变动及其分解:基于DEA-Malmquist指数法的分析》,《经济学家》,2010年第10期。

[577] 林卫斌、陈东、胡涛:《垄断行业市场化改革的经济机理与潜在风险——以电力行业为例》,《经济学家》,2010年第11期。

[578] 孙浦阳、武力超:《基于大推动模型分析外商直接投资对城市化进程的影响》,《经济学家》,2010年第11期。

[579] 沙文兵、孙君:《FDI知识溢出对中国高技术产业创新能力的影响——基于分行业面板数据的检验》,《经济学家》,2010年第11期。

[580] 徐芳、星焱:《我国西部金融与财政支农的经济效应:川渝例证》,《经济学家》,2010年第11期。

[581] 朱汉清:《要素转移与产业转移的比较研究》,《经济学家》,2010年第12期。

[582] 丁长发:《"双失灵"下我国收入分配问题研究》,《经济学家》,2010年第12期。

[583] 刘刚：《人民币汇率中美博弈的国外研究述评》，《经济学家》，2010 年第 12 期。

[584] 蒋兵、朱方伟、张坚志：《后发国家消费电子企业核心关键件技术发展路径研究》，《预测》，2010 年第 1 期。

[585] 邵景波、张明立、唐桂：《文化要素对顾客资产关系驱动要素的影响——在中美文化背景下的差异研究》，《预测》，2010 年第 1 期。

[586] 杨雪、王影：《基于关键事件技术的服务业顾客间互动行为研究》，《预测》，2010 年第 1 期。

[587] 易牧农、张初兵、韩德昌：《员工满意度与顾客满意度传导机制的实证研究》，《预测》，2010 年第 1 期。

[588] 赵欣、赵西萍：《自我效能感与工作控制的匹配性模型——对 Karasek 工作压力模型的扩展》，《预测》，2010 年第 1 期。

[589] 韩云、孙林岩：《我国低端制造业的形成路径、内在矛盾与提升方向》，《预测》，2010 年第 2 期。

[590] 孙秀峰、迟国泰：《中国商业银行效率的内生影响因素研究与实证》，《预测》，2010 年第 2 期。

[591] 李凯、邹怿：《金字塔控制、管理层持股与公司全要素生产率——来自中国制造业国有上市公司的经验证据》，《预测》，2010 年第 2 期。

[592] 杜沔、顾亮：《大股东持股比例和公司绩效的因果关系研究——基于我国上市公司面板数据的格兰杰因果检验》，《预测》，2010 年第 3 期。

[593] 张媛、胡小玲：《明星基金暂停申购是否加剧了溢出效应？——对我国开放式基金家族的实证研究》，《预测》，2010 年第 3 期。

[594] 郭心毅、陈斌：《基于公平偏好理论的激励机制研究》，《预测》，2010 年第 3 期。

[595] 王晓东：《产业升级和转移背景下广东工业行业效率变化实证研究——基于 Malmquist 指数的分析》，《预测》，2010 年第 4 期。

[596] 刘光富、陈晓莉：《以汽车产业发展为对象的绿色技术预见》，《预测》，2010 年第 4 期。

[597] 马宝龙、李飞、王高、冉伦：《产品伤害危机对品牌绩效指标的影响研究——基于随机模型方法的实证分析》，《预测》，2010 年第 4 期。

[598] 党兴华、李玲、张巍：《技术创新网络中企业间依赖与合作动机对企业合作行为的影响研究》，《预测》，2010 年第 5 期。

[599] 金玉芳、董大海：《中国消费者品牌信任内涵及其量表开发研究》，《预测》，2010 年第 5 期。

[600] 胡宗义、刘亦文、杨柳：《人民币升值对通货膨胀的抑制效应分析——基于一个动态 CGE 的分析》，《预测》，2010 年第 5 期。

[601] 刘胜强、刘星：《董事会规模对企业 R&D 投资行为的门槛效应分析——基于制造业和信息业面板数据的经验证据》，《预测》，2010 年第 6 期。

［602］唐小飞、郑杰、孙洪杰：《消费者品牌信任瓦解与重塑对策研究》，《预测》，2010 年第 6 期。

［603］姚泽有：《考虑努力及退货价格因素的易逝品供应链退货政策模型》，《预测》，2010 年第 6 期。

［604］胡勇、陈利根：《中国转型期土地权属纠纷：系统分析与文化对策》，《中国土地科学》，2010 年第 3 期。

［605］杜官印、蔡运龙、廖蓉：《中国 1997-2007 年包含建设用地投入的全要素生产率分析》，《中国土地科学》，2010 年第 7 期。

［606］朱丽娜、石晓平：《中国土地出让制度改革对地方财政收入的影响分析》，《中国土地科学》，2010 年第 7 期。

［607］周小平、柴铎、卢艳霞、宋丽洁：《耕地保护补偿的经济学解释》，《中国土地科学》，2010 年第 10 期。

［608］赵涛：《促进农村经济持续发展的资金问题思考》，《中国土地科学》，2010 年第 11 期。

［609］李雪灵、马文杰、姚一玮：《转型经济创业研究现状剖析与体系构建》，《外国经济与管理》，2010 年第 4 期。

［610］熊素红、景奉杰：《冲动性购买影响因素新探与模型构建》，《外国经济与管理》，2010 年第 5 期。

［611］陈晓敏、胡玉明、周茜：《财务重述经济后果研究述评》，《外国经济与管理》，2010 年第 6 期。

［612］徐宁、徐向艺：《上市公司股权激励效应研究脉络梳理与不同视角比较》，《外国经济与管理》，2010 年第 7 期。

第二节 英文期刊索引

［1］Mitton Todd, Vorkink Keith. Why Do Firms with Diversification Discounts Have Higher Expected Returns? Journal of Financial & Quantitative Analysis. 09/10/2010, Vol. 45 Issue 6.

［2］Grenwood Robin, Hanson Samuel, Stein Jeremy C. A Gap-Filling Theory of Corporate Debt Maturity Choice. Journal of Finance. Jun2010, Vol. 65 Issue 3.

［3］Xing Yuhang, Zhang Xiaoyan, Zhao Rui. What Does the Individual Option Volatility Smirk Tell Us About Future Equity Returns? Journal of Financial & Quantitative Analysis, Jun2010, Vol. 45 Issue 3.

［4］Brockman, Paul, Martin Xiumin, Unlu Emre. Executive Compensation and the Maturity Structure of Corporate Debt. Journal of Finance. Jun2010, Vol. 65 Issue 3.

[5] Cready William M., Gurun Umit G. Aggregate Market Reaction to Earnings Announcements. Journal of Accounting Research. May2010, Vol. 48 Issue 2.

[6] Van Binsbergen, Jules H., Graham, John R. Yang Jie. The Cost of Debt. Journal of Finance. Dec2010, Vol. 65 Issue 6.

[7] Korteweg, Arthur. The Net Benefits to Leverage. Journal of Finance. Dec2010, Vol. 65 Issue 6.

[8] Favero Carlo, Pagano Marco, von Thadden, Ernst-Ludwig. How Does Liquidity Affect Government Bond Yields? Journal of Financial & Quantitative Analysis. Feb2010, Vol. 45 Issue 1.

[9] Zugang Liu, Jia Wang. Value, Growth, and Style Rotation Strategies in the Long Run. Journal of Financial Service Professionals. Nov2010, Vol. 64 Issue 6.

[10] Bushman Robert M., Smith, Abbie J, Wittenberg-Moerman Regina. Price Discovery and Dissemination of Private Information by Loan Syndicate Participants. Journal of Accounting Research. Dec2010, Vol. 48 Issue 5.

[11] Li Tao, Muzere Mark L. Heterogeneity and Volatility Puzzles in International Finance. Journal of Financial & Quantitative Analysis. 09/10/2010, Vol. 45 Issue 6.

[12] Gatchev Vladimir A, Pulvino Todd; Tarhan Vefa. The Interdependent and Intertemporal Nature of Financial Decisions: An Application to Cash Flow Sensitivities. Journal of Finance. Apr2010, Vol. 65 Issue 2.

[13] Shivakumar Lakshmanan. Discussion of Aggregate Market Reaction to Earnings Announcements. Journal of Accounting Research. May2010, Vol. 48 Issue 2.

[14] Menzly, Lior Ozbas, Oguzhan. Market Segmentation and Cross-predictability of Returns. Journal of Finance. Aug2010, Vol. 65 Issue 4.

[15] Heston Steven L, Korajczyk, Robert A, Sadka Ronnie. Intraday Patterns in the Cross-section of Stock Returns. Journal of Finance. Aug2010, Vol. 65 Issue 4.

[16] Zhang Chu. A Reexamination of the Causes of Time-Varying Stock Return Volatilities. Journal of Financial & Quantitative Analysis. Jun2010, Vol. 45 Issue 3.

[17] Keung Edmund, Lin Zhi-Xing, Shih Michaei. Does the Stock Market See a Zero or Small Positive Earnings Surprise as A Red Flag? Journal of Accounting Research. Mar2010, Vol. 48 Issue 1.

[18] Da Zhi, Gao Pengjie. Clientele Change, Liquidity Shock, and the Return on Financially Distressed Stocks. Journal of Financial & Quantitative Analysis. Feb2010, Vol. 45 Issue 3.

[19] Lowry Michelle, Officer Micah S, Schwert G. William. The Variability of IPO Initial Returns. Journal of Finance. Apr2010, Vol. 65 Issue 2.

[20] Feng Gu, Li John Q. The Value-Relevance of Advertising: Evidence from Pharmaceutical Industry. Journal of Accounting, Auditing & Finance. Winter2010, Vol. 25

Issue 1.

[21] Andersen Torben G, Benzoni Luca. Do Bonds Span Volatility Risk in the U.S. Treasury Market? A Specification Test for Affine Term Structure Models. Journal of Finance. Apr2010, Vol. 65 Issue 2.

[22] Buraschi Andrea, Porchia Paolo, Trojani Fabio. Correlation Risk and Optimal Portfolio Choice. Journal of Finance. Feb2010, Vol. 65 Issue 1.

[23] Hameed Allaudeen, Kang Wenjin, Viswanathan S. Stock Market Declines and Liquidity. Journal of Finance. Feb2010, Vol. 65 Issue 1.

[24] Madan Dilip B, Cherny Alexander. Markets As A Counterparty: An Introduction to Conic Finance. International Journal of Theoretical & Applied Finance. Dec2010, Vol. 13 Issue 8.

[25] Rampini Adriano A, Viswanathan, S. Collateral, Risk Management, and the Distribution of Debt Capacity. Journal of Finance. Dec2010, Vol. 65 Issue 6.

[26] Barniv Ran, Hope Ole-Kristian, Myring Mark, Thomas Wayne B. International Evidence on Analyst Stock Recommendations, Valuations, and Returns. Contemporary Accounting Research. 2010, Vol. 27 Issue 4.

[27] Chen Hui. Macroeconomic Conditions and the Puzzles of Credit Spreads and Capital Structure. Journal of Finance. Dec2010, Vol. 65 Issue 6.

[28] Resutek Robert J. Intangible Returns, Accruals, and Return Reversal: A Multiperiod Examination of the Accrual Anomaly. Accounting Review. Jul2010, Vol. 85 Issue4.

[29] Doidge Craig, Karolyi G. Andrew, Stulz Rene M. Why Do Foreign Firms Leave U.S. Equity Markets? Journal of Finance. Aug2010, Vol. 65 Issue 4.

[30] Bebchuk Lucian A, Grinstein Yaniv, Peyer Urs. Lucky CEOs and Lucky Directors. Journal of Finance. Dec2010, Vol. 65 Issue 6.

[31] Seasholes Mark S, Zhu Ning. Individual Investors and Local Bias. Journal of Finance. Oct2010, Vol. 65 Issue 5.

[32] Carlson Murray, Lazrak ALI. Leverage Choice and Credit Spreads when Managers Risk Shift. Journal of Finance. Dec2010, Vol. 65 Issue 6.

[33] Caudill April. Roth Conversion Strategies for Beneficiaries. Journal of Financial Service Professionals. Jul2010, Vol. 64 Issue 4.

[34] Gomes Joao F, Schmid Lukas. Levered Returns. Journal of Finance. Apr2010, Vol. 65 Issue 2.

[35] Green Richard C, Li Dan, SchÜrhoff Norman. Price Discovery in Illiquid Markets: Do Financial Asset Prices Rise Faster Than They Fall? Journal of Finance. Oct2010, Vol. 65 Issue 5.

[36] Easley David, O'hara Maureen. Microstructure and Ambiguity. Journal of Finance.

Oct2010, Vol. 65 Issue 5.

[37] Banerjee Snehal, Kremer, Ilan. Disagreement and Learning: Dynamic Patterns of Trade. Journal of Finance. Aug2010, Vol. 65 Issue 4.

[38] Linnainmaa Juhani T. Do Limit Orders Alter Inferences about Investor Performance and Behavior? Journal of Finance. Aug2010, Vol. 65 Issue 4.

[39] Elliott W. Brooke, Krische Susan D, Peecher Mark E. Expected Mispricing: The Joint Influence of Accounting Transparency and Investor Base. Journal of Accounting Research. May2010, Vol. 48 Issue 2.

[40] Hsu Hung-Chia, Reed Adam V, Rocholl Jörg. The New Game in Town: Competitive Effects of IPOs. Journal of Finance. Apr2010, Vol. 65 Issue 2.

[41] Jiang George J, Tian, Yisong S. Forecasting Volatility Using Long Memory and Comovements: An Application to Option Valuation under SFAS 123R. Journal of Financial & Quantitative Analysis. Apr2010, Vol. 45 Issue 2.

[42] Entwistle Gary M., Feltham Glenn D, Mbagwu Chima. The Value Relevance of Alternative Earnings Measures: A Comparison of Pro Forma, GAAP, and I/B/E/S Earnings. Journal of Accounting, Auditing & Finance. Spring2010, Vol. 25 Issue 2.

[43] Malinova Katya, Park Andreas. Trading Volume in Dealer Markets. Journal of Financial & Quantitative Analysis. 09/10/2010, Vol. 45 Issue 6.

[44] Duffie Darrell. Presidential Address: Asset Price Dynamics with Slow-Moving Capital. Journal of Finance. Aug2010, Vol. 65 Issue 4.

[45] Kang Byoung Uk, In Francis, Kim Gunky, Kim Tong Suk. A Longer Look at the Asymmetric Dependence between Hedge Funds and the Equity Market. Journal of Financial & Quantitative Analysis. Jun2010, Vol. 45 Issue 3.

[46] Lasser Dennis J, Wang Xue, Zhang Yan. The Effect of Short Selling on Market Reactions to Earnings Announcements. Contemporary Accounting Research. Summer2010, Vol. 27 Issue 2.

[47] Cremers Martijn, Weinbaum David. Deviations from Put-Call Parity and Stock Return Predictability. Journal of Financial & Quantitative Analysis. Apr2010, Vol. 45 Issue 2.

[48] Kaustia, Markku. Prospect Theory and the Disposition Effect. Journal of Financial & Quantitative Analysis. Jun2010, Vol. 45 Issue 3.

[49] Sapienza Paola. Discussion of Self-Selection and the Forecasting Abilities of Female Equity Analysts. Journal of Accounting Research. May2010, Vol. 48 Issue 2.

[50] Hoberg Gerard, Phillips Gordon. Real and Financial Industry Booms and Busts. Journal of Finance. Feb2010, Vol. 65 Issue 1.

[51] Francis Bill B, Hasan Iftekhar, Lothian James R, Sun Xian. The Signaling Hypothesis Revisited: Evidence from Foreign IPOs. Journal of Financial & Quantitative

Analysis. Feb2010, Vol. 45 Issue 1.

[52] Elder, Jack E. Does Revenue Ruling 2009-13 Sound the Death Knell for Life Settlements? Journal of Financial Service Professionals. Jan2010, Vol. 64 Issue 1.

[53] Rahman Asheq, Debreceny Roger. Frequency of Corporate Announcements via Stock Exchange Web Sites and Market Efficiency. Journal of Accounting, Auditing & Finance. Summer2010, Vol. 25 Issue 3.

[54] Hjalmarsson Erik. Predicting Global Stock Returns. Journal of Financial & Quantitative Analysis. Feb2010, Vol. 45 Issue 1.

[55] Berndt Antje, Ritchken Peter, Sun Zhiqiang. On Correlation and Default Clustering in Credit Markets. Review of Financial Studies. Jul2010, Vol. 23 Issue 7.

[56] Gstoettner Markus, Jensen Anders. Aid and Public Finance: A Missing Link? Atlantic Economic Journal. Jun2010, Vol. 38 Issue 2.

[57] Brennan Michael J, Wang Ashley W. The Mispricing Return Premium. Review of Financial Studies. Sep2010, Vol. 23 Issue 9.

[58] Chui Andy C. W, Titman Sheridan, Wei K.C. John. Individualism and Momentum around the World. Journal of Finance. Feb2010, Vol. 65 Issue 1.

[59] Comerton-Forde, Carole, Hendershott, Terrence, Jones Charles M, Moulton, Pamela C, Seasholes Mark S. Time Variation in Liquidity: The Role of Market-Maker Inventories and Revenues. Journal of Finance. Feb2010, Vol. 65 Issue 1.

[60] Priemus Hugo. Housing Finance Reform in the Making: The Case of the Netherlands. Housing Studies, September 2010, V. 25, Iss.5.

[61] Keung Edmund C. Do Supplementary Sales Forecasts Increase the Credibility of Financial Analysts' Earnings Forecasts? Accounting Review. Nov2010, Vol. 85 Issue6.

[62] Ryan Lori Verstegen, Bechholtz Ann K, Kolb Robert W. New Directions in Corporate Governance and Finance: Implications for Business Ethics Research. Business Ethics Quarterly. Oct2010, Vol. 20 Issue 4.

[63] Peress Joel Product Market Competition, Insider Trading, and Stock Market Efficiency. Journal of Finance. Feb2010, Vol. 65 Issue 1.

[64] Orens Raf, Aerts Walter Cormier Denis. Web-Based Non-Financial Disclosure and Cost of Finance. Journal of Business Finance & Accounting. Nov/Dec2010, Vol. 37 Issue 9/10.

[65] Koetter Michael, Wedow Michael. Finance and Growth in A Bank-Based Economy: Is It Quantity or Quality That Matters? Journal of International Money and Finance, December 2010, V.29, Iss. 8.

[66] Selvi G. Pandi, Karuppasamy R. Micro Finance in India and Millennium Development Goals: Maximizing Impact on Poverty, International Journal of Research in Commerce and Management, November 2010, V.1, Iss.7.

[67] Violi Roberto. Credit Ratings in Structured Finance: Some Lessons from the Current Credit Crisis and Beyond. Journal of Structured Finance. Fall2010, Vol. 16 Issue 3.

[68] Povel Paul, Singh Rajdeep. Stapled Finance. Journal of Finance. Jun2010, Vol. 65 Issue 3.

[69] Li Si-Ming. Mortgage Loan as A Means of Home Finance in Urban China: A Comparative Study of Guangzhou and Shanghai, Housing Studies, November 2010, V. 25, Iss.6.

[70] Dan Weiss. Cost Behavior and Analysts' Earnings Forecasts. Accounting Review. Jul2010, Vol. 85 Issue 4.

[71] Gittell Ross. Comparative Perspectives on the Relationship of Public Finance and Poverty, Public Finance and Management, 2010, v. 10, iss. 3.

[72] Brummer Chris. Why Soft Law Dominates International Finance—And Not Trade Journal of International Economic Law, September 2010, v. 13, iss.3.

[73] Sinha Pushpa. Impact of Micro Finance in Poverty Alleviation and Socioeconomic Empowerment of Rural Women. Economic Affairs, December 2010, v. 55, iss.3-4.

[74] Thakral Shefali Verma, Uppal Nitima, Chawla Esha. Empowerment of Women through Micro Finance: A Boon for Development of Economy. Iternational Journal of Research in Commerce and Management, December 2010, v. 1, iss. 8.

[75] Doran James S, Fodor Andy, Krieger Kevin. Option Market Efficiency and Analyst Recommendations. Journal of Business Finance & Accounting. Jun/Jul2010, Vol. 37 Issue 5/6.

[76] Mangan Jean, Hughes Amanda, Slack Kim. Student Finance, Information and Decision Making.Higher Education, Nov2010, Vol. 60 Issue 5.

[77] Ayyagari Meghana, Demirguc-Kunt Asli, Maksimovic Vojislav. Formal versus Informal Finance: Evidence from China. Review of Financial Studies. Aug2010, Vol. 23 Issue 8.

[78] DeBondt Werner, Forbes William, Hamalainen Paul, Muradoglu, Yaz Gulnur. What Can Behavioural Finance Teach Us about Finance? Qualitative Research in Financial Markets, 2010, v. 2, iss. 1.

[79] Chen Hui, Miao Jianjun, Wang Neng. Entrepreneurial Finance and Nondiversifiable Risk. Review of Financial Studies. Dec2010, Vol. 23 Issue 12.

[80] Norden Lars, Weber Martin. Credit Line Usage, Checking Account Activity, and Default Risk of Bank Borrowers. Review of Financial Studies. Oct2010, Vol. 23 Issue 10.

[81] Nigeria Rahji M. A. Y, Adeoti A. I. Determinants of Agricultural Credit Rationing by Commercial Banks in South-Western, International Research Journal of Finance and Economics, March 2010, iss. 37.

[82] Cull Robert Scott, Kinnon. Measuring Household Usage of Financial Services: Does It Matter How or Whom You Ask? World Bank Economic Review, 2010, v. 24, iss.2.

[83] Mkpado M, Arene C. J. Does Group Design Affect Savings Mobilization of Rural Agricultural Micro Credit Groups? Evidence from Nigeria. Economic Affairs, December 2010, v. 55, iss. 3–4.

[84] Harvey Campbell R. Report of the Editor of the Journal of Finance for the Year 2009. Journal of Finance. Aug2010, Vol. 65 Issue 4.

[85] Williams Densil A. An Empirical Investigation into the Financing of Small, Family–Owned Businesses in Jamaica, Social and Economic Studies, September 2010, v. 59, iss.3.

[86] Korteweg Arthur, Sorensen Morten. Risk and Return Characteristics of Venture Capital–Backed Entrepreneurial Companies. Review of Financial Studies. Oct2010, Vol. 23 Issue 10.

[87] Forrester J. Paul, Taf Jeffrey P. Recent U.S. Financial Reforms Affecting Structured Finance: Missing the Mark or Too Soon to Tell? Journal of Structured Finance. Fall2010, Vol. 16 Issue 3.

[88] Basu Somnath. Insuring the Investment Portfolio. Journal of Financial Service Professionals. Nov2010, Vol. 64 Issue 6.

[89] Gama Ana Paula Matias, Mateus Cesario. Does Trade Credit Facilitate Access to Bank Finance? An Empirical Evidence from Portuguese and Spanish Small and Medium Size Enterprises. International Research Journal of Finance and Economics, August 2010, iss. 45.

[90] Wei Jason, Zheng Jinguo. Trading Activity and Bid–ask Spreads of Individual Equity Options. Journal of Banking & Finance. Dec2010, Vol. 34 Issue 12.

[91] Chui Michael, Domanski Dietrich, Kugler Peter, Shek Jimmy. The Collapse of International Bank Finance during the Crisis: Evidence from Syndicated Loan Markets. BIS Quarterly Review, September 2010.

[92] Sorensen Eric H., Ghosh Sanjoy. Rewarding Fundamentals. Journal of Portfolio Management. Summer2010, Vol. 36 Issue 4.

[93] Dittmann, Ingolf; Maug, Eenst; Spalt, Oliver. Sticks or Carrots? Optimal CEO Compensation when Managers Are Loss Averse. Journal of Finance. Dec2010, Vol. 65 Issue 6.

[94] Bettis Carr, Bizjak John, Coles Jeffrey, Kalpathy, Swaminathan. Stock and Option Grants with Performance–based Vesting Provisions. Review of Financial Studies. Oct2010, Vol. 23 Issue 10.

[95] Norden Lars, Weber Martin, Credit Line Usage, Checking Account Activity, and Default Risk of Bank Borrowers.Review of Financial Studies, October 2010, v. 23, iss. 10.

[96] Jonathan, Lyons Angela, Information and Credit Access: Using Bankruptcy as a Signal Fisher. Applied Economics, October–November 2010, v. 42, iss. 25–27.

[97] Simpson Ana. Analysts' Use of Nonfinancial Information Disclosures. Contemporary

Accounting Research. Spring2010, Vol. 27 Issue 1.

[98] Hirshleifer David, Jiang Danling. A Financing-Based Misvaluation Factor and the Cross-Section of Expected Returns. Review of Financial Studies. Sep2010, Vol. 23 Issue 9.

[99] Fresard, Laurent. Financial Strength and Product Market Behavior: The Real Effects of Corporate Cash Holdings. Journal of Finance. Jun2010, Vol. 65 Issue3.

[100] Duchin, Ran. Cash Holdings and Corporate Diversification. Journal of Finance. Jun2010, Vol. 65 Issue 3.

[101] Rice Tara, Strahan Philip E. Does Credit Competition Affect Small-Firm Finance? Journal of Finance, June 2010, v. 65, iss. 3.

[102] Kaplan Robert S, Grossman Allen S. The Emerging Capital Market For Nonprofits. Harvard Business Review. Oct2010, Vol. 88 Issue 10.

[103] Siems Mathias, Deakin Simon. Comparative Law and Finance: Past, Present, and Future Research. Journal of Institutional and Theoretical Economics, March 2010, v. 166, iss. 1.

[104] Hege Ulrich, Hennessy Christopher. Acquisition Values and Optimal Financial (In) Flexibility. Review of Financial Studies. Jul2010, Vol. 23 Issue 7.

[105] Coleman Les, Maheswaran Krishnan, Pinder Sean. Narratives in managers' corporate finance decisions. Accounting & Finance. Sep2010, Vol. 50 Issue3.

[106] Shi Lei, Ghosh Chinmoy, Srinivasan Han. Should They Play? Market Value of Corporate Partnerships With Professional Sport Leagues. Journal of Sport Management, Nov2010, Vol. 24 Issue 6.

[107] Jiang Wei, Li Kai, Shao Pei. When Shareholders Are Creditors: Effects of the Simultaneous Holding of Equity and Debt by Non-commercial Banking Institutions. Review of Financial Studies. Oct2010, Vol. 23 Issue 10.

[108] Ayers Benjamin C, Laplante, Stacie Kelley, Mcguire Sean T. Credit Ratings and Taxes: The Effect of Book-Tax Differences on Ratings Changes. Contemporary Accounting Research. Summer2010, Vol. 27 Issue 2.

[109] Bandyopadhyay Sati P, Chen Changling, Huang Alan G, Jha, Ranjini. Accounting Conservatism and the Temporal Trends in Current Earnings' Ability to Predict Future Cash Flows versus Future Earnings: Evidence on the Trade-off between Relevance and Reliability. Contemporary Accounting Research. Summer2010, Vol. 27 Issue 2.

[110] Cooper Michael J, Gulen Huseyin, Ovtchinnikov Alexei V. Corporate Political Contributions and Stock Returns. Journal of Finance. Apr2010, Vol. 65 Issue 2.

[111] Almazan Andres, De Motta Adolfo, Titman Sheridan, Uysal Vahap. Financial Structure, Acquisition Opportunities, and Firm Locations. Journal of Finance. Apr2010, Vol. 65 Issue 2.

[112] Saona Paolo, Vallelado Eleuterio. Is the Use of Bank Debt as A Governance Mechanism Conditioned by the Financial System? The Cases of Chile and Spain. Applied Economics, May-June 2010, v. 42, iss. 13-15.

[113] Stenning Alison, Smith Adrian, Rochovska Alena, Swiatek Dariusz. Credit, Debt, and Everyday Financial Practices: Low-Income Households in Two Postsocialist Cities. Economic. Geography, April 2010, v. 86, iss. 2.

[114] Mullineux Andy, Murinde Victor, Sensarma Rudra. Convergence of Corporate Finance Patterns in Europe. Economic Issues. Sep2010, Vol. 15 Issue 2.

[115] Livingston Miles, Wei Jie (Diana), Zhou, Lei. Moody's and S&P Ratings: Are They Equivalent? Conservative Ratings and Split Rated Bond Yields. Journal of Money, Credit & Banking (Wiley-Blackwell). Oct2010, Vol. 42 Issue 7.

[116] Schneider Paul, Sögner Leopold, Veža Tanja. The Economic Role of Jumps and Recovery Rates in the Market for Corporate Default Risk. Journal of Financial & Quantitative Analysis. 09/10/2010, Vol. 45 Issue 6.

[117] Brevik Frode, d'Addona Stefano. Information Quality and Stock Returns Revisited. Journal of Financial & Quantitative Analysis. 09/10/2010, Vol. 45 Issue 6.

[118] Karpoff Jonathan M., Lou Xiaoxia. Short Sellers and Financial Misconduct. Journal of Finance. Oct2010, Vol. 65 Issue 5.

[119] Nikolaev Valeri V. Debt Covenants and Accounting Conservatism. Journal of Accounting Research. Mar2010, Vol. 48 Issue 1.

[120] Lee Yuan-Ming, Wang Kuan-Min. Finance, Investment and Growth: Nonlinear Time Series Evidence from 10 Asian Economies.Applied Economics Letters, March-April 2010, v. 17, iss. 4-6.

[121] Berk Jonathan B, Stanton Richard, Zechner, Josef. Human Capital, Bankruptcy, and Capital Structure. Journal of Finance. Jun2010, Vol. 65 Issue 3.

[122] He Zhongzhi (Lawrence), Huh Sahn-Wook, Lee Bong-Soo. Dynamic Factors and Asset Pricing. Journal of Financial & Quantitative Analysis. Jun2010, Vol. 45 Issue 3.

[123] Frier Rober F. The Role of the ABS Indenture Trustee in the Post-Meltdown Structured Finance Environment: Just What Are You Implying? Journal of Structured Finance. Summer2010, Vol. 16 Issue 2.

[124] Hughen Linda. When Do Accounting Earnings Matter More than Economic Earnings? Evidence from Hedge Accounting Restatements. Journal of Business Finance & Accounting. Nov/Dec2010, Vol. 37 Issue 9/10.

[125] Pixley Jocelyn, Jassa. Behavioural Finance Issues and the Bank Client.The Finsia Journal of Applied Finance, 2010, iss. 1.

[126] Acerete Jose Basilio, Shaoul Jean, Stafford Anne, Stapleton Pam. The Cost of

Using Private Finance for Roads in Spain and the UK. Australian Journal of Public Administration. Mar2010 Supplement 1, Vol. 69.

[127] Ibáñez Alfredo, Paraskevopoulos Ioannis. The Sensitivity of American Options to Suboptimal Exercise Strategies. Journal of Financial & Quantitative Analysis. 09/10/2010, Vol. 45 Issue 6

[128] Hovakimian Armen, Hutton Irena. Merger-Motivated IPOs. Financial Management (Blackwell Publishing Limited) . Winter2010, Vol. 39 Issue 4.

[129] Fausto Domenicantonio. Public Expenditure in Italian Public Finance Theory. European Journal of the History of Economic Thought. Oct2010, Vol. 17 Issue 4.

[130] Bakir Caner, Onis Ziya. The Regulatory State and Turkish Banking Reforms in the Age of Post-Washington Consensus. Development and Change January 2010, v. 41, iss. 1.

[131] Imhanlahimi Joseph E, Idolor Eseoghene Joseph. Poverty Alleviation through Micro Financing in Nigeria: Prospects and Challenges.Journal of Financial Management and Analysis, January-June 2010, v. 23, iss. 1.

[132] Chaplinsky Susan, Haushalter David. Financing under Extreme Risk: Contract Terms and Returns to Private Investments in Public Equity. Review of Financial Studies. Jul2010, Vol. 23 Issue 7.

[133] Caudill April. Disability and the 10% Penalty. Journal of Financial Service Professionals. May2010, Vol. 64 Issue 3.

[134] Bartling Björn, Park Andreas. How Syndicate Short Sales Affect the Informational Efficiency of IPO Prices and Underpricing. Journal of Financial & Quantitative Analysis. Apr2010, Vol. 45 Issue 2.

[135] Raghubir Priya Das, Sanjiv R. The Long and Short of It: Why Are Stocks with Shorter Runs Preferred? Journal of Consumer Research. Apr2010, Vol. 36 Issue 6.

[136] Shivdasani Anil, Stefanescu Irina. How Do Pensions Affect Corporate Capital Structure Decisions? Review of Financial Studies. Mar2010, Vol. 23 Issue 3.

[137] Garmaise Mark J, Natividad Gabriel. Information, the Cost of Credit, and Operational Efficiency: An Empirical Study of Microfinance. Review of Financial Studies, June 2010, v. 23, iss. 6.

[138] Shaukat Muhammad, Zafarullah Muhammad. Impact of Information Technology on Organizational Performance: An Analysis of Quantitative Performance Indicators of Pakistan's Banking and Manufacturing Companies.International Research Journal of Finance and Economics, May 2010, iss. 39.

[139] Varvarigos Dimitrios. Inflation, Volatile Public Spending, and Endogenously Sustained Growth. Journal of Economic Dynamics & Control. Oct2010, Vol. 34 Issue 10.

[140] Belghitar Yacine, Belghitar Giovanna Scataglini. The Role of Critical Evaluation in

Finance Education: Insights from an MSc Programme. Accounting Education. Dec2010, Vol. 19 Issue 6.

[141] Van Binsbergen Jules H., Koijen Ralph S. J. Predictive Regressions: A Present-Value Approach. Journal of Finance. Aug2010, Vol. 65 Issue 4.

[142] Liang Bing, Park Hyuna. Predicting Hedge Fund Failure: A Comparison of Risk Measures. Journal of Financial & Quantitative Analysis. Feb2010, Vol. 45 Issue 1.

[143] Rakowski David. Fund Flow Volatility and Performance. Journal of Financial & Quantitative Analysis. Feb2010, Vol. 45 Issue 1.

[144] Becht Marco, Franks Julian, Mayer Colin, Rossi Stefano. Returns to Shareholder Activism: Evidence from A Clinical Study of the Hermes UK Focus Fund. Review of Financial Studies. Mar2010, Vol. 23 Issue 3.

[145] Oak Mandar, Swamy Anand. Only Twice as Much: A Rule for Regulating Lenders. Economic Development & Cultural Change. Jul2010, Vol. 58 Issue 4.

[146] Maillard Sébastien, Roncalli Thierry, Teïletche Jérôme. The Properties of Equally Weighted Risk Contribution Portfolios. Journal of Portfolio Management. Summer2010, Vol. 36 Issue 4.

[147] Kader Hala Abdul, Adams Mike, Mouratidis Kostas. Testing for Trade-offs in the Reinsurance Decision of U.K. Life Insurance Firms. Journal of Accounting, Auditing & Finance. Summer2010, Vol. 25 Issue 3.

[148] Benmelech Efraim, Moskowitz Tobias J. The Political Economy of Financial Regulation: Evidence from U.S. State Usury Laws in the 19th Century. Journal of Finance. Jun2010, Vol. 65 Issue 3.

[149] Busse Jeffery A., Goyal Amit, Wahal Sunil. Performance and Persistence in Institutional Investment Management. Journal of Finance. Apr2010, Vol. 65 Issue 2.

[150] Ang Andrew, Bhansali Vineer, Xing Yuhang. Taxes on Tax-Exempt Bonds. Journal of Finance. Apr2010, Vol. 65 Issue 2.

[151] Ezeoha Abel E., Amaeshi Kenneth. Banking System Development, Small Businesses and Minority Lending in Nigeria.International Journal of Financial Services Management, 2010, v. 4, iss.4.

[152] Si-ming Li. Mortgage Loan as A Means of Home Finance in Urban China: A Comparative Study of Guangzhou and Shanghai. Housing Studies, Nov2010, Vol. 25 Issue 6.

[153] Coudert Virginie, Gex Mathieu. Disrupted Links Between Credit Default Swaps, Bonds and Equities During the GM and Ford Crisis in 2005. Applied Financial Economics. Dec2010, Vol. 20 Issue 23.

[154] Ewing Bradley T., Malik Farooq. Estimating Volatility Persistence in Oil Prices Under Structural Breaks. Financial Review. Nov2010, Vol. 45 Issue 4.

[155] Kiff John, Mennill Steven, Paulin Graydon. How the Canadian Housing Finance System Performed through the Credit Crisis: Lessons for Other Markets. Journal of Structured Finance. Fall2010, Vol. 16 Issue 3.

[156] Bonetti Veronica, Caselli Stefano, Gatti Stefano. Offtaking Agreements and How they Impact the Cost of Funding for Project Finance Deals: A Clinical Case Study of the Quezon Power Ltd Co. Review of Financial Economics. Apr2010, Vol. 19 Issue 2.

[157] Shive Sophie. An Epidemic Model of Investor Behavior. Journal of Financial & Quantitative Analysis. Feb2010, Vol. 45 Issue 1.

[158] Myungsun Kim, Prather-Kinsey Jenice. An Additional Source of Financial Analysts' Earnings Forecast Errors: Imperfect Adjustments for Cost Behavior. Journal of Accounting, Auditing & Finance. Winter2010, Vol. 25 Issue 1.

[159] Berkman Henk, Cole Rebel A., Fu Lawrence J. Political Connections and Minority-Shareholder Protection: Evidence from Securities-Market Regulation in China. Journal of Financial & Quantitative Analysis. 09/10/2010, Vol. 45 Issue6.

[160] Weller Christian. Have Differences in Credit Access Diminished in An Era of Financial Market Deregulation? Review of Social Economy, March 2010, v. 68.

[161] Octavia Monica, Brown Rayna. Determinants of Bank Capital Structure in Developing Countries: Regulatory Capital Requirement versus the Standard Determinants of Capital Structure. Journal of Emerging Markets, Spring 2010, v. 15, iss.1.

[162] Girard Eric, Nolan James, Pondillo Tony. Determinants of Emerging Markets' Commercial Bank Stock Returns. Global Journal of Business Research, 2010, v. 4, iss. 2

[163] McAnally, Mary Lea, McGuire, Sean T, Weaver Connie D. Assessing the Financial Reporting Consequences of Conversion to IFRS: The Case of Equity -Based Compensation. Accounting Horizons. Dec2010, Vol. 24 Issue 4.

[164] Bach Stephen, Givan Rebecca Kolins. Regulating Employment Conditions in A Hospital Netuork: the Case of the Private Finance Initiative. Human Resource Management Journal. 2010, Vol. 20 Issue 4.

[165] Herzog Thomas N., Majlaton Alexander S. FHA's Costly Experience with Seller-Funded Down Payments. Mortgage Banking. Oct2010, Vol. 71 Issue 1.

[166] Iliev Peter. The Effect of SOX Section 404: Costs, Earnings Quality, and Stock Prices. Journal of Finance. Jun2010, Vol. 65 Issue 3.

[167] Langberg Nisan, Sivaramakrishnan K. Voluntary Disclosures and Analyst Feedback. Journal of Accounting Research. Jun2010, Vol. 48 Issue 3.

[168] Chang Shu-Hwa, Huang Liang-Chou. The Nexus of Finance and GDP Growth in Japan: Do Real Interest Rates Matter? Japan and the World Economy, December 2010, v. 22, iss. 4.

[169] Datta Debabrata. Small Business Finance–Implication of Delay in Formal Sector. International Journal of Economics and Finance, November 2010, v. 2, iss. 4.

[170] Kleimeier Stefanie, Versteeg Roald. Project Finance as a Driver of Economic Growth in Low–Income Countries. Review of Financial Economics, April 2010, v. 19, iss.2.

[171] Edwards Amy K., Hanley Kathleen Weiss. Short Selling in Initial Public Offerings. Journal of Financial Economics. Oct2010, Vol. 98 Issue 1.

[172] Barras Laurent, Scaillet Olivier, Wermers Russ. False Discoveries in Mutual Fund Performance: Measuring Luck in Estimated Alphas. Journal of Finance. Feb2010, Vol. 65 Issue 1.

[173] Campbell John Y., Serfaty–De Medeiros Karine, Viceira Louis M. Global Currency Hedging. Journal of Finance. Feb2010, Vol. 65 Issue 1.

[174] Chung San–Lin, Shih Pai–Ta, Tsai Wei–Che. A Modified Static Hedging Method For Continuous Barrier Options. Journal of Futures Markets. Dec2010, Vol. 30 Issue 12.

[175] Baum Christopher F., Chi Wan. Macroeconomic Uncertainty and Credit Default Swap Spreads. Applied Financial Economics. Aug2010, Vol. 20 Issue 15.

[176] Jain Parul, Kamp Leo. Inflation and Default Dynamics. Business Economics. Jul2010, Vol. 45 Issue 3.

[177] Lucy Huajing Chen. The Use of Independent Fairness Opinions and the Performance of Acquiring Firms. Journal of Accounting, Auditing & Finance. Summer2010, Vol. 25 Issue 3.

[178] Chung Kee H., Elder John, Kim Jang–Chul. Corporate Governance and Liquidity. Journal of Financial & Quantitative Analysis. Apr2010, Vol. 45 Issue 2.

[179] Razzaque, Mohammad A. Microfinance and Poverty Reduction: Evidence from A Longitudinal Household Panel Database. Bangladesh Development Studies, September 2010, v. 33, iss. 3.

[180] Abor Joshua, Bokpin Godfred A. Investment Opportunities, Corporate Finance, and Dividend Payout Policy: Evidence from Emerging Markets.Studies in Economics and Finance, 2010, v. 27, iss. 3.

[181] Corielli Francesco, Gatti Stefano, Steffanoni Alessandro. Risk Shifting through Nonfinancial Contracts: Effects on Loan Spreads and Capital Structure of Project Finance Deals. Journal of Money, Credit & Banking (Wiley–Blackwell). Oct2010, Vol. 42 Issue 7.

[182] Diavatopoulos Dean, Fodor Andy, Howton Shawn D., Howton Shelly W. The Predictive Power of REIT Implied Volatility and Implied Idiosyncratic Volatility. Journal of Real Estate Portfolio Management. Jan–Apr2010, Vol. 16 Issue 1.

[183] Trevino Ruben C., Yates Barbara M. Treasury Bills and Inflation. Journal of Financial Planning. Jul2010, Vol. 23 Issue 7.

[184] Dempster Michael A. H., Medova Elena A., Villaverde, Michael. Long–term

Interest Rates and Consol Bond Valuation. Journal of Asset Management. Jun-Aug2010, Vol. 11 Issue 2/3.

[185] Gray Dale F., Jobst Andreas A., Malone Samuel W. Quantifying Systemic Risk and Reconceptualizing the Role of Finance for Economic Growth.Journal of Investment Management, 2nd Quarter 2010, v. 8, iss. 2.

[186] Duchin Ran, Ozbas Oguzhan, Sensoy Berk A. Costly External Finance, Corporate Investment, and the Subprime Mortgage Credit Crisis. Journal of Financial Economics, September 2010, v. 97, iss. 3.

[187] Doran James S., Krieger Kevin. Implications for Asset Returns in the Implied Volatility Skew. Financial Analysts Journal. Jan/Feb2010, Vol. 66 Issue 1.

[188] Cihak Martin, Hesse Heiko. Islamic Banks and Financial Stability: An Empirical Analysis.Journal of Financial Services Research, December 2010, v. 38, iss. 2-3.

[189] Wu Yuliang, Bowe Michael. Information Disclosure, Market Discipline and the Management of Bank Capital: Evidence from the Chinese Financial Sector.Journal of Financial Services Research, December 2010, v. 38, iss. 2-3.

[190] Khwaja Asim Ijaz, Mian Atif, Zia Bilal. Dollars Dollars Everywhere, Nor Any Dime to Lend: Credit Limit Constraints on Financial Sector Absorptive Capacity.Review of Financial Studies, December 2010, v. 23, iss. 1.

[191] Li Tao, Muzere Mark L. Heterogeneity and Volatility Puzzles in International Finance.Journal of Financial and Quantitative Analysis, December 2010, v. 45, iss. 6.

[192] Joassart-Marcelli Pascale, Stephens Philip. Immigrant Banking and Financial Exclusion in Greater Boston, Journal of Economic Geography, November 2010, v. 10, iss.6.

[193] Yao Shujie, Luo Dan, Morgan Stephen. Bank Share Prices and Stock Market Integration in Greater China. Journal of the Asia Pacific Economy, November 2010, v. 15, iss.4.

[194] Sydnor Justin. (Over) insuring Modest Risks.American Economic Journal: Applied Economics, October 2010, v. 2, iss. 4.

[195] Ergungor Ozgur Emre. Bank Branch Presence and Access to Credit in Low- to Moderate-Income Neighborhoods.Journal of Money, Credit, and Banking, October 2010, v. 42, iss. 7.

[196] Johnson Kathleen W., Li Geng. The Debt-Payment-to-Income Ratio as An Indicator of Borrowing Constraints: Evidence from Two Household Surveys.Journal of Money, Credit, and Banking, October 2010, v. 42, iss. 7.

[197] Ioannidou Vasso, Ongena Steven. 'Time for a Change': Loan Conditions and Bank Behavior When Firms Switch Banks.Journal of Finance, October 2010, v. 65, iss.5.

[198] Ranciere Romain, Tornell Aaron, Vamvakidis Athanasios. Currency Mismatch, Systemic Risk and Growth in Emerging Europe. Economic Policy, October 2010, iss.64.

[199] Gyamfi-Yeboah Frank, Ziobrowski Alan J. The Integration of Mortgage and Capital Markets in Emerging Economies——Evidence from South Africa. Journal of Real Estate Finance and Economics, October 2010, v. 41, iss. 3.

[200] Fridson Martin. Bond Rating Agencies: Conflicts and Competence. Journal of Applied Corporate Finance. Summer2010, Vol. 22 Issue 3.

[201] Gomm Moritz Leon. Supply Chain Finance: Applying Finance Theory to Supply Chain Management to Enhance Finance in Supply Chains. International Journal of Logistics: Research & Applications. Apr2010, Vol. 13 Issue 2.

[202] Ling Zhou. Nickels Not Pennies: Granularity in Analysts' Earnings per Share Forecasts and Forecast Revisions. Journal of Accounting, Auditing & Finance. Spring2010, Vol. 25 Issue 2.

[203] Atanasov Vladimir, Boone Audra, Haushalter David. Is There Shareholder Expropriation in the United States? An Analysis of Publicly Traded Subsidiaries. Journal of Financial & Quantitative Analysis. Feb2010, Vol. 45 Issue 1.

[204] Mitra Pradeep K. The Impact of Global Financial Crisis and Policy Responses: The Caucasus, Central Asia and Mongolia. Global Journal of Emerging Market Economies, May 2010, v. 2, iss.2.

[205] Dell' Acqua Alberto, Perrini Francesco, Caselli Stefano. Conference Calls and Stock Price Volatility in the Post-Reg FD Era. European Financial Management. Mar2010, Vol. 16 Issue 2.

[206] Boudry Walter I., Kallberg Jarl G., Liu Crocker H. An Analysis of REIT Security Issuance Decisions. Real Estate Economics. Spring2010, Vol. 38 Issue .

[207] Bender Jennifer, Briand Remy, Nielsen Frank, Stefek Dan. Portfolio of Risk Premia: A New Approach to Diversification. Journal of Portfolio Management. Winter2010, Vol. 36 Issue 2.

[208] McLure Michael. Pareto, Pigou and Third-party Consumption: Divergent Approaches to Welfare Theory With Implications for the Study of Public Finance. European Journal of the History of Economic Thought, Oct2010, Vol. 17 Issue 4. .

[209] Korn Donald Jay. Covering the Risk. Financial Planning. Sep2010, Vol. 40 Issue 9.

[210] Harris Richard D. F., Shen Jian, Stoja Evarist. The Limits to Minimum-Variance Hedging. Journal of Business Finance & Accounting. Jun/Jul2010, Vol. 37 Issue5/6.

[211] Billett Matthew T., Mauer David C., Yilei Zhang. Stockholder and Bondholder Wealth Effects of CEO Incentive Grants. Financial Management (Blackwell Publishing Limited). Summer2010, Vol. 39 Issue 2.

[212] Nielsen Richard P. High-Leverage Finance Capitalism, the Economic Crisis, Structurally Related Ethics Issues, and Potential Reforms. Business Ethics Quarterly. Apr2010,

Vol. 20 Issue 2.

[213] Sharp Timothy, Li Steven, Allen David. Empirical Performance of Affine Option Pricing Models: Evidence From the Australian Index Options market. Applied Financial Economics. Mar2010, Vol. 20 Issue 6.

[214] KÖÇÜK UGUR N. Non-Default Component of Sovereign Emerging Market Yield Spreads and Its Determinants: Evidence from the Credit Default Swap Market. Journal of Fixed Income. Spring2010, Vol. 19 Issue 4.

[215] Wei Zhang, Cahan, Steven F. Nonrecurring Accounting Transactions and Stock Option Grants. Journal of Business Finance & Accounting. Jan/Feb2010, Vol. 37 Issue 1/2.

[216] Jones John F. Social Finance: Commerce and Community in Developing Countries. International Journal of Social Economics, 2010, v. 37, iss.5-6.

[217] Esso Loesse Jacques. Re-examining the Finance-Growth Nexus: Structural Break, Threshold Cointegration and Causality Evidence from the ECOWAS. Journal of Economic Development, September 2010, v. 35, iss. 3.

[218] Gupta Amisha. Micro Finance: Its Role and Implications for the South Asian Financial Crisis. International Journal of Research in Commerce and Management, September 2010, v. 1, iss. 5.

[219] Johansson Tobias. Regulating Credit Rating Agencies: The Issue of Conflicts of Interest in the rating of Structured Financeproducts. Journal of Banking Regulation. Dec2010, Vol. 12 Issue 1.

[220] Karnad Renu Sud. Housing Finance in India: An Overview. Housing Finance International. Sep2010, Vol. 25 Issue 1.

[221] Fei Peng, Ding Letian, Deng, Yongheng. Correlation and Volatility Dynamics in REIT Returns: Performance and Portfolio Considerations. Journal of Portfolio Management. Winter2010, Vol. 36 Issue 2.

[222] Eeckhout Jan, Munshi Kaivan. Matching in Informal Financial Institutions. Journal of the European Economic Association, September 2010, v. 8, iss. 5.

[223] Tam Mercury Wai-Yin, Hui Eddie, Zheng Xian. Residential Mortgage Default Behaviour in Hong Kong. Housing Studies, September 2010, v. 25, iss. 5.

[224] Yaldiz Elmas, Bazzana Flavio. The Effect of Market Power on Bank Risk Taking in Turkey. Financial Theory and Practice, September 2010, v. 34, iss. 3.

[225] Amirov V. Prospects for Cooperation between Russia and the Countries of Central Asia after the Global Crisis. Problems of Economic Transition, September 2010, v. 53, iss.5.

[226] Chunhachinda Pornchai, Li Li. Efficiency of Thai Commercial Banks: Pre-vs. Post-1997 Financial Crisis. Review of Pacific Basin Financial Markets and Policies, September 2010, v. 13, iss. 3.

[227] Chan Sok-Gee, Karim Mohd Zaini Abd. Bank Efficiency and Macro-economic Factors: The Case of Developing Countries. Global Economic Review, September 2010, v. 39, iss. 3.

[228] Oreiro Jose Luis, de Paula, Luiz Fernando. Macroeconomic Determinants of Bank Spread in Latin America: A Recent Analysis with Special Focus on Brazil. International Review of Applied Economics, September 2010, v. 24, iss. 5.

[229] Burki Abid A., Niazi G. S. K. Impact of Financial Reforms on Efficiency of State-Owned, Private and Foreign Banks in Pakistan. Applied Economics, September 2010, v. 42, iss. 22-24.

[230] Jo Gab-Je. The Transmission of Japanese Financial Shocks: Evidence from International Bank Claims on East Asian Economies. Emerging Markets Finance and Trade, September-October 2010, v. 46, iss. 5.

[231] Malone Samuel W. The Black Market for Dollars in Venezuela. ter Horst Enrique. Emerging Markets Finance and Trade, September-October 2010, v. 46, iss.5.

[232] Lowenfeld Andreas F. The International Monetary System: A Look Back over Seven Decades. Journal of International Economic Law, September 2010, v. 13, iss.3.

[233] Nicholson Lawrence A. Jamaican Family-Owned Businesses: Homogeneous or Non-homogeneous? Social and Economic Studies, September 2010, v. 59, iss. 3.

[234] Al Rjoub Samer A. M., Al-Rabbaie Arqam. Does Bank Lending Affect Output? Evidence from an Emerging Market. International Research Journal of Finance and Economics, September 2010, iss. 46.

[235] Manoj P. K. Determinants of Profitability and Efficiency of Old Private Sector Banks in India with Focus on Banks in Kerala State: An Econometric Study. International Research Journal of Finance and Economics, September 2010, iss.47.

[236] Shahid Haseeb, ur Rehman Ramiz, Niazi Ghulam Shabbir Khan, Raoof Awais. Efficiencies Comparison of Islamic and Conventional Banks of Pakistan. International Research Journal of Finance and Economics, September 2010, iss. 49.

[237] Creamer German, Freund Yoav. Using Boosting for Financial Analysis and Performance Prediction: Application to S&P 500 Companies, Latin American ADRs and Banks.Computational Economics, August 2010, v. 36, iss. 2.

[238] Townsend Robert M., Ueda Kenichi. Welfare Gains from Financial Liberalization. International Economic Review, August 2010, v. 51, iss. 3.

[239] Brahmbhatt Milan, Hu Albert. Ideas and Innovation in East Asia. World Bank Research Observer, August 2010, v. 25, iss. 2.

[240] Chen Yen-Hsiao, Fraser Patricia. What Drives Stock Prices? Fundamentals, Bubbles and Investor Behaviour. Applied Financial Economics, August-September 2010, v.

20, iss. 16–18.

[241] Sun Liang, Tan Derong, Nie Yuqi. Forecasting Model of Automobile Loan Based on Conditional Expectation. Modern Economy, August 2010, v. 1, iss. 2.

[242] Poudel Krishna Lal, Sugimoto Yasuhiro, Yamamoto Naoyuki, Nishiwaki Aya, Kano Hideyuki. Capital Budgeting Analysis of Organic Coffee Production in Gulmi District of Nepal. International Research Journal of Finance and Economics, August 2010, iss. 43.

[243] Demir Nazmi, Mahmud Syed F., Babuscu Senol. Depository Banks Were Trapped by High Inflation into Cost Inefficiency: The Turkish Experience. International Research Journal of Finance and Economics, August 2010, iss. 44.

[244] Ameer Rashid, Othman Radiah. Stock Market Reaction to Bonds Issuance: Evidence from Malaysian Banking Sector.International Research Journal of Finance and Economics, August 2010, iss. 45.

[245] Oak Mandar, Swamy Anand. Only Twice as Much: A Rule for Regulating Lenders. Economic Development and Cultural Change, July 2010, v. 58, iss. 4.

[246] Singleton John, Verhoef Grietjie. Regulation, Deregulation, and Internationalisation in South African and New Zealand Banking. Business History, July 2010, v.52, iss.4.

[247] Bubna Amit, Chowdhry Bhagwan. Franchising Microfinance. Review of Finance, July 2010, v. 14, iss. 3.

[248] Guo Xin, Duff Angus, Hair Mario. The Antecedents and Consequences of Commitment in Bank–Corporate Relationships: Evidence from the Chinese Banking Market.Asia Pacific Business Review, July 2010, v. 16, iss. 3.

[249] Nolan Jane. The Influence of Western Banks on Corporate Governance in China. Asia Pacific Business Review, July 2010, v. 16, iss. 3.

[250] Toby Adolphus J. Global Financial Crisis and Bank Management Practices in Nigeria: Survey Findings. Journal of Financial Management and Analysis, July–December 2010, v. 23, iss. 2.

[251] Abdel–Baki Monal A. Assessing the Effectiveness of Banking Reform Endeavours on the Performance of Egyptian Banks.International Research Journal of Finance and Economics, July 2010, iss. 41.

[252] Maswana Jean–Claude. Assessing the Banking Intermediation and Inward Foreign Direct Investment in China.International Journal of Economics and Business Research, 2010, v. 2, iss. 5.

[253] Maswana Jean–Claude. An Empirical Investigation into the Banking Intermediation and Foreign Direct Investment Inflows in China. International Journal of Business and Emerging Markets, 2010, v. 2, iss. 2.

[254] Fain Paul. Cuts Intensify Identity Crisis for Washington's Flagship Campus.

Chronicle of Higher Education, 9/3/2010, Vol. 57 Issue 2.

[255] Speck Bruce W. The Growing Role of Private Giving in Financing the Modern University. New Directions for Higher Education, Spring2010, Issue 149.

[256] Jetley Gaurav, Ji Xinyu. The Shrinking Merger Arbitrage Spread: Reasons and Implications. Financial Analysts Journal. Mar/Apr2010, Vol. 66 Issue 2.

[257] Jung Chulho, Shambora William, Choi Kyongwook. Are stocks really riskier than bonds? Applied Economics. Feb2010, Vol. 42 Issue 4.

[258] Brown James R., Petersen Bruce C. Public Entrants, Public Equity Finance and Creative Destruction. Journal of Banking & Finance. May2010, Vol. 34 Issue 5.

[259] Arnold Tom, Shockley Jr., Richard L. Real Options Analysis and the Assumptions of Corporate Finance: A Non-Technical Review. Multinational Finance Journal. Sep-Dec2010, Vol. 14 Issue 3/4.

[260] Ayres Ian, Nalebuff Barry. Diversification Across Time. Working Papers——Yale School of Management's Legal Scholarship Network. 2010.

[261] Goedhart Marc, Koller Tim, Wessels David. When The Balloon Goes Up. Financial Management (14719185), Apr2010.

[262] Jalil Abdul, Feridun Mete, Ma Ying. Finance-Growth Nexus in China Revisited: New Evidence from Principal Components and ARDL Bounds Tests. International Review of Economics and Finance, April 2010, v. 19, iss. 2.

[263] Bonetti Veronica, Caselli Stefano, Gatti Stefano. Offtaking Agreements and How They Impact the Cost of Funding for Project Finance Deals: A Clinical Case Study of the Quezon Power Ltd Co. Review of Financial Economics, April 2010, v. 19, iss.2.

[264] Gorbenko Alexander S., Strebulaev Ilya A. Temporary Versus Permanent Shocks: Explaining Corporate Financial Policies. Review of Financial Studies. Jul2010, Vol. 23 Issue 7.

[265] Becker Thomas A., Shabani Reza. Outstanding Debt and the Household Portfolio. Review of Financial Studies. Jul2010, Vol. 23 Issue 7.

[266] Koetter Michael, Wedow Michael. Finance and Growth in a Bank-based Economy: Is it Quantity or Quality That Matters? Journal of International Money & Finance. Dec2010, Vol. 29 Issue 8.

[267] Van Lear William, Sisk James. Financial Crisis and Economic Stability: A Comparison between Finance Capitalism and Money Manager Capitalism. Journal of Economic Issues, September 2010, v. 44, iss. 3.

[268] Van Lear William, Sisk James. Financial Crisis and Economic Stability: A Comparison between Finance Capitalism and Money Manager Capitalism. Journal of Economic Issues (M.E. Sharpe Inc.). Sep2010, Vol. 44 Issue 3.

[269] Traclet Virginie. An Overview of the Canadian Housing Finance System. Housing

Finance International. Sep2010, Vol. 25 Issue 1.

[270] Bourassa Steven C., Hoesli Martin, Scognamiglio Donato. International Articles: Housing Finance, Prices, and Tenure in Switzerland. Journal of Real Estate Literature. 2010, Vol. 18 Issue 2.

[271] Penas Maria Fabiana, Tumer-Alkan Gunseli. Bank Disclosure and Market Assessment of Financial Fragility: Evidence from Turkish Banks' Equity Prices. Journal of Financial Services Research, June 2010, v. 37, iss. 2-3.

[272] Vu Ha Thu, Turnell Sean. Cost Efficiency of the Banking Sector in Vietnam: A Bayesian Stochastic Frontier Approach with Regularity Constraints. Asian Economic Journal, June 2010, v. 24, iss. 2.

[273] Hertzberg Andrew, Liberti Jose Maria, Paravisini Daniel. Information and Incentives Inside the Firm: Evidence from Loan Officer Rotation. Journal of Finance, June 2010, v. 65, iss. 3.

[274] Dell' Ariccia Giovanni, Marquez Robert. Risk and the Corporate Structure of Banks. Journal of Finance, June 2010, v. 65, iss. 3.

[275] Levy-Yeyati Eduardo, Martinez Peria Maria Soledad, Schmukler Sergio L. Depositor Behavior under Macroeconomic Risk: Evidence from Bank Runs in Emerging Economies. Journal of Money, Credit, and Banking, June 2010, v. 42, iss. 4.

[276] Ng Lilian, Wu Fei, Peer Effects in the Trading Decisions of Individual Investors. Financial Management, Summer 2010, v. 39, iss. 2.

[277] Hwa, Erh-Cheng, Lei Yang. China's Banking Reform and Profitability. Review of Pacific Basin Financial Markets and Policies, June 2010, v. 13, iss. 2.

[278] Choong Chee-Keong, Lam Siew-Yong. The Determinants of Foreign Direct Investment in Malaysia: A Revisit. Global Economic Review, June 2010, v. 39, iss. 2.

[279] Wallace Alison, Ford Janet. Limiting Possessions? Managing Mortgage Arrears in a New Era.International Journal of Housing Policy, June 2010, v. 10, iss. 2.

[280] Nwezeaku N. C. The Impact of Public Sector Financial Management on the Economies of Sub-Saharan Africa.International Research Journal of Finance and Economics, June 2010, iss. 40.

[281] Tunali Halil, Tatoglu Ferda Yerdelen. The Analysis of Factors Affecting Investment Choices of Households in Turkey with Multinomial Logit Model. International Research Journal of Finance and Economics, June 2010, iss. 40.

[282] Agarwal Sumit, Amromin Gene, Ben-David Itzhak, Chomsisengphet Souphala, Evanoff Douglas D. Learning to Cope: Voluntary Financial Education and Loan Performance during a Housing Crisis. American Economic Review, May 2010, v. 100, iss.2.

[283] Woodward Susan E., Hall Robert E. Consumer Confusion in the Mortgage Market:

Evidence of Less Than A Perfectly Transparent and Competitive Market. American Economic Review, May 2010, v. 100, iss. 2.

[284] O'Sullivan Roisin E., Ozsoz Ayse. Foreign Bank Presence in Emerging Markets: Help or Hindrance to Banking System Stability? Applied Economics Letters, May-June 2010, v. 17, iss. 7-9.

[285] Nigmonov Asror. Bank Performance and Efficiency in Uzbekistan. Eurasian Journal of Business and Economics, May 2010, v. 3, iss. 5.

[286] Ramlall Indranarain. Has the US Subprime Crisis Accentuated Volatility Clustering and Leverage Effects in Major International Stock Markets? International Research Journal of Finance and Economics, May 2010, iss. 39.

[287] Dick Astrid A., Lehnert Andreas. Personal Bankruptcy and Credit Market Competition. Journal of Finance, April 2010, v. 65, iss. 2.

[288] Iossa Elisabetta, Palumbo Giuliana. Over-optimism and Lender Liability in the Consumer Credit Market. Oxford Economic Papers, April 2010, v. 62, iss. 2.

[289] Bean Charles. Joseph Schumpeter Lecture: The Great Moderation, the Great Panic, and the Great Contraction. Journal of the European Economic Association, April-May 2010, v. 8, iss. 2-3.

[290] Aslanbeigui Nahid, Oakes Guy, Uddin Nancy. Assessing Microcredit in Bangladesh: A Critique of the Concept of Empowerment. Review of Political Economy, April 2010, v. 22, iss. 2.

[291] Sufian F. The Impact of Forced Mergers and Acquisitions on Bank Cost Efficiency: Empirical Evidence from Malaysia. Journal for Studies in Economics and Econometrics, April 2010, v. 34, iss. 1.

[292] Chukwu Jude Okechukwu, Agu Cletus C., Onah Felix E. Cointegration and Structural Breaks in Nigerian Long-Run Money Demand Function. International Research Journal of Finance and Economics, April 2010, iss. 38.

[293] Gloy Brent A., Dressler Jonathan B. Financial Barriers to the Adoption of Anaerobic Digestion on US Livestock Operations. Agricultural Finance Review, 2010, v. 70, iss.2.

[294] Boubakri Narjess, Ghouma Hatem. Control/ownership Structure, Creditor Rights Protection, and the Cost of Debt Financing: International evidence.Journal of Banking & Finance. Oct2010, Vol. 34 Issue 10.

[295] Wachter Jessica A., Yogo Motohiro. Why Do Household Portfolio Shares Rise in Wealth? Review of Financial Studies. Nov2010, Vol. 23 Issue 11.

[296] Han Lu. The Effects of Price Risk on Housing Demand: Empirical Evidence from U.S. Markets. Review of Financial Studies. Nov2010, Vol. 23 Issue 11.

[297] Staehr Karsten. The Global Financial Crisis and Public Finances in the New EU Countries in Central and Eastern Europe: Developments and Challenges.Public Finance and Management, 2010, v. 10, iss. 4.

[298] Corielli Francesco, Gatti Stefano, Steffanoni Alessandro. Risk Shifting through Nonfinancial Contracts: Effects on Loan Spreads and Capital Structure of Project Finance Deals. Journal of Money, Credit, and Banking, October 2010, v. 42, iss.7.

[299] Hildreth, W. Bartley, Yeager Samuel J., Miller Gerald J, Rabin, Jack. Implications of Successful Career Paths of Top Local Government Finance Managers. Public Budgeting & Finance. Winter2010, Vol. 30 Issue 4.

[300] Kleimeier Stefanie, Versteeg Roald. Project Finance as a Driver of Economic Growth in Low-income Countries. Review of Financial Economics. Apr2010, Vol. 19 Issue 2.

[301] Huvila Isto. Information Sources and Perceived Success in Corporate Finance. Journal of the American Society for Information Science & Technology. Nov2010, Vol. 61 Issue 11.

[302] Yunker James A., Melkumian, Alla A. The Effect of Capital Wealth on Optimal Diversification: Evidence from the Survey of Consumer Finances. Quarterly Review of Economics and Finance, February 2010, v. 50, iss. 1.

[303] Neto Octavio R. de Mendonca, Cardoso Ricardo Lopes, Oyadomari Jose Carlos Tiomatsu Riccio Edson Luiz. The Use of Positive and Normative Approaches in Brazil and US Accounting Research: A Comparative Analysis Based on the Papers Published in The Accounting Review and the Revista de Contabilidade & Financas (Accounting & Finance Journal) —1989 to 2008. International Journal of Economics and Accounting, 2010, v. 1, iss. 4.

[304] Erbas S. Nuri, Mirakhor Abbas. The Equity Premium Puzzle, Ambiguity Aversion, and Institutional Quality: Implications for Islamic Finance. Journal of Islamic Economics, Banking and Finance, January-March 2010, v. 6, iss. 1.

[305] Hummels David L., Schaur, Georg. Hedging Price Volatility Using Fast Transport. Journal of International Economics. Sep2010, Vol. 82 Issue 1.

[306] Kisgen Darren J., Strahan Philip E. Do Regulations Based on Credit Ratings Affect a Firm's Cost of Capital? Review of Financial Studies. Dec2010, Vol. 23 Issue 12.

[307] Kolari James W., Pynnönen Seppo. Event Study Testing with Cross-sectional Correlation of Abnormal Returns. Review of Financial Studies. Nov2010, Vol. 23 Issue 11.

[308] Bhargava Vivek, Dania Akash, Anderson Randy I. The Impact of REOCs and Public Mortgage Finance Companies on the Performance and Volatility of U.S. REITs. Journal of Real Estate Portfolio Management. Sep-Dec2010, Vol. 16 Issue 3.

[309] Manickaraj M. Vikalpa. Electronica Finance Limited: Designing the Future of Micro, Small, and Medium Enterprises. The Journal for Decision Makers. Jul-Sep2010, Vol. 35 Issue 3.

[310] Hamada Miki. Financial Services to the Poor: An Introduction to the Special Issue on Microfinance. Developing Economies, March 2010, v. 48, iss.1.

[311] Kono Hisaki, Takahashi Kazushi. Microfinance Revolution: Its Effects, Innovations, and Challenges. Developing Economies, March 2010, v. 48, iss. 1.

[312] Saarimaa Tuukka. Tax Incentives and Demand for Mortgage Debt: Evidence from the Finnish 1993 Tax Reform. International Journal of Housing Policy, March 2010, v.10, iss.1.

[313] Haq Mamiza, Skully Michael, Pathan Shams. Efficiency of Microfinance Institutions: A Data Envelopment Analysis. Asia-Pacific Financial Markets, March 2010, v. 17, iss. 1.

[314] Ravichandran K., Mat-Nor Fauzias, Mohd-Said Rasidah. Market Based Mergers in Indian Banking Institutions. International Research Journal of Finance and Economics, March 2010, iss. 37.

[315] Liberti Jose M., Mian Atif R. Collateral Spread and Financial Development. Journal of Finance, February 2010, v. 65, iss. 1.

[316] Gerardi Kristopher S., Rosen Harvey S., Willen Paul S. The Impact of Deregulation and Financial Innovation on Consumers: The Case of the Mortgage Market. Journal of Finance, February 2010, v. 65, iss. 1.

[317] Shoji Masahiro. Does Contingent Repayment in Microfinance Help the Poor During Natural Disasters? Journal of Development Studies, February 2010, v. 46, iss.2.

[318] Becchetti Leonardo, Castriota Stefano. The Effects of a Calamity on Income and Wellbeing of Poor Microfinance Borrowers: The Case of the 2004 Tsunami Shock.Journal of Development Studies, February 2010, v. 46, iss. 2.

[319] Schindler Kati. Credit for What? Informal Credit as a Coping Strategy of Market Women in Northern Ghana. Journal of Development Studies, February 2010, v. 46, iss. 2.

[320] Ahmad Noryati. Impact of Automated Trading in the Crude Palm Oil Futures Market on Its Underlying Spot Market. International Research Journal of Finance and Economics, February 2010, iss. 36.

[321] Hassan Al-Tamimi Hussein A. Factors Influencing Performance of the UAE Islamic and Conventional National Banks. Global Journal of Business Research, 2010, v. 4, iss. 2.

[322] Karas Alexei, Pyle William, Schoors Koen. How Do Russian Depositors Discipline Their Banks? Evidence of A Backward Bending Deposit Supply Function. Oxford Economic Papers, January 2010, v. 62, iss. 1.

[323] Quisumbing, Agnes, McNiven Scott Moving Forwand, Looking Back: The Impact of Migration and Remittances on Assets, Consumption, and Credit Constraints in the Rural Philippines. Journal of Development Studies, January 2010, v. 46, iss. 1.

[324] Karlan Dean, Zinman Jonathan. Expanding Credit Access: Using Randomized

Supply Decisions to Estimate the Impacts. Review of Financial Studies, January 2010, v. 23, iss. 1.

[325] Nieh Chien-Chung, Yau Hwey-Yun. The Impact of Renminbi Appreciation on Stock Prices in China. Emerging Markets Finance and Trade, January-February 2010, v. 46, iss.1.

[326] Masood Omar, Bellalah Monhder, Mansour Walid, Teulon Frederic. Non-performing Loans and Credit Managers' Role: A Comparative Approach from Pakistan and Turkey. International Journal of Business, 2010, v. 15, iss. 3.

[327] Braun Matias, Raddatz Claudio. Banking on Politics: When Former High-Ranking Politicians Become Bank Directors. World Bank Economic Review, 2010, v. 24, iss. 2.

[328] Aktan Bora, Masood Omar. The State of Competition of the Turkish Banking Industry: An Application of the Panzar-Rosse Model. Journal of Business Economics and Management, 2010, v. 11, iss. 1.

[329] Albert Joseph D., Marshall S. Brooks, Hamilton Arthur J., Hobson Hugh. The Mortgage as a Personal Investment Choice: A Pedagogical Case. Journal of Real Estate Practice and Education, 2010, v. 13, iss. 2.

[330] Yu Han, Gan Pei-Tha. The Determinants of Banking Sector Development: Malaysian Experience. International Research Journal of Finance and Economics, January 2010, iss. 35.

[331] Eroǧlu Şebnem. Informal Finance and the Urban Poor: An Investigation of Rotating Savings and Credit Associations in Turkey. Journal of Social Policy, Jul2010, Vol. 39 Issue 3.

[332] Jiang George J., Tian Yisong S. Misreaction or Misspecification? A Re-examination of Volatility Anomalies. Journal of Banking & Finance. Oct2010, Vol. 34 Issue 10.

[333] Borghesi Richard, Pencek Thomas. The (Non) Performance Of Kiplinger's Expert Recommendations. Journal of Applied Business Research. Jul/Aug2010, Vol. 26 Issue 4.

[334] Luo Xueming, Homburg Christian, Wieseke Jan. Customer Satisfaction, Analyst Stock Recommendations, and Firm Value. Journal of Marketing Research (JMR). Dec2010, Vol. 47 Issue 6.

[335] Alexander Cindy R., Chen Mark A., Seppi Duane J. Spatt Chester S. Interim News and the Role of Proxy Voting Advice. Review of Financial Studies. Dec2010, Vol. 23 Issue 12.

[336] Leuz Christian, Lins Karl V., Warnock Francis E. Do Foreigners Invest Less in Poorly Governed Firms? Review of Financial Studies. Mar2010, Vol. 23 Issue 3.

[337] Annuar Hairul Azlan, Bakar Nur Barizah Abu. Issues on Takaful Affecting the Choice of Accounting Policies: A Case Study of Two Takaful Companies in Malaysia. International Business Research, July 2010, v. 3, iss. 3.

[338] Wigan Duncan. Credit Risk Transfer and Crunches: Global Finance Victorious or

Vanquished? New Political Economy, March 2010, v. 15, iss. 1.

[339] Hendershott Patric, Hendershott Robert, Shilling James. The Mortgage Finance Bubble: Causes and Corrections. Journal of Housing Research, 2010, v. 19, iss. 1.

[340] Samudhram Ananda, Alam Nafis, Shanmugam Bala. Halal-Based Technologies and Islamic Finance. Review of Islamic Economics, 2010, v. 14, iss. 1.

[341] Borgonovo E., Gatti S., Peccati L. What Drives Value Creation in Investment Projects? An Application of Sensitivity Analysis to Project Financetransactions. European Journal of Operational Research. Aug2010, Vol. 205 Issue 1.

[342] Maltritz Dominik. A Compound Option Approach to Model the Interrelation Between Banking Crises and Country Defaults: The Case of Hungary 2008. Journal of Banking & Finance. Dec2010, Vol. 34 Issue 12.

[343] Gourieroux C., Monfort A., Sufana R. International Money and Stock Market Contingent Claims. Journal of International Money & Finance. Dec2010, Vol. 29 Issue 8.

[344] Chang Chuen-Ping. E-Finance, Entry Deterrence, and Optimal Loan Rate of A Potential Entrant: An Option-Based Valuation. Review of Pacific Basin Financial Markets & Policies. Jun2010, Vol. 13 Issue 2.

[345] Ohanian Lee E, Wright Mark L. J. Capital Flows and Macroeconomic Performance: Lessons from the Golden Era of International Finance. American Economic Review. May2010, Vol. 100 Issue 2.

[346] Schick Allen. Post-Crisis Fiscal Rules: Stabilising Public Finance while Responding to Economic Aftershocks. OECD Journal on Budgeting. 2010, Vol. 2010 Issue 2.

[347] Madan Dilip B., Cherny Alexander. Markets as a Counterparty: An Introduction to Conic Finance. International Journal of Theoretical and Applied Finance, December 2010, v. 13, iss. 8.

[348] Halek Martin, Eckles David L. Returns: Evidence of Asymmetric Responses. Journal of Risk & Insurance. Dec2010, Vol. 77 Issue 4.

[349] Hirose Yasuo, Ohyama Shinsuke. Identifying the Effect of the Bank of Japan's Liquidity Facilities: The Case of Commercial Paper Operations During the Financial Turmoil. International Finance. Winter2010, Vol. 13 Issue 3.

[350] Caister, Nicolette C., O'hara, John G., Govinder, Keshlan S. Solving The Asian Option Pde Using Lie Symmetry Methods. International Journal of Theoretical & Applied Finance. Dec2010, Vol. 13 Issue 8.

[351] Schick Allen. Post-Crisis Fiscal Rules: Stabilising Public Finance while Responding to Economic Aftershocks. OECD Journal on Budgeting. 2010, Vol. 2010 Issue 2.

[352] Borio Claudio, Disyatat Piti. Global Imbalances and the Financial Crisis: Reassessing the Role of International Finance. Aian Economic Policy Review, December 2010,

v. 5, iss. 2.

[353] Madan Dilip B., Cherny Alexander. Markets as a Counterparty: An Introduction to Conic Finance. International Journal of Theoretical and Applied Finance, December 2010, v. 13, iss. 8.

[354] Dilley Andrew. The Rules of the Game: London Finance, Australia, and Canada. Eonomic History Review, November 2010, v. 63, iss. 4.

[355] Teten David, Farmer Chris. Where Are the Deals? Journal of Private Equity. Winter2010, Vol. 14 Issue 1.

[356] Hirose Yasuo, Ohyama Shinsuke. Identifying the Effect of the Bank of Japan's Liquidity Facilities: The Case of Commercial Paper Operations During the Financial Turmoil. International Finance. Winter2010, Vol. 13 Issue 3.

[357] Cline Brandon N., Fu Xudong. Executive Stock Option Exercise and Seasoned Equity Offerings. Financial Management (Blackwell Publishing Limited). Winter2010, Vol. 39 Issue 4.

[358] Bonini Stefano, Zanetti Laura, Bianchini Roberto Salvi Antonio. Target Price Accuracy in Equity Research. Journal of Business Finance & Accounting. Nov/Dec2010, Vol. 37 Issue 9/10.

[359] Ritter Raymond. Transnational Governance in Global Finance: The Principles for Stable Capital Flows and Fair Debt Restructuring in Emerging Markets. International Studies Perspectives, Aug2010, Vol. 11 Issue 3.

[360] Vlcek William. Money Laundering Prevention and Small State Development: Insights From the Case of the Bahamas. Commonwealth & Comparative Politics, Jul2010, Vol. 48 Issue 3.

[361] Blake James D. From the Offshore World of International Finance to Your Backyard: Structuring Series LLCs for Diverse Business Purposes. DePaul Business & Commercial Law Journal. Fall2010, Vol. 9 Issue 1.

[362] Cready William, Lopez Thomas J. Sisneros Craig A. The Persistence and Market Valuation of Recurring Nonrecurring Items. Accounting Review. Sep2010, Vol. 85 Issue 5.

[363] Lusk Edward J. Halperin Michael, Reshetnyak Elena. Evaluating the Features of the Data Stream: Suggested Techniques. Advances in Management. Aug2010, Vol. 3 Issue 8.

[364] Deakins David, Whittam Geoff, Wyper Janette. SMEs' Access to Bank Finance in Scotland: An Analysis of Bank Manager Decision Making. Venture Capital. Jul2010, Vol. 12 Issue 3.

[365] Sawant Rajeev J. The Economics of Large-Scale Infrastructure FDI: The Case of Project Finance. Jurnal of International Business Studies, August 2010, v. 41, iss.6.

[366] Wang Yao. State Education Finance and Governance Profile: North Carolina.

Peabody Journal of Education (0161956X), 2010, Vol. 85 Issue 1.

[367] Shinkle Kirk. Funds and a Changing Landscape. U.S. News & World Report, Jun2010, Vol. 147 Issue 6.

[368] Lambrecht Bart M., Pawlina, Grzegorz. Corporate Finance and the (In) Efficient Exercise of Real Options. Multinational Finance Journal. Mar-Jun2010, Vol. 14 Issue 1/2.

[369] Perotti Pietro, Rindi Barbara. Market Makers as Information Providers: The Natural Experiment of STAR. Journal of Empirical Finance. Dec2010, Vol. 17 Issue 5.

[370] May Anthony D. The Impact of Bond Rating Changes on Corporate Bond Prices: New Evidence from the Over-the-counter Market. Journal of Banking & Finance. Nov2010, Vol. 34 Issue 11.

[371] Chung Dennis, Hrazdil Karel. Liquidity and Market Efficiency: A Large Sample Study. Journal of Banking & Finance. Oct2010, Vol. 34 Issue 10.

[372] Fahlenbrach Rüdiger, Sandås Patrik. Does Information Drive Trading in Option Strategies? Journal of Banking & Finance. Oct2010, Vol. 34 Issue 10.

[373] Feldstein Sylvan. Changes in the Municipal Analysis Industry: The Past Thirty Years. Municipal Finance Journal. Fall2010, Vol. 31 Issue 3.

[374] Sages Ronald A., Grable John E. Financial Numeracy, Net Worth, and Financial Management Skills: Client Characteristics That Differ Based on Financial Risk Tolerance. Journal of Financial Service Professionals. Nov2010, Vol. 64 Issue 6.

[375] Keho Yaya. Effect of Financial Development on Economic Growth: Does Inflation Matter? Time Series Evidence from the Uemoa Countries. International Economic Journal, September 2010, v. 24, iss. 3.

[376] Cornett Marcia Millon, Guo Lin, Khaksari Shahriar, Tehranian Hassan. The Impact of State Ownership on Performance Differences in Privately-Owned versus State-Owned Banks: An International Comparison. Journal of Financial Intermediation, January 2010, v. 19, iss. 1.

[377] Manso Gustavo, Strulovici Bruno, Tchistyi Alexei. Performance-Sensitive Debt. Review of Financial Studies. May2010, Vol. 23 Issue 5.

[378] Burnie David A., De Ridder Adri. Far Tail or Extreme Day Returns, Mutual Fund Cash Flows and Investment Behaviour. Applied Financial Economics. Aug2010, Vol. 20 Issue 16.

[379] Frazier, Shannon S. Trustee Representation in Structured Finance Transactions. Journal of Structured Finance. Summer2010, Vol. 16 Issue 2.

[380] Halkos George Emmanuel, Tzeremes Nickolaos G. Measuring Regional Economic Efficiency: the Case of Greek Prefectures. Annals of Regional Science. Dec2010, Vol. 45 Issue 3.

[381] Fischer Paul E., Stocken Phillip C. Analyst Information Acquisition and

Communication. Accounting Review. Nov2010, Vol. 85 Issue 6.

[382] Menon Krishnagopal, Williams David D. Investor Reaction to Going Concern Audit Reports. Accounting Review. Nov2010, Vol. 85 Issue 6.

[383] Parnes Dror. The Information Content of Analysts Reports and Bankruptcy Risk Measures. Applied Financial Economics. Oct2010, Vol. 20 Issue 19.

[384] Zhou Yu, Haurin Donald R. On the Determinants of House Value Volatility. Journal of Real Estate Research. Oct-Dec2010, Vol. 32 Issue 4.

[385] Hwang Young-Soon, Min Hong-Ghi, McDonald Judith A., Kim Hwagyun, Kim Bong-Han. Using the Credit Spread As An Option-risk Factor: Size and Value Effects in CAPM. Journal of Banking & Finance. Dec2010, Vol. 34 Issue 12.

[386] Grass Gunnar. The Impact of Conglomeration on the Option Value of Equity. Journal of Banking & Finance. Dec2010, Vol. 34 Issue 12.

[387] Van Haastrecht Alexander, Plat Richard, Pelsser Antoon. Valuation of Guaranteed Annuity Options Using a Stochastic Volatility Model for Equity Prices. Insurance: Mathematics & Economics. Dec2010, Vol. 47 Issue 3.

[388] Le Van, Zurbruegg Ralf. The Role of Trading Volume in Volatility Forecasting. Journal of International Financial Markets, Institutions & Money. Dec2010, Vol. 20 Issue 5.

[389] Choudhury Masudul Alam. Unity of Knowledge Versus Kant's Heteronomy With A Reference to the Problem of Money, Finance and Real Economy Relations in A New Global Financial Architecture. International Journal of Social Economics. 2010, Vol. 37 Issue 10.

[390] Griffin John M., Kelly Patrick J., Nardari Federico. Do Market Efficiency Measures Yield Correct Inferences? A Comparison of Developed and Emerging Markets. Review of Financial Studies. Aug2010, Vol. 23 Issue 8.

[391] Basak Suleyman, Chabakauri Georgy. Dynamic Mean-Variance Asset Allocation. Review of Financial Studies. Aug2010, Vol. 23 Issue 8.

[392] Wei Huang, Qianqiu Liu, Rhee S. Ghon, Liang Zhang. Return Reversals, Idiosyncratic Risk, and Expected Returns. Review of Financial Studies. Jan2010, Vol. 23 Issue 1.

[393] Salmon Richard G. The Evolution of Virginia Public School Finance: From the Beginnings to Today's Difficulties. Journal of Education Finance, Fall 2010, v. 36, iss.2.

[394] Flavin Thomas, O'Connor Thomas. The Sequencing of Stock Market Liberalization Events and Corporate Financing Decisions. Emerging Markets Review, Sep2010, Vol. 11 Issue 3.

[395] Greenberg Joy Pastan. Assessing Policy Effects on Enrollment in Early Childhood Education and Care. Social Service Review, Sep2010, Vol. 84 Issue 3.

[396] Calitz Estian, Fourie Johan. Infrastructure in South Africa: Who Is to Finance and Who Is to Pay? Development Southern Africa, Jun2010, Vol. 27 Issue 2.

[397] Sahaym Arvin, Steensma H. Kevin, Barden Jeffrey Q. The Influence of R&D

Investment on the Use of Corporate Venture Capital: An Industry-level Analysis. Journal of Business Venturing. Jul2010, Vol. 25 Issue 4.

[398] Trew Alex. Infrastructure Finance and Industrial Takeoff in England. Journal of Money, Credit & Banking (Wiley-Blackwell). Sep2010, Vol. 42 Issue 6.

后 记

一部著作的完成需要许多人的默默贡献，闪耀着的是集体的智慧。其中铭刻着许多艰辛的付出，凝结着许多辛勤的劳动和汗水。

本书在编写过程中借鉴和参考了大量的文献和作品，从中得到了不少启悟，也汲取了其中的智慧菁华，谨向各位专家、学者表示崇高的敬意——因为有了大家的努力，才有了本书的诞生。凡被本书选用的材料，我们都将按相关规定向原作者支付稿费，但因为有的作者通信地址不详或者变更，尚未取得联系，敬请您见到本书后及时函告您的详细信息，我们会尽快办理相关事宜。

由于编写时间仓促以及编者水平有限，书中不足之处在所难免，诚请广大读者指正，特驰惠意。